ANALECTA BIBLICA

INVESTIGATIONES SCIENTIFICAE IN RES BIBLICAS

157

ANGELO SCARANO

STORIA DELL'INTERPRETAZIONE ED ESEGESI DI 1 Gv 3,18-22

EDITRICE PONTIFICIO ISTITUTO BIBLICO - ROMA 2005

ISBN 88-7653-157-2

Editrice Pontificio Istituto Biblico
Piazza della Pilotta, 35 - 00187 Roma, Italia

PREFAZIONE

La prefazione si trova all'inizio ma, in realtà, alla fine dell'elaborazione di una tesi. Alla fine, dopo aver sperimentato i travagli di un tale lavoro, le varie difficoltà ma anche gioie, le perplessità e i dilemmi. Soltanto alla fine si può valutare anche l'apporto di altre persone che hanno contribuito, direttamente o indirettamente, alla stesura dello scritto. Tra questi vorrei ricordare prima di tutto il caro professore Johannes Beutler SJ, che non solo ha ispirato l'idea del tema, ma ha anche seguito con interesse il proseguimento. Per me è stato modello di professore dotato di acribia scientifica, ma soprattutto di un senso pastorale, poiché ha dato un'impronta «umana» (e non soltanto puramente professionale) al processo di elaborazione, grazie alla sua cordialità, prontezza nel fornire suggerimenti o risposte a vari dubbi, prestando anche il suo aiuto concreto ai miei inizi dell'attività accademica all'Università Karlova a Praga. Per i preziosi suggerimenti ringrazio anche il prof. Richard J. Taylor, secondo relatore della tesi, e il prof. Albert Vanhoye SJ, direttore della collana Analecta Biblica.

Un sincero ringraziamento va anche indirizzato a coloro che mi hanno sostenuto in altri modi, incoraggiandomi o assicurandomi «l'habitat» (sia materiale che spirituale). Tra questi prima di tutto la mia cara mamma (sempre generosa), il cardinale di Praga Miloslav Vlk assieme ai membri del Collegio Nepomuceno, mia cugina Kateřina (ispiratrice dell'idea di intraprendere gli studi a Roma), le suore di san Carlo Borromeo di Roma o di Praga (soprattutto suor Sponsa e Fatima).

A tutti questi, ma anche a tanti altri «anonimi», un cordiale εὐχαριστῶ.

INTRODUZIONE

Il brano esaminato appartiene a quelli più difficili dell'intero Nuovo Testamento, come dimostrano i vari commentatori. I problemi riguardano specialmente il passo 3,19-20, considerato «estremamente difficile» (Hoskyns), «confuso e incomprensibile» (Loisy), tanto per riportare alcuni giudizi. Richardson addirittura sostiene: «Sarebbe arduo trovare due versetti della Scrittura che abbiano causato più difficoltà ai commentatori, specialmente moderni».

Proprio queste affermazioni sulla difficoltà dei versetti in questione hanno ulteriormente approfondito il mio interesse, incitandomi a cercare una soluzione di questa «crux exegetum», naturalmente inoltrandomi prima di tutto nei commenti presenti, a partire dai Padri fino ai giorni contemporanei. Infatti sarebbe stato illusorio pretendere di trovare una propria soluzione ignorando le proposte dei commentatori del passato. La sfida è stata ancor più interessante, dato che tuttora non è stata trovata una spiegazione del tutto soddisfacente.

L'importanza dello studio dei classici viene messa in luce anche dal noto scrittore Italo Calvino[1]:

> La lettura d'un classico deve darci qualche sorpresa, in rapporto all'immagine che ne avevamo. Per questa ragione non si raccomanderà mai abbastanza la lettura diretta dei testi originali scansando il più possibile bibliografia critica, commenti, interpretazioni. La scuola e l'università dovrebbero servire a far capire che nessun libro che parla d'un libro dice di più del libro in questione; invece fanno di tutto per far credere il contrario. C'è un capovolgimento di valori molto diffuso per cui l'introduzione, l'apparato critico, la bibliografia vengono usati come una cortina fumogena per nascondere quel che il testo ha

---

[1] I. CALVINO, *Perché leggere i classici*, 14.

da dire e che può dire solo se lo si lascia parlare senza intermediari che pretendano di saperne più di lui.

Naturalmente anch'io mi trovo «sotto le parole» del Calvino, poiché ho proposto una visione e interpretazione dei vari commenti dei classici. Quindi anche la mia rimane un'interpretazione soggettiva, per quanto si sia sforzata di captare il messaggio inteso dai rispettivi autori. Rimanendo «sotto le parole» del Calvino, non rimane che rimandare il lettore alla lettura degli stessi classici.

Grande è stata la mia sorpresa nel verificare che le *traditiones* degli esegeti sulle interpretazioni degli autori precedenti non sempre riflettevano la verità: molte volte queste *traditiones* discordavano da ciò che i rispettivi autori avevano realmente scritto. Si potrebbe dire, con un po' di humor, che si dovrebbero valutare con spirito critico le stesse opinioni critiche dei moderni esegeti sui commenti dei predecessori.

Oggetto del nostro interesse non è il processo di formazione del brano, ma piuttosto il senso del testo finale: comunque non omettiamo di riportare almeno «in margine» le varie opinioni sul processo di formazione. Il metodo seguito si articola nei seguenti singoli passi: nella prima fase proponiamo una *visione globale e panoramica* del brano (critica testuale, contesto, delimitazione, analisi sintattica e semantica globale del testo), per poi addentrarci, nella seconda fase, nell'*analisi dettagliata*. In questa seconda fase, seguendo la divisione in tre microunità (3,18; 3,19-20; 3,21-22), proponiamo per ogni singola microunità prima la storia dell'interpretazione (parte storica) e successivamente una nostra interpretazione (parte esegetica). Nella storia dell'interpretazione riportiamo i commenti significativi raggruppati secondo il tipo interpretativo. La storia dell'interpretazione (Auslegungsgeschichte[2]) ci dà la possibilità di addentrarci nei vari problemi, ai quali cerchiamo di dare una soluzione nella parte esegetica. L'esegesi si articola in un'analisi dettagliata dell'aspetto sintattico e semantico delle singole parole: ciò confluisce nell'interpretazione della microunità. Quest'analisi sintattica e semantica *dettagliata* completa l'analisi sintattica e semantica *globale* del brano in questione. Ci sembra più adatto proporre tali analisi in due fasi, per due

[2] Con H. Räisänen («The Effective 'History' of the Bible», 310-311) distinguiamo la «storia dell'interpretazione» (Auslegungsgeschichte) dalla «storia degli effetti» (Wirkungsgeschichte): quest'ultima è più ampia e comprende gli effetti di un testo sulla vita della Chiesa (sermoni, diritto canonico, arte).

motivi: 1) da una visione globale procediamo a una visione dettagliata del brano, 2) i risultati della dettagliata analisi sintattica e semantica vengono subito dopo utilizzati nella seguente interpretazione che include anche l'aspetto pragmatico.

Alla fine dell'analisi dettagliata di ogni microunità proponiamo una sintesi dei dati più rilevanti, compresa la traduzione della microunità. La conclusione sarà poi seguita dalla bibliografia delle fonti utilizzate. Abbiamo cercato di consultare pressoché tutti gli articoli o commenti sul nostro brano. Purtroppo moltissimi autori del periodo tra il 1500 e il 1800, riportati nel dettagliato studio storico-linguistico del Giurisato[3], mancano nella biblioteca dell'Istituto Biblico di Roma, per questo non sono stati consultati.

Per quanto riguarda la nomenclatura, vogliamo precisare che «esegesi» è sinonimo di «interpretazione»: nell'area linguistica italiana non si opera alcuna distinzione[4], a differenza dell'area linguistica inglese, dove alcune volte si distingue tra *exegesis* ed *exposition* (*interpretation*), con la seconda che include l'applicazione («what it means»)[5]. Naturalmente fino a qualche secolo fa i commentatori non distinguevano tra esegesi ed applicazione, quindi anche noi, nel citare alcune spiegazioni, riporteremo qualche volta l'applicazione o attualizzazione.

---

[3] G. GIURISATO, *Struttura e teologia*, 683-693.

[4] B. MAGGIONI, «Esegesi biblica», 497.

[5] R. N. SOULEN – R. K. SOULEN, «Exegesis; Exegetical Method; Exegetical Tools», 57.

CAPITOLO I

Critica testuale

Le lettere di Giovanni sono contenute in circa 600 manoscritti dei più di mille conosciuti del NT[1]. Sono attestate dai testimoni antichi più importanti: il codice Sinaitico (IV sec.), Alessandrino (V sec.), Vaticano (IV sec.) e Efremi Rescriptus (V sec.). Oltre a ciò si potrebbero enumerare codici maiuscoli più tardivi e innumerevoli minuscoli, aggiungendoci, naturalmente, le testimonianze dei Padri. Con tale testimonianza si può affermare che il testo greco delle lettere giovannee si trova su una base solida e sicura, anche se non si può fare un confronto con la testimonianza dei vangeli e delle lettere di Paolo: le lettere di Giovanni (e, in generale, le cosiddette «cattoliche») erano meno lette sia nella liturgia che fuori l'ambito liturgico, di conseguenza abbiamo meno manoscritti e, logicamente, meno problemi di critica testuale[2].

Il nostro brano non comporta problemi di critica testuale che possano compromettere in maniera significativa la comprensione del testo. Comunque non possiamo tralasciare di spiegare le scelte di critica testuale che saranno adottate. Per il seguente studio prendiamo come punto di riferimento il testo riportato in Nestle – Aland[27]:

3,18 Τεκνία, μὴ ἀγαπῶμεν λόγῳ μηδὲ τῇ γλώσσῃ ἀλλὰ ἐν ἔργῳ καὶ ἀληθείᾳ.

3,19 [Καὶ] ἐν τούτῳ γνωσόμεθα ὅτι ἐκ τῆς ἀληθείας ἐσμέν, καὶ ἔμπροσθεν αὐτοῦ πείσομεν τὴν καρδίαν ἡμῶν,

---

[1] H.-J. KLAUCK, *Die Johannesbriefe*, 4.

[2] H.-J. KLAUCK, *Die Johannesbriefe*, 5.

3,20 ὅτι ἐὰν καταγινώσκῃ ἡμῶν ἡ καρδία, ὅτι μείζων ἐστὶν ὁ θεὸς τῆς καρδίας ἡμῶν καὶ γινώσκει πάντα.

3,21 Ἀγαπητοί, ἐὰν ἡ καρδία [ἡμῶν] μὴ καταγινώσκῃ, παρρησίαν ἔχομεν πρὸς τὸν θεόν

3,22 καὶ ὃ ἐὰν αἰτῶμεν λαμβάνομεν ἀπ' αὐτοῦ, ὅτι τὰς ἐντολὰς αὐτοῦ τηροῦμεν καὶ τὰ ἀρεστὰ ἐνώπιον αὐτοῦ ποιοῦμεν.

Nel versetto 18 abbiamo l'aggiunta di μου dopo τεκνία in K (IX sec.), L (IX sec.), 049 e in alcuni minuscoli (più il Textus Receptus): si tratta di testimonianze più tardive e meno importanti. La spiegazione di questa variante è a portata di mano: si tratterebbe di un influsso di 1 Gv 2,1 (*τεκνία μου*, ταῦτα γράφω ὑμῖν ἵνα μὴ ἁμάρτητε).

Nello stesso versetto è degna di nota la sostituzione di μηδὲ τῇ con la congiunzione καὶ (soltanto nel codice א): evidentemente si voleva creare un parallelo perfetto con il secondo binomio ἔργῳ καὶ ἀληθείᾳ[3].

Risulta interessante che il Textus Receptus omette sia l'articolo prima di γλώσσῃ, sia la preposizione prima di ἔργῳ, rendendo perfetto il parallelismo tra i due binomi.

In 3,19 c'è un dubbio sulla congiunzione καί: viene omessa in A (V sec.), B (IV sec.), oltre che in alcuni minuscoli e versioni (latine e copte bohairiche). Le prime due testimonianze sono abbastanza autorevoli, ma vengono equilibrate dall'autorevolezza di testimonianze contenenti la congiunzione: א (IV sec.), C (Efremi Rescriptus, V sec.), P (IX sec.), Ψ (VIII – IX sec.), oltre al Textus Receptus e ad alcune versioni (copta sahidica – III sec., bohairica – IV sec., Peshitta – V sec.). Tale divergenza può essere causata anche dalla ricorrenza del sintagma ἐν τούτῳ sia con la congiunzione, che senza. Nel vangelo e nelle lettere giovannee troviamo il sintagma 14 volte senza la congiunzione: Gv 9,30; 13,35; 15,8; 16,30; 1 Gv 2,5 (due volte); 3,10.16; 4,2.9.10.13.17; 5,2. Di queste ricorrenze, 6 volte incontriamo il sintagma connesso col verbo γινώσκω (Gv 13,35; 1 Gv 2,5; 3,16; 4,2.13; 5,2). La congiunzione col sintagma ἐν τούτῳ e il verbo γινώσκω si riscontra due volte, in 1 Gv 2,3; 3,24. Forse proprio la

---

[3] F. LÜCKE (ca. 1800), *Commentar*, 232, ci testimonia che c'erano dei dubbi sulla posizione di alcuni elementi del versetto: l'articolo prima di γλώσσα e la preposizione ἐν prima di ἔργῳ furono approvati già da Bengel, ma soltanto a partire da Griesbach comunemente accettati.

netta prevalenza del sintagma senza la congiunzione ha causato la frequente omissione di quest'ultimo durante la copiatura del testo[4]. Avendo quindi due possibilità pressoché uguali, possiamo concludere che il καί viene lasciato nel testo, ma in parentesi quadre: «L'equilibrio tra l'evidenza esterna e la probabilità interna giustifica l'uso delle parentesi quadre intorno a καί»[5].

Sempre riguardo al sintagma ἐν τούτῳ possiamo aggiungere che in alcuni minuscoli, compresa la siriaca Harclensis, possiamo trovare anche la variante ἐκ τούτου che non è del tutto nuova nel vangelo (4 volte, in Gv 6,51.66; 8,23; 19,12) o in 1 Gv (4,6; qui connessa anche col verbo γινώσκειν: ἐκ τούτου γινώσκομεν τὸ πνεῦμα τῆς ἀληθείας καὶ τὸ πνεῦμα τῆς πλάνης): potremmo quindi spiegare questa variante come un'armonizzazione.

Nello stesso versetto incontriamo una variazione del verbo γνωσόμεθα, e cioè al presente γινώσκομεν. Ciò si trova nel Textus Receptus, nei maiuscoli K, L, e in alcuni minuscoli. Anche questo si può spiegare agevolmente come un'armonizzazione con la frequente formula ἐν τούτῳ γινώσκομεν (2,3; 3,24; 4,13; 5,2)[6]. La versione armena traduce con l'imperativo «riconosciamo»[7], probabilmente sotto l'influenza del precedente congiuntivo «amiamo» (3,18).

Interessante è la variante del verbo πείθειν al congiuntivo: πείσωμεν con l'oggetto al singolare (Ψ e alcuni minuscoli), oppure al plurale (א, A[c], C, P, Textus Receptus, Vulgata Clementina). Si tratta di varianti degne di nota, comunque irrilevanti per poter adottare un cambiamento testuale.

---

[4] Contro BROWN, 453, che considera la congiunzione come un miglioramento operato per connettere più strettamente questo versetto a ciò che precede e, conseguentemente, interpretare «ἐν τούτῳ» come un riferimento a ciò che precede. Di opinione opposta F. UTTENDOERFER, «Ein Kennzeichen», 990: «Die, welche es zurückweisen liessen, haben das von Johannes wohl ursprünglich geschriebene καί vielleicht absichtlich weggelassen».

[5] B. M. METZGER, *A Textual Commentary*, 643.

[6] BROWN, 453, riporta anche la spiegazione opposta, e cioè che il presente fosse stato originale e che gli scrivani lo avessero mutato nel futuro per armonizzarlo con πείσομεν nella riga seguente (lo stesso Brown ammette che questa proposta è meno persuasiva). Anche se fosse stato così, questa differenza avrebbe poca importanza per il significato della riga, poiché il futuro può essere anche gnomico (equivale al presente ed indica ciò che si deve aspettare in certi casi, BDR § 349,1).

[7] M. – J. LAGRANGE, *Introduction*, 577.

Sempre in 3,19, il codice Vaticano e la Peshitta leggono καρδία al singolare, mentre il codice Sinaitico, la siriaca Harclensis, la tradizione bizantina e latina leggono questo sostantivo al plurale[8]. Probabilmente il singolare è originale se il pensiero sottostante ha subito l'influsso dell'ebraico, dove si prevede il singolare distributivo per una parte del corpo[9]. Inoltre, nel vangelo e nelle lettere di Giovanni tutti gli altri 10 usi di καρδία sono al singolare. Uno scrivano può averlo mutato al plurale a motivo del pronome plurale ἡμῶν[10].

Ininfluenti per adottare cambiamenti testuali sono due varianti nel versetto 20: in Ψ, come anche in alcuni manoscritti della Vulgata, troviamo l'aggiunta della particella di negazione μή prima di καταγινώσκῃ; più importanti, anche se ugualmente irrilevanti per la critica testuale, le testimonianze che omettono ὅτι prima di μείζων (A, 33, versioni copte sahidiche e bohairiche, latine). Probabilmente si tratta di un tentativo per rendere più scorrevole la lettura del testo, appesantito dalla ridondanza di due proposizioni rette da ὅτι[11].

Sempre parlando del versetto 20, la versione della Peshitta ci offre una traduzione originale:

ܘܐܢ ܗܘ ܠܒܢ ܡܪܫܥ ܠܢ: ܟܡܐ ܐܠܗܐ ܪܘܪܒ ܡܢ ܠܒܢ

«Se il nostro cuore ci riprova (accusa, condanna), *quanto più* Dio che è più grande del nostro cuore». Il primo ὅτι è stato tradotto/interpretato come *quanto più*[12].

In 3,21, per quanto riguarda l'indirizzo ἀγαπητοί, abbiamo un'unica variante attestata nel codice Sinaitico, ἀδελφοί: evidentemente è un'imitazione di 3,13[13]. Molto più complessa è la situazione per il resto dello stesso versetto 21, dove riscontriamo un ampio ventaglio di differenti varianti (undici) le quali possono essere raggruppate secondo lo schema seguente in quattro gruppi principali[14]:

1) ἡ καρδία μὴ καταγινώσκῃ B Origene

[8] BROWN, 453.
[9] BROWN, 453.
[10] BROWN, 453.
[11] Così anche BROWN, 454.
[12] Vedi p. 122.
[13] BROWN, 454.
[14] B. M. METZGER, *A Textual Commentary*, 643-644.

2) ἡ καρδία ἡμῶν μὴ καταγινώσκῃ C^{1} 1852 2464 Origene

3) ἡ καρδία μὴ καταγινώσκῃ ἡμῶν (A) Ψ (33) 322 436 945 (1241) 1739 Giovanni Damasceno
ἡ καρδία μὴ καταγινώσκει ἡμῶν A 33
ἡ καρδία μὴ καταγινώσκει ὑμῶν 1241

4) ἡ καρδία ἡμῶν μὴ καταγινώσκῃ ἡμῶν (ℵ^{x}) K 056 0142 81 104 181 326 330 451 614, lezionario bizantino, Itala, Vulgata, siriaca, filoxeniana, armena, etiopica, Origene, Didimo, Ps-Atanasio, (Giovanni Damasceno)
ἡ καρδία ὑμῶν μὴ καταγινώσκῃ ἡμῶν 2127
ἡ καρδία ὑμῶν μὴ καταγινώσκῃ ὑμῶν 2495
ἡ καρδία ἡμῶν μὴ καταγινώσκῃ ἡμῶν 1505
ἡ καρδία ἡμῶν μὴ καταγινώσκω ἡμῶν ℵ^{x}
ἡ καρδία ἡμῶν μὴ καταγινώσκει ἡμῶν 049 1243 Giovanni Damasceno

Confrontando queste varianti si potrebbe pensare che il pronome ἡμῶν dopo il sostantivo καρδία sia stato aggiunto dai copisti, in accordo con l'uso nei versetti precedenti. Però questa omissione si potrebbe spiegare anche come una «purificazione» nell'ambiente alessandrino: per questo si preferisce lasciare il pronome in una posizione che può avere anche la funzione di oggetto del verbo (lasciandolo, però, in parentesi quadre a causa dell'eccellente codice Vaticano)[15].

La variante καταγινώσκω è, naturalmente, un errore di copista, mentre il cambiamento del pronome ἡμῶν in ὑμῶν è dovuto al cosiddetto itacismo, ossia alla pronuncia della lettera η come se fosse υ.

Infine annotiamo che nel commento su Ef 3,12 (ἐν ᾧ ἔχομεν τὴν παρρησίαν καὶ προσαγωγὴν ἐν πεποιθήσει διὰ τῆς πίστεως αὐτοῦ) Origene riporta anche 1 Gv 3,21, però in una forma un po' differente da quella della Nestle – Aland^{27}: ἐὰν ἡ συνείδησις ἡμῶν μὴ καταγινώσκῃ παρρησίαν ἔχομεν πρὸς τὸν θεόν[16]. Si può vedere che Origene adopera la parola συνείδησις al posto di καρδία[17]. Questa variante è in realtà

[15] B. M. METZGER, *A Textual Commentary*, 644.

[16] J. A. F. GREGG, «The Commentary of Origen», 409.

[17] Ciò si riscontra anche nel suo commentario ai Salmi (M. HARL – G. DORIVAL, ed., *La chaîne palestinienne sur le Psaume 118*, 214) e ai Romani (*Commentarium in*

un'interpretazione di καρδία: la validità di quest'interpretazione verrà discussa più avanti[18].

La variante ἔχει (attestata in modo esiguo, riportata soprattutto in B e Ψ) al posto di ἔχομεν è abbastanza comprensibile: il copista avrebbe voluto connettere il verbo con il soggetto della frase precedente, cioè καρδία. Più interessante il congiuntivo ἔχωμεν (al posto di ἔχομεν), anch'esso attestato pochissimo (la testimonianza più importante è del minuscolo 33), che ci rimanda alla stessa famosa variante per Rm 5,1 (δικαιωθέντες οὖν ἐκ πίστεως εἰρήνην *ἔχομεν* πρὸς τὸν θεὸν διὰ τοῦ κυρίου ἡμῶν Ἰησοῦ Χριστοῦ)[19]. In fin fine, oltre che alla pronuncia molto simile delle due parole, questa variante è dovuta alla comprensione fondamentale del versetto: abbiamo già adesso la παρρησία, oppure dobbiamo sforzarci di ottenerla? Dal punto di vista della critica testuale, comunque, non ci sono dubbi seri sulla variante da preferire.

Nello stesso versetto incontriamo la variante λαμβάνομεν παρ' αὐτοῦ (in testimonianze di poco peso: K, L, alcuni minuscoli e il Textus Receptus), al posto di λαμβάνομεν ἀπ'αὐτοῦ: ciò si può spiegare facilmente come armonizzazione, poiché la costruzione λαμβάνειν + παρά si incontra in altri passi del NT (Gv 10,18; At 2,33; 20,24; 2 Gv 1,4; Apc 2,28).

L'ultima nota di critica testuale riguarda il verbo τηροῦμεν (τὰς ἐντολὰς αὐτοῦ τηροῦμεν): al suo posto (in ℵ, A, K, Ψ e pochi minuscoli) troviamo il congiuntivo τηρῶμεν. Si tratta di una chiara armonizzazione con altri due passi della 1 Gv che contengono l'identica formulazione:

2,3 καὶ ἐν τούτῳ γινώσκομεν ὅτι ἐγνώκαμεν αὐτόν, ἐὰν *τὰς ἐντολὰς αὐτοῦ τηρῶμεν*

5,3 αὕτη γάρ ἐστιν ἡ ἀγάπη τοῦ θεοῦ, ἵνα *τὰς ἐντολὰς αὐτοῦ τηρῶμεν*, καὶ αἱ ἐντολαὶ αὐτοῦ βαρεῖαι οὐκ εἰσίν.

Il congiuntivo presente τηρῶμεν è ingiustificabile dal punto di vista grammaticale, mentre il presente indicativo τηροῦμεν è favorito anche dalla critica esterna.

---

epistulam ad Romanos, 893). Così anche METHODIUS OLYMPUS (fine III sec. – inizio IV sec.), *Fragmente zu Hiob*, 513-514, il quale oltre a ciò sposta ἡμῶν dopo καταγινώσκῃ.

[18] Vedi p. 183-184.206.

[19] Per la discussione vedi D. MOO, *Romans*, 295-296.

Infine dobbiamo riportare, per completezza, che alcuni autori sono ricorsi all'emendamento scientifico[20]. Tutti questi tentativi sono rimasti praticamente senza seguito; anche noi lavoreremo col testo tramandatoci e, in un certo senso, sicuro.

[20] Vedi gli autori elencati in BROWN, 454.

CAPITOLO II

Contesto

Per una retta comprensione è d'importanza capitale indicare il posto del brano nel contesto della lettera: in quale sezione si colloca? Naturalmente non rientra nei limiti di questo lavoro tracciare una suddivisione in sezioni dell'intera lettera[1]. Nei nostri interessi rientra soltanto la sezione che comprende il brano esaminato: tale sezione costituisce il suo contesto prossimo.

Da molti esegeti il nostro brano viene considerato come parte della sezione 3,11-24[2]. Così come il comandamento dell'amore fraterno in 2,7-

---

[1] Questione per altro molto discussa, con molte proposte divergenti. Per un ottimo riassunto delle varie proposte con alcune riflessioni critiche, rimandiamo a H.-J. KLAUCK, *Die Johannesbriefe*, 59-68.

[2] J. CHAÎNE, *Première Épître de Saint Jean*, 186; F.-M. BRAUN, *Première Épître de Saint Jean*, 1768; BROWN, 467-468; E. MALATESTA, *Interiority and Covenant*, 253-256; KLAUCK, 201; BEUTLER, 91. Contro SCHNACKENBURG, 184, che vede la sezione in 3,4-24 (i nostri argomenti contro la sua proposta saranno elencati poco più avanti nel corso della nostra trattazione). La proposta di STRECKER, 141-142, con la sezione 2,28-3,24 non convince: tralasciando la sua tesi basilare di voler dividere la lettera alternando parenesi e insegnamento dogmatico (il motivo per tale suddivisione non viene sufficientemente dimostrato, né risulta evidente), obiettiamo soprattutto indicando i chiari cambiamenti tematici e semantici tra 2,28-3,10 e 3,11-24. SMALLEY, 178, propone come inizio della sezione il versetto 10, che formerebbe un ponte tra 3,4-9 e la parte successiva (11-24). Non è tanto facile stabilire se questo versetto faccia parte della sezione precedente o successiva, poiché si tratta veramente di un versetto di transizione (come è stato già detto, le transizioni in 1 Gv non sono così nette, ma piuttosto fluide). Preferiamo comunque connetterlo con ciò che precede e mettere il taglio tra 10 e 11,

11 segue e concretizza l'appello generico a osservare i comandamenti (2,3-6), anche ora l'appello a compiere la giustizia viene mostrato e illustrato nella carità fraterna. Questa sezione si distacca dalla precedente innanzitutto per il chiaro cambiamento di tema: mentre nei versetti precedenti il tema era il peccato (esplicitamente menzionato più volte in 3,4-10), adesso balza in primo piano la carità efficace[3], più precisamente la carità come riassunto e ricapitolazione dei comandamenti. Una conferma di ciò la possiamo trovare nel confronto delle ricorrenze delle parole chiavi. Mentre il sostantivo ἁμαρτία o il verbo rispettivo ἁμαρτάνειν ricorrono ben 10 volte in 3,4-10, in 3,11-24 neanche una volta. Il sostantivo ἀγάπη (oppure il relativo verbo ἀγαπᾶν) ricorre una sola volta in 3,4-10, mentre 8 volte in 3,11-24.

Il primo versetto della nostra sezione (3,11 – *terminus a quo* della sezione) inizia con la frase solenne ὅτι αὕτη ἐστὶν ἡ ἀγγελία ἣν ἠκούσατε. In modo quasi uguale inizia un'altra sezione della 1 Gv (1,5): καὶ ἔστιν αὕτη ἡ ἀγγελία ἣν ἀκηκόαμεν. Tra le due ricorrenze notiamo alcune corrispondenze: αὕτη ἔστιν ἡ ἀγγελία (nel secondo caso cambia l'ordine delle prime due parole) + accusativo ἣν + verbo ἀκούειν al passato (aoristo o perfetto). Una piccola differenza consiste nell'inizio della frase, in 1,5 καί mentre in 3,11 ὅτι, comunque anche in 3,11 ci sarebbe potuto essere καί al posto di ὅτι: quest'ultima congiunzione, però, più esplicitamente esprime il motivo delle asserzioni nei versetti precedenti. Ambedue le frasi sono poi seguite dal contenuto di questo annuncio, espresso in modo sintetico (1,5: ὅτι ὁ θεὸς φῶς ἐστιν καὶ σκοτία ἐν αὐτῷ οὐκ ἔστιν οὐδεμία; 3,11: ἵνα ἀγαπῶμεν ἀλλήλους). Proprio la sinteticità della frase programmatica ἵνα ἀγαπῶμεν ἀλλήλους, posta all'inizio per essere poi spiegata e concretizzata nei versetti seguenti[4], è un'altro indizio per far iniziare la sezione in 3,11.

---

poiché quest'ultimo versetto in modo chiaro cambia il tema (non è più un versetto di transizione), tema dichiarato con la formulazione solenne ὅτι αὕτη ἐστὶν ἡ ἀγγελία (come in 1,5). A supporto di questa proposta si potrebbe aggiungere anche l'inclusione tra 3,11 e 3,23, però quest'argomento non è così probante, poiché con 3,23 non abbiamo ancora la conclusione della sezione (e, di conseguenza, neanche 3,11 dovrebbe costituirne necessariamente l'inizio).

[3] Ciò è chiaro anche dai titoli usati dagli interpreti: «The Gospel of Loving One Another» (BROWN, 439), «Einübung des Liebesgebots» (KLAUCK, 201), «Halten der Gebote: Bruderliebe» (BEUTLER, 91).

[4] Secondo BROWN, 467, un'altro indizio per considerare 3,11 come inizio di una nuova sezione sarebbe la lunghezza equiparabile delle due parti principali della lettera

Così come la rivelazione di Dio-luce (1,5) influenza l'intera riflessione di 1,5-2,11, così l'annuncio del comandamento dell'amore viene sviluppato in 3,11-24. Ambedue i brani iniziano col sostantivo ἀγγελία, che non si trova altrove nel NT.

Per quanto riguarda il *terminus ad quem*, cioè 3,24, possiamo dire che si tratta di un versetto di passaggio che conclude il tema del comandamento e introduce il tema dello Spirito che sarà oggetto della sezione successiva 4,1-6[5]. Un'argomento negativo per la tesi che 3,24 è la conclusione della nostra sezione è che 4,1-6 tratta di un tema del tutto differente, il discernimento degli spiriti, ed è una sezione tra le più facilmente individuabili in 1 Gv[6]. Questa sezione, inoltre, inizia con un nuovo indirizzo, ἀγαπητοί (4,1).

Avendo trovato il tema principale della sezione, possiamo legittimamente stabilire anche l'inclusione tra 3,11 (Ὅτι αὕτη ἐστὶν ἡ ἀγγελία ἣν ἠκούσατε ἀπ' ἀρχῆς, ἵνα ἀγαπῶμεν ἀλλήλους) e 3,23 (Καὶ αὕτη ἐστὶν ἡ ἐντολὴ αὐτοῦ, ἵνα πιστεύσωμεν τῷ ὀνόματι τοῦ υἱοῦ αὐτοῦ Ἰησοῦ Χριστοῦ καὶ ἀγαπῶμεν ἀλλήλους, καθὼς ἔδωκεν ἐντολὴν ἡμῖν)[7]. Ambedue i versetti iniziano similmente: αὕτη ἐστὶν ἡ ἀγγελία (3,11) e αὕτη ἐστὶν ἡ ἐντολὴ (3,23), seguiti da una proposizione esplicativa con ἵνα + verbo ἀγαπᾶν + ἀλλήλους[8]. Inoltre questi due versetti inquadrano e riassu-

---

(1,5-3,10 e 3,11-5,12). Per una critica di questa proposta, vedi H.-J. KLAUCK, *Die Johannesbriefe*, 64.

[5] BROWN, 467. Per gli argomenti probanti che 4,1-6 è una sezione, vedi *Ibid.*, 501-502.

[6] BROWN, 467.

[7] Preferiamo stabilire un'unità letteraria prima in base al tema e all'aspetto semantico (ambedue strettamente connessi) e solo dopo aver compiuto questo passo cercare possibili inclusioni, per non cadere nell'errore di trovare inclusioni in base a pure corrispondenze lessicali, senza tener conto dell'aspetto contenutistico dell'unità. L'inclusione può entrare come argomento probante solo dopo aver trovato l'unità tematica. Proprio l'esasperazione dell'aspetto formale ci sembra essere lo sbaglio presente nel procedimento di Giurisato che ha nuovamente proposto (sulla scia di alcuni commentatori più antichi come Rickli, Erdmann, Huther e Hofmann) di vedere l'unità in 3,11-22, fondandosi su argomenti di tipo formale (G. GIURISATO, *Struttura e teologia*, 473-475). La nostra obiezione principale è che 3,23-24 viene connesso abbastanza strettamente con ciò che precede, essendo una specificazione del comandamento/comandamenti di 3,22. Inoltre i versetti 23-24 rientrano molto bene nella tematica principale della nostra sezione, cioè l'amore vicendevole, mentre discostano dal tema dei versetti seguenti (4,1-6: lo Spirito e la retta confessione di fede). Questo argomento contenutistico ci sembra decisivo.

[8] Così anche BROWN, 467.

mono il tema della sezione[9]. Un po' di dubbi creerebbe la presenza del pronome reciproco ἀλλήλους: rientra nel tema? La nostra risposta è affermativa, poiché l'autore qui appella ad una carità per il fratello, all'interno, quindi, della comunità. Questa carità fraterna corrisponde alla tipologia dei fratelli Caino – Abele (3,12). Si deve notare che in ambedue i versetti ἀγαπῶμεν è un congiuntivo con la forza esortativa, che sottolinea quindi il carattere di comandamento della carità vicendevole: il sostantivo ἐντολή (3,23) ne è una conferma. Il comandamento della carità è un riassunto e ricapitolazione dei comandamenti: i comandamenti di 3,22 (ὅτι τὰς ἐντολὰς αὐτοῦ τηροῦμεν) vengono infatti specificati come l'unico comandamento a due facce, «credere in Cristo e amarsi a vicenda» (3,23: καὶ αὕτη ἐστὶν ἡ ἐντολὴ αὐτοῦ, ἵνα πιστεύσωμεν τῷ ὀνόματι τοῦ υἱοῦ αὐτοῦ Ἰησοῦ Χριστοῦ καὶ ἀγαπῶμεν ἀλλήλους, καθὼς ἔδωκεν ἐντολὴν ἡμῖν). E, per sottolineare ulteriormente questo rapporto tra «il comandamento» e i comandamenti, nel versetto seguente 3,24 abbiamo nuovamente i comandamenti al plurale (ὁ τηρῶν τὰς ἐντολὰς αὐτοῦ). Inoltre anche il versetto di transizione 10 connette il compiere la giustizia, cioè il compiere la volontà di Dio, con la carità verso il prossimo. Ciò è un'altro motivo in più per vedere che non si tratta soltanto della carità in se stessa, ma della carità come espressione dell'obbedienza a Dio, ai suoi comandamenti[10]. Tale obbedienza è in opposizione all'iniquità, di cui si è parlato nella parte precedente, 3,4-9: già lì l'autore aveva messo in opposizione il peccato alla giustizia (3,7-8), adesso comunque viene messo in ombra il peccato per specificare piuttosto la natura di tale giustizia, ossia l'adempimento del comandamento/comandamenti, concretizzato come carità vicendevole[11]. Mentre in 3,4-9 si sottolinea la condizione negativa per vivere come figli di Dio (rottura col peccato), adesso si insiste sulla condizione positiva (obbedienza al comandamento che consiste, più precisamente, nella carità

---

[9] KLAUCK, 201, propone l'inclusione 3,11-12 e 3,23-24: la proposta non si impone, poiché il versetto 24 non si riallaccia né a 11, né a 12. Anche BROWN, 467, vede l'inclusione solo tra 3,11 e 23 (dello stesso parere BEUTLER, 92).

[10] E, difatti, SMALLEY, 176, mette come titolo della sezione «Second Condition: Be Obedient». Siamo d'accordo che l'obbedienza rientri come tema, però sarebbe più preciso menzionare nel titolo la carità, che sicuramente occupa un posto centrale.

[11] BEUTLER, 90. La connessione, quasi identificazione dei comandamenti con la carità è presente anche in 2,3-11. Si deve comunque precisare che a differenza di 2,3-11, dove si tratta dell'amore vicendevole in generale, il nostro brano include anche, più specificamente, la carità verso i bisognosi (3,17).

vicendevole)[12]. Questa sezione ha così in generale un tono più positivo di quella precedente.

Dopo aver indicato il contesto prossimo del nostro brano, dobbiamo aggiungere che l'autore della lettera non sviluppa in modo sistematico l'argomentazione[13], così risulta difficile staccare in modo netto la sezione delimitata da quella precedente[14]. Nella sezione proposta, inoltre, risuonano temi già trattati precedentemente, come la carità fraterna (2,9-10), l'osservanza dei comandamenti (2,3-5). D'altra parte, comunque, vi sono anche temi nuovi, come la tipologia Caino – Abele (3,12), l'essere passati dalla morte alla vita (3,14), l'antitesi del cuore che accusa/non accusa (3,20-21).

Come già detto, il tema principale della sezione è l'obbedienza al comandamento, concretizzato nell'amore vicendevole. Nella sezione in questione si dispiega come filo rosso l'antitesi amare – odiare. Amare (*atteggiamento positivo*) si trova in 11.14.16.18.23. L'odiare (*atteggiamento negativo*, più precisamente si tratta della mancanza di carità) viene espresso in diversi modi:

- uccidere (12.15);
- odiare (13.15);
- non amare (v. 14);
- chiudere l'intimo (atteggiamento interiore, v. 17), non dare il necessario al bisognoso (atteggiamento esteriore, v. 18).

Proprio l'amore vicendevole è un segno di riconoscimento se si è figli di Dio, oppure, nel caso opposto, del diavolo (3,10). Come contrasto a questo amore fraterno viene proposto l'anti-esempio di Caino che per odio uccise il fratello (12; prima sottosezione 3,11-12). Con un nuovo indirizzo diretto (ἀδελφοί) inizia la sottosezione 13-17 che nuovamente propone l'antitesi «carità-odio» (13-15) con le rispettive conseguenze, espresse nuovamente in modo antitetico: i membri della comunità giovannea amano e da ciò sanno di avere la vita eterna, mentre chi odia non ha questa vita. In 16-17 viene concretizzata la natura di tale carità: questa non proviene dall'uomo, ma dal Figlio che ha dato la sua vita per noi, mostrandoci cosa sia il vero amore (16). Secondo il suo esempio anche noi dobbiamo dare la vita per

---

[12] Cfr. SMALLEY, 179.

[13] STRECKER, 141.

[14] Anche BROWN, 468, ammette che in 3,11 non vi è uno stacco netto da ciò che precede.

gli altri: ciò viene concretizzato nel dare il necessario ai bisognosi fratelli/sorelle della comunità (17).

Il versetto 18 è di transizione: da una parte sottolinea l'ammonimento alla carità concreta con un'esortazione lapidare, dall'altra segna già un passaggio ai versetti seguenti, come indica l'indirizzo diretto τεκνία. Questo versetto introduce la nostra sottosezione (18-22) con l'antitesi in 19-22. Ritorna il tema dei criteri per riconoscere se siamo nella vita (14: οἴδαμεν), ossia nella/dalla verità[15] (19: γνωσόμεθα). Il primo periodo dell'antitesi riguarda il caso di mancanza della carità «cristiana» (nel senso pieno della parola, ossia rispecchiante l'atteggiamento di Cristo che dà la vita per noi). Il secondo periodo dell'antitesi, aperto con il nuovo indirizzo affettuoso ἀγαπητοί (simile a τεκνία in 3,18), riguarda la situazione opposta, cioè il vivere la carità richiesta, ossia il comandamento (sottosezione 3,23-24). Chi vive in questo modo ha libero accesso a Dio (21), riceve da lui ciò che chiede (22): questi sono due segni della comunione con Dio, e ciò viene esplicitato più pregnantemente nel versetto 24 come «un rimanere in Dio». In 3,24 risuona di nuovo il verbo μένειν come in 14.15.17, sempre nello stesso contesto. Amare significa rimanere nella vita (15), il che equivale a rimanere nella carità di Dio (17), cioè a rimanere in Dio stesso (24). E, per ultimo, riaffiora il criterio per riconoscere se siamo veramente in Dio (24: γινώσκομεν, stesso verbo come in 19; vedi anche 14: οἴδαμεν): l'autore qui introduce un criterio nuovo, lo Spirito. Con questo versetto abbiamo già un ponte verso la sezione successiva 4,1-6[16].

Ricapitolando, il contesto prossimo di 3,18-22 è costituito dall'unità 3,11-24 suddivisa in 11-12, 13-17, 18-22, 23-24[17]. Non riteniamo che si possa considerare 3,18-24 (oppure 3,19-24) come unità (non sottounità!) ben staccata da ciò che precede, vedendovi due unità, 3,11-17 e 3,18-24

---

[15] 'Αλήθεια non significa «verità astratta», ma Dio-verità che si rivela, si dona, quindi Dio-vita sotto l'aspetto della verità della sua rivelazione, vedi p. 50-54.

[16] Van Staden addirittura ritiene che l'intero brano 3,18-24 conservi un posto speciale nella 1 Gv: si tratterebbe di un'unità indipendente che formerebbe un passaggio alla parte successiva (P. J. VAN STADEN, *The Debate on the Structure of 1 John*, 21).

[17] BEUTLER, 92, vi vede una struttura articolata secondo tre antitesi: 13-15, 16-17 e 19-22.

(oppure 3,11-18 e 3,19-24): infatti l'inclusione tra 3,11 e 3,23 ne è una prova a sfavore[18].

Il tema principale di 3,11-24, il comandamento specificato nella carità, ha un suo sfondo biblico: tracciandolo nelle sue linee principali possiamo ottenere una visione più ampia del brano in questione. Così come i dieci comandamenti erano alla base della stipulazione della «prima alleanza», il comandamento della carità ha un ruolo simile nell'alleanza stipulata nel sangue di Cristo. Per la tradizione sinottica, l'amore del prossimo è uno dei due grandi comandamenti (Mc 12,28-31). Per Paolo l'amore verso il prossimo adempie la legge e ricapitola tutti gli altri comandamenti (Rm 13,8-10). E per la tradizione giovannea la carità è l'unico comandamento menzionato esplicitamente, il nuovo comandamento[19]. Ciò è suggerito anche in 3,10 dove l'amore per il prossimo è la specificazione della vita di giustizia. Il comandamento della carità doveva far parte dell'istruzione di ogni candidato al battesimo, come mostra anche 1 Pt 1,22-23 dove nel contesto battesimale si dà l'istruzione positiva di amarsi a vicenda[20].

---

[18] Per la sua antichità e per essere stato uno dei primi tentativi di suddivisione della sezione del brano in questione, vogliamo riportare anche la proposta di HUGO DE SANCTO CARO († 1263), *Epistola I. Joannis*, 351, che divide il terzo capitolo in due parti: la prima parte (3,1-12) «ostendit qualiter diligendus est Deus» (ID., 350), la seconda parte (3,13-24) «ostendit qualiter proximus sit diligendus» (ID., 351). Quest'ultima si divide in due parti: «primo enim ostendit modum diligendi proximum», «secundo ostendit utilitatem observationis hujus mandati». La prima parte (il modo di amare il prossimo) consta di tre parti: dobbiamo amare fermamente (3,14-15), efficacemente (3,16-17) e veramente (3,18). La seconda parte inizia con 3,19: questa parte mostra i vantaggi che conseguono dall'osservare il comandamento. Sono due: se amiamo ci sforziamo sempre di avere il cuore puro (3,19-20), se amiamo possiamo pregare Dio con la certezza di esaudimento (3,21-24). Tra i moderni, SCHNACKENBURG, 184, vede la sezione in 3,4-24, suddivisa in 4-10, 11-20, 21-24. Riteniamo che non è accettabile voler mettere uno stacco tra 20 e 21: 19-20 e 21-22 sono due periodi antitetici, quindi devono andare insieme. Il nostro schema è conforme a quello di KLAUCK, 67, che intitola le sottosezioni così: a) Die Mitte der Botschaft (3,11-12); b) Einsatz des Lebens (3,13-17); c) Das Urteil des Herzens (3,18-22); d) Das eine Gebot (3,23-24).

[19] BROWN, 470, con questa debita precisazione: il comandamento è unico, ma a due facce, la fede in Cristo e la carità (3,23).

[20] BROWN, 470-471. La tradizione giovannea parla soltanto dell'amore vicendevole nella comunità: e quale momento più opportuno per inculcare tale precetto se non quello dell'iniziazione? Anche nella comunità di Qumran l'abbondanza di amore per gli altri veniva inculcata come istruzione basilare (BROWN, 471). Naturalmente con ciò non si vuole sostenere che 1 Gv sia una catechesi battesimale.

CAPITOLO III

Delimitazione

Dopo aver rintracciato il contesto prossimo nelle sue linee fondamentali, è necessario giustificare la delimitazione del nostro brano: l'inizio in 3,18 e la fine in 3,22.

In genere vale che i criteri per la delimitazione devono essere tratti dal testo stesso, per essere poi lì verificati[1]. In questa tappa dell'analisi ci si serve delle osservazioni di carattere sintattico, semantico e pragmatico[2]. Di grande importanza sono i segnali sintattici come forme di allocuzione, forme verbali (indicativo, imperativo), cambio di persona. In quest'ambito v'è anche lo stile e le figure retoriche. Come criteri di ordine semantico possiamo indicare i campi semantici, le immagini, le parole chiave o le opposizioni. Segnali di ordine pragmatico sono le allocuzioni e cenni alla situazione concreta della comunità. I migliori sussidi per la segmentazione sono forniti dalle indicazioni di tempo e di luogo, oltre che dal cambiamento del tema[3].

---

[1] H.-J. KLAUCK, *Die Johannesbriefe*, 64.

[2] Queste tre tappe verranno mostrate in maniera approfondita successivamente (non possono essere sviluppate senza aver prima delimitato il brano). In questo capitolo ci serviremo solo di quelle osservazioni che sono rilevanti per il nostro scopo, quello di giustificare la delimitazione proposta.

[3] W. EGGER, *Metodologia del Nuovo Testamento*, 55. Le indicazioni di tempo e di luogo sono rivelanti per testi narrativi.

La nostra proposta, vedere la sottounità in 3,18-22, non è accettata univocamente[4]. Notevoli difficoltà, che sono d'ostacolo ad un consenso, hanno a che fare con la relativa uniformità del modo di pensare e scrivere dell'autore: come esempio possiamo riportare «i versetti di passaggio»[5] (ad es. 2,28) che da una parte potrebbero essere spiegati come «ponte» verso un'altra unità tematica, mentre dall'altra potrebbero essere connessi molto bene con l'unità precedente[6]. Un altro versetto di passaggio si trova proprio in 3,18. Secondo alcuni, questo versetto concluderebbe la parte precedente, cioè l'esortazione alla carità effettiva[7]. In queste parole si indicherebbe il modo di amare il prossimo[8]: con un amore disinteressato (3,16), disposto a condividere i propri averi con il fratello[9] (3,17). In ciò noi siamo pienamente d'accordo. Più problematica ci sembra la posizione che vede in questo versetto *soltanto* la conclusione, e non contemporaneamente l'inizio di una nuova unità. La ragione addotta è che l'indirizzo τεκνία non comporterebbe alcuna profonda cesura nella linea di pensiero, ma (così come

[4] Come noi anche KLAUCK, 67; BROWN, 467-468, il quale adduce come criterio per la delimitazione l'uguale lunghezza delle parti 3,13-17 e 3,18-22. Questo motivo ci pare molto fragile ed ininfluente per delimitare un passaggio.

[5] Si tratta di versetti che connettono due unità.

[6] H.-J. KLAUCK, *Die Johannesbriefe*, 65.

[7] HUGO DE SANCTO CARO, *Epistola I. Joannis*, 351. «Das ist der Beschluss auff die vorgehende Wort», come dice J. FERUS (1495-1554), *Die Erste Epistel*, 121. «Concludit Sanctus Iohannes hic illam exhortationem de dilectione», secondo M. LUTHER (1483-1546), *Vorlesung*, 714. «The verse summarizes what precedes» (C. HAAS – M. DE JONGE – J. L. SWELLENGREBEL, *A Translator's Handbook*, 92). Così pure SCHNACKENBURG, 201, e WENGST, 154. Anche SMALLEY, 178-179, connette 18 con la sottosezione precedente (16-18) che intitola «The Pattern of Obedience». Secondo E. MALATESTA, *Interiority and Covenant*, 254-255, il versetto 18 farebbe parte della sottosezione 16-18 che consta di tre microunità (16.17.18): 18 sarebbe un'esortazione al vero amore, alla luce del principio espresso in 3,16 e dell'esempio addotto in 3,17. La sottosezione formerebbe il cuore della sezione 3,11-24 (*Ibid.*, 261). La sottosezione seguente inizierebbe in 3,19 poiché introdotta, come la sottosezione precedente in 3,16, dalla formula che indica il criterio (3,16 – ἐν τούτῳ ἐγνώκαμεν, 3,19 – ἐν τούτῳ γνωσόμεθα; *Ibid.*, 254).

[8] HUGO DE SANCTO CARO, *Epistola I. Joannis*, 351. «Hic consequenter inducit ad debitum diligendi modum» (THEOLOGI DUACENSII, ed., *Postilla*, in *Biblia Sacra cum glossa ordinaria*, VI, 1399).

[9] SCHNACKENBURG, 201.

ταῦτα γράφω) lascerebbe trasparire soltanto una breve pausa «di respiro»[10]. Noi possiamo confermare che l'indirizzo usato non denota, in 1 Gv, un chiaro inizio di una nuova unità[11]: forse solo 2,28 è un esempio chiaro di inizio di un'unità. Ma anche se volessimo classificare τεκνία come «una pausa di respiro», non si può negare del tutto che l'indirizzo si distacchi in qualche maniera dai precedenti versetti, anche se non si tratterebbe di una netta cesura. Inoltre il versetto 3,18 rappresenta un qualche stacco da ciò che precede essendo un'esortazione espressa al congiuntivo, a differenza dei verbi precedenti[12]. Quest'esortazione (formata da indirizzo e ingiunzione) sarebbe posta all'inizio di un'unità testuale, così come in 2,28[13]. Nella nostra sezione 3,11-24, poi, l'indirizzo con l'imperativo si trova all'inizio della prima e terza sottosezione (v. 13 e 18)[14]. E, sempre parlando della stessa sezione, ritroviamo una terza ricorrenza dell'indirizzo, questa volta senza alcuna ingiunzione, nel versetto 21, quindi ancora una volta all'inizio di un'unità testuale[15].

D'altro lato, però, rileviamo che in 1 Gv τεκνία ricorre spesso nelle conclusioni parenetiche:

Τεκνία μου, ταῦτα γράφω ὑμῖν ἵνα μὴ ἁμάρτητε (2,1)

Τεκνία, μηδεὶς πλανάτω ὑμᾶς· ὁ ποιῶν τὴν δικαιοσύνην δίκαιός ἐστιν, καθὼς ἐκεῖνος δίκαιός ἐστιν (3,7)

Τεκνία, φυλάξατε ἑαυτὰ ἀπὸ τῶν εἰδώλων (5,21)

Se dal lato formale il versetto 3,18 si stacca da ciò che precede (esortazione espressa al congiuntivo, a differenza dei verbi precedenti), dal lato contenutistico ne è strettamente connesso grazie al tema unificante della carità effettiva. E, d'altra parte, anche con il successivo versetto 19 è colle-

---

[10] SCHNACKENBURG, 89. Contro BEUTLER, 96, il quale ritiene che l'indirizzo sia un segnale del passaggio all'antitesi in 19-22. Così anche E. GAUGLER, *Die Johannesbriefe*, 185.

[11] Contro BROWN, 467, il quale adduce la costatazione che anche altrove in 1 Gv l'indirizzo funge da marker per la suddivisione.

[12] Il congiuntivo κλείσῃ, presente nel versetto precedente (3,17), non è un'esortazione.

[13] Nelle altre ricorrenze, però, l'indirizzo con l'ingiunzione non si trova all'inizio del rispettivo brano.

[14] BEUTLER, 92.

[15] Più precisamente microunità testuale.

gato in modo abbastanza stretto tramite καὶ ἐν τούτῳ, come ci confermerà l'esegesi[16]: questo è un altro motivo per non separare 3,18 da 3,19[17]. Un altro contatto di tipo formale è la presenza del termine ἀληθείᾳ in 3,18 e 3,19[18]. Anche il verbo ἀγαπᾶν unisce 3,18 con i versetti seguenti (3,23, che specifica 3,22).

Un altro argomento a favore dell'unità 3,18-22 sarebbe l'osservazione che il secondo periodo dell'antitesi inizia con un indirizzo (ἀγαπητοί), a differenza del primo periodo (19-20): non ci sfugge, però, che un indirizzo viene usato proprio poco prima, in 3,18 (τεκνία), indirizzo con una simile connotazione affettiva e calorosa[19]. Potremmo supporre che l'autore non introduca il primo periodo dell'antitesi con un indirizzo proprio per averlo usato poco prima. Questo potrebbe essere un'altro indizio (anche se debole) che il versetto 18 dovrebbe essere connesso piuttosto con 3,19-22.

Un altro debole indizio che 3,18 deve essere connesso con ciò che segue è la presenza di ἀλήθεια come parola gancio in 3,18 e 3,19. Anche ciò confermerebbe la proposta che il sintagma ἐν τούτῳ si riferisce a quello che segue, connettendo in modo stretto i versetti 18 e 19[20].

Tirando le somme ci sembra di poter dar ragione a coloro che considerano 3,18 come versetto ponte, anche se ci sembra essere connesso piuttosto a ciò che segue[21].

Per quanto riguarda 3,22, cioè la fine della sottosezione[22], possiamo affermare che lì termina l'antitesi accusa/non accusa del cuore; il v. 22 allarga le conseguenze del cuore non accusato/pacato ed è sintatticamente strettamente connesso tramite la congiunzione καί con v. 21, formando un'unico periodo.

---

[16] Vedi a p. 166-170.

[17] KLAUCK, 215.

[18] L'intima connessione tra 3,18b (la verità dell'amore in opere) e 3,19a (come riconoscere di appartenere alla verità) è un'altra ragione per cui lo stacco di sottodivisione tra le due strofe risulta meglio prima del v. 18 che non dopo (BROWN, 477 n. 28).

[19] Vedi a p. 58.

[20] KLAUCK, 215.

[21] Il versetto 18 è considerato inizio dell'unità da H. BALZ, *Die Johannesbriefe*, 186; F. HAUCK, *Der erste Brief des Johannes*, 138; J. SCHNEIDER, *Der erste Brief des Johannes*, 168; BROWN, 467-468; KLAUCK, 67.

[22] Così anche E. MALATESTA, *Interiority and Covenant*, 254; KLAUCK, 67; BROWN, 467-468; SMALLEY, 178-179 (intitola la sottosezione 19-22 «The Result of Obedience»).

I versetti 23-24 continuano il discorso, iniziato in 3,22, sul comandamento[23]. Questi versetti specificano il contenuto dei comandamenti/comandamento: si effettua, così, un certo cambiamento tematico rispetto ai versetti precedenti. Anche se questa sottosezione è connessa con quella precedente (come già detto, Giovanni[24] non pone cesure così marcate), riscontriamo anche un cambiamento semantico[25].

Una prova a favore della nostra delimitazione potrebbe essere la corrispondenza tra il versetto iniziale (3,18) e quello finale (3,22): ἀγαπᾶν ἐν ἔργῳ e τὰ ἀρεστὰ ἐνώπιον αὐτοῦ ποιεῖν. In ambedue i casi si tratta di un atteggiamento effettivo, «operativo», come dimostrano anche i due vocaboli ἔργον e ποιεῖν, dello stesso campo semantico «agire, operare»[26].

---

[23] Cosicché comprendiamo perché STRECKER, 193, ha posto la fine in 3,24.

[24] Il nome Giovanni viene usato per comodità e non indica una presa di posizione sull'identità del redattore finale.

[25] Prevale il campo semantico dell'alleanza, come confermano le parole (o sintagmi) ἐντολή (ben tre volte!), ἀγαπᾶν, μένειν ἐν αὐτῷ, γινώσκειν, πνεῦμα (vedi Ger 31,33-34; Ez 36,26; BEUTLER, 99). Invece nel nostro brano prevale il campo semantico cognitivo e forense, vedi a p. 38. Un'ulteriore indizio che conferma la fine della sottosezione in 3,22 è a p. 241.

[26] BROWN, 468, vede un'inclusione tra l'inizio e la fine di 3,18-22.

CAPITOLO IV

Analisi sintattica

Dopo aver delimitato il testo e averlo collocato nel suo contesto, si può proseguire con l'analisi sintattica che, a parere di molti esponenti della linguistica, costituisce la prima fase dell'analisi sincronica[1]. In questa fase dell'analisi si cerca di evidenziare la caratteristica linguistica di un determinato testo: classificare i segni linguistici usati, i rapporti tra di loro e le regole secondo cui tali segni sono collegati[2]. Quest'analisi sta alla base delle fasi successive, quali l'analisi semantica che si occupa del significato delle espressioni linguistiche, e l'analisi pragmatica che cerca di determinare gli effetti voluti dall'autore[3]. Prima di tutto daremo un'idea generale del testo, per poi entrare nei dettagli.

Innanzitutto rileviamo la presenza di tre periodi (v. 18, 19-20, 21-22). La loro struttura può essere caratterizzata come *continua*: si tratta di una struttura non raffinata, tipica della più antica prosa greca e delle sezioni narrative del NT, dove i pensieri sono legati con un καί, ὅτι o una proposizione relativa[4]. Per i periodi in questione, di fatto, sono frequenti i nessi

---

[1] W. EGGER, *Metodologia del Nuovo Testamento*, 76.
[2] W. EGGER, *Metodologia del Nuovo Testamento*, 78.
[3] W. EGGER, *Metodologia del Nuovo Testamento*, 78.
[4] A questo stile si oppone la struttura *periodica*, artisticamente più sviluppata (BDR § 458,1).

con il καί[5] (v. 19.20.22) e ὅτι (v. 19.20.22): quest'ultima introduce frasi subordinate[6]. La monotonia di queste due congiunzioni viene interrotta da due ἐάν (v. 20.21) che potrebbero richiamare, almeno lontanamente, una struttura *periodica*: sta di fatto che la presenza di queste due congiunzioni[7] non è sufficiente a rompere la struttura continua. Non riscontriamo alterazioni nella costruzione del periodo (anacoluti, parentesi).

Per quanto riguarda la strutturazione di 3,18, Bullinger[8] (1504-1575) sostiene: «Elegante è la frase con la quale viene proposta tutta la prassi della carità. Con molta virtuosità si oppone l'opera alla parola, la verità alla lingua, e così si esclude ogni tipo di ipocrisia [...] Per quanto riguarda la bellezza estetica della formulazione, questa frase contiene la figura dell'epifonema e dell'apostrofe»[9]. Il primo periodo è chiaramente improntato da un parallelismo antitetico, con la congiunzione ἀλλά che divide i due membri dell'antitesi («parola e lingua» – «opera e verità»)[10].

In questo versetto abbiamo quattro sostantivi in paia parallele[11]:

	λόγῳ μηδὲ τῇ	γλώσσῃ
ἀλλὰ ἐν	ἔργῳ καὶ	ἀληθείᾳ

---

[5] Nel versetto 19 non consideriamo come segnale della struttura continua il καί iniziale, in quanto questo καί è sì una congiunzione, però il precedente versetto 18 è già completo e finito in se stesso: con 3,19 inizia un nuovo pensiero.

[6] La classificazione di queste subordinate non è uniforme: in 3,19 si trova poiché preceduta da un verbo *sentiendi* (γινώσκω) seguito da ὅτι (BDR § 397); in 3,20 abbiamo a che fare con una vera e propria *crux exegetum*, la quale merita una trattazione grammaticale-esegetica più approfondita che oltrepasserebbe i limiti di un'analisi sintattica del brano nel suo insieme (rimandiamo all'esegesi a p. 181-242); in 3,22 la proposizione è chiaramente esplicativa.

[7] 'Εάν in 3,22 non lo consideriamo come congiunzione, bensì come particella. Le due congiunzioni, unite ai congiuntivi (v. 20.21) introducono frasi subordinate ipotetiche (BDR § 373). Oltre alle congiunzioni menzionate non dimentichiamo la congiunzione coordinativa ἀλλά (3,18) che connette due proposizioni principali, delle quali la seconda con il soggetto e il verbo sottinteso.

[8] H. BULLINGER, *In Epistolam*, 94.

[9] Epifonema – esclamazione che serve da conclusione del pensiero (H. LAUSBERG, *Handbuch der Literarischen Rhetorik*, § 879). Apostrofe – indirizzo pronunciato dopo aver abbandonato il tema diretto (*Ibid.*, § 762).

[10] Notato anche da KLAUCK, 215.

[11] BROWN, 451. Successivamente potremo stabilire il rapporto più preciso tra questi quattro membri, p. 69-71.

In parallelismo antitetico sono poste anche le due protasi in 3,20a e 3,21a[12], formando un dittico[13]: ritroviamo la stessa congiunzione ipotetica ἐάν[14], lo stesso soggetto καρδία e il predicato verbale καταγινώσκῃ. Un altro parallelismo, questa volta sinonimico, è presente nell'ultimo versetto dove l'autore usa la ripetizione per ricalcare ed enfatizzare: τὰς ἐντολὰς αὐτοῦ τηροῦμεν è sinonimo della frase seguente τὰ ἀρεστὰ ἐνώπιον αὐτοῦ ποιοῦμεν. A conferma dell'affermazione che si tratta di una ripetizione riportiamo che in queste due frasi vengono usati *sinonimi*, sempre nello stesso ordine: τὰς ἐντολάς e τὰ ἀρεστά, αὐτοῦ e ἐνώπιον αὐτοῦ, τηροῦμεν e ποιοῦμεν.

Simile al parallelismo è la figura della paronomasia, anch'essa caratterizzata dalla ripetizione[15]. Paronomasia è la duplice ricorrenza di ἀλήθεια (v. 18 e 19), così come l'avvicendarsi γινώσκειν – καταγινώσκειν – γινώσκειν – καταγινώσκειν (v. 19-20).

Nei versetti riscontriamo un'ordine delle parole perlopiù regolare; rileviamo, comunque, alcune accentuazioni: in posizione enfatica troviamo ἔμπροσθεν αὐτοῦ (v. 19), καρδία (v. 20a), μείζων ἐστίν (v. 20), παρρησίαν (v. 21), τὰς ἐντολὰς αὐτοῦ e τὰ ἀρεστὰ ἐνώπιον αὐτοῦ (v. 22). Da quest'elenco vediamo che in tre casi si tratta di accusativi in posizione enfatizzata.

Con l'osservazione appena fatta siamo già passati a un'analisi più ravvicinata delle caratteristiche grammaticali dei singoli vocaboli. Già uno sguardo superficiale riesce a cogliere che nel brano la presenza dei verbi va di pari passo con quella dei sostantivi (eccetto il v. 18, dove sono addensati

---

12 «Der Aufbau des Textstücks ist von einem antithetischen Parallelismus geprägt» (KLAUCK, 215). Contro F. VOUGA, *Die Johannesbriefe*, 59, che non vede un parallelismo antitetico tra i due periodi ipotetici: «'Εάν κτλ. ist kein Gegensatz zu ὅτι ἐάν κτλ., V. 20a, sondern die Konsequenz aus μείζων ἐστὶν ὁ θεός, V. 20b». Però le corrispondenze formali tra le due protasi sono troppo nette per poter negare il parallelismo. Inoltre classificare 3,21 come conseguenza di μείζων ἐστὶν ὁ θεός dipende da una determinata scelta esegetica, vedi p. 229-230.

13 «Vom Inhalt her stellen der Freispruch des Herzens in V. 21 und der Urteilsspruch des Herzens in V. 20 zwei Tafeln eines Diptychons dar, die man besser nicht auseinander reisst» (KLAUCK, 201). Per questo motivo non poniamo la cesura tra 3,20 e 3,21 (contro SCHNACKENBURG, 204).

14 Classificata da alcuni come particella sinonima di ἄν, vedi p. 195-197.

15 Come suggerisce F. LÜCKE, *Commentar*, 249 n. 1. Paronomasia è la ripetizione della stessa parola o radice entro breve spazio, alcune volte con antitesi (BDR § 488,1).

ben quattro sostantivi di fila!). Incontriamo solo due modi verbali: indicativo e congiuntivo. In netta prevalenza è, poi, l'indicativo, presente con queste forme: γνωσόμεθα, ἐσμέν, πείσομεν (v. 19), ἐστίν, γινώσκει (v. 20), ἔχομεν (v. 21), λαμβάνομεν, τηροῦμεν, ποιοῦμεν (v. 22). Di questi verbi solo due sono al futuro (γνωσόμεθα e πείσομεν, ambedue in 3,19): sorprende la presenza di questi due futuri in v. 19, poiché nelle frasi successive i verbi sono solo al presente. Come già detto, i verbi al congiuntivo (per esattezza congiuntivo presente) sono meno frequenti di quelli all'indicativo: ἀγαπῶμεν (v. 18, connesso con μή, si tratta di un congiuntivo proibitivo[16]), καταγινώσκῃ (v. 20.21), αἰτῶμεν (v. 22). Dalla prevalenza dei verbi al presente[17] (all'indicativo abbiamo solo due casi di futuro) risulta una netta accentuazione della *presenzialità*. La *presenzialità* nella sfumatura di *iterazione* viene sottolineata dalla congiunzione ἐάν nella protasi in 3,21, con la relativa apodosi al presente (παρρησίαν ἔχομεν πρὸς τὸν θεόν)[18]. Nel versetto 3,22 ἐάν assume la funzione della particella ἄν, conferendo comunque l'ipoteticità[19] e la generalità dell'asserzione[20], apportando così la sfumatura di *iterazione* che è data anche dal tempo presente del congiuntivo αἰτῶμεν e dell'indicativo λαμβάνομεν.

I verbi ricorrono solo in due persone, alla terza singolare (4 volte) e alla prima plurale (9 volte): la prevalenza della prima persona plurale contribuisce a sottolineare l'aspetto personale, in quanto l'autore unisce se stesso ai lettori.

Per quanto riguarda i sostantivi, notiamo che sono ripartiti abbastanza equamente nelle varie proposizioni, ad eccezione della frase in 3,18 dove si trova una grande concentrazione di sostantivi, in tutto 5, con un solo verbo. Altra particolarità, sempre dello stesso versetto, è la presenza del sostantivo senza articolo: ben 3 volte in una frase (solo qui nel brano).

Abbastanza equa è la presenza delle varie forme dei sostantivi: 3 nominativi, 2 genitivi, 4 dativi (solo nel versetto 18), 4 accusativi, 1 vocativo (aggiungendo un aggettivo al vocativo). La ripartizione dei vari casi è abbastanza uniforme, solo il versetto 18 fa eccezione per la grande concentrazione del dativo, con la presenza di un solo verbo (ne risulta una sta-

---

[16] BDR § 364.

[17] Questo dato è un'ulteriore conferma dello stile semplice dei nostri versetti.

[18] BDR § 373,1.

[19] BDR § 107,1.

[20] BDR § 380,1.

ticità del pensiero). Anche la presenza di due vocativi in un brano così breve è degna di attenzione: i due indirizzi conferiscono un tono più diretto e personale (ciò concorda con l'osservazione fatta poco prima riguardo i verbi alla prima persona plurale).

Colpisce la minima presenza degli aggettivi, il che è un'ulteriore conferma dello stile semplice del nostro brano. In tutto ve ne sono solo quattro, cioè μείζων (agg. al comparativo), πάντα (agg. indefinito), ἀγαπητοί (agg. in funzione di indirizzo), ἀρεστά (agg. sostantivato[21]). Neanche uno di questi aggettivi, però, è strettamente connesso con un sostantivo (precedendolo o succedendolo).

Per quanto riguarda le altre categorie grammaticali, annotiamo la duplice presenza della particella negativa μή (v. 18.21).

Riassumendo vogliamo sottolineare la *semplicità* dello stile improntato da parallelismi, con enunciati enfatizzanti la *presenzialità* e l'atteggiamento *personale* e *diretto* dell'autore.

Dopo l'analisi sintattica conviene dividere il brano in frasi complete: in questo modo agevoleremo la citazione delle singole parti dei versetti, contrassegnate dal versetto e dalla relativa lettera.

18a	Τεκνία, μὴ ἀγαπῶμεν λόγῳ μηδὲ τῇ γλώσσῃ
b	ἀλλὰ ἐν ἔργῳ καὶ ἀληθείᾳ.
19a	[Καὶ] ἐν τούτῳ γνωσόμεθα
b	ὅτι ἐκ τῆς ἀληθείας ἐσμέν,
c	καὶ ἔμπροσθεν αὐτοῦ πείσομεν τὴν καρδίαν ἡμῶν,
20a	ὅτι ἐὰν καταγινώσκῃ ἡμῶν ἡ καρδία,
b	ὅτι μείζων ἐστὶν ὁ θεὸς τῆς καρδίας ἡμῶν
c	καὶ γινώσκει πάντα.
21a	Ἀγαπητοί, ἐὰν ἡ καρδία [ἡμῶν] μὴ καταγινώσκῃ,
b	παρρησίαν ἔχομεν πρὸς τὸν θεόν
22a	καὶ ὃ ἐὰν αἰτῶμεν
b	λαμβάνομεν ἀπ' αὐτοῦ,
c	ὅτι τὰς ἐντολὰς αὐτοῦ τηροῦμεν
d	καὶ τὰ ἀρεστὰ ἐνώπιον αὐτοῦ ποιοῦμεν.

[21] BDR § 241.

Riguardo a 3,18b si potrebbe obiettare che non si tratta di una frase completa: i mancanti verbo e soggetto, però, sono sottintesi e uguali come nella frase precedente (per ragioni stilistiche non sono ripetuti).

Come già detto, il brano consiste di tre periodi ben distinti: 18, 19-20, 21-22. Purtroppo una struttura più dettagliata potrà essere esposta solo dopo un'accurata esegesi: le varie soluzioni esegetiche fanno scaturire strutturazioni ben diverse fra loro.

CAPITOLO V

Analisi semantica

L'analisi semantica si prefigge di stabilire il significato di parole, frasi e testi. Anche se le singole espressioni acquistano il loro senso nel contesto di frasi e testi[1], è possibile trattare separatamente i vari aspetti: la semantica della parola e la semantica delle strutture testuali[2]. Noi procederemo dando prima una visione dell'insieme, elaborando un'analisi semantica del testo, incluso i campi semantici prevalenti (in questo capitolo), approfondendo poi tale analisi con quella delle singole parole (nei capitoli riguardanti l'analisi dettagliata dei singoli versetti). Questo procedimento ci sembra permettere meglio di includere i vari risultati dell'analisi semantica, sia del testo nell'insieme che delle singole parole, nella spiegazione dettagliata del brano.

Dal punto di vista semantico, possiamo annoverare 75 lessemi, di questi 31 vocaboli autosemantici[3], 35 parole di funzione[4] e 9 pronomi. L'oggetto

---

[1] E viceversa, cioè il contesto è costituito dalle singole espressioni; la comprensione avviene, quindi, in una circolarità.

[2] W. EGGER, *Metodologia del Nuovo Testamento*, 96.

[3] Sono vocaboli che contengono in sé un certo significato (W. EGGER, *Metodologia del Nuovo Testamento*, 100-101).

[4] Chiamati anche vocaboli sinsemantici (preposizioni, congiunzioni, negazioni, ecc.).

di quest'analisi non saranno tutti i lessemi presenti nel testo: irrilevanti per questa nostra analisi semantica sono gli articoli e le congiunzioni[5].

Dei vocaboli autosemantici, i più frequenti sono i verbi (13 in tutto). In disparte poniamo il verbo *essere*, presente due volte, con due funzioni diverse: nel primo caso (v. 19 – ἐκ τῆς ἀληθείας ἐσμέν) ha la connotazione di un verbo di *origine/provenienza*, mentre nel secondo caso (v. 20 – μείζων ἐστὶν ὁ θεός) riveste semplicemente la funzione di copula e potrebbe essere anche omesso[6].

Vi sono diverse possibilità per suddividere i rimanenti verbi in categorie semantiche. La prima proposta ha il vantaggio di distribuire tutti i verbi, e ciò secondo il criterio dell'attività o passività: i verbi attivi sottolineano l'atteggiamento *attivo* del soggetto[7], i verbi passivi, al contrario, l'atteggiamento *passivo* o *ricettivo*[8].

Verbi attivi: ἀγαπᾶν, αἰτεῖν, τηρεῖν, ποιεῖν, πείθειν, καταγινώσκειν (2 volte)

Verbi passivi: ἔχειν, λαμβάνειν, γινώσκειν (2 volte)

Questa divisione è molto generica, in ogni caso ci aiuta a verificare che prevalgono i verbi *attivi*: viene così sottolineata l'attività, non la passività.

Volendo essere meno generici, possiamo distinguere tra questi verbi un'altra categoria, quella dei verbi di conoscenza, i quali sottolineano una conoscenza già acquisita (come nel caso di γινώσκω), oppure pro-posta, ossia posta davanti (πείθω e καταγινώσκω).

Verbi cognitivi: γινώσκειν (2 volte), πείθειν, καταγινώσκειν (2 volte)

A questi verbi cognitivi possiamo aggiungere anche i sostantivi καρδία (il cuore veniva considerato sede della mente[9]) e ἀλήθεια (oggetto della conoscenza). Tutti e tre i verbi cognitivi fanno parte anche dell'ambito forense, ai quali vanno aggiunti ἀλήθεια, ἐντολή e τηρέω. A questa

[5] Con ciò non intendiamo dire che gli articoli e le congiunzioni siano del tutto irrilevanti: lo sono solo per questa fase dell'analisi dell'insieme, mentre saranno valorizzati nell'esegesi dettagliata.

[6] BDR § 127,1.

[7] Non intendere queste due categorie nel senso grammaticale di genere.

[8] Anche se ci può essere una qualche sfumatura di attività.

[9] Vedi esegesi p. 183-184.206.

categoria si potrebbe aggiungere, secondo Bultmann[10], anche ἔμπροσθεν: comunque questa preposizione assume una tale connotazione non di per sé, ma grazie al contesto[11]. Soltanto nella parte esegetica, quindi, potremo decidere se attribuire alla preposizione una connotazione forensica[12]. Gli unici opposti di questa categoria sono καταγινώσκειν e μή καταγινώσκειν.

Analizzando il testo da un diverso punto di vista potremmo trovare un'altro campo semantico, cioè quello dell'alleanza, al quale appartengono i verbi ἀγαπᾶν, τηρεῖν, ποιεῖν, γινώσκειν. A questi vocaboli si deve aggiungere anche ἐντολή e τὰ ἀρεστά: il secondo è un sinonimo del primo[13], può assumere il significato di «cosa retta, giusta»[14] e viene altresì usato nel contesto dell'alleanza[15]. Naturalmente anche θεός rientra nello stesso ambito.

Questi sono, a nostro avviso, i campi semantici più importanti presenti nel nostro brano. Per completezza vogliamo riportare anche altre isotopie riscontrabili, elencandole progressivamente secondo il numero dei relativi lessemi.

Innanzitutto è possibile dividere i sostantivi in termini astratti e concreti. Ai primi appartengono λόγος, ἀλήθεια, παρρησία, ἐντολή, ἔργον[16], mentre ai secondi τεκνία, καρδία, Θεός. Da ciò si deduce una prevalenza di termini astratti che mettono in risalto il carattere meno concreto del passo.

Un'altra categoria presente in modo ragguardevole è quella della comunicazione, alla quale appartengono i lessemi λόγος, γλῶσσα, παρρησία, ἐντολή.

Oltre a questi gruppi più grandi troviamo anche dei minori. Dell'ambito specificamente religioso troveremmo solo queste parole: ἀγαπᾶν[17],

---

[10] BULTMANN, 62.

[11] BROWN, 455. Tale preposizione viene usata in un contesto forense in Mt 10,32; 25,32; 1 Tes 2,19. Senza questa connotazione ad es. Mt 11,26.

[12] Vedi p. 181-183.

[13] Vedi esegesi, p. 265.

[14] Vedi esegesi, p. 263-265. Il significato «cosa retta, giusta» viene confermato dallo correlativa espressione ebraica הַיָּשָׁר בְּעֵינֵי tradotta nella LXX con τὸ ἀρεστὸν ἐναντίον (Dt 12,25.28; 13,19).

[15] Ad esempio Dt 12,25.28; 13,19.

[16] A questi apparterrebbe anche ἀρεστά, però si tratta di un'aggettivo, anche se sostantivato.

[17] Questo lessema non significa semplicemente «amare», ma ha delle sfumature più prettamente spirituali e religiose, vedi a p. 61-62.

ἀλήθεια[18], θεός, ἐντολή. Un campo semantico simile è quello delle realtà della persona umana: γλῶσσα, καρδία (4 volte). Sempre rimanendo in quest'ambito umano possiamo elencare due lessemi che servono per designare la persona[19]: ἀγαπητοί, τεκνία. La parola ἀγαπητοί può essere affiancata a ἀγαπᾶν, in quanto si tratta di due lessemi del campo semantico degli atteggiamenti/affetti umani, anche se abbiamo in pratica due parole dalla stessa radice. Per ultimo due lessemi dell'isotopia «fare, compiere» (in senso generale), cioè ἔργον e ποιεῖν.

Dalla carrellata dei vari gruppi semantici presenti concludiamo che prevale l'isotopia *forense*, che assorbe quasi del tutto il campo *cognitivo*: il campo semantico cognitivo è in funzione di quello forense. Ciò ci aiuta a proporre una caratteristica generale del brano: l'argomento verte sulla conoscenza nell'ambito del *giudizio*[20]. L'affermazione sulla centralità del campo semantico *cognitivo* e *forense* viene corroborata dall'osservazione che le parole più frequenti sono γινώσκειν, che col composto κατα-γινώσκειν è presente quattro volte, e καρδία come «luogo della conoscenza o del giudizio»[21]. Non possiamo dimenticare, poi, di menzionare anche l'altro gruppo presente in maniera significativa, quello dell'alleanza. Del resto questo gruppo impermea tutta la prima lettera giovannea.

Analizzando il testo da un punto di vista differente, quello dei *vettori di azione*, possiamo rilevare tre diversi soggetti presenti:
καρδία, «noi» (l'autore assieme ai lettori), Θεός.

E' chiaro che il vettore di azione καρδία non può essere separato dal *noi*, ma lo rappresenta da un'angolatura specifica[22]. Così questi vettori si riducono a due: il noi dei fedeli della comunità giovannea e Dio. Il rapporto tra questi due vettori di azione può essere chiarito dando uno sguardo alle preposizioni usate con il relativo sintagma:
ἐν ἔργῳ, ἐν τούτῳ, ἐκ τῆς ἀληθείας, ἔμπροσθεν αὐτοῦ, πρὸς τὸν θεόν, ἀπ' αὐτοῦ, ἐνώπιον αὐτοῦ.

---

[18] Di per sé questo sostantivo non rientra in questo campo, però l'autore lo usa nel senso forte per designare la sfera divina, vedi a p. 50-54.

[19] Addirittura potremmo affermare che si tratta di designazioni con tono affettivo, non «neutrali».

[20] Non dimentichiamo che tale sfumatura giudiziale era già presente in 2,28.

[21] Vedi le osservazioni su καρδία, p. 206-207.

[22] Vedi esegesi, p. 207.

Precisiamo che in questi sintagmi il pronome αὐτοῦ si riferisce sempre a Θεός, mentre il soggetto delle relative frasi è sempre il «noi». Inoltre possiamo asserire che, ad eccezione dei primi due sintagmi, abbiamo preposizioni (ἐκ, ἔμπροσθεν, πρός, ἀπό, ἐνώπιον) che indicano un movimento/posizione tra due poli, dei quali il primo polo è costituito dal «noi» dei credenti, mentre il secondo da Dio. La notevole presenza di questi sintagmi (ben 5, inoltre si tratta della maggioranza delle costruzioni con la preposizione) contribuisce a far rilevare che il brano enuclea il rapporto tra Dio e il credente[23], specificando che si tratta anche di un rapporto dinamico, come si vede dalle preposizioni ἐκ, πρός e ἀπό. Queste preposizioni possono essere divise in due gruppi:

1) ἐκ e ἀπό designano un movimento/origine del credente *da* Dio
2) ἔμπροσθεν, πρός e ἐνώπιον designano il movimento del credente *verso* Dio

Concludendo, possiamo proporre in due gruppi più ampi le opposizioni che percorrono il testo:

ἀγαπᾶν λόγῳ καί τῇ γλώσσῃ	ἐν ἔργῳ καὶ ἀληθείᾳ
	τὰς ἐντολὰς αὐτοῦ τηρεῖν
εἶναι (ἐκ πλάνης, ψεύδους)	ἐκ τῆς ἀληθείας
καρδία	θεός (più grande del cuore)
καταγινώσκῃ	μὴ καταγινώσκῃ

Riassumendo i dati raccolti vediamo che il rapporto dinamico tra la comunità giovannea e Dio è incentrato sull'opposizione ἀγαπᾶν λόγῳ καί τῇ γλώσσῃ – ἐν ἔργῳ καὶ ἀληθείᾳ (il che coinciderebbe con τὰς ἐντολὰς αὐτοῦ τηρεῖν), εἶναι (ἐκ πλάνης, ψεύδους) – ἐκ τῆς ἀληθείας, καταγινώσκειν – μὴ καταγινώσκειν. E' impossibile stabilire, per il momento, i rapporti vicendevoli tra le singole opposizioni: la questione è ingarbugliata ed è necessaria una minuziosa analisi, che sarà intrapresa successivamente.

---

[23] Non dimentichiamoci che nel brano prevale come soggetto il *noi*, indicante il gruppo della comunità giovannea.

CAPITOLO VI

Esegesi di 3,18

1. Storia dell'interpretazione

1.1 *Caratteristiche della carità*

La prima spiegazione più dettagliata dell'esortazione ἀγαπῶμεν proviene da Agostino d'Ippona[1] (354-430). Questi prima di tutto delinea la carità richiesta dall'apostolo come una carità «totale» che dona tutta la propria vita per i fratelli[2]. Ciò è però l'apice della carità che nasce dando all'indigente i beni superflui[3]. Insomma, si tratta sempre di una carità attiva

[1] Data l'importanza del suo commento, riportiamo alcuni dati per meglio contestualizzare. Come notato nell'introduzione storico letteraria del commento agostiniano, l'esposizione sulla prima epistola di Giovanni venne fatta durante le feste pasquali (AGOSTINO, *Commento*, 1629). Per quanto riguarda l'anno, le date proposte dagli storici risultano il 413, il 415 e il 418 (*Ibid.*, 1629). «La caratteristica propria del tractatus è quella di essere un commento orale, omiletico, ad un testo biblico, commento compiuto davanti ad un uditorio presente» (*Ibid.*, 1630). Altro dato importante da tenere in mente è che il commento si inserisce in aperta polemica donatista, per cui il vescovo si sente pressato a salvaguardare la purezza e l'integrità della fede dei cristiani di Ippona (*Ibid.*, 1630). Il contenuto del commento non è tanto una teoretizzazione sulla lettera giovannea, quanto piuttosto un'esortazione all'amore concreto (*Ibid.*, 1630).

[2] AGOSTINO, *Commento*, 1746.

[3] AGOSTINO, *Commento*, 1746.

e concreta: «Se non ti dimostri a fatti cristiano, a che ti giova che tutti ti chiamano cristiano, se manca la realtà?»[4].

Nella stessa direzione agostiniana anche la Glossa ordinaria marginale[5]: non c'è perfetta carità in colui che non pone la sua anima per i fratelli, oppure non dà almeno i mezzi di sostentamento.

Per quanto riguarda il verbo ἀγαπῶμεν preso nel contesto prossimo del brano, Nicolaus Gorran[6] (ca. 1210-1295) propone che i motivi dell'ammonizione alla carità vera sono quattro: l'imitazione di Dio (v. 16), l'esaudimento delle preghiere (v. 22), il comandamento di Dio (v. 23), l'inabitazione di Dio (v. 24).

Le caratteristiche specifiche della carità le troviamo nella trattazione sulla relazione tra il primo e il secondo membro del determinato binomio (λόγῳ – γλώσσῃ, ἔργῳ – ἀληθείᾳ). Questa relazione interna può essere:

- sinonimica
- complementare
- mista

1.1.1 Relazione sinonimica

Alcuni studiosi suppongono che tra i sostantivi dei relativi binomi ci sia la stessa relazione interna. Quindi all'interno di ambedue i binomi vi è la relazione sinonimica in cui «parola» ha lo stesso significato di «lingua», mentre «opera» equivale a «verità»[7]. «Verità» quindi significherebbe

---

[4] AGOSTINO, *Commento*, 1742.

[5] *Biblia Latina cum Glossa ordinaria*, IV, ad locum (senza paginazione). Per l'autore della glossa (forse Anselmo di Laon), vedasi C. ZESATI ESTRADA, *Hebreos* 5,7-8, 323.

[6] N. GORRAN, *B. Joannis Apostoli*, 305.

[7] Tra i primi commentatori a proporre argomenti per tale interpretazione ci sono il Socinus (1537-1604) e l'Estius (1542-1613). Il Socinus sostiene: «Quamvis autem istis duabus vocibus, *verbo et lingua*, hic utatur Apostolus tanquam diversa significantibus: tamen ni fallor, sentiendum est, non esse inter haec duo diversitatem significationis, quae alicuius sit momenti: sed Joannem, ad rem magis exprimendam, ad istum modum loqui voluisse. Quemadmodum etiam in duabus alteris vocibus quas istis opponit, eum fecisse verisimile plane est. Quandoquidem re ipsa, quemadmodum vox *linguae*, quae addita fuit voci *verbi*, nihilo plus pollet, quam sola vox *verbi*: sic verbum *veritate*, additum verbo *opere*, nihilo plus quam illud reipsa significat, cum idem sit *veritate*, quod *vere*: vere autem sine dubio is amare dicendus sit, qui opere amat» (F. SOCINUS,

«realtà» (sostantivo), oppure un po' più sfumatamente «realmente» (avverbio). La carità apparente (a parole) è contrapposta a quella reale, in opere.

1.1.2 Relazione complementare

Nei due binomi può sussistere una relazione complementare che può essere di vario tipo:

a) *complementare di specificazione*
b) *complementare «di origine»*

1.1.2.1 *Relazione complementare di specificazione*

I membri dei binomi sono messi rispettivamente in opposizione: alle parole (vane) sono opposte le opere, alla lingua (fallace) è opposta la verità (sincerità)[8]. In questa linea interpretativa il secondo sostantivo specifica il primo: «lingua» aggiunge il tono di insincerità, mentre «verità» quello di sincerità. Quindi potremmo tradurre: «Amiamo non soltanto a parole con movimento di labbra, ma mediante opere di sincerità». Nella seconda opposizione (non movimento di labbra, ma sincerità) viene quindi esclusa ogni forma di ipocrisia, falsità e vistosità[9].

Commentarius, 206). Secondo l'Estius, l'autore della lettera usa vocaboli sinonimi o molto simili per inculcare l'argomento in modo più incisivo: «Magis apparet, Joannem usum vocabolis ejusdem aut vicinae significationis, quo rem diligentius inculcaret; quemadmodum et Dominus apud Osee Prophetam fecit in sententia non plane dissimili cap. 6: Misericordiam volui, et non sacrificium; et scientiam Dei, plus quam holocausta» (G. ESTIUS, *Commentariorum*, 454). Vedi anche p. 49-50. Contro l'interpretazione sinonimica si pronunciò espressamente A. CATHARINUS POLITUS (1484-1552), *Commentaria*, 628: «Doctrina apostolica reiicit synonyma».

[8] Glossa ordinaria marginale (*Biblia Latina cum Glossa ordinaria*, IV, ad locum; il sostantivo lingua non ha qui l'accezione di insincerità); N. GORRAN, *B. Joannis Apostoli*, 305; Nicolaus de Lyra (1270-1349) in *Postilla*, 1399; J. Hus (1371-1415) in J. MONTANUS – U. NEUBER, ed., *Historia et monumenta Joannis Hus*, 338; T. DE VIO CAJETANUS (1469-1534), *Prima Ioannis*, 446 (il Cajetanus comunque ritiene possibile anche la relazione sinonimica, intendendo «verità» come avverbio, «realmente»); A. CATHARINUS POLITUS, *Commentaria*, 628; J. A. BENGEL (1687-1752), *In epistolam primam Iohannis*, 1054; I. G. ROSENMÜLLER (1736-1815), *Scholia in Novum Testamentum*, V, 544 (con la differenza che «lingua» è sinonimo di «parola»); A. PLUMMER (1841-1926), *The Epistles of S. John*, 86; B. WEISS (1827-1918), *Die drei Briefe*, 102; J. BELSER, *Die Briefe*, 90.

[9] Contro questa proposta si oppone esplicitamente E. GAUGLER, *Die Johannesbriefe*, 185, secondo il quale il testo giovanneo non contempla le opere senza carità o ipocrite.

Anche se lo schema di opposizione riaffiora in molti commenti, variano le interpretazioni della carità «a parole» e «con la lingua». La carità «a parole» può essere:

- la promessa inadempiuta[10]
- la parola senza le opere[11]
- i sermoni sulla carità[12]

La carità «con la lingua», invece:

- la preghiera con molte parole[13]
- i discorsi sulla carità[14]
- la fallacia[15]
- le dolci parole d'amore e di promesse[16]

Cornelius a Lapide (1567-1637) ci ha lasciato un'illustrazione del tipo d'interpretazione complementare, illustrazione che per la sua completezza

---

[10] Secondo N. GORRAN, *B. Joannis Apostoli*, 305: «Verbo tantum diligit qui tantum promittit et non solvit». Similmente J. Hus (J. MONTANUS – U. NEUBER, ed., *Historia et monumenta Joannis Hus*, 338).

[11] La Glossa ordinaria marginale (*Biblia Latina cum Glossa ordinaria*, IV, ad locum) interpreta la parola come «pura locutio non opus».

[12] Raccomandare le opere di carità nei sermoni, come lo fanno i predicatori (A. CATHARINUS POLITUS, *Commentaria*, 628). Contro quest'opinione si esprime F. LÜCKE, *Commentar*, 233.

[13] La Glossa ordinaria marginale (*Biblia Latina cum Glossa ordinaria*, IV, ad locum) non mette in opposizione «lingua» a «verità» e interpreta la «lingua» come la preghiera molteplice, senza connotazioni espressamente negative («multiplex oratio intelligitur, sicut quidam saepe repetitis sermonibus affectum suum volunt commendare»).

[14] Discorsi sulla carità come sfoggio ed ostentazione degli affetti (N. GORRAN, *B. Joannis Apostoli*, 305).

[15] Così Hus (J. MONTANUS – U. NEUBER, ed., *Historia et monumenta Joannis Hus*, 338). Quest'interpretazione viene ulteriormente accentuata da Nicolaus de Lyra nella Postilla: «Neque lingua, fallaci, sicut Ioab dixit Amale (2 Re 20) "salve mi frater", et statim interfecit eum, et hic amor non solum est fictus et vanus, sed etiam proditorius» (*Postilla*, 1399). Secondo DIONYSIUS CARTUSIANUS (1402-1471), *Enarratio*, 37, non dobbiamo dimostrare di amare il prossimo con parole belle, blande e dolose, così come quelli che augurano «pace» al prossimo e nel loro animo stabiliscono il loro agguato (Ger 9,7), oppure «di pace parlano ai loro vicini, mentre malizia c'è nel loro cuore» (Sal 27,3). I. Benedictus Felicianus (ca. 1500) sostiene che se agiamo così siamo mendaci: «Nam qui aliud dicit, et aliud facit, cum actionem minime consonam verbis habeat, mendax est, et non verax» (*Catena*, 442).

[16] A. CATHARINUS POLITUS, *Commentaria*, 628.

e suggestività merita di essere riportata[17]. Il gesuita ribadisce che l'amore consigliato da Giovanni non è a parole, ma reale. Non ozioso, ma operoso. Non con la lingua, ma vero, cioè non adulatorio, falso e ipocrita, ma sincero, cordiale e vero, come lo fu l'amore di Cristo. Infatti alla lingua Giovanni oppone la verità, quasi come se volesse opporre l'ipocrisia e la simulazione alla sincerità e all'amore cordiale: così si esclude dalla carità cristiana ogni tipo di finzione e falsità. Infatti, le parole non saziano la fame o la sete, ma il cibo e l'acqua; le cose promesse non vestono gli ignudi, né liberano dal carcere, bensì le vesti e il denaro. Naturalmente ciò non significa che basti solo l'opera esterna: a questa deve essere connesso anche l'atteggiamento interiore, e cioè l'affetto, la gioia e la dolcezza. Per questo si può dire che nell'amore è richiesta la lingua, la mente e la vita. L'amore di Dio non è mai ozioso[18]: se è presente, opera delle grandi cose e, se si rifiuta di operare, non è amore.

E' interessante riscontrare che l'interpretazione complementare specificativa si trova in autori del periodo tra il 1200 e il 1600 (Glossa ordinaria marginale, Gorran, Hus, Cajetanus, Ambrosius Catharinus Politus), per riacquistare popolarità intorno al 1900, con un'argomentazione più precisa, nei commentari di Plummer, Weiss e Belser.

Ultimamente una proposta complementare specificativa, però alquanto generica, si riscontra in Schnackenburg[19]: in ambedue i binomi il secondo membro (γλώσσῃ, ἀληθείᾳ) rafforzerebbe il primo (λόγῳ, ἔργῳ).

1.1.2.2 *Relazione complementare «di origine»*

Un'altra posizione ribadisce che il secondo membro costituisca il principio interiore del primo membro, con un movimento dall'interno all'esterno. Così le opere sgorgherebbero dalla verità come rivelazione di Dio, così come le parole sgorgano dalla lingua[20].

---

[17] CORNELIUS A LAPIDE, *Commentarius*, 579-580.

[18] Simile idea in A. CALMET (1672-1757), *In primam*, 659: «Ardens caritas otium nescit».

[19] SCHNACKENBURG, 201, rimandando a passi simili come Gc 1,25 e 2,12.15-17, *Testamento di Gad* 6,1. Un'idea simile viene sostenuta già da F. LÜCKE, *Commentar*, 232-233: nella carità operosa (ἐν ἔργῳ) si può riconoscere il vero amore (ἐν ἀληθείᾳ). Ἐν ἀληθείᾳ è il concetto più generale della frase, opposto all'apparenza. Τῇ γλώσσῃ indicherebbe un grado più alto di amore apparente rispetto a λόγῳ.

[20] I. DE LA POTTERIE, *La vérité*, II, 663-673; BROWN, 619. STRECKER, 192, si dimostra scettico verso tale proposta: «Jedoch macht der Verfasser nur die

1.1.3 Relazione mista

Un'altra interpretazione distingue la relazione nei singoli binomi: mentre nel primo binomio tra i due sostantivi ci sarebbe la relazione sinonimica, nel secondo binomio la relazione complementare (verità come origine delle opere)[21].

1.2 *Il significato di «verità»*

Con la problematica appena affrontata (il rapporto dei due sostantivi all'interno del relativo binomio), è connessa l'interpretazione attribuita al sostantivo «verità». Data l'importanza capitale di tale questione, affrontiamo ciò più dettagliatamente. Vi sono tre diversi tipi di interpretazione di ἀλήθεια:

- «sinceramente»
- «realmente» («realtà»)
- «verità» nel senso del Dio rivelato

1.2.1 «Sinceramente»

Il senso avverbiale «sinceramente» riguarda il caso della relazione complementare. Riportiamo tale interpretazione al primo posto, poiché si tratta di quella più antica, testimoniata già da Agostino. Il teologo di Ippona, dopo aver delineato l'aspetto *esteriore* della vera carità (cura materiale del bisognoso fino al dono della vita[22]), specifica il suo aspetto *interiore*. Come

---

Zusammengehörigkeit der beiden Parallelbegriffe und den Gegensatz der beiden Begriffspaare sichtbar». Nonostante lo scetticismo, lo Strecker si avvicina alla relazione di origine: «lingua» è più concreto di «parola», essendo l'organo umano della parola, mentre «verità» è la verità escatologica che si deve realizzare «in opere» (STRECKER, 191-192).

[21] SMALLEY, 198; F. VOUGA, *Die Johannesbriefe*, 59. C. HAAS – M. DE JONGE – J. L. SWELLENGREBEL, *A Translator's Handbook*, 92-93, sostengono che parola e lingua siano sinonimi, con la precisazione che l'uno rafforzi l'altro, cosicché uno di questi membri può essere usato come un enfatizzatore (traducendo ad es. «we must not only love with words», «let us not merely talk about love»). Il secondo binomio viene visto sia in rapporto di sinonimia («in opere, realmente»), sia di complementarietà (verità come «verità di Dio»; *ibid.*, 13-14).

[22] Questa gradazione agostiniana della carità è confluita nella Glossa ordinaria marginale (*Biblia Latina cum Glossa ordinaria*, IV, ad locum).

riconoscere se le opere buone provengono dalla pura carità? Anche coloro che non amano realmente i fratelli li compiono, come ad esempio gli scismatici oppure coloro che vogliono essere ammirati e hanno l'ambizione di farsi un nome[23]. Il segno di riconoscimento è questo: gli atti di vera carità sono quelli che emanano dalla carità *interiore*[24]. Anche nello Pseudo-Hilarius (690/708) si riscontra l'accento agostiniano sulla carità interiore: amare in verità significa amare di cuore[25].

Nonostante i successivi commentatori continuino nella stessa linea, sottolineando l'aspetto *interiore*, avviene uno spostamento di significato: dall'intenzione della carità *verso il prossimo* all'intenzione per la *gloria di Dio*. In breve, cambia l'oggetto dell'intenzione: non più atti di carità per riguardo *all'uomo*, ma *a Dio*. Questo cambio si trova già nel commentario di Beda[26] (672/673?-735). In questo commento non avviene ancora uno spostamento netto, ma alquanto sfumato. Il benedettino si preoccupa maggiormente di delineare gli aspetti della *falsa intenzione*. Così amare gli altri in verità significa compiere gli atti di beneficenza con un'intenzione semplice, quindi non per essere lodato o per inorgoglirsi, né per svergognare altri che, nonostante siano dotati di beni più ingenti, non hanno fatto cose del genere. Chiunque è afflitto da tali macchie nella mente, non può abitare in questa purità della verità, anche se apparentemente compie opere di carità verso il prossimo. Uno spostamento più deciso avviene con Walafrid Strabo (808-849), il quale ricalca l'interpretazione di Beda sull'intenzione semplice e pura: compiere gli atti di carità nella verità vuol dire compiere tali opere con un'intenzione semplice, non per vanto o per qualche vantaggio temporale, ma solo per *riguardo a Dio*[27]. La sua interpretazione si ritrova nella Glossa ordinaria marginale e, conseguentemente, nei commentari medievali. Così non sorprende che anche il commentario del tardo medioevo di Dionysius

---

[23] AGOSTINO, *Commento*, 1748.

[24] «Opus ergo suum probet unusquisque nostrum, utrum de vena caritatis emanet, utrum de radice dilectionis rami bonorum operum pullulent... non quando illi perhibet testimonium lingua aliena, sed quando perhibet conscientia propria» (AGOSTINO, *Commento*, 1748).

[25] PSEUDO-HILARIUS DE ARLES, *Epistola*, 115.

[26] BEDA VENERABILIS, *In Epistolam 1 Joannis*, 308. L'anno di nascita è insicuro.

[27] WALAFRID STRABO, *Epistola 1 B. Joannis*, 700. Questa interpretazione è ripresa alla lettera dalla Glossa ordinaria marginale (*Biblia Latina cum Glossa ordinaria*, IV, ad locum) e anche da N. GORRAN, *B. Joannis Apostoli*, 305, e da J. Hus (J. MONTANUS – U. NEUBER, ed., *Historia et monumenta Joannis Hus*, 338).

Cartusianus si trovi nella stessa linea, sottolineando ancor più l'intenzione rivolta a Dio: si deve amare il prossimo con un'intenzione sincera e retta, non per lode umana o comodità temporale, ma *per la gloria e l'onore dell'Onnipotente*[28]. Il commentario di Ambrosius Catharinus Politus riprende l'ormai classica interpretazione della verità come *intenzione semplice*[29], *intenzione rivolta a Cristo*. L'agostiniana «carità sincera verso il prossimo» è ormai scomparsa, lasciando il posto alla relazione dell'uomo con Dio, all'opera fatta con l'intenzione di piacere a Cristo[30].

L'interesse «agostiniano» per *l'uomo*, ossia per la sincerità delle relazioni interpersonali, ritorna nell'umanesimo. Lutero, attribuendo ad ἀλήθεια il significato di sincerità[31], considera la carità in questione come fraterna, cioè verso il fratello[32]. In ciò Lutero si riallaccia al versetto 3,17, dove Giovanni parla del rapporto verso il fratello indigente[33]: il versetto 18 viene così considerato nel contesto del versetto precedente. Lutero spiega che Giovanni usa la parola «fratelli» poiché nel cristianesimo c'è la fratellanza (1 Pt 2,17: πάντας τιμήσατε, τὴν *ἀδελφότητα* ἀγαπᾶτε). Quindi questa carità tra i cristiani deve essere fraterna, cioè plasmata sul modello di quella carità che esiste tra i fratelli di una stessa famiglia. Amare colui che è forte ed amichevole rappresenta una cosa facile: in questo modo ama anche il mondo[34]. Giovanni non dice di amare i forti, ma il fratello. Il cristiano ama il fratello *come tale*, per questo considera come nulli i motivi

---

[28] DIONYSIUS CARTUSIANUS, *Enarratio*, 37, vede confermato questo atteggiamento nelle parole del Signore: «Badate di non praticare la vostra giustizia davanti agli uomini per essere da loro ammirati; altrimenti non avrete ricompensa presso il Padre vostro che è nei cieli» (Mt 6,1). Accanto a questo passo cita anche Sir 6,4 («L'anima iniqua rovina chi la possiede e lo rende ridicolo ai suoi nemici») e Pr 17, 20 («Un cuore perverso mai troverà fortuna; chi ha una lingua falsa cadrà nella sventura»). L'interpretazione di verità, sia nel senso di sincerità che di realtà, è proposta da A. NATALIS (1639-1724), *In epistolam*, 128; I. G. ROSENMÜLLER, *Scholia in Novum Testamentum*, V, 544; F. UTTENDOERFER, «Ein Kennzeichen», 986-987 (Uttendoerfer include addirittura anche il terzo senso di ἀλήθεια, annotando che nell'uso giovanneo «verità» è da comprendere come espressione dell'ideale, ossia del comandamento e dell'esempio di Cristo).

[29] «Ex veris et intimis praecordiis» (A. CATHARINUS POLITUS, *Commentaria*, 628).

[30] A. CATHARINUS POLITUS, *Commentaria*, 628.

[31] Per un'analisi più dettagliata della sua interpretazione, vedasi a p. 51-53.

[32] M. LUTHER, *Vorlesung*, 715.

[33] «Se uno possiede le ricchezze del mondo e, vedendo il proprio *fratello* che si trova nel bisogno, gli chiude il cuore, come l'amore di Dio può essere in lui?»

[34] A questo punto Lutero riporta una citazione di Cicerone: «Vulgus amicitias utilitate probat» («il popolo giudica le amicizie secondo l'utilità»).

per i quali il mondo ama. Dio alcune volte rende i nostri fratelli insostenibili: Cristo però non ci ha cacciato, anche se siamo insostenibili, e così nello stesso modo dobbiamo agire anche noi verso gli altri.

Sempre rimanendo nella stessa epoca, riscontriamo una modificazione della sincera carità fraterna: il sincero amore per gli amici (la *vera amicizia*). Il Gagnaeus († 1549) dice che l'autore di 1 Gv parla contro le amicizie simulate che non hanno neanche il nome di amicizia: così in 3,18 avremmo un'esortazione alla sincerità in parole ed opere, sincerità senza doppiezza d'animo[35]. Anche Nicolaus Serarius (1555-1609) si muove nella stessa direzione e vede nel versetto in questione un'esortazione alla vera amicizia. Non dobbiamo essere amici «a parole e a nome» (Serarius cita Theognis, che chiama tali amicizie ἀπο γλώττης και μέχρι προσηγορίας) e neppure «compagni dei banchetti che si dileguano nel giorno della tribolazione» (Sir 6,10)[36].

L'interpretazione di ἀλήθεια come «sincerità» ha avuto i suoi sostenitori anche nell'epoca moderna[37], perdendo credito verso la metà del XX secolo.

1.2.2 «Realmente»

Se consideriamo i sostantivi ἔργον e ἀλήθεια come sinonimi, allora ἀλήθεια significa «realtà» (sostantivo), oppure più sfumatamente «realmente» (avverbio). Quest'interpretazione sinonimica affiora abbastanza tardi (J. Ferus verso il 1500), per diventare popolare nel XX secolo; in seguito perde terreno dopo la vigorosa argomentazione del belga de la Potterie (1977, ἀλήθεια come verità divina), ma nonostante tutto continua ad essere presente fino ai nostri giorni (Grayston, 1984).

---

[35] I. GAGNAEUS, *Epistola*, 232.

[36] N. SERARIUS, *In epistolam Ioannis I.*, 67.

[37] I. G. ROSENMÜLLER, *Scholia in Novum Testamentum*, V, 544 (ambedue le interpretazioni, «veramente» e «sinceramente»: vere ac sincere); A. PLUMMER, *The Epistles of S. John*, 86; B. WEISS, *Die drei Briefe*, 102; J. BELSER, *Die Briefe*, 90; A. E. BROOKE, *A Critical and Exegetical Commentary*, 97; W. VREDE, *Der erste Johannesbrief*, 166; J. CHAÎNE, *Première Épître de Saint Jean*, 191.

L'interpretazione avverbiale «realmente»[38], oltre che ad essere più antica (già presente nel commento del Ferus[39]) è anche più diffusa della proposta che vede ἀλήθεια come sostantivo, «realtà». In questo secondo caso i due membri costituiscono un'endiadi. Questa concezione s'incontra in Bultmann[40], per essere sviluppata ed esposta con molta precisione da Wengst. Proprio il Wengst, nel suo recente commentario (1978), vede ambedue i concetti («verità» e «opera») legati strettamente a tal punto[41], che la «verità» per Giovanni non sarebbe concepibile senza il momento della realizzazione concreta-materiale. Per la 1 Gv sarebbe prettamente caratteristico il parallelismo «opera» e «verità». La verità, ben lungi da essere un'idea astratta, avrebbe il suo criterio nell'opera: solo allora è reale, e solo nella sua realtà e realizzazione è anche vera[42]. Giovanni metterebbe così in guardia da un atteggiamento falso e «mondano», come ci conferma Arias Montanus (1527-1598): «Mundanae simulationis et Christianae charitatis discrimen manifestum»[43].

1.2.3 «Verità»

L'ultima possibilità vede nel concetto ἀλήθεια la verità in persona, Dio rivelatosi e resosi presente in Cristo. Questa proposta è oggi la più accettata, soprattutto grazie all'elaborata argomentazione di de la Potterie. Il professore gesuita sostiene che il significato «teologico» (Dio-verità) si riscontra solo a partire da Bernardo (1090-1153) e Lutero. Ciò però non corrisponde alla realtà, poiché l'interpretazione teologica si trova già nel commento dello Scottus Anonymus (nel VII secolo!). Purtroppo

---

[38] I. G. ROSENMÜLLER, *Scholia in Novum Testamentum*, V, 544 (ambedue le interpretazioni, «veramente» e «sinceramente»: vere ac sincere); A. LOISY, *Les Épîtres dites de Jean*, 559; C. H. DODD, *The Johannine Epistles*, 87; P. DE AMBROGGI, *Le tre Epistole di Giovanni*, 253, F. HAUCK, *Der erste Brief des Johannes*, 138; J. SCHNEIDER, *Der erste Brief des Johannes*, 168; H. BALZ, *Die Johannesbriefe*, 186; P. BONNARD, *Les épîtres johanniques*, 80 (καί è esplicativo); K. GRAYSTON, *The Johannine Epistles*, 114 («in genuine activity»).

[39] J. FERUS, *Die Erste Epistel*, 122.

[40] BULTMANN, 61, classifica ambedue i binomi come endiadi: la vera carità non si manifesta tramite parole vuote, ma azioni effettive.

[41] «Beide Worte bilden hier einen einzigen zusammenhängenden Begriff» (WENGST, 156).

[42] WENGST, 156.

[43] B. ARIAS MONTANUS, *In Epistolam primam D. Ioannis*, 409.

l'annotazione dello Scottus è molto concisa: amare in verità significa «amare in Cristo», il quale è verità[44]. Dopo questa concisa annotazione possiamo trovare un'esplicitazione più approfondita in Bernardo di Clairvaux[45]. Per l'abate di Clairvaux amare in opera e verità significa essere spinti «quodam vividae veritatis impulsu»[46].

Alcuni secoli dopo viene la volta di Lutero, il quale ci ha lasciato un commento che ha suscitato una vera e propria rivoluzione nell'interpretazione di 1 Gv 3,18-22[47]. Secondo de la Potterie, Lutero sembra comprendere ἀλήθεια come un riferimento alla fede che deve ispirare il cristiano. De la Potterie vedrebbe questo riferimento nel seguente passo: «Concludit Sanctus Ioannes hic illam exhortationem de dilectione et *redit in circulum*, ut annectat propositionem de fide. Nam christiana doctrina consistit in his duobus»[48]. Prima di tutto dobbiamo chiarire che questa frase, posta all'inizio della trattazione sul versetto 18, è alquanto oscura: quale sarebbe la *propositio de fide*? Successivamente, infatti,

---

[44] SCOTTUS ANONYMUS, *Commentarius in epistolas catholicas*, 42. Amare con la lingua significherebbe amare nella falsità.

[45] I. DE LA POTTERIE, *La vérité*, II, 664.

[46] BERNARDUS, *Sermo 50 in Cantica Canticorum* (PL 183, 1022).

[47] Il commento di Lutero è di importanza capitale per la storia dell'interpretazione del nostro brano, soprattutto per quanto riguarda i versetti 19 e 20. Le lezioni sulla 1 Giovanni non presentano problemi cronologici: si tratterebbe di 28 o 29 lezioni fatte dal 19 agosto al 7 novembre 1527. La lezione sul nostro passo è del 1 ottobre 1527. In quel periodo Lutero stava dando delle lezioni su Isaia, ma fu costretto a interromperle a causa dello scoppio di un'epidemia di peste: molti studenti e membri della facoltà scapparono da Wittenberg a Jena. A coloro che erano rimasti a Wittenberg Luther aveva offerto una serie di lezioni su 1 Gv. Tra i suoi ascoltatori c'era Rörer che si occupava delle vittime del flagello e attraversava un momento tragico: sua moglie era morta di peste. Proprio dalla mano di Rörer proviene un manoscritto con informazioni così dettagliate, contenenti anche le lezioni di Lutero. Di una seconda versione delle lezioni sembra essere responsabile un'altro ascoltatore. Questa versione fu pubblicata per la prima volta nel 1708 e attribuita a un compagno di Lutero, Jacob Propst di Brema. Anche se le circostanze della preparazione non possono essere più conosciute, sembra che la versione di Propst riporti del materiale autentico che manca in Rörer; parte del materiale preservato da Rörer, d'altra parte, manca qui. Sembra ovvio che l'editore del XVIII secolo sia stato responsabile per aver completato i riferimenti biblici (M. LUTHER, *Lectures*, X-XI). Noi seguiremo la versione del Rörer, versione adottata anche per l'edizione critica tedesca. Quando la versione del Propst offrirà varianti interessanti, non ometteremo di riportarle nelle note.

[48] M. LUTHER, *Vorlesung*, 714. Citato in I. DE LA POTTERIE, *La vérité*, II, 664.

Lutero parla solo della carità. Per comprendere il suo pensiero bisogna aiutarsi con un altro passo, preso dalla fine della spiegazione di 3,18: «Christus non reiecit me propter meam debilitatem, sic nec ego illum fratrem. *Iam redit ad circulum de fide*»[49]. E' importante rilevare che vengono riprese in pratica le stesse parole del passo precedente (redit ad circulum, de fide). Inoltre è da notare che questo secondo passo si trova alla fine della spiegazione su 3,18, dopo aver spiegato «la prima metà del circolo», la carità. Adesso, quindi, Lutero si accinge a *ritornare sulla fede*. Come? Innanzitutto premettendo (proprio prima dell'affermazione «iam redit ad circulum de fide») che Cristo non rigetta l'uomo moralmente debole. E non solo prima della nostra frase «equivoca», ma anche subito dopo Lutero si accinge a spiegare in che senso intende la fede: la coscienza deve essere persuasa del perdono *nella fede*[50], perdono intravisto soprattutto nel v. 20, «Dio è più grande del nostro cuore» (più grande nella sua misericordia)[51]. Il perdono così equivale alla certezza che Cristo non rigetta il debole, come affermato poco prima. Questa fede, dal canto suo, rende possibile la carità fraterna: «Exercenda fides, ut liberetur a mala conscientia, ut serviat fratri»[52]. E così avviene nuovamente la *reditio ad circulum*: dalla carità alla fede, dalla fede alla carità. Quindi vediamo chiaramente che Lutero non riferisce la «propositio de fide» alla parola ἀλήθεια, ma ai due seguenti versetti 19-20[53]! Contrariamente all'interpretazione di de la Potterie, sembra che Lutero intenda ἐν ἀληθείᾳ nel senso di sincerità[54].

Se volessimo cercare a tutti i costi una sfumatura cristica della carità in Lutero, ciò la potremmo trovare non tanto nell'interpretazione di ἀλήθεια, quanto piuttosto nella spiegazione globale della carità fraterna. Questa deve saper tollerare anche i fratelli «insostenibili», poiché Cristo stesso non ci ha cacciato, nonostante siamo insostenibili, e così nello stesso modo

---

49 M. LUTHER, *Vorlesung*, 715.

50 M. LUTHER, *Vorlesung*, 715-716.

51 M. LUTHER, *Vorlesung*, 716-717.

52 M. LUTHER, *Vorlesung*, 716.

53 E ciò viene ulteriormente confermato dalla terza ripetizione della frase cruciale, in una forma leggermente mutata, «de charitate itaque regreditur ad fidem», nella spiegazione di 3,20 sul perdono da parte di Dio (M. LUTHER, *Vorlesung*, 717).

54 «Christianismus est veritas et tamen fides et charitas maxime simulantur apud hypocritas et languidos. Diligere Veritas, contra hypocrisis alterum quasi verbum» (M. LUTHER, *Vorlesung*, 714). «Ex synceritate et veritate diligimus fratrem» (*Ibid.*, 715).

dobbiamo agire anche noi verso gli altri[55]. Forse sotto l'influsso luterano il pastore Uttendoerfer (nel 1900) si muove nella stessa linea, parlando della carità secondo l'esempio di Cristo. A differenza di Lutero, però, Uttendoerfer interpreta esplicitamente ἀλήθεια come la verità che corrisponde all'ideale, ossia al comandamento e all'esempio di carità di Cristo[56]. Vediamo, comunque, che si tratta di una concezione sfumata di ἀλήθεια, indubbiamente nel senso cristiano («secondo l'esempio di Cristo»), ma non ancora nel senso Dio-verità.

Bisogna fare un salto di molti secoli, arrivando al secolo XX, per poter trovare l'interpretazione «teologica». Se il Windisch propone un'interpretazione ambigua, rimandando a Gv 4,23 (ἐν πνεύματι καὶ ἀληθείᾳ) senza dare alcuna spiegazione[57], il Bonsirven, invece, espone esplicitamente l'interpretazione «forte e tipicamente giovannea»: la vera carità deriva dalla magnifica carità di colui che è verità[58]. Dopo Bonsirven anche Gaugler propone la stessa interpretazione[59], senza però riportare altri dettagli.

Questi brevi cenni dell'interpretazione «teologica» sono stati approfonditi nello studio «La vérité dans Saint Jean» (de la Potterie). La verità è il Cristo presente nel credente, e dal Cristo «emanano» gli atti di carità. Quindi non si tratta solo di atti «veri» (reali), neanche «sinceri» (anche se ciò si presuppone tacitamente), ma si tratta piuttosto di atti sgorganti dalla verità interiorizzata.

La posizione del de la Potterie, ripresa soprattutto dall'autorevole commentario di Brown (1982), si è diffusa largamente, diventando quella più preponderante[60]. Mentre de la Potterie e Brown sottolineano a tal punto l'interpretazione «teologica», rimarcando lo sfondo ebraico del concetto giovanneo ἀλήθεια, da mettere in ombra la realtà di tale verità ossia la sua

---

[55] M. LUTHER, *Vorlesung*, 715. Anche Cornelius a Lapide annota che la nostra carità deve essere come quella di Cristo (*Commentarius*, 579).

[56] F. UTTENDOERFER, «Ein Kennzeichen», 986-987 (Uttendoerfer include addirittura anche il primo e il secondo senso, quindi sincerità e realtà).

[57] H. WINDISCH – H. PREISKER, *Der erste Johannesbrief*, 125.

[58] J. BONSIRVEN, *Épîtres de Saint Jean*, 172.

[59] E. GAUGLER, *Die Johannesbriefe*, 185.

[60] Anche SCHUNACK, 66 (il suo commentario è stato pubblicato contemporaneamente a quello di Brown). Successivamente F. VOUGA, *Die Johannesbriefe*, 59; BEUTLER, 96-97.

concreta realizzazione (secondo la concezione greca della parola ἀλήθεια), si trovano commentatori che conciliano ambedue le posizioni. Infatti viene visto che nel contesto del versetto, tenendo conto del parallelismo antitetico tra i due binomi, «verità» ha in primo luogo il senso ovvio e semplice di «realtà». In secondo luogo, però, tenendo conto del contesto più ampio della visione giovannea, arriviamo ad un approfondimento di tale concetto, ἀλήθεια come «verità divina»[61].

2. Interpretazione

2.1 *L'indirizzo τεκνία*

Τεκνίον è un diminutivo di τέκνον[62] («bambino»), parola trovata 99 volte nel NT. Τέκνον è etimologicamente apparentato al verbo τίκτειν e designa il bambino in rapporto ai genitori. Accanto a quest'uso in senso proprio, τέκνον viene spesso adoperato in senso lato (in vari ebraismi, ad es. «figli dell'ira» in Ef 2,3). Nel NT il senso traslato si trova già in una parola di Gesù (Mc 2,5), per poi diffondersi nella chiesa primitiva nel senso di figliolanza spirituale in rapporto al maestro o apostolo[63], come confermano anche gli indirizzi nelle lettere pastorali (1 Tim 1,18; 2 Tim 2,1). Di conseguenza i membri della comunità cristiana sono chiamati in questo modo (2 Gv 1,1.4.13, diminutivo τεκνίον), come pure gli appartenenti ai falsi maestri sono designati come loro figli (Apc 2,23).

In senso lato, per indicare la figliolanza adottiva dei cristiani, il Nuovo Testamento usa la parola τέκνον (e non παῖς). L'idea di questa figliolanza

---

[61] C. HAAS – M. DE JONGE – J. L. SWELLENGREBEL, *A Translator's Handbook*, 13-14: «In the direct context of 3,18, the phrase "in truth" clearly means "really", "actually" (contrasting to 'in word and speech', that is, something which is said only). But v. 19 refers to being "of the truth". Accordingly, it seems probable that the phrase in v. 18 may also have the more theological undertone of "participating in the divine reality that is revealed by Christ, and realizing it in one's own life"». BROWN, 451, ha torto nell'attribuire al sussidio di Haas solo l'interpretazione di verità come «realtà»: questo è uno degli esempi che ci illustra come gli esegeti, alcune volte, riportano imprecisamente altri commenti. La posizione conciliatrice si trova anche in STRECKER, 192 (anche se costui parte dall'interpretazione «teologica», per includervi successivamente la proposta di stampo greco); SMALLEY, 199; KLAUCK, 217.

[62] G. SCHNEIDER, «τέκνον», 817-818.

[63] 1 Cor 4,14.17; 2 Cor 6,13; Gal 4,19; Fm 10; 1 Tm 1,2; 2 Tm 1,2; Tt 1,4; 3 Gv 1,4.

viene espressa con la maggiore sinteticità e pregnanza in Giovanni[64]. Mentre Paolo associa la figliolanza all'adozione[65], Giovanni la fonda sulla nascita da Dio[66] che si deve però comprendere analogicamente, in senso traslato[67]. Gli altri autori del NT non presentano questa concezione della figliolanza divina dei credenti, anche se possiamo trovare l'idea di rinascita in Gc 1,18 e 1 Pt 1,23[68].

Tre sono le parole per «figli», sempre al plurale, adoperate nelle lettere giovannee, distinte da υἱός, figlio, che è limitato a Gesù quando viene usato religiosamente[69]: παιδίον, τέκνον e τεκνίον[70]. Παιδίον, «bambino, figliolo», è un diminutivo di παῖς, «ragazzo, figlio»[71]. Nell'unico impiego di παῖς nel vangelo di Gv (in 4,51), esso è intercambiabile con παιδίον (ricorre poco prima in 4,49). Nel vangelo di Gv c'è un esempio di παιδίον al plurale indirizzato da Gesù ai suoi discepoli in 21,5. I due usi in 1 Gv (2,14.18) sono indirizzi al plurale rivolti al pubblico dell'autore, intercambiabili con il plurale di τεκνίον, come mostra un confronto di 2,12a con 2,14a[72].

Τέκνον, figlio o bambino, è usato per un totale di 9 volte nelle lettere. In 1 Gv viene usato 4 volte (3,1.2.10; 5,2) per i figli di Dio e una volta (3,10) per i figli del diavolo. In 2 Gv, viene usato 3 volte (1.4.13) per membri di chiese locali che sono personificati come donne; in 3 Gv 1,4 l'autore chiama i membri della chiesa τὰ ἐμὰ τέκνα. Nei 3 usi del vangelo di Gv, τέκνον viene usato due volte per i figli di Dio (1,12; 11,52) e una volta per i figli (discendenti) di Abramo (8,39).

---

[64] A. OEPKE, «παῖς κτλ.», 274-275.
[65] G. SCHNEIDER, «τέκνον», 819.
[66] G. SCHNEIDER, «τέκνον», 819. Vedi Gv 1,12; 1 Gv 2,29; 3,9; 4,7; 5,3.9.10.
[67] G. SCHNEIDER, «τέκνον», 820.
[68] A. OEPKE, «παῖς κτλ.», 275.
[69] «In Giovanni la distinzione terminologica tra i due tipi di figliolanza di Dio è seguita con estrema coerenza: solo Cristo è chiamato adesso υἱός ed i credenti sono chiamati esclusivamente, a differenza di lui, τέκνα [τοῦ] θεοῦ» (A. OEPKE, «παῖς κτλ.», 273).
[70] BROWN, 213-214.
[71] BROWN, 214.
[72] BROWN, 214.

La parola τεκνίον è un diminutivo tardo e raro di τέκνον, usato nel parlare ai bambini: in italiano «piccolino, figliolino»[73]. Le due parole erano probabilmente intercambiabili nel discorso comune, ma il loro uso è abbastanza distinto negli scritti giovannei[74]: τεκνίον ricorre sempre come indirizzo. Nella letteratura giudaica dei cosiddetti pseudepigrafi lo troviamo nel *Testamento di Ruben*[75], nel *Testamento di Giobbe*[76] e nella *Vita di Adamo ed Eva*[77]. Negli scritti ermetici possiamo trovare τέκνον e παῖς come designazione per i nuovi iniziati[78] (come correlato di πάτερ[79]), mai però τεκνίον. Manca nei LXX e nella letteratura protocristiana fuori del NT[80].

Se τέκνον si riferisce in generale ai «figli di Dio» e non è un indirizzo, i 7 usi di τεκνίον in 1 Gv (2,1.12.28; 3,7.18; 4,4; 5,21) lo sono[81] e vengono applicati dall'autore[82] a coloro che egli considera suoi figli spirituali, come sosteneva già Nicolaus Gorran[83] e, recentemente, Brown[84].

---

[73] In tedesco «Kinderchen» (STRECKER, 191; WENGST, 154). In inglese «little children» (BROWN, 451) oppure «dear children» (SMALLEY, 198).

[74] SCHNACKENBURG, 169 n. 2; BROWN, 214.

[75] M. DE JONGE, ed., *Διαθήκη Ρουβήμ* 1,3.

[76] S. P. BROCK, ed., *Testamentum Iobi* 5,1.

[77] D. A. BERTRAND, ed., *La vie grecque d'Adam et Ève* 5,5.

[78] H. EMONDS, «Abt», 49-50.

[79] SCHNACKENBURG, 89 n. 2. Anche i rabbini usano quest'indirizzo in un'insegnamento cordiale rivolto ai discepoli: «mio figlio» (H. L. STRACK – P. BILLERBECK, ed., *Kommentar* I, 198).

[80] A. OEPKE, «τεκνίον», 232.

[81] Quando Giovanni parla come parte del «noi» della comunità, può usare «fratelli» come indirizzo diretto (BROWN, 213). Anche Wengst ribadisce che con l'uso di τεκνίον l'autore si rivolge ai destinatari in una forma diretta (WENGST, 155). Proprio quest'indirizzo è un elemento della «Briefform» (F. VOUGA, *Die Johannesbriefe*, 4).

[82] Secondo Strecker questo sarebbe un argomento per l'unitarietà di 1 Gv (STRECKER, 88 n. 2). Nell'uso di τεκνίον la 1 Gv si differenzierebbe da 2 Gv, dove il presbitero usa solo τέκνον (2 Gv 1,1.4.13).

[83] Secondo N. GORRAN, *B. Joannis Apostoli*, 305, l'indirizzo «figlioli miei» (l'aggiunta del pronome possessivo «miei» è attestata in alcuni manoscritti), viene usato perché si tratta di figli generati tramite la parola dal predicatore-autore della lettera, oppure perché si tratta di neoconvertiti, perciò ancora novelli nella fede. Questa sua spiegazione viene ripresa ad litteram dal riformatore boemo Joannes Hus, vedi J. MONTANUS – U. NEUBER, ed., *Historia et monumenta Joannis Hus*, 338.

[84] BROWN, 214. Sempre lo stesso Brown vorrebbe distinguere τέκνα (figli di Dio o della Chiesa) dal più personale τεκνία, riservato a «figli spirituali» di Giovanni. Questa

Culpepper sostiene che il termine τεκνίον ricorre così spesso in 1 Gv poiché l'autore percepisce l'importanza della sua presenza in Gv 13,33-35, nel contesto del nuovo comandamento[85]. Questa proposta è interessante, comunque ci sembra troppo sofisticata, difficile da dimostrare. Inoltre le ricorrenze di τεκνία in 1 Gv sono in contesti che non toccano direttamente il tema del nuovo comandamento: tra queste ricorrenze, il versetto esaminato è sì il più vicino a un'altro versetto sul tema del nuovo comandamento (3,23), però rimane il fatto che 3,18 non parla esplicitamente di ciò (a differenza di 2,7).

Poco prima di 3,18, l'autore aveva usato un'altro indirizzo, ἀδελφοί (v. 13), senza dubbio a causa del contesto della carità fraterna (v. 12-15).

---

distinzione non s'impone, poiché in 1 Gv 3,1.2 si usa τέκνα per coloro che, altrove, sono indirizzati con il personale τεκνία. In difesa di Brown si potrebbe argomentare che τέκνα viene usato per indicare i membri della comunità in quanto figli di Dio, mentre τεκνία in quanto «figli spirituali» di Giovanni. Questa distinzione, però, ci sembrerebbe forzata. Un'altro argomento contro la distinzione di Brown è la ricorrenza dell'espressione personale τὰ ἐμὰ τέκνα (3 Gv 1,4). Anche se BROWN, 213, affievolisce la portata di quest'espressione («such church members are spoken of *as* the author's own children»), il contesto ci sembra indicare un'accezione personale (con noi anche SCHNACKENBURG, 323: «das Possessivpronomen bekräftigt die enge Zusammengehörigkeit»). Se volessimo rimarcare la differenza tra τέκνα e τεκνία, questa sarebbe nell'uso del secondo come indirizzo, con una distinta nota personale e affettiva.

[85] A. CULPEPPER, *The Johannine School*, 202. Per lo Strecker questo dato non conferma la dipendenza di 1 Gv da Gv, ma piuttosto la tendenza secondaria nel circolo giovanneo di rafforzare l'autorità: quest'autorità sarebbe rappresentata nel vangelo da Gesù, mentre in 1 Gv da Giovanni, testimone della tradizione (STRECKER, 88 n. 2). Quest'affermazione ci sembra un po' forzata, poiché vorrebbe trarre troppo da quest'indirizzo che, per di più, non contiene un marcato tono autoritativo, ma piuttosto sfumato. Con l'ipotesi di un cambiamento di autorità si potrebbe andare d'accordo con delle precisazioni. Nel vangelo colui che annuncia è in primo luogo Gesù, mentre in 1 Gv lo è Giovanni: da ciò si vede facilmente che la natura stessa dello scritto in questione (vangelo o lettera) implica uno spostamento di ruoli, senza per questo indicare necessariamente che il testimone della tradizione voglia accentuare la propria autorità a scapito del Logos incarnato. Dobbiamo infatti rilevare che Giovanni si presenta primariamente, già dall'inizio dello scritto, come testimone che, difatti, comunica ciò che ha ricevuto (1,3: ἑωράκαμεν καὶ ἀκηκόαμεν, ἀπαγγέλλομεν καὶ ὑμῖν): in questo modo si mette piuttosto in ombra, facendo risaltare il λόγος τῆς ζωῆς (1 Gv 1,1). Hirsch (*Studien zum vierten Evangelium*, 171) intravede nei due diversi indirizzi τεκνία-παιδία indizi di due redazioni diverse. Questa sua proposta non si è imposta, così come neanche gli altri tentativi di trovare diverse modificazioni o aggiunte redazionali, con l'eccezione del postscriptum in 5,14-21 (KLAUCK, 23).

Adesso utilizza τεκνίον, dello stesso campo semantico, un termine che ha una forza amorevole e affettuosa[86]: con quest'indirizzo mette in opera un'amorevole relazione con i propri lettori[87]. Una prova di questa connotazione «affettiva» è proprio il diminutivo nell'indirizzo: questo diminutivo, potendolo paragonare al vezzeggiativo, contiene una sfumatura più personale e affettuosa[88]. Non a caso negli indirizzi Giovanni usa coerentemente il diminutivo τεκνίον e non τέκνον, come si potrebbe riscontrare nei LXX (accanto a παῖς, υἱός, παιδίον).

Contemporaneamente, però, l'indirizzo τεκνία richiama alla mente l'esortazione sapienziale, l'insegnamento del padre ai figli[89]. I maestri di sapienza solevano rivolgersi a coloro che istruivano con l'indirizzo «figlio» o «figli» (τέκνον – Sir 2,1; 3,1; παῖς – Pr 4,1; υἱός – Pr 5,1; 7,24; 8,32; παιδίον – Tb 4,3.12.13). Quest'indirizzo può quindi mettere in risalto anche l'autorità apostolica[90]. Si tratta così di un'indirizzo che

---

[86] Forma allocutoria confidenziale (A. OEPKE, «τεκνίον», 232).

[87] Così anche M. VELLANICKAL, *The Divine Sonship*, 91. «Mit einer gewissen liebevollen Eindriglichkeit wendet sich der Verfasser» (SCHNACKENBURG, 89), «mit einem warmen Unterton väterlicher Beruhigung und Ermahnung» (*Ibid.*, 123). SMALLEY, 198, parla addirittura di «intimate form of address».

[88] «Das freundlich wort» (J. FERUS, *Die Erste Epistel*, 121); P. DE AMBROGGI, *Le tre Epistole di Giovanni*, 253; M. VELLANICKAL, *The Divine Sonship*, 91; SCHNACKENBURG, 89.123; KLAUCK, 101 (l'autore si rivolge nella stessa maniera affettuosa di Gesù durante l'ultima cena). Anche se nel NT il diminutivo non è sempre sentito come tale (BDR § 111,3), certamente non si può generalizzare questa tendenza, ma si deve analizzare caso per caso, prestando attenzione al tono e all'andamento del testo in questione.

[89] KLAUCK, 101. L'unico uso di τεκνίον nel vangelo di Giovanni (13,33) si trova all'inizio dell'ultimo discorso quando Gesù si rivolge ai discepoli, «ai suoi». Da ciò KLAUCK, 101, deduce che l'autore della 1 Gv si metterebbe nei panni di Gesù e si rivolgerebbe ai discepoli nella stessa maniera amorosa e piena di sollecitudine (così anche BROWN, 214). Questa proposta ci sembra un po' spinta, poiché vuole ricavare un po' troppo da quest'unica ricorrenza di τεκνίον in Gv.

[90] Nel NT, infatti, ricorre sulle labbra di Gesù oppure di coloro che rivestono l'autorità apostolica (A. OEPKE, «τεκνίον», 232). Comunque ci sembra riduttiva la proposta di Strecker: «Das Diminutiv "meine Kindlein" verweist in 1 Joh auf den Abstand, den der Verfasser zwischen sich und seinen Lesern sieht und kennzeichnet den (fiktiven) apostolischen Anspruch» (STRECKER, 88 n. 2), «er versucht, seiner Autorität, dem von ihm vorausgesetzten apostolischen Anspruch Nachdruck zu verleihen» (STRECKER, 191). Abbiamo a che vedere proprio con un diminutivo (come rileva lo stesso autore) che quindi esprime anche una certa affettuosità, tenerezza. Sempre lo Strecker distingue questo indirizzo da quello paolino τέκνα μου (Gal 4,19; 1

esprime il rapporto di autorità paterna con tono affettuoso e tenero[91]. Quest'indirizzo è certamente molto consone al tema trattato della carità[92].

Alcuni vi vedono anche un indizio dell'età dell'autore[93]. Un tale indirizzo, infatti, suonerebbe come ironico dalle labbra di un giovane: l'autore farebbe uso di espedienti letterari per confermare la propria autorità? Non sarebbe piuttosto il caso di considerare l'autore della lettera come una persona con una lunga esperienza di fede? [94] A queste domande non si può dare una risposta certa, comunque già il solo indirizzo, usato così spesso in 1 Gv, potrebbe essere un indizio (anche se debole) di un autore con un

---

Cor 4,14.17; 2 Cor 6,13; 1 Tes 2,7) che esprimerebbe la paternità spirituale di Paolo nei confronti della comunità (STRECKER, 88 n. 2). E' difficile stabilire con certezza se vi sia effettivamente tale differenza. La difficoltà è suscitata soprattutto dal fatto che non si è riusciti a dirimere la questione sull'autore e, quindi, non è facile stabilire il suo rapporto con i destinatari (la questione è più semplice per gli scritti paolini). Comunque ci sembra improbabile che l'autore usi indirizzi così personali come τεκνία o, addirittura, τεκνία μου (1 Gv 2,1; ancora più affettuoso del paolino τέκνα μου!) se vi mancasse un tale rapporto: forse non necessariamente di aver generato la comunità ex novo (BROWN, 214), ma perlomeno di averle prestato una cura pastorale. La paternità spirituale di Giovanni e Paolo viene ribadita anche da SMALLEY, 198.

[91] Anche SCHNACKENBURG, 169 n. 2, vede ambedue gli aspetti: l'autorità e la tenerezza. Altrove comunque parla addirittura di un atteggiamento patriarcale (SCHNACKENBURG, 323), il che ci sembra un po' esagerato: piuttosto preferiamo parlare di atteggiamento o affetto paterno (così anche P. DE AMBROGGI, *Le tre Epistole di Giovanni*, 253; SMALLEY, 198).

[92] Weiss sostiene che tale espressione di amore affettuoso debba alleggerire la pressante esigenza dell'esortazione (*Die drei Briefe*, 102). Invece noi riteniamo che l'esortazione sia intesa ed espressa proprio come «pressante esigenza», dato che si tratta di una questione cruciale, tanto a cuore all'autore.

[93] M. HENGEL, *The Johannine Question*, 46-48; BROWN, 214; KLAUCK, 101. Con una certa titubanza anche SCHNACKENBURG, 169 n. 2.

[94] KLAUCK, 101-102. Questa possibilità viene vista con una certa diffidenza anche a causa delle tradizioni, piuttosto tardive, sulla figura dell'anziano, Giovanni figlio di Zebedeo. Secondo una leggenda conservataci in Eusebio di Cesarea, l'anziano apostolo saluterebbe «mio figlio» un uomo che, anni prima, aveva affidato ad un vescovo per educarlo, ma che poi era scappato ed era diventato capo di una banda di ladri (EUSEBIUS, *Historia Ecclesiastica* 3,23,17).

lungo cammino di fede[95]. La sua autorità doveva essere riconosciuta e accettata, altrimenti un tale indirizzo sarebbe stato del tutto fuori luogo[96].

2.2 *L'esortazione alla carità*

L'indirizzo τεκνία prepara la seguente esortazione in due modi: *tematicamente*, in quanto quest'amorevole indirizzo preannuncia il seguente tema della carità, *formalmente*, in quanto il vocativo apre la via all'esortazione al congiuntivo μή ἀγαπῶμεν[97]. L'accoppiamento indirizzo – imperativo o congiuntivo (nella funzione di imperativo) si incontra più volte nelle lettere giovannee[98]. L'indirizzo dà una pressante immediatezza: l'andamento del discorso viene interrotto dal vocativo col quale l'autore si rivolge più direttamente e personalmente ai lettori, destando così una più viva attenzione. L'indirizzo col congiuntivo nella funzione di ingiunzione (alla prima persona plurale) porterebbe come risultato *l'enfatizzazione* dell'esortazione. Il congiuntivo ha, quindi, una valenza di imperativo e si inserisce bene nello scopo parenetico del contesto[99]. Questo versetto è più esortativo e impellente del seguente 19-20. La prima persona plurale ci indica che l'autore include se stesso nell'appello alla carità[100]: l'indirizzo, quindi, non ci deve trarre in inganno, come se l'esortazione riguardasse solo i destinatari. Questo carattere «inclusivo» dell'esortazione traspare anche dall'uso del congiuntivo presente che esprime la *continuità* della «concretizzazione della carità»: si tratta, così, di un'esortazione di carattere generale, non limitata ad un caso particolare (ad hoc).

La particella negativa μή prima del verbo al congiuntivo è del tutto conforme alle regole grammaticali[101]. E' chiaro che tale particella si riferisce

---

[95] L'età implicita è quella di un πρεσβύτερος della comunità, non necessariamente avanzato negli anni (BROWN, 214).

[96] Nel pronunciare questa ipotesi non teniamo conto degli altri indizi, sparsi nella lettera, che confermerebbero ulteriormente l'autorità dell'autore (ad es. «l'essere testimone del Λόγος», come si legge già nel prologo).

[97] SMALLEY, 198. Dal punto di vista strettamente grammaticale si tratta del congiuntivo che svolge la funzione di ingiunzione, quindi di imperativo.

[98] 1 Gv 2,28; 3,7; 3,13; 5,21.

[99] STRECKER, 191.

[100] B. WEISS, *Die drei Briefe*, 102; WENGST, 155.

[101] BDR § 427,4.

solo al primo binomio (λόγῳ μηδὲ τῇ γλώσσῃ), non a tutta la frase. Nasce spontanea la domanda perché l'autore non abbia allora formulato il versetto in modo più chiaro ed esplicito, ad es. ἀγαπῶμεν οὐ λόγῳ οὐδὲ τῇ γλώσσῃ ἀλλὰ ἐν ἔργῳ καὶ ἀληθείᾳ. Questa formulazione, però, risulta più ingarbugliata e appesantita (grazie ai due οὐ) di quella in 3,18, più incisiva.

Il verbo ἀγαπᾶν («amare») è strettamente connesso con il sostantivo ἀγάπη e l'aggettivo ἀγαπητός: tutti e tre i vocaboli fanno parte dello stesso gruppo lessicale. Questi tre lessemi ricorrono nel NT in tutto 320 volte, in quasi tutti gli scritti. Il verbo ricorre 143 volte: al primo posto in Gv (37 volte), poi in 1-3 Gv (31 volte). Tutti e tre i vocaboli del gruppo lessicale ricorrono prima di tutto in 1 Gv (52 presenze), poi in Gv (44 presenze)[102]. Già questa considerazione ci segnala che la nostra lettera è decisamente orientata al tema dell'agape e che il nostro versetto rientra in questa tematica.

«Contrariamente agli altri tipi di amore, che possono restare celati nella profondità dell'animo, alla carità (ἀγάπη) è essenziale il manifestarsi, il mostrarsi, il fornire prove, l'esibirsi; ciò è tanto vero, che nel NT bisognerebbe quasi sempre tradurre ἀγάπη con "manifestazione d'amore"»[103]. Se l'amicizia propriamente detta non s'instaura che fra eguali, l'ἀγάπη accomuna persone di differente condizione: è un amore disinteressato e generoso, colmo di attenzioni e di premure[104].

Per quanto riguarda Gv e 1-3 Gv, riscontriamo nell'uso di ἀγάπη (28 volte) e ἀγαπάω (68 volte) delle concordanze e differenze: un'importante differenza consiste nel fatto che il quarto vangelo sottolinea l'amore di Gesù/Cristo e l'amore per lui, mentre le lettere piuttosto l'amore di Dio e per Dio[105]. Ciò comunque non comporta una differenza notevole: più rilevante è la costatazione che in ambedue i gruppi si parla dell'amore vicendevole, però solo nelle lettere dell'amore *fraterno*[106]. Le lettere di Giovanni si distinguono da Gv per il motivo che mettono in relazione reciproca *l'amore di Dio* (1 Gv 3,1; 4,7-21) e *l'amore verso Dio* (1 Gv 2,5.15) o *verso Gesù* (5,1), così come *l'amore vicendevole* (3,11.23) e *l'amore per il*

[102] Dati statistici secondo G. SCHNEIDER, «ἀγάπη κτλ.», 21.
[103] C. SPICQ, «ἀγάπη», 55-56.
[104] C. SPICQ, «ἀγάπη», 57.
[105] G. SCHNEIDER, «ἀγάπη κτλ.», 26.
[106] G. SCHNEIDER, «ἀγάπη κτλ.», 26-27.

fratello (2,10)[107]. Nelle lettere giovannee il verbo si ritrova solo una volta con il sintagma ἐν ἔργῳ καὶ ἀληθείᾳ. Due volte troviamo la formulazione ἐγὼ ἀγαπῶ ἐν ἀληθείᾳ (in 2 Gv 1,1 e 3 Gv 1,1): il soggetto è il presbitero, l'oggetto i figli dell'eletta, oppure l'amato Gaio. In altri casi troviamo come oggetto il *fratello* (1 Gv 2,10; 3,10; 3,14), il *mondo* (1 Gv 2,15), oppure il complemento *a vicenda* (ἀλλήλους, 1 Gv 3,11).

Riassumendo possiamo dire che il verbo include un'amore disinteressato, gratuito, formato a immagine dell'amore del Padre che ha dato il suo unico Figlio per il mondo. Così come questa carità divina si è espressa in modo concreto, anche dal cristiano è richiesto un atteggiamento reale e visibile.

Per quanto riguarda l'esortazione alla carità, osserviamo prima di tutto che l'autore ricalca il quarto vangelo con le sue esortazioni all'amore vicendevole (Gv 13,34; 15,12.17), sempre esplicitate come comandamento (ἐντολή). Anche nelle lettere giovannee viene nuovamente ribadito che la carità è un comandamento (1 Gv 3,11; 3,23; 4,21; 2 Gv 1,5). Quasi sempre viene altresì esplicitato che questa carità è vicendevole (ἀγαπῶμεν ἀλλήλους: 1 Gv 3,11; 3,23; 4,7; 2 Gv 1,5). Due sole volte non si parla expressis verbis di carità vicendevole, in 1 Gv 3,18 e 4,21. In ambedue i casi, però, si tratta praticamente della stessa realtà, amore verso il fratello, come viene espressamente dichiarato in 4,21. Per quest'interpretazione di 3,18 non abbiamo una conferma diretta (nello stesso versetto), ma indiretta, nel contesto prossimo. Nei versetti precedenti leggiamo sull'amore per il fratello (3,16.17), mentre in quelli seguenti ritroviamo l'esplicito ἀγαπῶμεν ἀλλήλους (3,23). Se si parla di carità vicendevole, allora si ha in mente una carità *ad intra*, non ad extra. A ragione si può affermare che nel versetto in questione il verbo ἀγαπῶμεν ha una forza reciproca: amiamoci a vicenda, l'un l'altro[108]. Questo significato del verbo ἀγαπᾶν viene supportato sia dal contesto prossimo, sia da quello remoto della letteratura giovannea: ἀγαπᾶν, se riferito ai rapporti umani, ha sempre l'accezione di carità verso il fratello, vicendevole.

---

[107] G. SCHNEIDER, «ἀγάπη κτλ.», 27.

[108] C. HAAS – M. DE JONGE – J. L. SWELLENGREBEL, *A Translator's Handbook*, 92. SMALLEY, 198. Dall'osservazione sull'aspetto reciproco viene naturale la conclusione che in questa esortazione l'autore include anche se stesso, come confermato anche dal verbo in prima persona plurale.

Due sole volte, in 1 Gv 2,15 e 3,18, ritroviamo un'esortazione composta dalla particella negativa μὴ + verbo ἀγαπᾶν (all'imperativo o congiuntivo): tale espressione specifica *come* (o *cosa*) non amare. Di contro, l'esortazione positiva (come o cosa amare) si incontra 5 volte nelle lettere. Già questo fatto ci indica che Giovanni punta molto più a incoraggiare *positivamente* alla carità.

L'esortazione alla carità presente in 3,18 è unica perché non è un'esortazione generale alla carità vicendevole, ma concreta: infatti ci specifica *in quale modo* amare (*come*), e ciò sia *negativamente* (come non amare), che *positivamente* (come amare). Negli scritti giovannei possiamo trovare solo una esortazione simile, un'esplicitazione del *modo* di esercitare la carità (secondo il modello di Cristo, esempio *positivo*): Αὕτη ἐστὶν ἡ ἐντολὴ ἡ ἐμή, ἵνα ἀγαπᾶτε ἀλλήλους καθὼς ἠγάπησα ὑμᾶς (Gv 15,12). L'amore di Cristo è quindi modello e misura dell'amore vicendevole. Quest'intuizione teologica è presente non solo nel vangelo, ma anche nella 1 Gv (3,16-18; 4,10-11). Si tratta di un tratto peculiare della teologia giovannea dell'agape: prima il dono della carità in Cristo, poi, come conseguenza, l'obbligo della carità vicendevole.

Proprio il *modo di amare di Cristo è* riproposto anche nel nostro contesto, dove si parla di *porre la propria vita, così come ha fatto Cristo* (3,16). L'amore di Cristo è prima di tutto *gratuito*, e così lo deve essere quello vicendevole. E ciò è supportato ancor più dal versetto precedente a 3,18, dove si riporta il caso del fratello bisognoso al quale si deve mostrare una carità del tutto disinteressata. Infatti, il fratello preso in considerazione, in quanto bisognoso, non può contraccambiare. Quindi, come confermato dall'uso neotestamentario dei vocaboli ἀγάπη o ἀγαπᾶν, questa carità è disinteressata, gratuita. Nell'atteggiamento generoso e gratuito si riflette l'amore di Cristo che ha amato per primo (1 Gv 3,16; 4,10). Inoltre viene sottolineato che, conformemente alla concezione del NT, questa è una carità *concreta, manifesta*[109], disposta a condividere i beni materiali col bisognoso (3,17). Quest'atteggiamento concreto fa trasparire la volontà di dare la propria vita per gli altri, secondo l'esempio dato da Cristo (3,16).

La concretizzazione del comandamento della carità caratterizza i due versetti 3,17-18, che si possono considerare come «apice» del discorso sulla carità (3,11-16): mentre i versetti 3,11-16 sono più teoretici e «teologici», 3,17-18 sono una concretizzazione, dal carattere più etico-pratico[110].

---

[109] Vedi a p. 61.

[110] Come annota anche P. DE AMBROGGI, *Le tre Epistole di Giovanni*, 253.

E in questo senso, in quanto applicazione concreta, 3,17-18 può essere visto come culmine del discorso teoretico in 3,11-16. Nuovamente ci imbattiamo nella difficoltà di dividere in modo netto il nostro brano da ciò che precede: il versetto 18, infatti, appartiene strettamente alla sottosezione precedente[111].

Se abbiamo ribadito la continuità del pensiero in 3,11-18, dobbiamo ammettere anche lo *sviluppo*, il *progresso* dell'argomentazione. Infatti in 3,11-3,15 il contrasto è tra la carità e l'odio («anti-carità»), in 3,17 tra la carità e l'indifferenza, mentre in 3,18 tra la carità vera (nel più profondo senso della parola) e quella falsa, a parole. Quindi nel contrasto si passa da un odiare ad un amore «vuoto», a sole parole. In 3,18 Giovanni indica per primo *come non amare* (in forma *negativa*), per poi precisare *come amare* (in forma *positiva*).

2.3 *Il modo di praticare la carità*

2.3.1 Analisi dell'aspetto formale (sintattico) dei binomi

Il modo di praticare la carità viene espresso tramite un'espressione che consta di due binomi posti in parallelismo antitetico: μὴ λόγῳ μηδὲ τῇ γλώσσῃ ἀλλὰ ἐν ἔργῳ καὶ ἀληθείᾳ. Ambedue i binomi, poi, constano nuovamente di due membri paralleli dal punto di vista formale[112]. L'uso del parallelismo rientra nello stile della 1 Gv, quindi qui non avremmo un caso particolare.

Se il parallelismo è un fenomeno ordinario nella 1 Gv (e nel NT), questo non vale per l'opposizione dei due binomi, opposizione espressa in «un'espressione complessa» che affiora nel NT per la prima ed ultima volta. Bultmann ha preteso di sostenere che l'opposizione in 1 Gv 3,18 è comune nella letteratura greca[113]. L'esegeta tedesco, però, non ha visto che la frase giovannea contiene anche la preposizione ἐν, importante per l'analisi e la comparazione: anche se si trovano dei paralleli presso gli

---

[111] Ciò viene visto, ad esempio, da WENGST, 155, oppure BEUTLER, 96.

[112] Per ora lasciamo aperta la questione se si tratta di un parallelismo anche *contenutistico* (riportiamo la nostra proposta a p. 76-80).

[113] R. BULTMANN, «ἀλήθεια», 654.

scrittori greci, questi sono perlopiù senza ἐν[114]. Nell'interpretazione di Bultmann si suppone che il contrasto fondamentale tra i due binomi si possa ridurre al contrasto λόγῳ – ἔργῳ. Però nel greco classico il contrasto tra parola e opera non si crea con la preposizione ἐν, «in»[115]. Inoltre un'espressione composta di due membri posti in opposizione, ognuno dei quali contenenti due sostantivi coordinati, non ha paralleli[116]. Tali binomi, formati da due sostantivi uniti dalla congiunzione καί, sono una caratteristica giovannea e ricorrono molto spesso sia nel vangelo che nelle lettere[117].

I due binomi sono presentati in uno stile inusuale: la mancanza sia dell'articolo prima di λόγῳ[118], sia della preposizione ἐν prima del binomio λόγῳ – γλώσσῃ, ha suscitato la proposta di spostare la preposizione prima di γλώσσῃ e il sostantivo λόγῳ prima di ἔργῳ[119], ottenendo l'espressione μὴ ἐν τῇ γλώσσῃ μηδὲ λόγῳ ἀλλὰ ἔργῳ καὶ ἀληθείᾳ. Presumibilmente l'ordine di parole λόγῳ – ἔργῳ sarebbe più accettabile linguisticamente[120], come confermerebbe la testimonianza di Rm 15,18 (οὐ γὰρ τολμήσω τι λαλεῖν ὧν οὐ κατειργάσατο Χριστὸς δι' ἐμοῦ εἰς ὑπακοὴν ἐθνῶν, *λόγῳ καὶ ἔργῳ*). Questa proposta di «spostamento» non ha avuto seguito. In realtà, vedremo che le «anomalie» dell'espressione hanno un significato specifico.

---

[114] I. DE LA POTTERIE, *La vérité*, II, 665. E' vero che eccezionalmente si può trovare qualche caso con la preposizione ἐν, però piuttosto col senso di locativo (*Ibid.*, 665 n. 73).

[115] I. DE LA POTTERIE, *La vérité*, II, 665.

[116] I. DE LA POTTERIE, *La vérité*, II, 665.

[117] Spesso si tratta di binomi di rilevante contenuto teologico. Senza articolo: πλήρης χάριτος καὶ ἀληθείας (Gv 1,14); ἐξ ὕδατος καὶ πνεύματος (Gv 3,5); ἐν πνεύματι καὶ ἀληθείᾳ (Gv 4,23.24); σημεῖα καὶ τέρατα (4,48); αἷμα καὶ ὕδωρ (19,34); δι' ὕδατος καὶ αἵματος (1 Gv 5,6); ἐν ἀληθείᾳ καὶ ἀγάπῃ (2 Gv 1,3). Con articolo: ἡ χάρις καὶ ἡ ἀλήθεια (Gv 1,17); ἡ ἀνάστασις καὶ ἡ ζωή (Gv 11,25); ὁ κύριος καὶ ὁ διδάσκαλος (Gv 13,14); ὁ πλάνος καὶ ὁ ἀντίχριστος (2 Gv 1,7). Di questi binomi, alcuni contengono ἀλήθεια connesso ad un altro sostantivo: χάρις (Gv 1,14.17), πνεῦμα (Gv 4,23.24), ἀγάπη (2 Gv 1,3). Naturalmente a questi va aggiunto il binomio di 1 Gv 3,18.

[118] L'articolo manca spesso con gli astratti (BDR § 258).

[119] Come riporta F. LÜCKE, *Commentar*, 232.

[120] F. LÜCKE, *Commentar*, 232.

2.3.2 Analisi semantica delle singole parole nei binomi

2.3.2.1 *Λόγος*

Possiamo contare fino a 330 i passi del NT con la parola λόγος, con un rapporto numericamente equilibrato nei singoli scritti[121]. Il vocabolo ha una vasta gamma di significati: dall'uso linguistico più comune («parola, discorso, racconto, enunciato, detto, domanda, dottrina») a quello più profondo nel prologo del vangelo Gv[122]. Nelle lettere giovannee tale vocabolo ha il significato comune di «parola», alcune volte con la sfumatura di «dottrina» (1 Gv 2,5.14). Solo nel prologo si discute se attribuire a λόγος un senso personale (Logos), impersonale (dottrina, annuncio cristiano), oppure ambedue le possibilità[123]. In 3,18, comunque, abbiamo il significato più comune, «parola».

2.3.2.2 *Γλῶσσα*

La parola ricorre 50 volte negli scritti neotestamentari coi significati[124]: lingua come organo corporeo, soprattutto come organo del linguaggio, linguaggio parlato da un determinato popolo (da quest'ultimo senso deriva poi il terminus technicus del dono della glossolalia). Di solito, secondo la sintetizzante tendenza semitica nell'antropologia, rappresenta l'uomo intero visto sotto il punto di vista del parlare[125]. Nel nostro versetto non ci sono dubbi riguardo il significato inteso dall'autore: lo strumento indica il processo dell'*atto del parlare*[126]. La «lingua» indicherebbe, metonimicamente, «l'atto del parlare», come si vede in Gc 3,5.7-8.

E' interessante notare che, per quanto riguarda le lettere e il vangelo di Giovanni, questa parola si trova solo in 1 Gv 3,18. Un'altra particolarità, sempre parlando dello stesso versetto, è la presenza dell'articolo determinato solo davanti a questo sostantivo. Irregolarità che colpisce ancor più se si tiene conto del parallelismo formale tra i due binomi (sia all'interno dei binomi, che tra ambedue i binomi), parallelismo ancora più nitido grazie ai quattro sostantivi al dativo. Lücke sostiene che il primo binomio rispecchia

---

[121] H. RITT, «λόγος», 881.

[122] H. RITT, «λόγος», 881.

[123] BEUTLER, 37.

[124] G. DAUTZENBERG, «γλῶσσα κτλ.», 605.

[125] G. DAUTZENBERG, «γλῶσσα κτλ.», 606.

[126] C. HAAS – M. DE JONGE – J. L. SWELLENGREBEL, *A Translator's Handbook*, 92; SMALLEY, 198.

un'espressione stereotipata[127]: di conseguenza, l'articolo davanti a γλῶσσα sottolineerebbe soltanto l'espressione e potrebbe essere stato omesso, conformemente al modo di dire[128]. Una spiegazione più semplice dell'articolo è quella di non «prestare attenzione» a quest'irregolarità, considerandola come aspetto normale del parallelismo giovanneo[129]. Quest'ultima soluzione non è giustificabile, dato che nella letteratura giovannea il binomio ha sempre una struttura regolare, con ambedue i membri senza o con articolo[130]: l'unica eccezione si incontra proprio in 1 Gv 3,18. Inoltre nel nostro caso l'autore avrebbe potuto benissimo tralasciare l'articolo, non rompendo il parallelismo e, per di più, esprimendo sostanzialmente lo stesso concetto («il linguaggio, l'atto del parlare»).

Come spiegare, quindi, quest'irregolarità? Dando uno sguardo alla presenza di γλῶσσα nel NT, riscontriamo alcuni dati interessante: γλῶσσα nel senso concreto di «organo del corpo» ricorre quasi sempre con l'articolo[131], al contrario nel senso astratto di «linguaggio» quasi sempre senza l'articolo[132]. La presenza dell'articolo in 1 Gv 3,18 è sintomo, secondo noi, di un significato più preciso: si focalizza l'attenzione non tanto sull'atto del parlare *in sé* (in senso *assoluto*), quanto più specificamente sull'atto del parlare *tramite la lingua* (in relazione alla lingua, quindi *relativamente*).

---

[127] Vedi a p. 78.

[128] Contro il Lücke si esprime B. WEISS, *Die drei Briefe*, 102-103: l'articolo prima di γλώσσῃ non può mancare, diversamente dal caso del primo membro λόγῳ.

[129] Alla dire di BROWN, 451, il parallelismo giovanneo non è mai perfetto. F. LÜCKE, *Commentar*, 233, sostiene che l'articolo davanti a γλῶσσα sottolineerebbe soltanto l'espressione e potrebbe essere stato omesso, conformemente al modo di dire (vedi anche a p. 79-80).

[130] Il passo di 1 Gv 5,20 (ὁ ἀληθινὸς θεὸς καὶ ζωὴ αἰώνιος) sarebbe l'unica eccezione: la mancanza dell'articolo prima di ζωή indica che questo sostantivo è un predicato (SCHNACKENBURG, 291). Quindi non si tratta di un binomio nel senso stretto della parola, poiché i due sostantivi non hanno la stessa valenza grammaticale.

[131] Con articolo 12 volte: Mc 7,33.35; Lc 1,64; 16,24; At 2,26; Rm 3,13; 1 Cor 14,9; Gc 3,5.6.8; 1 Pt 3,10; Ap 16,10. Senza articolo 3 volte, di questo in due casi (Rm 14,11; Fil 2,11) l'assenza è spiegabile grazie all'aggettivo pronominale πᾶσα («ogni, tutti»; BDR § 275,1). Quindi solo in Gc 1,26 avremmo l'unico caso «anomale».

[132] Con articolo 3 volte: At 2,11; 1 Cor 13,1; 1 Cor 14,22. Senza articolo 26 volte: Mc 16,17; At 10,46; 19,6; 1 Cor 12,10; 12,28.30; 1 Cor 13,8; 1 Cor 14,2.4.5.6.13.14.18.19.23.26.27.39; Ap 5,9; 7,9; 10,11; 11,9; 13,7; 14,6; 17,15. L'articolo mancante è giustificato dalla regola che con gli astratti manca spesso (BDR § 258). Forse per questo motivo l'articolo manca in At 2,3.4: l'autore vorrebbe sottolineare piuttosto la natura *spirituale* delle lingue di fuoco.

Oppure, visto da un'altra angolatura, l'autore concentra l'attenzione sulla *lingua come organo (ossia mezzo) e sfera vitale del linguaggio.*

2.3.2.3 *Ἔργον*

Ricorre 169 volte nel NT, in modo equo nei vari scritti[133]. Così come nel greco profano, anche nel NT designa «il lavoro, l'incarico, l'opera compiuta o da compiere»[134]. Nel vangelo di Giovanni questa parola può designare l'opera malvagia (3,19), quella buona (3,21), come quella di Dio: compiuta dal Figlio[135] (4,34), oppure dai discepoli (6,28; 14,12). Nelle lettere giovannee viene usato perlopiù in senso negativo per indicare le opere del diavolo (1 Gv 3,8) o quelle cattive (3,12; 2 Gv 1,11; 3 Gv 1,10). Solo nel nostro passo avremmo un'accezione positiva.

2.3.2.4 *Ἀλήθεια*

Nel NT in tutto 109 volte, ben 92 presenze negli scritti paolini, deuteropaolini e giovannei[136]. Nel NT ἀλήθεια significa spesso, quando è teologicamente rilevante, «la verità dischiusa di Dio», sia in senso noetico sia ontico[137]. Oltre a ciò può significare «fidatezza, sincerità, validità, fedeltà»[138]. Mentre in Gv la verità è intesa come evento della rivelazione di Cristo[139], nelle lettere giovannee si può notare uno spostamento di accento a «condotta del credente» (ad es. 1 Gv 1,6.8): a proposito non si può ignorare che il concreto ethos cristiano ha le sue radici nella realtà divina della rivelazione, come è palese in 1 Gv 2,4[140]. Si può quindi affermare che negli scritti giovannei ἀλήθεια è prima di tutto *dono* della verità/vita divina, ma di conseguenza anche *obbligo*[141], in quanto vincola ad essere incarnato e

---

[133] R. HEILIGENTHAL, «ἔργον», 124.

[134] R. HEILIGENTHAL, «ἔργον», 124.

[135] Il singolare ἔργον designa l'unità dell'opera che attesta Gesù come il Cristo (Gv 5,36; 10,25): indica l'insieme dell'opera rivelatrice in quanto data da Dio (R. HEILIGENTHAL, «ἔργον», 125).

[136] H. HÜBNER, «ἀλήθεια κτλ.», 139. Nel vangelo e nelle lettere di Giovanni in tutto 45 volte: 25 presenze nel vangelo e 20 in 1-3 Gv.

[137] H. HÜBNER, «ἀλήθεια κτλ.», 140.

[138] H. HÜBNER, «ἀλήθεια κτλ.», 140.

[139] H. HÜBNER, «ἀλήθεια κτλ.», 143.

[140] H. HÜBNER, «ἀλήθεια κτλ.», 145.

[141] In tedesco ciò si può esprimere bene con il gioco di parole Gabe – Auf-gabe.

concretizzato in uno stile di vita secondo i comandamenti di Dio (1 Gv 2,4), soprattutto secondo il comandamento dell'amore vicendevole[142].

2.3.3 La relazione interna tra i sostantivi nei singoli binomi

Pervenuti all'analisi dei due binomi, è venuta l'ora di imbattersi nella questione molto dibattuta sulla relazione *interna* dei sostantivi in ciascun binomio. Come abbiamo visto, alcuni esegeti presuppongono che dentro ciascun paio di sostantivi ci sia la stessa relazione interna: sinonimica (parola significa lingua, opera equivale a verità)[143]. Un'altra possibilità è di vedere una relazione complementare del secondo elemento: relazione complementare specificativa[144], oppure «di origine»[145]. Una proposta un po' diversa è distinguere la relazione nelle linee parallele, cosicché nella prima linea avremmo una sinonimia, mentre nella seconda linea una complementarietà[146].

Con l'interpretazione della relazione all'interno del binomio è strettamente legata la spiegazione di ἀληθείᾳ. Riassumendo la Auslegungsgeschichte del versetto, rileviamo tre interpretazioni principali di ἀληθείᾳ:

1) «veramente», «realmente» (piano etico)
2) «sinceramente», «senza falsità» (piano etico)
3) «Cristo-verità» (piano teologico)

Ci sono due argomenti contro la qualificazione del sintagma «in verità» come avverbio (prima e seconda interpretazione):

1) La necessità di rendere giustizia all'altro sostantivo (ἔργῳ), connesso strettamente con ἀληθείᾳ, in quanto preceduto da un'unica preposizione. Come spiegare che nel medesimo binomio un sostantivo conserverebbe la sua funzione sostantivale, mentre l'altro accepirebbe un significato avverbiale[147]? Come spiegare che il binomio parallelo avrebbe ambedue i sostantivi soltanto nella valenza sostantivale?

---

[142] R. SCHNACKENBURG, *Das Johannesevangelium*, II, 280.
[143] P. 42-43.
[144] P. 43-45.
[145] P. 45.
[146] P. 46.
[147] In altre parole, mentre il dativo dei primi tre sostantivi sarebbe inteso come *dativus strumentalis*, il quarto dativo sarebbe concepito come *dativus modi*.

2) L'accezione comune di ἀλήθεια nella teologia giovannea è quella di «verità», quindi si dovrebbero addurre argomenti così forti da imporre un'interpretazione diversa da quella tipicamente giovannea (questo argomento è anche contro quella posizione che interpreta i binomi come endiadi).

L'interpretazione avverbiale «sinceramente», poi, non può essere comprovata dal contesto prossimo. Oltre a queste obiezioni possiamo aggiungere che la seconda posizione di ἀληθείᾳ non è segno univoco del senso avverbiale: infatti in Gv 4,23.24 (ἐν πνεύματι καὶ ἀληθείᾳ) il senso di ἀλήθεια è certamente «Dio-verità»[148].

Proprio il motivo che l'accezione comune di ἀλήθεια nella letteratura giovannea è quella di «Dio-verità», ci induce a propendere per l'interpretazione «teologica». Questa proposta, difesa eloquentemente da de la Potterie[149], è stata seguita anche da altri esegeti[150]. Anche se in sostanza siamo d'accordo con il de la Potterie, non condividiamo la pertinenza di alcuni suoi argomenti. Per questo vogliamo precisare la sua argomentazione, prima di tutto esaminando le opposizioni prese isolatamente (λόγῳ – ἔργῳ, γλώσσῃ – ἀληθείᾳ, λόγῳ – ἀληθείᾳ, γλώσσῃ – ἔργῳ), per poi analizzare il nesso ἀγαπᾶν + ἐν + sostantivo (ἔργῳ o ἀληθείᾳ) e i singoli binomi, finendo con l'esegesi dell'opposizione tra i due binomi.

2.3.4 Analisi delle singole opposizioni

La prima opposizione riscontrabile in 3,18 è μὴ λόγῳ ἀλλὰ ἐν ἔργῳ. Questa opposizione non ha paralleli nella Bibbia: né nei LXX, né nel NT[151].

---

[148] R. E. BROWN, *Giovanni*, 236-238.

[149] I. DE LA POTTERIE, *La vérité*, II, 663-673.

[150] Vedi a p. 53-54.

[151] Gli esempi addotti da I. DE LA POTTERIE, *La vérité*, II, 665-666, non sono pertinenti, perché non oppongono λόγος a ἔργον: i due membri sono coordinati con la copula καί oppure ἤ (Sir 3,8: ἐν ἔργῳ καὶ λόγῳ τίμα τὸν πατέρα σου; Lc 24,19: ἐγένετο ἀνὴρ προφήτης δυνατὸς ἐν ἔργῳ καὶ λόγῳ ἐναντίον τοῦ θεοῦ; Col 3,17: ὅ τι ἐὰν ποιῆτε ἐν λόγῳ ἢ ἐν ἔργῳ; cfr. anche 2 Ts 2,17: στηρίξαι ἐν παντὶ ἔργῳ καὶ λόγῳ ἀγαθῷ; At 7,22: δυνατὸς ἐν λόγοις καὶ ἔργοις αὐτοῦ). Inoltre de la Potterie riporta questi esempi per confermare la tesi che l'espressione di 1 Gv 3,18 usa ἐν in sintonia con altri passi di tenore biblico-giudaico: anche se si possono trovare paralleli nella lingua greca, questi sono senza la preposizione ἐν. Gli esempi addotti, però, non

Neanche l'opposizione tra il secondo e il quarto termine (μηδὲ τῇ γλώσσῃ, ἀλλὰ ἐν ἀληθείᾳ) ha passaggi paralleli nella LXX o nel NT. Contrasti tra «lingua» e «verità» non si trovano facilmente, poiché «lingua» nel significato di «insincerità» («non-verità») deve essere accompagnata da un aggettivo specificativo[152], come si vede in Pr 26,28: «Una lingua bugiarda odia la verità».

Se si pongono i termini in una struttura chiastica, allora si possono scoprire altre opposizioni: λόγῳ – ἀληθείᾳ, γλώσσῃ – ἔργῳ. Come parallelo della prima opposizione si può riportare un'altra frase: βασιλέως *τῷ μὲν λόγῳ* διηλλαγμένου *τῇ δ' ἀληθείᾳ* τραχέως ἔχοντος[153]. Comunque non si deve dimenticare che parola e verità si trovano sullo stesso piano, possono essere equivalenti, e a volte lo sono (come in Gv 17,17)[154]. Nel NT non si trovano mai in opposizione come presso i greci[155], spesso sono strettamente connessi nel sintagma ὁ λόγος τῆς ἀληθείας (2 Cor 6,7; Ef 1,13; Col 1,5; 2 Tm 2,15). Per la seconda opposizione potremmo trovare un parallelo in Theognis[156], citato di sovente: μή μοι ἀνὴρ γλώσσῃ φιλὸς ἀλλὰ καὶ ἔργῳ. Però c'è da ribadire che in ambedue i passi citati manca la preposizione ἐν, presente invece nel nostro passo.

2.3.5 L'espressione ἀγαπᾶν + ἐν + sostantivo

Dopo questa carrellata delle varie possibilità di opposizione dei sostantivi, cerchiamo ora di analizzare l'espressione ἀγαπᾶν + ἐν + sostantivo (ἔργῳ o ἀληθείᾳ). Ἀγαπᾶν + ἐν + ἀληθείᾳ appare quattro volte nella LXX:

---

contengono affatto un'opposizione! Per lo stesso motivo neanche il passo del Testamento dei XII Patriarchi può essere addotto come dictum probans, come vorrebbe de la Potterie: ἀγαπήσατε ἕκαστος τὸν ἀδελφὸν αὐτοῦ... ἀγαπῶντες ἀλλήλους ἐν ἔργῳ καὶ λόγῳ (M. DE JONGE, ed., *Διαθήκη Γάδ* 6,1). Piuttosto potremmo accostare questo passo all'espressione ἐν ἔργῳ καὶ ἀληθείᾳ, naturalmente prendendo in considerazione solo l'aspetto sintattico del binomio (ἐν + sostantivo + καί + sostantivo).

152 BROWN, 451.

153 ISOCRATES, *Nicocles*, 33.

154 I. DE LA POTTERIE, *La vérité*, II, 669.

155 I. DE LA POTTERIE, *La vérité*, II, 669-670.

156 G. STRECKER – U. SCHNELLE – G. SEELIG, ed., *Neuer Wettstein*, II, 718.

Καὶ ὁ λαὸς αὐτοῦ ἐξομολογήσεται τῷ θεῷ καὶ ὑψώσει κύριος τὸν λαὸν αὐτοῦ καὶ χαρήσονται πάντες οἱ *ἀγαπῶντες κύριον τὸν θεὸν ἐν ἀληθείᾳ* καὶ δικαιοσύνῃ ποιοῦντες ἔλεος τοῖς ἀδελφοῖς ἡμῶν (Tob 14,7)

Καὶ πᾶν αἴτημα ψυχῆς ἐλπιζούσης πρὸς αὐτὸν ἐπιτελεῖ ὁ κύριος εὐλογητὸς κύριος ὁ ποιῶν ἔλεος τοῖς *ἀγαπῶσίν αὐτὸν ἐν ἀληθείᾳ* (Salmi di Salomone 6,6)

Ὀρθώσει γὰρ ὁδοὺς δικαίων καὶ οὐ διαστρέψει ἐν παιδείᾳ καὶ τὸ ἔλεος κυρίου ἐπὶ τοὺς *ἀγαπῶντας αὐτὸν ἐν ἀληθείᾳ* (Salmi di Salomone 10,3)

Πιστὸς κύριος τοῖς *ἀγαπῶσίν αὐτὸν ἐν ἀληθείᾳ* τοῖς ὑπομένουσιν παιδείαν αὐτοῦ (Salmi di Salomone 14,1)

Brown[157] apporterebbe questi passi come prova del significato teologico di ἀγαπᾶν ἐν ἀληθείᾳ (amare nella verità della rivelazione). Nonostante la sua proposta, in questi passi il significato del sintagma ci pare essere piuttosto «amare *sinceramente*, *veramente*» (secondo la legge), in conformità al contesto prossimo, ma anche globale, tenendo cioè conto del significato comune di ἀλήθεια nell'AT[158]. Il significato teologico ci sembrerebbe «un'interpolazione giovannea» e un'anacronismo, dato che i testi menzionati dei LXX sono più antichi del vangelo e delle lettere di Giovanni[159].

Il nesso ἀγαπᾶν ἐν + sostantivo al dativo si trova anche in 2 Gv 1,1 e 3 Gv 1,1 (in ambedue i casi ἀγαπῶ ἐν ἀληθείᾳ), e così sembra rientrare del tutto nello stile giovanneo[160]. Ἀγαπᾶν ἐν ἔργῳ non si riscontra né nei LXX, né nel NT. Per quanto riguarda le ricorrenze del nesso ἀγαπῶ ἐν ἀληθείᾳ nelle lettere giovannee, non vi è unanimità se interpretare nel senso avverbiale («veramente, autenticamente, sinceramente»), oppure «teologico» («amore fondato sulla rivelazione di Dio in Cristo-verità»)[161]. L'assenza di articolo nel sintagma analizzato non è determinante e non ci

---

[157] BROWN, 656.

[158] Vedi a p. 74-75.

[159] Il libro di Tobia è del periodo tra il IV e II secolo a. C. (E. ZENGER, ed., *Einleitung in das Alte Testament*, 254). I salmi di Salomone furono composti in Palestina verso il 60-40 a. C. (R. E. BROWN – J. A. FITZMYER – R. E. MURPHY, ed., *The New Jerome Biblical Commentary*, 1063).

[160] F. LÜCKE, *Commentar*, 233, sostiene che l'espressione μὴ ἀγαπῶμεν λόγῳ è un modo di dire, un idioma simile a ἀγαπᾶν + ἐν ἀληθείᾳ.

[161] Per una discussione, vedi BROWN, 655-656.

convince a dirimere la questione a favore del senso avverbiale. Infatti, il binomio giovanneo è spesso anartrico[162]. Così anche in questi passi giovannei sembra più probabile l'interpretazione «teologica», più consone alla concezione giovannea di ἀλήθεια[163].

2.3.6 L'espressione ἐν ἔργῳ καὶ ἀληθείᾳ

L'espressione composta ἐν ἔργῳ καὶ ἀληθείᾳ viene considerata da alcuni come tipicamente greca[164]: i greci, però, oltre ad omettere la preposizione ἐν, utilizzano l'espressione soprattutto in un contesto storico, indicando con essa «la realtà degli avvenimenti»[165]. Il contesto del nostro passo, purtroppo, non è storico. Nella letteratura giovannea il sostantivo ἀλήθεια è retto da ἐν 13 volte (6 volte nel vangelo di Gv, 1 volta in 1 Gv, 3 in 2 Gv, 3 in 3 Gv). Di questi esempi, 7 volte ἀλήθεια è adoperato da solo in semplici espressioni con la preposizione ἐν (con articolo: Gv 8,44; 16,13; 17,17.19; 3 Gv 1,4; senza articolo: 2 Gv 1,1.4; 3 Gv 1,1.3), mentre 4 volte si trova insieme a un altro sostantivo, entrambi retti in modo anartrico (senza articolo) dalla stessa preposizione: ἐν πνεύματι καὶ ἀληθείᾳ (Gv 4,23-24); ἐν ἀληθείᾳ καὶ ἀγάπῃ (2 Gv 1,3); ἐν ἔργῳ καὶ ἀληθείᾳ (1 Gv 3,18). Il sintagma ἐν ἔργῳ καὶ ἀληθείᾳ non ricorre né nel vangelo, né nelle lettere di Giovanni, fatta eccezione per il nostro passo. Addirittura possiamo affermare che quest'espressione non ricorre mai altrove né nel NT, né nei LXX.

De la Potterie propone di far risalire il sintagma ἐν ἔργῳ καὶ ἀλήθειᾳ all'espressione di sfondo semitico τὰ ἔργα τῆς ἀληθείας[166]. Quest'espressione è presente implicitamente o esplicitamente negli scritti giudaici del primo secolo a.C. Non espressamente, ma solo implicitamente ricorre in 1 Esdra 4,38-39:

---

[162] Vedi a p. 65 n. 117. L'articolo può mancare in certe locuzioni preposizionali (BDR § 255).

[163] Così anche BROWN, 452-453.656. Vedi a p. 83-84.

[164] R. BULTMANN, «ἀλήθεια», 654.

[165] I. DE LA POTTERIE, *La vérité*, II, 666. In questo caso si tratterebbe praticamente di due sinonimi: questa spiegazione è adottata anche da altri esegeti, come abbiamo già visto.

[166] I. DE LA POTTERIE, *La vérité*, II, 667.

Ἡ δὲ ἀλήθεια μένει καὶ ἰσχύει εἰς τὸν αἰῶνα καὶ ζῇ καὶ κρατεῖ εἰς τὸν αἰῶνα τοῦ αἰῶνος καὶ οὐκ ἔστιν παρ' αὐτῇ λαμβάνειν πρόσωπα οὐδὲ διάφορα ἀλλὰ τὰ δίκαια ποιεῖ ἀπὸ πάντων τῶν ἀδίκων καὶ πονηρῶν καὶ πάντες εὐδοκοῦσι τοῖς ἔργοις αὐτῆς καὶ οὐκ ἔστιν ἐν τῇ κρίσει αὐτῆς οὐθὲν ἄδικον.

La verità, in tal caso, sarebbe presente in un contesto sapienziale, giudaico: è quasi personificata e le opere sono «quasi generate da lei». Sempre secondo l'esegeta belga, il rapporto tra verità e opere sarebbe dinamico, mentre nel mondo greco piuttosto statico[167]. L'espressione τὰ ἔργα τῆς ἀληθείας si trova (in ebraico) anche negli scritti qumranici, spiccatamente nella frase בכול מחשבת קודשו ומעשי אמתו (1 QM 13,2; vedi anche 13,9; 1 QS 1,19; 10,17; 1 QH 1,30). Secondo de la Potterie, la parola אמת indicherebbe la rivelazione della verità divina, dei disegni di sapienza e saggezza, rivelazione espressa tramite le opere[168].

La proposta dell'esegeta belga non ci convince, poiché sembra introdurre il pensiero giovanneo in quello ebraico. Più naturale ci sembra la spiegazione di אמת come «solidità, affidabilità, fedeltà», come è usuale nell'AT[169]. Questa linea è seguita anche da Nötscher che interpreta proprio i passi di Qumran, citati da de la Potterie, nel senso di «verità divina, fedeltà nel giudizio e nella misericordia»[170]. Lo stesso Nötscher afferma che la verità di Dio proviene dalla fedeltà divina e si esprime nelle opere di giudizio[171].

---

[167] I. DE LA POTTERIE, *La vérité*, II, 667.

[168] I. DE LA POTTERIE, *La vérité*, II, 668. Ripreso da BROWN, 452.

[169] A. JEPSEN, «אָמַן, אָמֵן, אֱמוּנָה, אֱמֶת», 337-341.

[170] F. NÖTSCHER, *Vom Alten zum Neuen Testament*, 116.

[171] «Im Schutz des Rechten und Gültigen in der Welt bewährt sich also die 'mt Gottes. Insofern sind alle Werke Gottes, in dessen Hand das Gericht über alle Lebenden liegt, selbst "Wahrheit" (1 QS 10,17), d. h. ein Ausfluss und Beweis der göttlichen Treue, vgl. 1 Qumran 1,11. Der "Gott des Heils und die (wunderbaren) Werke seiner Treue" sind Gegenstand des Lobpreises der Priester und Leviten bei dem jährlichen Ordensfest (1 QS 1,19) und der Frommen überhaupt bei anderen Gelegenheiten (1 QH 1,30), besonders auch nach siegreicher Schlacht (1 QM 13,1.2.9; 14,12). Der Zusammenhang lässt über den Sinn der 'mt hier kaum einen Zweifel» (F. NÖTSCHER, *Vom Alten zum Neuen Testament*, 116.117). BROWN, 452, riporta 1 Enoc 10,16 come parallelo di 1 Gv 3,18 (la verità sarebbe paragonata a un piano che produce opere benedette). Ciò non convince: «Aram. קושטא is translated by two words in G and Eth. (τὸ φυτὸν) τῆς δικαιοσύνης καὶ τῆς ἀληθείας: "righteousness" is closer to the original meaning» (M. BLACK, ed., *The Book of Enoch or I Enoch*, 139).

Quindi non si tratta tanto dell'oggettività della manifestazione del progetto divino, quanto del rapporto fedele di Dio verso l'uomo[172].

Oltre a quest'obiezione vorremmo sollevarne un'altra. La proposta di accostare ἐν ἔργῳ καὶ ἀληθείᾳ alla costruzione (con il suo background semitico) τὰ ἔργα τῆς ἀληθείας ci pare un po' fragile per il motivo che, dal punto di vista sintattico, le due espressioni sono abbastanza diverse. De la Potterie si mostrerebbe un po' incoerente con il suo modo di procedere: le varie proposte di accostamento del sintagma giovanneo a frasi greche classiche sono da lui criticate per la mancanza di una sola preposizione (ἐν), poi, però, lui stesso propone un accostamento ben più acrobatico.

2.3.7 Il concetto «lingua»: concezione ebraica e greca a confronto

Un altro perno dell'interpretazione del de la Potterie è il contrasto, a nostro avviso forzato ed esagerato, tra la concezione greca ed ebraica di «lingua» (γλῶσσα)[173]: nel mondo greco la lingua sarebbe un semplice messaggero, intermediario della parola, senza un ruolo proprio. Non così, invece, nella concezione ebraica[174]. Anche su questo punto dell'argomen-

---

[172] «אמת ist Gottes Zuverlässigkeit, die dem Menschen zugewandt ist, so dass er bei ihr Schutz suchen darf» (A. JEPSEN, «אָמַן, אָמֵן, אֱמוּנָה, אֱמֶת», 341).

[173] I. DE LA POTTERIE, *La vérité*, II, 668. Non ci convince la sua spiegazione della citazione di Euripide riguardo i doni degli dèi agli uomini (πρῶτον μὲν ἐνθεὶς σύνεσιν, εἶτα δ' ἄγγελον γλῶσσαν λόγων δούς, ὥστε γιγνώσκειν ὄπα, EURIPIDES, *Supplices*, 203-204): «Bien que soient utilisés trois substantifs (raison, langue, parole), ceux-ci ne sont pas juxtaposés; l'auteur ne considère en fait qu'un double don des dieux: la *raison* et la *parole*. La langue est simplement considérée comme une messagère; elle ne joue pas de rôle propre, pour servir de véritable intermédiaire entre la raison et la parole. Pour le contenu de l'énoncé, les trois termes sont pratiquement ramenés à deux» (*Ibid.*, 668). Non ci sembra che i tre doni siano ridotti in realtà a due. La «lingua» è nominata con gli altri due sostantivi «tutto d'un fiato». E' forzato voler addurre da un tale testo la funzione subordinata della lingua nel pensiero greco, a differenza di quello ebraico. Che la lingua sia un messaggero, intermediario tra la ragione e la parola, non ci sembra una svalutazione della sua funzione: questa concezione è «naturale» e, d'altronde, corrisponde anche al pensiero ebraico. Neanche lì la lingua viene vista «come fonte» della parola, ma intermediario, come ammette lo stesso de la Potterie (*La vérité*, II, 669). In fin dei conti potremmo citare APION, *Scholion sull'Odissea* 3,341: κράτιστον τῶν μελῶν ἡ γλῶσσα (citato sotto la voce «γλῶσσα», *BGAD*). Questa frase accentua molto incisivamente la funzione della lingua, non mettendola certamente in ombra (un passo biblico molto simile lo troveremmo in Gc 3,1-12).

[174] I. DE LA POTTERIE, *La vérité*, II, 668-669.

tazione si vede che de la Potterie si sforza molto di attingere dal background ebraico, mettendo in ombra un possibile influsso greco[175].

Nonostante le nostre precisazioni e obiezioni, concordiamo con il de la Potterie nel sostenere che il pensiero ebraico sia più concreto di quello greco. Nel pensiero ebraico le varie parti del corpo risaltano in modo più spiccato, sembrano essere più concrete, indipendenti, a sé stanti. In realtà, però, non è un'indipendenza «vera e propria»: secondo la regola «pars pro toto», la parte rappresenta l'intero ossia la totalità dell'uomo, e ciò sotto un certo punto di vista, in una determinata relazione o attività[176]. Una certa indipendenza della «lingua» come organo si nota anche negli scritti del NT, come in Gc 3,5 (οὕτως καὶ ἡ γλῶσσα μικρὸν μέλος ἐστὶν καὶ μεγάλα αὐχεῖ ἰδοὺ ἡλίκον πῦρ ἡλίκην ὕλην ἀνάπτει), oppure, ancora più chiaramente, un po' più avanti in Gc 3,7-8 (πᾶσα γὰρ φύσις θηρίων τε καὶ πετεινῶν, ἑρπετῶν τε καὶ ἐναλίων δαμάζεται καὶ δεδάμασται τῇ φύσει τῇ ἀνθρωπίνῃ, τὴν δὲ γλῶσσαν οὐδεὶς δαμάσαι δύναται ἀνθρώπων). Qui vediamo che la «lingua» è quasi personificata e sembra essere un potere indipendente.

2.3.8 La relazione interna nei binomi

Facendo leva sugli argomenti riportati (da noi passati in rassegna e vagliati), de la Potterie vorrebbe stabilire un rapporto dinamico tra i due membri dei binomi, rapporto *dall'interiore all'esteriore*[177]:

lingua	→	parola
verità	→	atto caritativo

[175] Ciò che si è visto per l'esegesi del versetto 3,18 vale anche per tutta l'opera *La vérité*: «De la Potterie bemüht sich um Ableitung aus AT und Judentum. Der Nachweis gelingt nur zum Teil, da frühe Verflechtung von jüd., hellenistischen und gnostischen Denken zu berücksichtigen ist» (H. HÜBNER, «ἀλήθεια κτλ.», 145). Mettere in contrasto il pensiero greco con quello ebraico era di moda nella metà del XX secolo. Per un'approccio critico a questa tendenza, vedi J. BARR, *The Semantics of Biblical Language*, 8-20. Vedi anche l'eccellente monografia di M. HENGEL, *Giudaismo ed ellenismo*.

[176] H. D. PREUSS, *Theologie des Alten Testaments*, II, 121.

[177] I. DE LA POTTERIE, *La vérité*, II, 671.

Così come la lingua è principio interiore della parola, così anche la verità interiore viene espressa per mezzo degli atti di carità: la verità è la sorgente interiore della carità[178].

Tale interpretazione non s'impone. Infatti l'ordine delle parole nel versetto 18 è esattamente l'opposto! Se Giovanni avesse voluto esprimere il rapporto dinamico dall'interiore all'esteriore, ci pare logico che avrebbe ordinato le rispettive parole *dall'interiore all'esteriore*, cioè μὴ ἀγαπῶμεν γλώσσῃ μηδὲ τῷ λόγῳ ἀλλὰ ἐν ἀληθείᾳ καὶ ἔργῳ. E ci pare indicativo che né nel primo binomio, né nel secondo l'ordine delle parole non sia quello voluto da de la Potterie!

Cosicché ci sembra più pertinente l'interpretazione che i due binomi contengano piuttosto membri posti in un parallelismo *sinonimico complementare*[179]. La sinonimia, nel primo come nel secondo binomio, non è quindi perfetta, ma complementare, per due motivi.

1) Prendendo in considerazione l'ordine delle parole, riscontriamo che il secondo membro, proprio grazie alla sua posizione, può qualificare ulteriormente il primo, dandogli *un tono specifico*. Il sostantivo ἀλήθεια ricalcherebbe la *realtà* delle opere. Analogamente γλῶσσα, nel senso *dell'atto del parlare*, accentuerebbe λόγος, producendo il senso finale di «pure parole» («parole e parole», «solo parole»)[180]. Senza il sostantivo γλῶσσα il senso non sarebbe così esplicito e si potrebbe tentennare se l'autore sia categoricamente contro «i discorsi sulla carità», puntando solo sulle opere[181]. Lücke[182], procedendo nella nostra direzione, sostiene che per accentuare il significato di «amore apparente» viene aggiunto μηδὲ τῇ γλώσσῃ col valore epesegetico. Forse ciò era anche consone a un linguaggio stereotipato, sostiene sempre il Lücke, il quale per comprovare riporta

---

178 I. DE LA POTTERIE, *La vérité*, II, 671. Ripreso da BROWN, 452.

179 Così anche SMALLEY, 198, riguardo al secondo binomio.

180 Contro B. WEISS, *Die drei Briefe*, 103, secondo il quale in questa interpretazione svanisce la corrispondenza tra i correlativi membri dei due binomi (λόγῳ opposto a ἔργῳ, γλώσσῃ opposto a ἀληθείᾳ).

181 Oppure si potrebbe modificare quest'interpretazione nel senso che l'autore, pur non escludendo del tutto le parole di carità (siano i discorsi sulla carità, siano le parole di carità intese come espressioni di incoraggiamento o affetto), dia la preferenza alle opere.

182 F. LÜCKE, *Commentar*, 233.

due citazioni di Theognis[183]: ἀλλὰ δόκει μὲν πασῖν ἀπὸ γλώσσης φίλος εἶναι, ὅ κ' εἴπῃ γλώσσῃ λῷστα, φρονῇ δ' ἕτερα. Anche i vocaboli composti γλωσσαλγία e γλωσσοχαριτεῖν sono indizi che i greci esprimevano l'aspetto negativo del parlare (un parlare «senza fine» o adulatorio) proprio tramite il sostantivo γλῶσσα[184]. Se veramente abbiamo a che fare con un'espressione idiomatica, allora del tutto ingiustamente si aggiungerebbe μόνον dopo τῇ γλώσσῃ:[185] l'espressione idiomatica, difatti, non permette alcuna restrizione della negazione. Che sia idiomatica o meno, l'espressione potrebbe essere classificata come iperbole[186]: l'opposizione viene posta «senza mezzi termini», in una forma radicalizzata, per mettere in risalto l'incisività dell'esortazione alla carità *vera*, non *vana* e *illusoria*, a parole. Aggiungendo l'avverbio μόνον si smusserebbe l'incisività dell'esortazione, eliminando, di conseguenza, la figura dell'iperbole. Ne risulterebbe una formulazione più esatta, però meno impellente. Da quel che è detto trasparisce che l'iperbole non escluderebbe la carità a parole. Infatti la carità vera ha bisogno sia di parole che di fatti. Giovanni, però, avrebbe qui di mira l'amore apparente, del tutto vuoto, che nei casi di necessità di aiuto materiale usa solo parole[187] (come in Gc 2,15-16). In tali

---

[183] Riportate in F. LÜCKE, *Commentar*, 233. Purtroppo non riporta la fonte.

[184] Secondo H. G. LIDDELL – R. SCOTT – H. S. JONES, *A Greek – English Lexicon*, il verbo γλωσσαλγεῖν significa «talk till one's tongue aches», il sostantivo γλωσσαλγία «endless talking, wordiness». Γλωσσοχαριτεῖν significa «to flatter» (vedi LXX Pr 28,23: ὁ ἐλέγχων ἀνθρώπου ὁδοὺς χάριτας ἕξει μᾶλλον τοῦ γλωσσοχαριτοῦντος).

[185] Contro l'aggiunta anche B. WEISS, *Die drei Briefe*, 102. La posizione opposta è invece rappresentata N. GORRAN, *B. Joannis Apostoli*, 305: «Verbum tantum diligit qui promittit et non solvit... ubi verba sunt plura, ibi frequenter egestas». Come lui anche da Nicolaus de Lyra, il quale aggiunge «soltanto», «tantum» (*Postilla*, 1399). Socinus annota che nella frase «non amiamo con la parola e con la lingua» si deve aggiungere il vocabolo «soltanto»: senza questo avverbio, infatti, sembrerebbe che non si dovrebbe dimostrare la carità «con la parola e la lingua» (*Commentarius*, 206). Ultimamente K. GRAYSTON, *The Johannine Epistles*, 114: «Not (only) in word and speech but (also) in deed and in truth».

[186] BDR § 495 n. 5.

[187] Calvino (1509-1564) sostiene che nella prima parte del v. 18 si trovi una *concessio*: non possiamo amare solo con la lingua, ma siccome molti falsamente si vantano di ciò, l'apostolo *concede* loro «il nome» della realtà (cioè la carità), come fa spesso. Con l'altro membro, però, argomenta per la vanità di tale amore. La vera carità è quella comprovata dalle opere (*Commentarius*, 341).

casi non bastano belle parole[188], ci vuole un aiuto concreto. Questo viene riaffermato nella lettera di Giacomo: «Se un fratello o una sorella si trovano senza vestito e mancanti del cibo quotidiano e qualcuno di voi dicesse loro: "Arrivederci: andate in pace, scaldatevi e saziatevi da voi", e non deste loro ciò che è necessario per il corpo, che giova?» (Gc 2,15-16)[189]. D'altra parte, però, bisogna fare il punto che il nostro autore, evidentemente, non è contro la carità «dimostrata a parole»[190], bensì contro quella «solo a parole», senza le opere[191]. Ciò è chiaro non solo dalla teologia della parola in 1 Gv (ad es. 1 Gv 1,3), ma anche dall'analisi del primo binomio dove γλῶσσα enfatizza λόγος, dando il senso finale di «parole e parole». Cosicché, paradossalmente, si potrebbe ricollegare la frase giovannea a quella del Testamento di Gad: ἀγαπήσατε ἀλλήλους ἐν ἔργῳ καὶ λόγῳ[192].

Riassumendo, i membri paralleli nei rispettivi binomi si *compenetrano*, però non del tutto, in quanto il secondo membro qualifica, specifica il primo membro. Ne risulta che il significato dei due binomi viene enfatizzato. Di conseguenza, l'opposizione tra i due binomi risulta ancora più forte di un'opposizione tra due soli sostantivi senza la qualificazione. Una frase come «amiamo non a parole, ma a fatti» risulta molto meno incisiva ed enfatica di quella proposta da Giovanni.

2) Il sostantivo γλῶσσα, grazie all'articolo preposto, avrebbe un significato ancora più specifico: la lingua *in quanto mezzo* della parola, ossia, visto da una prospettiva opposta, la parola *in relazione* alla lingua[193]. Il

---

[188] Belle parole intese anche come sfoggio di retorica o di «profonda religiosità» (SCHUNACK, 66).

[189] Per il contrasto tra il servizio «a parole» e quello «a fatti», vedi anche Mt 7,21: «Non chiunque mi dice: "Signore, Signore", entrerà nel regno dei cieli, ma chi fa la volontà del Padre mio che è nei cieli».

[190] SCHUNACK, 66. D'altronde già nel prologo della lettera si parla della testimonianza che opera la comunione (1 Gv 1,3). Rosenmüller vede nel parallelismo antitetico un'affermazione sulla disuguaglianza della carità a parole e a fatti: la carità si deve dimostrare non tanto con i sermoni e le parole, ma con i fatti (*Scholia in Novum Testamentum*, V, 544).

[191] Per questo non è tanto pertinente l'osservazione di K. GRAYSTON, *The Johannine Epistles*, 114: «This depreciation of speech is unusual in the Johannine writings which are devoted to exploring the power of speech».

[192] M. DE JONGE, ed., *Διαθήκη Γάδ* 6,1. Citato come parallelo anche da SCHNACKENBURG, 201; BROWN, 476.

[193] Vedi a p. 67-68.

sostantivo sarebbe quindi parallelo a λόγος, però non perfettamente. Nel binomio parallelo, analogamente, il sostantivo ἀλήθεια indicherebbe la verità-rivelazione *in quanto mezzo* delle opere, oppure, visto da un'altra prospettiva, le opere *conformi* alla verità-rivelazione ossia *in relazione* alla verità. Il senso di ἀλήθεια specificherebbe il sostantivo ἔργον, producendo il senso del binomio come *gesti reali e concreti realizzati tramite la verità interiorizzata.* Non si tratta quindi di «pure opere esteriori», ma di atti compiuti «tramite la verità».

Avremmo quindi un parallelismo di γλῶσσα con ἀλήθεια: così come la lingua è il *mezzo* della parola, così la verità è *il mezzo* delle opere. Non avremmo la stessa interpretazione di de la Potterie, criticata da noi poco prima? Ci pare di no, per una differenza un po' sottile. De la Potterie vede un movimento dall'interno all'esterno: le parole dalla lingua, le opere dalla verità. Questo «movimento» ci sembra artificiale, im-posto al testo e non pro-posto dal testo. Noi optiamo non per l'idea di *origine*, ma di *strumentalità*. Non a caso in 3,18 incontriamo il dativo, non il genitivo di origine[194] (ἐν ἔργῳ τῆς ἀληθείας). Non a caso nel secondo binomio non troviamo la costruzione con la preposizione ἐκ (ἐκ τῆς ἀληθείας – movimento dall'interno all'esterno)[195]. Come ammette lo stesso de la Potterie, i due termini verità e opera sono connessi con un καί, il che dona una più grande autonomia rispetto alla costruzione al genitivo, usata in ebraico[196]. Quest'autonomia mette in risalto ambedue i membri del binomio, a differenza della connessione genitivale[197].

2.3.9 Interpretazione della preposizione ἐν

Anche se ambedue i binomi esprimono due differenti modi su *come* amare, e ciò tramite il dativo, solo il secondo binomio è preceduto dalla

---

[194] BDR § 162.

[195] Risulta logico che de la Potterie vuol far risalire il secondo binomio all'espressione genitivale τὰ ἔργα τῆς ἀληθείας: il genitivo esprime l'origine, cosicché l'interpretazione finale quadrerebbe (movimento dall'interno all'esterno). Però nel testo abbiamo un'espressione un po' diversa!

[196] I. DE LA POTTERIE, *La vérité*, II, 670.

[197] Il nesso sindetico, rendendo i due membri più indipendenti, rivela che Giovanni vuole insistere sull'azione concreta della carità (I. DE LA POTTERIE, *La vérité*, II, 670), a differenza dell'espressione τὰ ἔργα τῆς ἀληθείας la quale mette in luce piuttosto l'origine delle opere dalla verità.

preposizione ἐν. Il Lücke asserisce, anche se con qualche esitazione, che ἐν ἔργῳ καὶ ἀληθείᾳ ha un più spiccato senso avverbiale di ἔργῳ καὶ ἀληθείᾳ (senza ἐν): il primo sintagma designerebbe il modo nel quale compiere le opere di carità[198]. Westcott (1825-1901) giudica il cambiamento di costruzione come un indizio per far trapelare la differenza tra *mezzi* e *sfera* dell'amore espresso[199]. Sulla stessa scia di Westcott si trova Smalley[200], il quale vede nella preposizione ἐν un indizio per interpretare il secondo binomio come la *sfera* della carità (similmente in Gv 4,24: ἐν πνεύματι καὶ ἀληθείᾳ). Neanche tale proposta ci soddisfa, per il semplice motivo che la preposizione si trova prima di ἔργον: come poter intendere ἐν ἔργῳ nel senso di sfera, quindi nello stesso senso di ἐν ἀληθείᾳ?

La difficoltà maggiore per una spiegazione plausibile di ἐν consiste nel fatto che abbiamo quest'unica preposizione per ambedue i sostantivi: non è possibile interpretare la preposizione in due modi diversi, nel primo caso unita al dativo strumentale (ἔργῳ), nel secondo al dativo locale (ἀληθείᾳ come sfera di attività)! Secondo noi la preposizione ἐν è presente a motivo del secondo sostantivo ἀλήθεια. Infatti nelle lettere giovannee incontriamo di frequente il nesso ἐν ἀληθείᾳ[201] (di grande rilevanza teologica), «nella verità del Dio rivelato». La preposizione ἐν è *di per sé* superflua per esprimere il dativo strumentale[202], come lo dimostra il primo binomio[203]. Propendiamo così per un *iperbato*, deviazione dall'ordine naturale della frase[204]. La preposizione si riferisce ad ἀλήθεια; il sostantivo ἔργῳ è un semplice dativo strumentale, quindi non indica la sfera di attività. Il nesso ἐν ἀληθείᾳ non esprime soltanto il mezzo, ma più specifi-camente *il mezzo*

---

[198] F. LÜCKE, *Commentar*, 232.

[199] B. F. WESTCOTT, *The Epistles of St. John*, 115.

[200] SMALLEY, 199.

[201] 5 volte: 2 Gv 1,1.3.4; 3 Gv 1,1.3.

[202] BDR § 195. Si potrebbe dubitare se classificare questo dativo come *dativus modi* (BDR § 198), invece di *dativus strumentalis*: sembra però più appropriato optare per il *dativus strumentalis*, poiché l'autore si interessa piuttosto dei *mezzi* (lingua, parola, atto). La differenza, però, è molto sfumata e c'è da ribadire che le nostre distinzioni (*strumentalis*, *modi*) sono categorie «sovraggiunte» per spiegare le varie sfumature del dativo che ha sostanzialmente sempre la stessa valenza. Anche STRECKER, 192, opta per il dativo strumentale.

[203] «Der einfache instrumentale Dativ und ἐν c. dat. können im ntl. Griechisch miteinander wechseln; dabei geht die sprachgeschichtliche Tendenz zur Konstruktion ἐν mit Dativ» (STRECKER, 192 n. 68). Vedi anche BDR § 220,1.

[204] BDR § 477.

e la sfera di attività (*tramite* e *nella* verità). Più precisamente, ἐν ἀληθείᾳ indica di per sé la sfera vitale (dativo di luogo), secondariamente la strumentalità, inclusa già nel concetto di sfera vitale. Quindi, la parola ἀληθείᾳ sarebbe un dativo di luogo, non di strumentalità, anche se questa seconda sfumatura vi è implicitamente racchiusa.

Se le cose stanno così, perché la preposizione non precede direttamente ἀλήθεια? Quest'ordine di parole, pur essendo più corretto, romperebbe il parallelismo (anche formale) tra i due membri del secondo binomio, ma anche tra i due binomi a vicenda. Invece in virtù dell'ordine proposto dall'autore si raggiunge, dal punto di vista formale, un equilibrio maggiore sia nel secondo binomio, sia tra i due binomi, poiché tutti e quattro i sostantivi sarebbero al dativo *senza la preposizione* (nel senso di una connessione immediata). Anteponendo la preposizione al binomio, oltre a ricavare un perfetto parallelismo formale, si uniscono più strettamente i due sostantivi ἔργον e ἀλήθεια, formando un sintagma ben chiuso[205]. Al contrario, la preposizione prima di ἀλήθεια distaccherebbe quest'ultimo sostantivo da ἔργον: in quel caso, ἀλήθεια sarebbe più indipendente, quasi come qualcosa di aggiunto.

L'effetto *secondario* della presenza di ἐν è l'enfatizzazione del secondo binomio[206]. In italiano ciò si potrebbe rendere con l'avverbio *piuttosto*. E' vero, il binomio ἔργῳ καὶ ἀληθείᾳ è già *accentuato* in virtù della sua ultima posizione nel versetto, però in questo caso la preposizione rafforzerebbe ancor più tale enfasi[207].

Dopo quest'ultima osservazione siamo in grado di proporre una traduzione dell'intero versetto, raccogliendo anche altri dati della nostra esegesi: «Figlioli, non amiamo a parole vuote, ma piuttosto *con* opere e *nella* verità»[208]. Facciamo notare che non a caso abbiamo messo davanti al

---

[205] Ciò viene intravisto anche da B. WEISS, *Die drei Briefe*, 102. Comunque il Weiss riporta una spiegazione diversa dei due membri: ἐν ἔργῳ indica una carità apparente, senza la verità della sincerità interiore, di motivazioni scaturite dalla carità. Ἀληθείᾳ, al contrario, indica di per sé una debita motivazione interiore, però senza le opere.

[206] STRECKER, 192.

[207] Secondo STRECKER, 192 n. 68, proprio in virtù della posizione accentuata del secondo binomio non si può affermare che nel primo binomio si esorti alla coerenza dell'atteggiamento umano (contro R. HEILIGENTHAL, «ἔργον», 124).

[208] Risulta interessante che già la Tyndale (1526) distingue le proposizioni nel secondo binomio: «My babes let us not love in worde nether in tonge: but with dede and in veritie» (G. OFFOR, ed., *The New Testament*, edizione senza pagine). Anche E.

sostantivo «opere» la preposizione «con» (rende il dativo strumentale), mentre davanti a «verità» la preposizione «nella» (ἐν ἀληθείᾳ): la carità viene sì esercitata *con* le opere, ma *nella* sfera della verità[209]. Tale verità è la fonte, la base e l'ambiente vitale dell'esistenza cristiana e anche il punto di partenza e la misura dell'attività cristiana[210]. Siccome tale verità è quella escatologica, l'uomo può reggere davanti al giudizio di Dio[211].

2.4 *Confronto di ἀγαπᾶν ἐν ἔργῳ καὶ ἀληθείᾳ con altre espressioni giovannee simili*

L'espressione ἀγαπᾶν ἐν ἔργῳ καὶ ἀληθείᾳ richiama alla mente ποιεῖν τὴν ἀλήθειαν[212] (Gv 3,21; 1 Gv 1,6), ma ancora di più περιπατεῖν ἐν ἀληθείᾳ (2 Gv 1,4; 3 Gv 1,3; 3 Gv 1,4). Il nesso ἀγαπᾶν ἐν ἀληθείᾳ è presente anche in altri passi giovannei: 2 Gv 1,1 e 3 Gv 1,1. Soffermandoci sul primo esempio (2 Gv 1,1 e versetto successivo), troviamo che il presbitero ama nella verità (ἐγὼ ἀγαπῶ ἐν ἀληθείᾳ) per la verità interiore presente (διὰ τὴν ἀλήθειαν τὴν μένουσαν ἐν ἡμῖν)[213]. Questo passo ci è di particolare aiuto perché tutto d'un fiato spiega il significato di ἀληθείᾳ come verità interiorizzata. Quindi ἀγαπᾶν ἐν ἀληθείᾳ avrebbe il significato di «prestare la carità nella verità».

Un altro passo molto rilevante per la comprensione del nostro versetto è 2 Gv 1,3: ἔσται μεθ' ἡμῶν χάρις ἔλεος εἰρήνη παρὰ θεοῦ πατρὸς καὶ παρὰ Ἰησοῦ Χριστοῦ τοῦ υἱοῦ τοῦ πατρὸς *ἐν ἀληθείᾳ καὶ ἀγάπῃ*. Il sostantivo ἀλήθεια è strettamente legato ad ἀγάπη grazie alla preposizione ἐν davanti al binomio. Viene così suggerito di considerare i due sostantivi come endiadi. Ciò è ulteriormente comprovato dai due versetti seguenti (2 Gv 1,4-5) che chiaramente dischiudono il significato di ἀλήθεια come rivelazione del comandamento della ἀγάπη.

GAUGLER, *Die Johannesbriefe*, 184, NIV, NVB, TOB distinguono nel secondo binomio due preposizioni diverse: *con* le opere e *nella* verità. BROWN, 439, traduce: «Little children, let us not give lip service to our love with words but show its truth in deeds».

[209] Nel primo binomio abbiamo dovuto usare la preposizione «a» («a parole vuote»), perché richiesta in italiano dalla costruzione col verbo «amare».

[210] BEUTLER, 97.

[211] STRECKER, 192.

[212] R. SCHNACKENBURG, *Das Johannesevangelium*, II, 269.

[213] Così interpretato da BROWN, 656-658; SMALLEY, 319-320.

Questi esempi ci convincono ulteriormente ad interpretare ἀγαπᾶν ἐν ἀληθείᾳ nel senso forte, «teologico». Nei casi menzionati, così come in 1 Gv 3,18, è presente la preposizione ἐν, indicante *la sfera* di attività: *nella* verità. La mancanza della preposizione, invece, avvicinerebbe la nostra espressione a un passo paolino, Fil 1,18, dove ἀληθείᾳ è un dativo di modo, «sinceramente»: τί γάρ πλὴν ὅτι παντὶ τρόπῳ, εἴτε προφάσει εἴτε *ἀληθείᾳ*, Χριστὸς καταγγέλλεται.

Nel nostro passo, però, non avremmo un riferimento a «opere sincere»[214], ma ad opere di verità, fatte nella verità: opere che, contemporaneamente, sono reali. La sincerità, caso mai, la potremmo intendere non tanto come congruenza dell'*intenzione* con *l'atto*, ma piuttosto della *verità interiore* con *l'atto*[215].

2.5 *L'esortazione del v. 18 nel suo contesto*

Il sintagma ἐν ἀληθείᾳ specifica la sfera di attività del credente: «nella verità interiorizzata». La verità è intesa come rivelazione salvifica dell'amore, norma dell'agire del credente[216]. Ogni volta che il cristiano vive nella luce della verità rivelata di Dio, trova un invito pressante a praticare il dono dell'amore verso i bisognosi, fino al dono totale di se stesso[217]. Questo significato di ἐν ἀληθείᾳ viene attestato anche dal contesto prossimo di 3,18. Poco prima del nostro versetto, infatti, si mette in luce proprio la *rivelazione della carità di Cristo*: ἐν τούτῳ ἐγνώκαμεν τὴν ἀγάπην, ὅτι ἐκεῖνος ὑπὲρ ἡμῶν τὴν ψυχὴν αὐτοῦ ἔθηκεν (3,16). Questa carità divina rivelata è proprio il contenuto della rivelazione (ἀλήθεια). Di passaggio notiamo che in 3,16 viene usato proprio il verbo γινώσκειν (al perfetto, ἐγνώκαμεν), dello stesso campo semantico di ἀλήθεια (campo semantico della *conoscenza*): mentre ἀλήθεια designa la conoscibilità della realtà divina (in quanto rivelata), γινώσκειν designa l'atto del conoscere. Se il credente presta al bisognoso un atto concreto di carità, questa carità rivelata rimane in lui (v. 17: μένει ἐν αὐτῷ): non solo la carità *divina*, ma

---

[214] Neanche il contesto supporterebbe tale decisione.

[215] Secondariamente, comunque, «agire nella verità» implica la sincerità: non si può compiere autentiche opere di verità senza la sincerità.

[216] I. DE LA POTTERIE, *La vérité*, II, 672-673.

[217] I. DE LA POTTERIE, *La vérité*, II, 672.

anche quella *fraterna*[218] (in realtà si tratta di un'unica carità con due aspetti specifici). E il seguente versetto 18 appella a rimanere nella verità (nuovamente è presente la preposizione ἐν, come in v. 17) amando in una carità *a fatti*. Praticando la carità, il credente «riversa sui fratelli» la carità ricevuta da Cristo.

Anche lo sviluppo del pensiero dei versetti seguenti conferma questa prospettiva: ἐν ἀληθείᾳ (v. 18) corrisponde a ἐκ τῆς ἀληθείας (v. 19). In ambedue i casi si tratta della stessa verità[219], verità della rivelazione dell'amore di Dio presente nel cuore dei credenti: praticando la carità «in opere» e «nella verità» noi sapremo di essere dalla verità, noi sapremo che proprio la verità interiore, presente nei nostri cuori, ispira e detta il nostro comportamento[220]. In 2,9-11 l'autore ha ribadito decisamente che una persona non può affermare di essere nella luce e odiare suo fratello: tale odio è un segno che egli è nelle tenebre. Così ora egli dice che una persona non può affermare di appartenere alla verità (3,19a) e non dimostrare una carità concreta al fratello: questa verità si manifesta in opere di amore, non in un atteggiamento di indifferenza. Un manoscritto sahidico addirittura anticipa la connessione tra i due versetti prendendo in prestito una proposizione da 3,19 e aggiungendola alla fine di 3,18: mostriamo il nostro amore in opere e verità «per il motivo che siamo dalla verità»[221].

Verità, amore e luce sono tutti modi di descrivere ciò che è stato rivelato in Gesù Cristo ed è diventato possesso (mediante la fede) di coloro che sono diventati figli di Dio[222]. Sono tutti principi vitali che devono continuare a manifestarsi nella vita. La verità (ossia carità) è una forza attiva, ma esige la collaborazione del credente, e per questo in 3,18 Giovanni interpella i suoi lettori a una decisione consapevole e deliberata: la verità non è una forza che agisce da sé.

---

[218] Ἐν ἔργῳ – «im faktischen Verbleiben in der in 3,14n. definierten Brudergemeinschaft» (F. VOUGA, *Die Johannesbriefe*, 59).

[219] Così I. DE LA POTTERIE, *La vérité*, II, 673; F. VOUGA, *Die Johannesbriefe*, 59 («ἀλήθεια nicht im formalen Sinn»). Non si tratterebbe di un legame artificiale tra i due versetti, come vorrebbe A. LOISY, *Les Épîtres dites de Jean*, 559.

[220] I. DE LA POTTERIE, *La vérité*, II, 673.

[221] L. J. DELAPORTE, «Fragments Thébains du Nouveau Testament (1)», 559.

[222] BROWN, 476-477.

2.6 *Intenzione polemica o pastorale?*

In primo luogo e direttamente Giovanni qui non si mette in opposizione con i suoi antagonisti[223]: esorta semplicemente alla carità «dalla verità», senza polemizzare apertamente con atteggiamenti erronei, come si vede invece in 3,7-15, dove il tono è chiaramente polemico. Infatti dal versetto 16 fino a 24 l'autore scrive con un tono più pacato. Inoltre si deve asserire che le lettere giovannee sono meno polemiche di quanto sia stato pensato in passato, sotto l'influsso di Law (*The Tests of Life*, 1909). Queste sono più pastorali che polemiche[224], anche se non si può escludere il tono polemico[225].

Avendo ribadito chiaramente l'intenzione *primaria*, possiamo anche aggiungere che, in secondo luogo, l'autore della lettera forse stia anche indirettamente polemizzando contro un atteggiamento erroneo degli antagonisti[226]. L'aspetto polemico del versetto potrebbe essere giustificato sia dal *contesto generale della lettera*, dove l'autore specialmente tramite antitesi si distacca nettamente da atteggiamenti erronei, sia dal *contesto remoto* (3,7-15), dove l'autore affianca alcune antitesi. C'è comunque da specificare il contenuto di questa intenzione *polemica* (e *secondaria*). La risposta può essere solo ipotetica e dipende da ciò che si accentua nell'esegesi del versetto. Così Wengst[227], con l'accento sulla concretezza della carità, sostiene che gli avversari erano incappati in un intellettualismo che sapeva parlare della carità, ma non la praticava. D'altro canto Brown[228], mettendo in risalto la «verità» divina come fonte delle opere, asserisce che gli avversari non erano ipocriti: non predicavano un modo di procedere e ne seguivano un altro. Piuttosto essi insegnavano che azioni e opere non avevano valore salvifico dal momento che già si possedeva la vita eterna

---

[223] WENGST, 155; SMALLEY, 199. STRECKER, 191, sostiene decisamente che l'autore non ha in mente un gruppo determinato, ma vuole semplicemente scrivere una regola etica indirizzata a tutti senza distinzioni.

[224] J. PAINTER, *1, 2, and 3 John*, 84-85.

[225] J. PAINTER, *1, 2, and 3 John*, 17.

[226] Per SCHNACKENBURG, 201, invece, l'autore parla contro gli avversari («gnostici»). Questa sua posizione viene messa in dubbio da E. GAUGLER, *Die Johannesbriefe*, 185; BULTMANN, 61 n. 5. Una polemica contro gli avversari viene giudicata come possibile da SCHUNACK, 66; SMALLEY, 198. J. PAINTER, *John: Witness and Theologian*, 124, interpreta μηδὲ τῇ γλώσσῃ come un'estatica proclamazione da parte degli eterodossi.

[227] WENGST, 155.

[228] BROWN, 476.

mediante la fede in Gesù Cristo. Al contrario di Wengst, Brown[229] ritiene probabile che gli antagonisti mostrassero una carità concreta, però solo verso i loro fratelli e sorelle, non verso i membri della comunità giovannea.

Queste soluzioni rimangono pure ipotesi che non possono essere giustificate con certezza. Il dato più importante, rilevabile dal testo, è che l'intento del brano è più pastorale che polemico.

2.7 *Confronto di 1 Gv 3,18 con altre massime dell'antichità*

Grazie al contrasto con il primo binomio (carità vana, a parole), il secondo binomio racchiude in sé l'espressione nota presso i greci, «carità reale», non «apparente» (μή μοι ἀνὴρ εἴη γλώσσῃ φίλος, ἀλλὰ καὶ ἔργῳ[230]), ma contemporaneamente la oltrepassa, proprio in virtù della parola chiave ἀλήθεια dallo *stampo* tipicamente giovanneo. Quindi non ci sarebbe uno stacco netto dall'espressione greca, ma piuttosto un'*inclusione* e *approfondimento*[231]. Potremmo riassumere la nostra interpretazione nella frase: «Amiamo nella verità e nella Verità».

---

[229] BROWN, 476 n. 27.

[230] G. STRECKER – U. SCHNELLE – G. SEELIG, ed., *Neuer Wettstein*, II, 718. Nella grecità ellenistica possiamo trovare in Filone un parallelo simile, anche se orientato piuttosto contro le opere cattive, in discrepanza con le buone intenzioni: Τί γὰρ ὄφελος λέγειν μὲν τὰ βέλτιστα, διανοεῖσθαι δὲ καὶ πράττειν τὰ αἴσχιστα; Τί δ' ὄφελος ἃ μὲν χρὴ διανοεῖσθαι, ἔργοις δὲ ἀτόποις καὶ λόγοις χρῆσθαι, διὰ μὲν τῶν λόγων τοὺς ἀκούοντας, διὰ δὲ τῶν ἔργων τοὺς ὑπομένοντας ζημιοῦντας; (PHILON D'ALEXANDRIE, *De posteritate Caini*, 86-87).

[231] Anche C. HAAS – M. DE JONGE – J. L. SWELLENGREBEL, *A Translator's Handbook*, 14, e SMALLEY, 199, interpretano l'espressione ἐν ἔργῳ καὶ ἀληθείᾳ prima di tutto nel senso di *opere reali*, per poi esplicitarne ulteriormente la portata nel senso di *opere dalla verità interiore*. STRECKER, 192, si oppone esplicitamente al «rinnegamento di uno sfondo greco» proposto dal de la Potterie: «Der Verfasser will also nicht zwischen "konkreten Taten" und "Taten der Wahrheit" unterscheiden, sondern fordert, dass die geglaubte eschatologische Wahrheit zur konkreten Tat werde. So entspricht es einer verbreiteten neutestamentlichen Überlieferung (z. B. Jak 1,25; 2,12-18), die ihren jüdischen und hellenistischen ethischen Hintergrund nicht verleugnet, hier jedoch in Verbindung mit dem Wahrheitsbegriff typisch johanneisch geformt erscheint». Precisiamo che, grazie alla presenza di ἐν, il contrasto giovanneo si discosta sintatticamente dalle espressioni nella grecità classica. Anche se vi è questa differenza *formale*, il contenuto è analogo, non dimenticando che il contrasto di 3,18

L'interpretazione sulla carità reale, di stampo greca, è stata confutata dal Brown col pretesto che, proponendo la traduzione di ἀλήθεια come «sincerità» o «realtà», si supporrebbe che 1 Gv ci dia una massima sapienziale generale a cui ci sono molti paralleli (Mt 23,3: i farisei condannati perché non fanno ciò che dicono; 2 Cor 10,11: Paolo attuerà tramite l'opera ciò che scrive a parole; Gc 1,22: esortazione a mettere in pratica la parola). Secondo Brown, però, sarebbe strano che 1 Gv, diretta in gran misura contro un gruppo in errore, sottolinei una massima generale di comportamento[232]. Questo suo argomento deve essere relativizzato, per due motivi:

1) nel nostro brano non si entra in discussione esplicita con una posizione di eretici, il contesto è piuttosto generale;

2) Giovanni non dice mai espressamente che gli «eretici», confutati vivamente nella lettera, parlassero soltanto della carità («con parola e lingua»), senza però metterla in pratica.

Non vediamo il motivo perché Giovanni non possa ripetere una massima sapienziale generale (attestata più di una volta nello stesso NT), includendola, però, in una più ampia e profonda visione teologica: carità concreta nella verità. Tale carità concreta e pratica non è prerogativa soltanto del cristianesimo, è già presente presso gli autori dell'antichità, come ribadisce il Benedictus Iustinianus Genuensis[233] (1550-1622). E non si può dimenticare che questo atteggiamento viene più volte raccomandato nell'Antico Testamento, come ci ricorda Dionysius Cartusianus[234].

Nonostante quest'affinità con massime di stampo sapienziale, 1 Gv 3,18 propone una visione ancora più profonda della carità, carità nella verità di Dio. Con il sostantivo ἀλήθεια si imprime uno stampo cristiano all'amore che, altrimenti, potrebbe scadere in un puro attivismo. D'altra parte nean-

---

include anche l'aspetto «teologico», grazie al giovanneo ἀλήθεια che «ha attirato» la preposizione ἐν.

[232] BROWN, 452.

[233] A mo' d'esempio si può riportare una frase di Seneca citata dallo B. IUSTINIANUS GENUENSIS, *In primam catholicam Ioannis epistolam*, 167: «Praecipiemus, ut naufrago manum porrigat, erranti viam monstret, cum esuriente panem suum dividat».

[234] DIONYSIUS CARTUSIANUS, *Enarratio*, 38. Fra le molteplici citazioni riportate si possono menzionare Pr 21,13 («Chi chiude l'orecchio al grido del povero, quando lui chiama, non riceve risposta») oppure Sir 4,1 («Non defraudare il povero del necessario alla vita e non fare aspettare gli occhi che dicono bisogno, non disprezzare chi ha fame e non esasperare chi è in difficoltà»).

che il sostantivo ἔργον è inutile, poiché esprime proprio la concretezza delle opere – concretezza espressa (però meno incisivamente) anche nel secondo vocabolo ἀλήθεια. Con 3,18 si confermerebbe l'indole non-gnostica del cristianesimo giovanneo, apportando un segno di autenticità che non può essere trascurato; inoltre, alla mistica giovannea, intesa come sforzo dell'individuo di raggiungere la comunione con Dio, viene dato un nutrimento genuino[235]. Nonostante il cristianesimo rigetti un legalismo superficiale e insista sull'interiorità dell'etica, si richiede anche uno spirito di carità che si esprima concretamente[236]. Un'eccessiva spiritualizzazione del messaggio cristiano comporterebbe un'affievolire della morale[237].

2.8 *Confronto della concezione giovannea e paolina*

L'espressione «opere e verità», in fin dei conti, corrisponde perlopiù al paolino «fede e opere in Cristo» (Gal 5,6; Ef 2,8-10): per Giovanni è peculiare l'accentuazione della verità, che, interiorizzata, rispecchia la fede paolina[238]. Vorremmo comunque sottolineare che si trova una certa differenza tra le due espressioni: quella giovannea sottolinea maggiormente l'attività divina (ἀλήθεια), mentre quella paolina mette in evidenza l'apertura, la disponibilità del singolo (πίστις) ad accettare il dono divino, l'attività di Dio. Comune è però l'aspetto interiore: in ambedue i casi abbiamo due principi dell'attività esteriore, delle opere.

C'è un altro aspetto che accomuna la prospettiva paolina e giovannea: per Giovanni la carità è ispirata alla verità interiorizzata e presente nel credente. Questa verità, rivelazione della carità divina, viene naturalmente accolta tramite la *fede*, come indica chiaramente 1 Gv 4,16: «E noi abbiamo conosciuto e *abbiamo creduto* all'amore che Dio ha per noi». E così possiamo connettere la prospettiva giovannea a quella paolina: la carità cristiana implica la fede cristiana[239]. Diamo quindi ragione alla frase

---

[235] SCHNACKENBURG, 201. Questo nutrimento viene espresso in modo pregnante come «eine kräftige, hausbackene Beikost» (*Ibid.*, 201). Contro lo Schnackenburg si schiera espressamente E. GAUGLER, *Die Johannesbriefe*, 185.

[236] Ciò non è peculiarità giovannea, ma costante della spiritualità dell'Antico Testamento (E. GAUGLER, *Die Johannesbriefe*, 185).

[237] C. H. DODD, *The Johannine Epistles*, 87.

[238] I. DE LA POTTERIE, *La vérité*, II, 673.

[239] «Christian love implies Christian faith» (E. MALATESTA, *Interiority and Covenant*, 266).

di Lutero: «Concludit Sanctus Ioannes hic illam exhortationem de dilectione et *redit in circulum*, ut annectat propositionem de fide. Nam christiana doctrina consistit in his duobus»[240]. Con un pizzico di ironia, però, dobbiamo dire che questa frase non è valida nel senso luterano (fede come persuasione del cuore del perdono di Dio, 3,19-20). Infatti la «propositio de fide» è presente già prima di 3,19-20, ossia in 3,18, naturalmente solo *implicitamente* grazie al concetto «verità» (accolta nella fede). Giovanni cita spesso la carità insieme alla fede, addirittura desta la sensazione di concepire i due comandamenti della carità e della fede come un unico comandamento a due facce: infatti in 3,22-23 i comandamenti da osservare (al plurale!) sono subito specificati come il comandamento della fede e della carità (al singolare!). E non a caso troviamo il binomio fede e carità proprio in prossimità del nostro brano, riproponendo questi due concetti presenti in 3,18 (anche se «fede» vi è presente solo implicitamente). Il versetto 3,23, col suo binomio fede e carità, si potrebbe addirittura considerare come «Kurzformel» del cristianesimo[241].

Possiamo trovare anche un'altro punto di convergenza tra la carità e la fede. Come la vera carità si dimostra a fatti, così anche la vera fede[242]. Riassumendo possiamo affermare che anche in 1 Gv 3,18 si vede la convergenza e unità della fede e della carità: questi due principi non si oppongono a vicenda, al contrario. Semplificando si potrebbe dire che il nostro versetto concilia l'accento cattolico, carità ἐν ἔργῳ, e l'accento protestante, «gratia» ossia ἀλήθεια, vista dalla prospettiva del dono di Dio. La «gratia» ossia ἀλήθεια ha come correlativo dal punto di vista dell'uomo la «fides» (πίστις), ossia disponibilità ad accogliere il dono (ἀλήθεια)[243].

---

[240] M. LUTERO, *Vorlesung*, 714.

[241] F. MUSSNER, «Eine neutestamentliche Kurzformel für das Christentum», 49-52.

[242] Come conferma Gc 2,14 («Fratelli miei, se uno dice di avere fede, ma non ha opere, che utilità ne ricava? Potrà forse la fede salvarlo?»), oppure, alcuni versetti dopo, Gc 2,17 («Così anche la fede, se non ha le opere, di per se stessa è senza vita»).

[243] Naturalmente quest'affermazione è molto semplificativa: in realtà la dottrina cattolica riconosce la necessità della fede, così come quella protestante (nel suo globale) conferma l'importanza delle opere di carità. Si tratta piuttosto di due diversi accenti.

2.9 Sintesi

Nel versetto 3,18 (connesso strettamente a 3,17) abbiamo la conclusione etico-pratica della trattazione precedente, più teorica, sulla carità (3,11-16). In questo versetto Giovanni appella alla carità tramite un'incisiva esortazione, formata da due binomi contrapposti. In ciascun binomio i membri sono posti in una sinonimia complementare, dove il secondo membro è relazionato al primo in una duplice funzione:

1) enfatizzazione (lingua accentua parola, verità accentua opere);

2) mediazione (lingua come mezzo o strumento della parola, verità come mezzo delle opere).

Dei due binomi, il secondo è enfatizzato ancor più grazie alla presenza della preposizione ἐν che però, di per sé, si riferisce alla parola ἀλήθεια. Il sintagma ἐν ἀληθείᾳ indica la verità interiorizzata come sfera (e al contempo strumento) delle opere. Queste riflessioni esegetiche confluiscono nella traduzione: «Figlioli, non amiamo a parole vuote, ma piuttosto con opere e nella verità».

Su due livelli è anche l'interpretazione dell'opposizione dei due binomi. L'autore, rivolgendosi ai lettori con autorità e tenerezza (con l'indirizzo τέκνια), esorta alla carità non a parole vuote, ma ad atti concreti, reali. Questa «prima interpretazione» deve essere approfondita, tenendo conto del significato giovanneo di ἀλήθεια, verità rivelata di Dio. La carità richiesta, ἐν ἔργῳ καὶ ἀληθείᾳ, non è soltanto vera («visione greca e veterotestamentaria»), in opposizione a quella vuota delle parole. E' vera nel senso forte della parola, perché nella sfera della verità interiorizzata, presente nel credente («visione giovannea»). Questa verità è la rivelazione della carità di Cristo (3,16) che, presente nel cuore del credente (ἐν αὐτῷ), si riversa tramite le opere concrete a favore del fratello bisognoso. Possiamo dire che la verità della carità *divina* diventa *fraterna* e *concreta*, a fatti. La verità è una forza vitale, però richiede anche la cosciente collaborazione del credente. Proprio per promuovere e rinnovare l'opzione fondamentale della carità, Giovanni si rivolge ai membri della comunità con l'esortazione di 3,18.

CAPITOLO VII

Esegesi di 3,19-20

1. Storia dell'interpretazione

Anche se i due versetti sono costellati di numerosi problemi grammaticali, come ben dimostra Brown[1], in fin fine la questione verte intorno alla domanda principale: i versetti parlano di un Dio onnisciente, severo (interpretazione negativa) o misericordioso (interpretazione positiva)[2]? Partendo da quest'«optio fundamentalis», proporremo le varie interpretazioni presenti nel corso dell'era cristiana (alle tre interpretazioni principali si aggiungono anche delle altre di minore importanza), non omettendo di fornire anche le varie risposte date dai commentatori alle questioni grammaticali secondarie. In questa Auslegungsgeschichte mostreremo a grandi linee i vari tipi interpretativi (aspetti originali delle singole interpretazioni prese nell'insieme, interpretazione di ἐν τούτῳ, πείθειν, καταγινώσκειν, καρδία, «Dio è più grande») senza entrare nelle questioni secondarie[3],

---

[1] BROWN, 454-459.

[2] Proponiamo tre diverse «proposte fondamentali», a differenza di BROWN, 459-460 (solo due: Dio severo, o misericordioso).

[3] Questioni di carattere piuttosto *sintattico* (motivazioni delle scelte esegetiche, interpretazione dei due ὅτι), oppure *semantico* (essere-dalla-verità [19b], il grado della conoscenza [19ab], la pacificazione in virtù della carità [19c], il motivo delle accuse [20a]).

presenti, invece, nella parte seguente, esegetica[4]. Preferiamo esporre queste interpretazioni in ordine cronologico per dimostrare meglio sia la dipendenza dalle proposte precedenti, sia il progressivo sviluppo.

1.1 *Dio onnisciente*

1.1.1 Clemente e Tertulliano

La più antica interpretazione della frase «Dio è più grande» si ferma al significato ovvio del testo: Dio è più grande nella sua onniscienza. Un primo cenno di tale esegesi si trova in Clemente Alessandrino[5] (intorno al 200): Dio è più grande del nostro cuore, cioè la potenza di Dio è più grande della coscienza, perciò conosce tutto[6]. Il commento del Clemente è importante anche per il fatto che implicitamente identifica ἡμῶν come soggetto del verbo καταγινώσκειν (v. 20: ἐὰν καταγινώσκῃ ἡμῶν ἡ καρδία), mentre καρδία come sinonimo di συνείδησις. Tale identificazione avviene anche presso Tertulliano all'occidente[7] (tra il 210 e 213). Queste due soluzioni esegetiche rimarranno pressoché invariate nel corso dei secoli: riscontreranno dissenso solo in pochi commentatori del XX secolo[8].

---

[4] Qualora menzionassimo anche nella parte sulla storia dell'interpretazione le soluzioni a questioni secondarie, sarà solo per la necessaria comprensione globale dell'interpretazione dell'uno o dell'altro esegeta.

[5] CLEMENS ALEXANDRINUS, *Adumbrationes in Epistolas canonicas*, 214. Non si tratta di un vero e proprio commento, ma di brevi note alla 1 Ioannis.

[6] Chi conosce tutto: Dio oppure la coscienza? Il testo greco non è del tutto esplicito.

[7] Tertulliano menziona 1 Gv 3,20 in una catena scritturistica nella quale cerca di provare che la mente e la forza vitale risiedono nel cuore. «Si enim scrutatorem et dispectorem cordis deum legimus, si etiam prophetes eius occulta cordis traducendo probatur, si deus ipse recogitatus cordis in populo praevenit... corde ait unumquemque reprehendi... simul utrumque dilucet, et esse principale in anima, quod intentio divina conveniat, id est vim sapientialem atque vitalem (quod enim sapit, vividum est), et in eo thesauro corporis haberi, ad quem deus respicit». (TERTULLIANUS, *De anima*, 801). Tertulliano non ha scritto un commento a 1 Gv: nell'opera *De Anima* cita soltanto di passaggio 1 Gv 3,20.

[8] Per quanto riguarda καρδία in 3,20, una proposta differente si trova in Hoskyns, Richardson. Invece ἡμῶν viene interpretato diversamente, come pronome possessivo, da Wendt, Bonsirven, Richardson.

1.1.2 Agostino

Subito dopo Clemente e Tertulliano troviamo il commento di Agostino che continua nella stessa linea interpretativa (Dio più grande nella sua onniscienza), approfondendo ulteriormente questa visione. La sua proposta è incorniciata dal contesto delle opere di carità (3,18). Il Doctor caritatis si pone la domanda come riconoscere se questi atti sono di pura carità: infatti anche coloro che non amano realmente i fratelli li compiono, come ad esempio gli scismatici oppure coloro che vogliono essere ammirati e hanno l'ambizione di farsi un nome[9]. Il segno di riconoscimento è questo: chi ama il fratello persuade («persuadet») il proprio cuore davanti a Dio, nell'intimo si chiede se veramente agisce per amore del fratello, e quell'occhio che penetra nel cuore là dove l'uomo non può giungere, gli rende testimonianza[10]. Il vescovo di Ippona dimostra ciò riportando come prova citazioni tratte da Paolo (1 Cor 4,3; 13,3; 2 Cor 1,12; Gal 6,4) e appella a ritornare alla coscienza[11]. E se non agiamo con la retta intenzione e il cuore ci rimorde, allora non vale a niente che ci nascondiamo davanti a Dio, ma piuttosto ci si deve mettere in pace davanti a lui: «Tu nascondi il tuo cuore agli uomini, nascondilo a Dio, se puoi»[12]. È impossibile fuggire dallo sguardo di Dio, poiché è dappertutto.

Da ciò vediamo che Agostino interpreta 3,19 isolatamente, senza tener conto del versetto seguente (3,19 è interpretato solo alla luce di 3,18). Il credente se «riscontra la testimonianza interiore della carità sincera» può rassicurare il cuore *davanti a Dio*. Questa pacificazione può quindi avvenire solo *condizionatamente*, nel caso si eserciti una vera carità (ad opere e «di cuore»). Vediamo quindi che Agostino estrapola il versetto 19 dal contesto seguente, raggirando la questione sull'interpretazione della persuasione alla luce delle accuse del cuore. Così 3,19 riguarda un caso

---

[9] AGOSTINO, *Commento*, 1748.

[10] «Ille diligat fratrem, qui ante Deum ubi solus videt, cordi suo persuadet, et interrogat cor suum an vere propter fratrum dilectionem hoc faciat; et perhibet illi testimonium oculus qui penetrat cor, quo homo attendere non potest» (AGOSTINO, *Commento*, 1748).

[11] «Opus ergo suum probet unusquisque nostrum, utrum de vena caritatis emanet, utrum de radice dilectionis rami bonorum operum pullulent... non quando illi perhibet testimonium lingua aliena, sed quando perhibet conscientia propria» (AGOSTINO, *Commento*, 1748). Il commento del vescovo di Ippona sul versetto in questione è stato ripreso da C. GUILLIANDUS BELLIOCENSIS († 1561), *B. Ioannis epistola prima*, 160.

[12] «Cor tuum abscondis ab homine; a Deo absconde, si potes» (AGOSTINO, *Commento*, 1748).

«positivo», nel quale si esercita la carità verso il fratello e, grazie alla testimonianza interiore, si *persuade*, *rassicura* il cuore. L'interpretazione di *persuadet* come *calma* è confermata anche dal fatto che il verbo non ha alcun oggetto esplicito[13].

Come già detto, il versetto 20 è interpretato isolatamente. Quando il cuore accusa di mancanze nella carità, allora non vale a niente nascondersi davanti al volto di Dio che vede le intenzioni del cuore. Dio è più grande nella *conoscenza*: vede anche ciò che è occulto agli occhi degli uomini. E' necessario esplicitare che Dio non è più grande né nella severità della condanna (se il cuore ci accusa, Dio ancor più), né nella misericordia (Dio è più misericordioso di noi stessi, poiché vede anche le «attenuanti» o le opere buone delle quali non ci rendiamo conto).

Come rimedio alle accuse, Agostino dà un consiglio *pastorale* molto perspicace: rifugiarsi presso Dio.[14] Ripetiamo che si tratta soltanto di un'esortazione *pastorale*, non di una spiegazione del brano biblico: infatti in questo caso Agostino non si rifà al testo, ma lo trascende.

Dall'esposizione del commento agostiniano risulta che la prima testimonianza pervenutaci sull'interpretazione di πείθειν τὴν καρδίαν come «calmare il cuore» è quella di Agostino, non della Peshitta[15] o di Lutero, come vorrebbe Richardson[16].

---

[13] Come osserva giustamente C. C. RICHARDSON, «The Exegesis», 41. Quest'interpretazione dell'agostiniano «persuadet» è confermata anche dalla traduzione di H. Browne («assure», in ST. AUGUSTINE, *Homilies on the First Epistle of John*, 494) e P. Agaësse, («nous apaiserons notre coeur» o «nous apaisons notre coeur», in SAINT AUGUSTIN, *Commentaire*, 281.283).

[14] «Si vis ab illo fugere, ad ipsum fuge. Ad ipsum fuge confitendo, non ab ipso latendo: latere enim non potes, sed confiteri potes. Dic illi: Refugium meum es tu; et nutriatur in te dilectio, quae sola perducit ad vitam» (AGOSTINO, *Commento*, 1748).

[15] La versione della Peshitta (inizi del V secolo) ci offre una traduzione un po' ambigua: il verbo ܐܦܝܣ può significare sia persuadere che riconciliare (significato molto vicino a «pacificare»), vedi R. KÖBERT, *Vocabolarium syriacum*, «ܐܦܝܣ», 151.

[16] C. C. RICHARDSON, «The Exegesis», 41, anche se dubita se poter attribuire già ad Agostino il senso di *persuadet* come «pacificare», alla fine si esprime per la priorità di Lutero. Ribadiamo, però, che in Agostino la rassicurazione è condizionata dalle opere sgorganti da un'amore sincero.

1.1.3 Beda

Nella stessa linea agostiniana continua Beda[17]. Anche il benedettino interpreta 3,19 solo alla luce del contesto precedente. La proposizione καὶ ἔμπροσθεν αὐτοῦ πείσομεν τὴν καρδίαν ἡμῶν («et in conspectu eius suademus corda nostra») dipende dalle precedenti poiché, quando manifestamente amiamo il prossimo in opere e verità, allora sappiamo che al cospetto della somma verità convinceremo il nostro cuore[18]. Infatti, tutti coloro che si dispongono a compiere qualcosa, si adoperano a meditare su di ciò nel proprio cuore. Ma coloro che pensano al male vorrebbero, se potessero, nascondere ciò, così come sta scritto: «Chiunque fa il male odia la luce e non viene alla luce, perché le sue opere non siano smascherate»[19]. Coloro, però, che si propongono di fare opere buone, più facilmente persuadono il proprio cuore ad essere aperti di fronte alla divinità: infatti è un indizio di somma perfezione se qualcuno gioisce nel mostrare a Dio le proprie opere o pensieri. Per questo si dice: «Colui invece che fa la verità viene alla luce, perché si riveli che le sue opere sono operate in Dio»[20]. Quindi riconosciamo che siamo dalla verità non solo dalla vera carità, ma anche dal fatto che al cospetto di tale verità persuadiamo il nostro cuore, cioè persuadiamo il nostro cuore ad avere pensieri degni di essere al cospetto divino.

La proposta di Beda è innovatrice poiché, se da una parte si continua nella linea dell'interpretazione agostiniana (*persuadet* come «pacificare»), dall'altra si propone anche una sfumatura nuova: *esortare* (alle opere). Ambedue le interpretazioni sono in simbiosi e complementarietà: *persuadendo, esortando* ad avere pensieri degni del cospetto divino, si può *persuadere* (incoraggiare, senso vicino a *pacificare*) ad essere aperti alla divinità, mostrando i propri pensieri.

Se la coscienza ci accusa nell'intimo che non abbiamo compiuto con buon animo ciò che dovevamo fare, come possiamo nascondere la conoscenza di Dio, della quale si canta: «Ecce tu, Domine, cognoscisti omnia»[21]. In Beda non troviamo ancora espressa la severità di Dio nel

---

[17] BEDA VENERABILIS, *In Epistolam I Johannis*, 308.

[18] «Suademus corda nostra» (BEDA VENERABILIS, *In Epistolam I Johannis*, 308).

[19] Gv 3,20.

[20] Gv 3,21.

[21] Sal 138,5 (secondo la Vulgata). La citazione della Vulgata discorda dal testo ebraico e dalle traduzioni moderne.

giudizio, comunque vi si trova il suo pensiero base: Dio conosce tutto, non gli si può nascondere nulla.

I successivi commentatori latini non compiono ulteriori progressi nella comprensione dei versetti in questione. Nel versetto 19, seguendo la seconda interpretazione (più moralistica) di Beda, interpretano πείθειν nel senso di esortare alla conversione, quindi implicitamente alle opere buone[22] (la prima proposta, *suadere* come «calmare», viene temporaneamente dimenticata). Lo stesso vale per il versetto 20, per il quale non registriamo approfondimenti nell'interpretazione, quanto piuttosto esortazioni ascetico-spirituali, centrate sulla necessità della conversione[23].

1.1.4 Walafrid Strabo

Per l'Auslegungsgeschichte è d'importanza capitale l'interpretazione di Walafrid Strabo[24]. Così come nel commento di 3,18, anche in quello di 3,19-20 lo Strabo ricalca Beda, ma riporta anche degli aspetti nuovi.

Per Strabo vale ciò che è stato già detto per gli scrittori precedenti: 3,19 viene interpretato solo alla luce del precedente versetto 18. Anche se in 3,18 la verità è la sincerità dell'intenzione, in 3,19 la verità rappresenta Dio stesso. Stando alle parole dello Strabo, che siamo dalla verità lo sappiamo dal motivo che amiamo la verità: sappiamo, cioè, che da Dio (che è verità) abbiamo tale vera carità[25]. Da tale carità noi sappiamo di essere al cospetto di Dio, cioè di meritarsi di essere al suo cospetto[26]. In questa carità persuadiamo il nostro cuore a escogitare opere ancora migliori, cioè per-

---

[22] Si tratta piuttosto di annotazioni di carattere ascetico. Così secondo SCOTTUS ANONYMUS, *Commentarius in epistolas catholicas*, 42, «suademus» significa umiliarsi tramite la confessione, per poter piacere a Dio. Nella stessa scia PSEUDO-HILARIUS DE ARLES, *Epistola*, 115: «suademus corda nostra» vuol dire deporre il verme della cattiva coscienza del peccato.

[23] PATERIUS (ca. 600), *In epistolam*, 1103-1104; ALULFUS († 1144), *Expositio*, 1394. Il commento di Alulfus è praticamente identico a quello di Paterius: quando la memoria accusa se stessa nel ricordo della colpa, allora il rimedio salutare consiste soprattutto nell'effondere lacrime durante la preghiera.

[24] WALAFRID STRABO, *Epistola 1 B. Joannis*, 700.

[25] La Glossa Interlineare modifica un po' aggiungendo che dalle opere di carità sappiamo di essere da Dio-verità, poiché a nostro modo imitiamo la perfezione di Dio (*Biblia Latina cum Glossa ordinaria*, IV, ad locum).

[26] «Id est promereri ejus conspectum».

suadiamo il nostro cuore ad avere tali pensieri che sono degni di essere al cospetto divino.

Per questo versetto notiamo un'ulteriore spostamento del significato di *persuademus*: non solo *esortare a opere buone*, degne del cospetto di Dio (così sulla scia di Beda), ma addirittura *esortare ad opere migliori*. In questo senso, nonostante la sostanziale fedeltà a Beda, Strabo oltrepassa il suo maestro. Un'altra novità è il concetto del *merito*: grazie alle buone opere noi ci meritiamo di essere al cospetto di Dio.

Un'altro apporto specifico è la connessione di 3,20 con il versetto 18. In questo modo le accuse riguardano *specificamente* le mancanze nella carità. Anche se la coscienza ci accusasse e vorrebbe nascondersi da Dio a motivo delle opere non fatte con animo buono (senza la verità della sincerità), tuttavia non potrebbe nascondere ciò davanti a Dio che è più grande del nostro cuore e conosce tutto: è più forte quindi l'amore[27] che ci affida a colui dal quale non ci possiamo nascondere. Malgrado qualche volta non riusciamo ad amare a motivo della fragilità umana, non perdiamo la ricompensa poiché Dio è più grande del nostro cuore e sa con quale zelo vengono compiute le nostre opere[28].

E' importante notare che le mancanze sono concepite come peccati veniali (non mortali) che non ci possono eliminare del tutto dalla comunione con Dio: in sostanza abbiamo la carità, anche se non perfetta («nella verità» dell'intenzione). Un'altra osservazione riguarda la frase «Dio è più grande»: anche qui, in linea con i commenti precedenti, abbiamo il senso «Dio è più grande del cuore nella conoscenza» (quindi né nella severità, né nella misericordia). Comunque rileviamo uno spostamento di accento: mentre nelle spiegazioni precedenti si sottolineava che Dio conosce tutte le intenzioni distorte del cuore, in Strabo, non perdendo di vista la conoscenza divina delle intenzioni «cattive», si sottolinea piuttosto la conoscenza dello zelo del credente. Quindi si passa da una conoscenza dell'aspetto piuttosto *negativo* dell'uomo a una conoscenza piuttosto *positiva*. Anche se l'interpretazione di «Dio è più grande» rimane sulla linea

[27] «Valet ergo dilectio quae nos commendat illi quem latere non possumus».

[28] «Quia etiamsi fallimur in dilectione ex humana infirmitate, non fallimur in mercede».

della conoscenza[29], ci avviciniamo all'interpretazione *positiva*, lanciata successivamente da Lutero.

La carità, come mezzo per calmare le inquietudini del cuore, si ritrova in Walafrid Strabo[30], anche se vista da un'angolatura diversa rispetto al commento di Agostino. Anche Strabo vede la via d'uscita dai rimorsi nell'affidamento a Dio nella carità, così come Agostino. La differenza è che in Strabo quest'affidamento è già un dato di fatto, grazie alle opere di carità. In Agostino, invece, quest'atto di fiducia e di carità deve essere suscitato. Lo Strabo trae anche le dovute conseguenze di questa sua interpretazione: «Anche se qualche volta non riusciamo ad amare a motivo della fragilità umana, non perdiamo la ricompensa poiché Dio è più grande del nostro cuore e sa con quale zelo vengono compiute le nostre opere». Non privo d'interesse è il fatto che Strabo cita anche Gv 21,17 («Signore, tu conosci tutto»), passo usato di sovente dagli interpreti della linea positiva.

Come abbiamo già detto, l'interpretazione dello Strabo è d'importanza capitale: infatti il suo commento è stato ripreso *sine glossa* nella Glossa ordinaria marginale[31], influendo così notevolmente sui successivi commentatori medievali. Così già Martinus Legionensis[32] († 1221) riprende ad litteram il commento di Strabo, almeno per i due versetti in questione.

1.1.5 Pseudo-Oecumenius

Pseudo-Oecumenius (ca. 995) è l'autore del primo ampio commento in greco sul nostro passo. Purtroppo su 1 Giovanni non abbiamo commenti in greco più antichi, tranne la Catena[33], oppure il commento di Pseudo-Didimo il Cieco che, sfortunatamente, non interpreta il nostro passo[34].

[29] Non troviamo «la misericordia di Dio» come in Lutero: motivo del rapporto positivo dell'uomo con Dio, nonostante le mancanze, non è l'atteggiamento positivo di Dio (la sua misericordia), bensì il *fondamentale* atteggiamento positivo dell'uomo (lo zelo).

[30] WALAFRID STRABO, *Epistola 1 B. Joannis*, 700.

[31] *Biblia Latina cum Glossa ordinaria,* IV, ad locum.

[32] MARTINUS LEGIONENSIS, *Expositio*, 275.

[33] J. A. CRAMER, ed., *Catenae graecorum patrum in Novum Testamentum*, VIII, 105-145.

[34] C. C. RICHARDSON, «The Exegesis», 43.

L'idea dell'onniscienza divina, già vista nelle interpretazioni degli scrittori latini, viene sviluppata ancor più dettagliatamente da Pseudo-Oecumenius[35] (ca. 995), il cui commento viene ripreso da Teofilatto[36] († ca. 1108). Dio vede tutto e per questo motivo se non realizziamo ciò che scegliamo a parole, ma la nostra coscienza o cuore ci accusa[37], allora non ci possiamo nascondere davanti a lui. Se, infatti, peccando non ci possiamo nascondere dalla nostra coscienza che è piccola come se fosse di un piccolo animale, tanto meno non ci possiamo nascondere da Dio che è incircoscritto ed è dappertutto[38].

1.1.6 Dionysius Bar Salibi

Dionysius Bar Salibi[39] († 1171) è l'unico esponente di lingua siriaca che può dare un contributo all'Auslegungsgeschichte del nostro passo.

Quest'autore interpreta la frase ἔμπροσθεν αὐτοῦ πείσομεν τὴν καρδίαν ἡμῶν come un appello a giustificarsi (nel senso di «diventare giusti»): se infatti davanti alla nostra coscienza siamo colpevoli, tanto più davanti a Dio che conosce tutto! Quindi vediamo che, similmente al Beda, anche Dionysius spiega il verbo πείθειν come esortare ai pensieri «degni di Dio» (ossia esortare alla metanoia). A differenza di Beda, però, il Dionysius connette 3,19 col versetto successivo: l'onniscienza di Dio è un incentivo per ricercare un atteggiamento degno di Dio.

1.1.7 Hugo de Sancto Caro

Hugo de Sancto Caro è il primo a proporre due possibilità diverse per la spiegazione di καὶ ἐν τούτῳ (3,19a)[40]. Questo sintagma può rimandare:

1) al versetto precedente 3,18;

2) alla proposizione seguente in 3,19c.

---

[35] PSEUDO-OECUMENIUS, *Joannis apostoli prior epistola catholica*, 657-658.

[36] THEOPHYLACTUS, *Expositio in Epistolam I S. Joannis*, 41-42.

[37] E' degno di nota che cuore e coscienza sono identificati (συνείδησις ἤτοι ἡ καρδία ἡμῶν).

[38] Ripreso da I. BERNARDUS FELICIANUS, *Catena*, 442.

[39] DIONYSIUS BAR SALIBI, *In primam Iohannis*, 161.

[40] HUGO DE SANCTO CARO, *Epistola I. Joannis*, 351.

1) Da ciò conosceremo di essere dalla verità, se cioè mostreremo l'amore al prossimo[41]. E tramite queste opere persuaderemo il nostro cuore a cercare le cose migliori («aspirate ai doni maggiori», vedi 1 Cor 12,31), passando così da opere buone a opere migliori (nello spirito del detto paolino «di gloria in gloria», 2 Cor 3,18).

2) Καὶ ἐν τούτῳ γνωσόμεθα ὅτι ἐκ τῆς ἀληθείας ἐσμέν è connesso alla frase seguente (καὶ ἔμπροσθεν αὐτοῦ πείσομεν τὴν καρδίαν ἡμῶν) e non a quella precedente. Persuadere il proprio cuore significa pensare a quelle cose che sono degne di Dio.

Anche se Hugo è il primo a proporre esplicitamente e dettagliatamente che καὶ ἐν τούτῳ può rimandare alla parte precedente o a quella seguente, la sua interpretazione di 3,19 non riporta dei nuovi risultati. Per ambedue le possibilità il senso di πείθειν è quello di «esortare, incoraggiare».

Per il versetto 20, il cardinale propone una spiegazione originale. In questo versetto Giovanni polemizzerebbe con coloro che affermano: «Non possiamo amare in opere e verità, poiché se diamo agli indegni pecchiamo»[42]. Giovanni qui affermerebbe che non si commette peccato, a patto che si abbia una buona intenzione. Se il cuore ci accusa che diamo agli indegni, tuttavia abbiamo una buona intenzione: Dio è più grande, cioè vede la coscienza e l'intenzione che deve essere retribuita. E noi avremmo il cuore pravo se credessimo che Dio non ricompensi. Dio è invece più grande del nostro cuore per ricompensare la buona intenzione. Per questo è scritto in Pr 16,2: «Tutte le vie dell'uomo sono pure ai suoi occhi, ma chi esamina gli spiriti è il Signore» (cioè chi esamina le intenzioni). Davanti ai suoi occhi è tutto nudo e aperto (Ebr 4,13). E che Dio sia più grande, lo dimostra l'affermazione in 3,20c: lui «conosce tutto». Quasi si volesse dire: se qualcosa nel nostro cuore ci accusa, poiché abbiamo amato meno del dovuto, Dio è più grande del nostro cuore, cioè più perspicace che possa essere il nostro cuore nel nascondere. Infatti «inferi e abisso sono davanti al Signore, quanto più i cuori degli uomini!» (Pr 15,11), «gli inferi sono scoperti davanti a lui, e il regno della morte non ha velo» (Gb 26,6).

---

[41] HUGO DE SANCTO CARO, *Epistola I. Joannis*, 352.

[42] La questione sull'aspetto morale dell'elemosina agli indegni ha le sue radici già nel cristianesimo delle origini, come si vede dalla Didaché (K. NIEDERWIMMER, *Die Didache*, 114-116).

Dal resoconto traspare che l'onniscienza divina non riguarda solo le intenzioni cattive, ma soprattutto quelle buone. In ciò avremmo nuovamente una ripetizione della proposta dello Strabo (compreso l'enfatizzazione che Dio conosce *soprattutto* le buone intenzioni), ma non del tutto. Infatti Hugo riporta un caso specifico, quello del cuore che accusa *ingiustamente*. Si tratterebbe quindi di scrupoli, di accuse di un cuore *non formato*, *moralmente immaturo*. Queste accuse, giustamente, non hanno alcun peso «davanti a Dio», ma sono «sopraffatte» dalla retribuzione divina che è più equa e oggettiva. Neanche in questo caso abbiamo l'interpretazione del tipo «Dio è più grande nella misericordia», poiché Dio si limita a ricompensare *giustamente* le opere buone (compiute, in più, con una buona intenzione). Presso Hugo, quindi, non troviamo ancora un Dio che si dimostra «più grande» perdonando i peccati.

1.1.8 Nicolaus Gorran

Il commento del domenicano francese ha avuto una storia convulsa. Innanzitutto per lungo tempo il suo commento era attribuito addirittura a Tommaso d'Aquino, e per questo incluso nell'Opera omnia del Dottore Angelico[43]. Fu Sisto di Siena (1520-1569) a rigettare quest'attribuzione dicendo che il vero autore, Thomas Anglicus, fu confuso con il simile Thomas Angelicus. Per l'identificazione del Thomas Anglicus vi sarebbero state, poi, diverse possibilità[44]: Thomas di York († 1310), Thomas di Sutton († 1315), Thomas Wilton (?) e Thomas del Galles († 1340-1350). Proprio l'ultimo menzionato sarebbe stato il presunto autore del commento a 1 Gv, almeno secondo Sisto di Siena[45] (1520-1569).

Successivamente anche due illustri commentatori gesuiti, Joannes Lorinus (1559-1634) e Cornelius a Lapide, citano il commento del Gorran

[43] C. C. RICHARDSON, «The Exegesis», 37.

[44] C. C. RICHARDSON, «The Exegesis», 37 n. 18.

[45] «Thomas Anglicus, patria Galensis, ex ordine Praedicatorum, theologiae scholasticae professor, scripsit in sacros libros plurimas scholasticae methodi commentationes... Huius autoris esse creduntur commentaria in Genesim, in Esaiam, in Ieremiam, in Epistolas canonicas, in Apocalypsin, et in Boethum De philosophica consolatione, ascripta divo Thomae, cui cum honoris causa tributum esset Angelici cognomen, et magna esset inter Anglicum et Angelicum vocis similitudo, paulatim effectum est, ut per incuriam et errorem Thomae Anglici scripta Thomae Angelici titulo notarentur. Claruit anno domini 1400» (SIXTUS SENENSIS, *Bibliotheca Sancta*, IV, 560).

attribuendolo erroneamente a Thomas Anglicus[46]. Soltanto nel 1620 il commentario fu finalmente pubblicato sotto il nome del vero autore, Nicolaus Gorran[47]. Dobbiamo aggiungere che, oltre al motivo della tradizionale attribuzione, fra i commentatori vi era un'altro motivo (quasi scientifico) per non identificare l'autore con Nicolaus Gorran. Infatti, nella stessa opera esegetica del Gorran (sulle lettere degli apostoli), nel commento al versetto 1 Pt 2,16 vi era presente anche la particella *ly* che era stata erroneamente interpretata come abbreviazione di Lyranus (Nicolaus de Lyra), esegeta vissuto tra gli anni 1270-1349. Ebbene, era praticamente impossibile che Nicolaus Gorran (ca. 1210-1295) avesse potuto citare nel suo commento il Lyranus (autore della *Postilla*). Queste difficoltà furono definitivamente rimosse intorno al 1700 quando Quétif ed Echard, nella loro pubblicazione sugli scrittori domenicani, spiegarono il vero significato della particella *ly*, usata dagli scolastici prima di una determinata parola per attirare l'attenzione del lettore[48]. Nonostante ciò ancora nel 1902 il pastore Wohlenberg ritiene come autore Thomas Anglicus, rifacendosi alle opere di Sisto di Siena e Cornelius a Lapide[49].

Abbiamo dedicato tanto spazio alla questione dell'autore non solo per il motivo delle convulse vicissitudini, ma anche (e soprattutto) per l'influsso che ha esercitato tale commento.

Come molti interpreti medievali, anche il Gorran attinge dalla Glossa ordinaria, non omettendo, però, delle proprie puntualizzazioni originali[50]. Il domenicano connette il versetto 19 con quello precedente. Sulla stessa scia

---

[46] J. LORINUS, *In Divi Ioannis epistolam primam*, 91; CORNELIUS A LAPIDE, *Commentarius*, 582.

[47] C. C. RICHARDSON, «The Exegesis», 37 n. 21.

[48] «Difficultatem movent Bellarminus, Theophilus Rainaudus, Labbeus, Ricardus Simon, scilicet ad Primae Petri caput 2 v. 16 citari Lyranum, cumque hic ad MCCCXX claruerit, exinde recte sibi concludere videntur postillam hanc hominis non esse qui seculo XIII obierit, qualem Gorranum praestamus. Sed sapientes viros et in re letteraria ut ita dicam ὑπερακρίβεις delusit Spinae nostri allucinatio, qui cum in suo codice MS legisset ly vocem, tamen in Garlandia, ut antiquo vocabulo utar, id est apud dialecticos tritam, legendum putavit Lyra, cum eo loci nihil minus agatur quam de Lyrano. En ipsum versiculum: Quasi liberi scilicet ex amore non ex timore, unde ly quasi est expressivum veritatis: ly quasi id est τό quasi, tantum abest ut advocetur Lyranus. Itaque ly est tantum particula indicativa, ut lector attendat ad vim vocabuli quasi» (J. QUÉTIF – J. ECHARD, *Scriptores*, 441).

[49] G. WOHLENBERG, «Glossen», 640-641.

[50] N. GORRAN, *B. Joannis Apostoli*, 305.

di Beda, anche Gorran sostiene che *persuadiamo* il cuore ad avere pensieri degni di Dio. Il verbo persuadere è usato appropriatamente, poiché il cuore non può essere costretto. Grazie alla carità abbiamo pensieri così puri da volerli far vedere a Dio.

Per il versetto 20 il Gorran propone due interpretazioni, una classica, un'altra originale. Secondo la prima, non si può nascondere niente agli occhi di Dio che ci conosce meglio di noi stessi. In questo caso, il versetto 20 non viene esaminato alla luce di 3,19, bensì isolatamente. A quest'interpretazione classica viene affiancata un'altra, questa volta connessa col versetto precedente. Al cospetto di Dio possiamo pacificare il cuore *nonostante* i rimorsi di coscienza e i ricordi delle colpe *veniali*. Ribadiamo che non si tratta di colpe qualsiasi, a differenza dell'opinione di Lutero, ma di colpe veniali, non mortali, come ricalca lo stesso Gorran[51]. Quindi, nonostante sperimentiamo i rimorsi, non perdiamo la speranza nella grazia, né la ricompensa: Dio è infatti più grande e può purificare da ogni rimorso.

Anche se alcuni autori hanno attribuito al Gorran la «svolta» copernica nell'interpretazione di 3,20b[52], la realtà è un po' diversa: il Gorran segue da vicino il Walafrid Strabo. Come fedele riproduttore del predecessore, il domenicano non omette di esporre ambedue le possibili interpretazioni di 3,20b: Dio più grande nella conoscenza, ma anche nella misericordia verso colui che è appesantito dai peccati veniali (in Strabo queste due spiegazioni sono piuttosto strettamente connesse, indivise, e formano un'unica interpretazione). La novità apportata dal Gorran consiste piuttosto nel classificare le mancanze nella carità come *peccati veniali*.

E' da notare che Gorran non connette la speranza nel perdono con le «opere»: è una speranza, per così dire, «sola fide» (il domenicano non usa questo termine in modo esplicito, però con questa interpretazione è in pra-

---

[51] Così a torto alcuni commentatori attribuiscono al Gorran il senso assoluto di 3,20b «Dio è più grande nella sua misericordia nonostante *ogni tipo di peccato*» (CORNELIUS A LAPIDE, *Commentarius*, 582; G. WOHLENBERG, «Glossen», 640). Il Gorran sostiene il senso *relativo*, cioè «Dio è più grande nonostante *i peccati veniali*».

[52] CORNELIUS A LAPIDE, *Commentarius*, 582, attribuisce erroneamente a Thomas Anglicus l'interpretazione «se il cuore si accusa, Dio è più grande nella misericordia, nel perdono». Quest'interpretazione, sempre dallo stesso a Lapide, viene classificata come accomodatizia e non genuina. Anche G. WOHLENBERG, «Glossen», 640, attribuisce al Thomas Anglicus il primato in questo tipo d'interpretazione, anche se serba a riguardo delle incertezze.

tica un po' il precursore di Lutero). Questa speranza nel perdono non si riferisce ad ogni situazione di peccato, ma solo a quella di peccato veniale.

1.1.9 Nicolaus de Lyra

Un po' più tardi rispetto al commento di Gorran appare la spiegazione del Nicolaus de Lyra[53]. Il Lyranus menziona la doppia possibilità d'interpretazione del verbo πείθειν: incoraggiare alle opere di carità[54], oppure incoraggiare a presentarsi con fiducia al cospetto di Dio *a causa* delle buone opere (ugualmente anche Hus[55]). Il versetto 20 viene anche qui interpretato isolatamente nel senso dell'onniscienza di Dio[56].

1.1.10 Dionysius Cartusianus

Secondo Dionysius[57] il sintagma καί ἐν τούτῳ (3,19) rimanda al versetto precedente. Dalle stesse opere di carità noi sappiamo che al suo cospetto persuadiamo il nostro cuore, cioè le nostre menti istruiamo razionalmente secondo la dottrina della Scrittura, avendo come motivo Dio stesso e pensando alle cose che piacciono a lui. Così ognuno di noi deve persuadere il proprio cuore ossia informarlo davanti a Dio, affinché ogni opera sia compiuta secondo un giudizio della retta ragione formata secondo la volontà di Dio (1 Re 17,1; Sal 18,15; Sal 118, 168; Gb 31,4; Sir 32,24; 1 Tm 5,21).

Se siamo accusati dalla propria coscienza di non aver compiuto il bene richiesto da Dio con una retta intenzione, *Dio è più grande del nostro cuore*, cioè più sapiente e infinitamente più perfetto. Nelle cose spirituali, infatti, è lo stesso essere più grande e migliore oppure più perfetto (Gb

---

[53] N. DA LYRA, *Postilla*, in *Biblia Sacra cum glossa ordinaria*, VI, 1399.

[54] Non precisa la formulazione di CORNELIUS A LAPIDE il quale attribuisce anche a Lyranus (oltre che a Dionysius Cartusianus) l'interpretazione di πείθειν come cercare di fare progressi, escogitare cose migliori, indirizzare tutta la mente, lo sforzo e l'intenzione verso Dio, preoccupandosi di piacergli sempre di più di giorno in giorno (CORNELIUS A LAPIDE, *Commentarius*, 581).

[55] J. MONTANUS – U. NEUBER, ed., *Historia et monumenta Joannis Hus*, 338.

[56] Hus, invece, seguendo il Gorran, ripropone la stessa duplice interpretazione di 3,20, con la differenza che omette la precisazione che le accuse riguardino peccati veniali (J. MONTANUS – U. NEUBER, ed., *Historia et monumenta Joannis Hus*, 338).

[57] DIONYSIUS CARTUSIANUS, *Enarratio*, 38.

33,12). A Dio non si può nascondere nulla dei segreti del nostro cuore. Per questo dobbiamo persuadere, informare e guidare i nostri cuori in sincerità: «Riconosco che puoi tutto, e nessun progetto ti è impossibile» (Gb 42,2).

Il Dionysius ha il merito di specificare ulteriormente il significato di πείθειν, nella linea moralizzante di *esortare* ai pensieri «degni di Dio»: l'esortazione avviene alla luce della ragione, della Scrittura e della retta intenzione. Neanche Dionysius, tuttavia, riesce a connettere 3,20 con i versetti precedenti, ma lo interpreta isolatamente, mettendo in risalto in generale come Dio sia più grande del cuore.

1.1.11 Ambrosius Catharinus Politus

Il Politus[58] vede nel sintagma καί ἐν τούτῳ un rimando a 3,18 (osservazione del tutto comune). Logicamente dai frutti della carità riconosceremo di essere dalla verità e *placheremo* il cuore di fronte a Dio. Ma se il cuore ci accusa ossia danna tramite l'aculeo della coscienza, certamente possiamo concludere che non ci troveremo innocenti di fronte a Dio, più grande del nostro cuore: egli ha infatti creato il cuore e l'occhio del cuore. Non potrebbe quindi vedere ciò che vede l'occhio del cuore? Colui che ha creato l'occhio non può percepire? Sicuramente conosce tutto questo colui che ha creato tutto. E per questo conosce anche i peccati che deviano dal suo rettissimo ordine.

Da questo breve resoconto dell'interpretazione del Politus possiamo notare che ci stiamo già avvicinando all'idea del Dio-giudice, idea che si renderà presente proprio poco più tardi.

1.1.12 Ioannes Bernardus Felicianus

Il Felicianus, anche se non esplicita il significato del verbo πείθειν, tacitamente lo interpreta come «pacificare», come si può desumere dalla sua esegesi: «Et quo modo suadebimus? Cum id nobiscum statuentes quasi apud Deum testem verba faciemus»[59]. In altre parole, praticando la carità

[58] A. CATHARINUS POLITUS, *Commentaria*, 628-629.
[59] I. BERNARDUS FELICIANUS, *Catena*, 442.

non solo a parole, ma a fatti (implicito rimando a 3,18), *quasi davanti* a Dio testimone, possiamo pacificare il cuore.

Interpretando 3,20, Felicianus adotta (come tutti gli altri esegeti) una spiegazione disconnessa dal versetto precedente 3,19. La sua proposta segue quella di Pseudo-Oecumenius e Teofilatto[60]. E' interessante, però, che il Felicianus è uno dei primi esegeti a connettere 20 con ciò che precede, non però con 3,19, bensì con 3,18, in un modo abbastanza originale: ciò che asseriamo (si pensa alla carità a parole, v. 18), diciamolo come se fossimo alla presenza di Dio che conosce tutto (v. 19-20), poiché non c'è nessuno, anche se fosse più impudente dei demoni, che abbia il coraggio di mentire davanti a Dio. Se non agiamo in questo modo ma, dicendo di amare (v. 18), in realtà il nostro cuore ci condanna (v. 20), allora pecchiamo.

La suggestiva proposta del Felicianus, però, non ha avuto seguito.

1.1.13 Claudius Guilliandus Belliocensis

Quasi contemporaneo del Felicianus è il Belliocensis[61]. Per il versetto 19 cita Agostino e rimane nella sua linea interpretativa: come frutto della carità fraterna vi è la conoscenza di essere dalla verità, cioè da Dio. Grazie a ciò si può persuadere il cuore di fronte a Dio e avere la coscienza pacata. Il cuore, poi, è considerato come sede degli affetti.

Il versetto 20 si trova nella linea classica. Originale, però, è la citazione dei canoni del concilio di Trento che, in qualche modo, riguardano il nostro brano.

1.1.14 Heinrich Bullinger

Continuando nella linea interpretativa di πείθειν come «calmare, pacificare», il Bullinger[62] sostiene che tra i frutti della carità vi è anche la mancanza di timore di fronte al giudizio: infatti la coscienza non è conscia di niente. Frutto della vera carità (e religione) è la mente tranquilla, fonte di una gioia senza pari. Ma se il credente considera la coscienza come spre-

---

[60] Vedi a p. 100-101.

[61] C. GUILLIANDUS BELLIOCENSIS, *B. Ioannis epistola prima*, 160.

[62] H. BULLINGER, *In Epistolam*, 94-95.

gevole e pensa di poter sopprimere i suoi moti[63], allora sappia che il Dio degli affetti (cioè dei moti della coscienza) è un Dio tale da poter scrutare i recessi del cuore (ossia è un Dio che conosce tutto).

Riportando l'esegesi del Bullinger abbiamo la possibilità di allargare la visione della storia dell'esegesi, dando voce a un'autore di una tradizione differente da quella cattolica. E il Bullinger è un personaggio di spicco poiché, come successore di Zwingli, ha avvicinato la riforma locale zurighese a quella calvinista più universale[64].

1.1.15 Ioannes Stefanus Menochius

Dopo gli autori del XVI secolo, il tipo interpretativo «Dio onnisciente» si perde nel tempo, lasciando spazio all'interpretazione positiva o negativa. Comunque possiamo trovare questo filone interpretativo anche nella metà del XVII secolo, più precisamente in Ioannes Stefanus Menochius (1575-1655). La sua proposta è tanto più interessante, quanto rispecchia il tema agostiniano del Dio presente nell'intimo:

> Se la nostra coscienza ci accusa e condanna, anche se non teniamo conto di ciò, ci sforziamo invano. Infatti Dio è più grande del nostro cuore: vede più profondamente e più nell'intimo, è più presente di te stesso. E' più grande: addirittura immenso, e per questo presente dappertutto, anche nel tuo cuore[65].

1.1.16 Bernard Weiss

Il Weiss[66], esegeta della fine del XIX secolo, connettendo 3,19 col versetto precedente, propone di tradurre il verbo πείθειν come persuadere, con la rispettiva frase oggettiva in 3,20bc (ὅτι resumptivum in 3,20a e 3,20b). Questo esegeta desta la nostra attenzione perché si distacca esplicitamente sia dalla posizione negativa che da quella positiva (proprio in un periodo quando queste due interpretazioni prevalgono nettamente), sostenendo con forza che «Dio è più grande» soltanto nella sua oggettiva conoscenza. In fin dei conti, comunque, questa conoscenza riguarda il nostro «essere dalla

---

[63] Forse il Bullinger entra qui in polemica con Lutero, vedi p. 130-132.

[64] J. VERCRUYSSE, «Da Lutero a Calvino», 392.

[65] I. STEFANUS MENOCHIUS, *Epistola*, 517. Fra gli altri commentatori possiamo menzionare anche E. SA (1530-1596), *Epistola*, 515.

[66] B. WEISS, *Die drei Briefe*, 103-106.

verità»: quando il cuore ci accusa di imperfezioni (escluse contro la carità, presupposta in 3,19a), allora possiamo essere certi che Dio vede il nostro essere dalla verità (3,19b): infatti agiamo nella carità (3,18). Quindi abbiamo una ripresa, anche se un po' modificata, dell'antica interpretazione dello Strabo[67].

1.1.17 Sintesi

In questo filone i commentatori più influenti sono stati Agostino e Beda. Dal XVI secolo questo tipo interpretativo è stato rimpiazzato, poco alla volta, da quello negativo o positivo. A torto il Richardson classifica gli autori menzionati nella nostra carrellata come portavoci della spiegazione negativa, non distinguendo i due diversi tipi interpretativi, «Dio onnisciente» o «Dio-giudice»[68].

'Eν τούτῳ viene riferito quasi esclusivamente a 3,18 (l'unica eccezione si trova in Hugo di Sancto Caro, il quale propone di connettere ἐν τούτῳ con 3,18, oppure con 3,19c – non con 3,20, come avviene in Richardson e in alcuni esponenti dell'interpretazione positiva[69]).

Per quanto riguarda il verbo πείθειν, la situazione è più complessa. Abbiamo tre possibilità:

1) Agostino è il primo a proporre il significato *pacificare*. Ribadiamo che né in Agostino né negli altri commentatori πείθειν non ha il significato di «calmare» in vista della grandezza della misericordia di Dio (v. 20). Si tratta sempre di pacificare in base alle opere di carità compiute, come ben dimostra Beda (che difatti rimanda al v. 18). Questa scelta interpretativa viene dimenticata per alcuni secoli, riaffiorando nel XIV sec. (Nicolaus de Lyra, Hus) e, soprattutto, nel XVI secolo (Politus, Felicianus, Belliocensis).

2) La seconda possibilità è *persuadere alle opere di carità*, interpretazione proposta per la prima volta da Beda (insieme all'interpretazione pre-

---

[67] Sempre nel XIX secolo si trova nella linea neutrale anche l'esegesi di A. PLUMMER, *Die Epistles of S. John*, 88-89, eccezione fra gli altri commentari.

[68] C. C. RICHARDSON, «The Exegesis», 42-43. Per una sua divisione degli autori secondo il tipo di interpretazione (negativa o positiva), vedi *Ibid.*, 44 n. 72. Sullo studio di Richardson si basano, evidentemente, BROWN, 459; KLAUCK, 219-221.

[69] Vedi a p. 137-138.

cedente). Per alcuni secoli questa proposta di stampo morale prende il sopravvento. In Strabo quest'interpretazione viene accentuata ancor di più: non solo esortare a opere buone, ma addirittura a opere sempre *migliori*. L'interpretazione più precisa di πείθειν nel senso di *esortare* ci proviene da Dionysius Cartusianus: la coscienza deve essere in-formata alla luce della ragione, della retta intenzione e della Scrittura. Degno di menzione è il siriaco Dionysius Bar Salibi, il quale è originale nel connettere 3,19 col versetto successivo: l'onniscienza di Dio è un incentivo per ricercare un atteggiamento degno di Dio.

3) Infine ambedue le possibilità vengono proposte da Beda, Nicolaus de Lyra, Hus: incoraggiare alle opere di carità, oppure incoraggiare a presentarsi con fiducia al cospetto di Dio *a motivo* delle buone opere.

Il terzo nodo nevralgico, quello più importante, riguarda l'interpretazione dell'enunciato «Dio è più grande» (3,20b). Anche se tutti gli autori menzionati propongono un'interpretazione fondamentalmente uguale, si possono registrare delle varie accentuazioni. Agostino sottolinea come non si può sfuggire dall'onnipresente sguardo di Dio che vede i nostri peccati (lo sguardo di Dio è quindi incentrato sui nostri peccati). Nella stessa linea interpretativa continuano Beda e Strabo. In quest'ultimo, comunque, rileviamo uno spostamento di accento: mentre nelle spiegazioni precedenti si sottolineava che Dio conosce tutte le intenzioni distorte del cuore, in Strabo, non perdendo di vista la conoscenza divina delle intenzioni cattive, si sottolinea piuttosto la conoscenza dello zelo del credente. Quindi si passa da una conoscenza dell'aspetto piuttosto *negativo* dell'uomo a una conoscenza piuttosto *positiva*. Anche se l'interpretazione di «Dio è più grande» rimane sulla linea neutrale[70], ci avviciniamo all'interpretazione *positiva*, lanciata successivamente da Lutero. C'è da aggiungere che mentre lo Strabo ha per 3,20b una sola interpretazione con un'accentuazione positiva, un passo in avanti viene compiuto da due commentatori successivi, Gorran e Hus, i quali propongono due interpretazioni: «Dio onnisciente» e «Dio misericordioso». Rimane da sottolineare che l'interpretazione di Strabo ha avuto notevole influsso, grazie ad essere stata ripresa nella Glossa ordinaria.

[70] Non troviamo ancora «la misericordia di Dio» come in Lutero: motivo del rapporto positivo dell'uomo con Dio non è l'atteggiamento positivo di Dio (la sua misericordia), bensì il fondamentale *atteggiamento positivo dell'uomo* (lo zelo).

Anche Hugo de Sancto Caro asserisce che l'onniscienza divina non riguarda solo le intenzioni cattive, ma soprattutto quelle buone. In questa sua affermazione avremmo nuovamente una ripetizione della proposta dello Strabo (compreso l'enfatizzazione che la conoscenza divina riguarda *soprattutto* le buone intenzioni), ma non del tutto. Infatti Hugo riporta un caso specifico, quello del cuore che accusa *ingiustamente*. Neanche in questo caso abbiamo l'interpretazione del tipo «Dio è più grande nella misericordia», poiché Dio si limita a ricompensare *giustamente* le opere buone (compiute, in più, con una buona intenzione). Nemmeno presso Hugo, quindi, troviamo un Dio che si dimostra «più grande» perdonando i peccati.

Un altro significativo esegeta è Gorran il quale ripropone molto fedelmente Walafrid Strabo. Come suo epigono non omette di esporre ambedue le possibili interpretazioni di 3,20b: Dio più grande nella conoscenza oppure nella misericordia verso il credente oppresso da peccati veniali. La novità apportata dal Gorran consiste nel classificare le mancanze nella carità come *peccati veniali*. Dopo il Gorran anche Hus ripropone la stessa duplice interpretazione di 3,20b, con la differenza che omette la precisazione che si parli di peccati veniali.

Successivamente non si registrano ulteriori approfondimenti. Possiamo annotare soltanto una tendenza a generalizzare la definizione «Dio è più grande»: Dio è più grande a motivo della sua sapienza, perfezione (Dionysius Cartusianus), onnipresenza (Menochius), relazione verso di noi in quanto creatore (Politus).

In questa linea interpretativa l'onniscienza di Dio viene quindi esposta sotto due punti di vista: negativo e positivo. La prima ottica riguarda le mancanze nella carità. Anche in questo caso Dio vede tutto, non gli si può nascondere niente. Si deve notare che neanche adesso la sua «onniscienza» è motivo di terrore o spavento: Hugo si ferma alla sola costatazione che tutto è nudo e aperto agli occhi di Dio. Nella seconda ottica, Dio conosce anche le nostre buone intenzioni che devono essere retribuite, nonostante le accuse del cuore. Neanche in questo caso la conoscenza è motivo di paura, ma al contrario di fiducia e rassicurazione. Quest'onniscienza non è il «perdono» (come in Lutero), anche se si avvicina a una tale concezione.

1.1.18 Valutazione

Se da un lato l'interpretazione di 3,20b come «Dio onnisciente» desta simpatie per la semplicità, dall'altro lato molte titubanze suscita la traduzione di πείθειν con «calmare». Non si può negare, comunque, che resta suggestiva l'idea della «pacificazione», frutto della carità (anche se si deve ammettere che tale idea oltrepassa il testo giovanneo[71]). Ancora più problematica è l'interpretazione di πείθειν come «persuadere» alle opere di carità (ai pensieri puri)[72], così come la comprensione di ἐν τούτῳ come prolettico[73].

Insufficiente è la spiegazione della connessione di 3,20 con le proposizioni precedenti. La ragione di questa lacunosa spiegazione è l'uso della versione latina (Vulgata) che traduce a modo suo «quoniam si reprehenderit nos cor maior est Deus corde nostro et novit omnia». I due ὅτι (20a e 20b) sono interpretati come causale resumptivum e, partendo da quest'interpretazione della versione latina, i commentatori propongono la loro esegesi. Così la congiunzione «quoniam» è causale nel senso lato (infatti la pacificazione del cuore non ha come motivo le accuse!), da concepire come: «Si parla della pacificazione del cuore, poiché il cuore viene accusato». Dato poi che nella traduzione latina viene omesso il secondo ὅτι (quoniam), i commentatori non vedono la connessione tra πείθειν e «Dio è più grande».

Da rilevare positivamente la classificazione dei peccati in questione come «veniali»: anche se questa nomenclatura è post-biblica, rispecchia il tenore del testo. Le accuse del cuore, infatti, non possono riguardare gravi mancanze, dato che si suppone un atteggiamento fondamentale di carità, quindi di «amicizia con Dio»[74].

Molto attraente e ricca di possibilità ci sembra la spiegazione di Weiss, ripresa nella nostra interpretazione[75].

1.2 *Dio come giudice (interpretazione negativa)*

La differenza dalla prospettiva precedente non è così netta, comunque non la si può negare. In questa linea interpretativa, infatti, si fa un *passo avanti*: Dio non solo osserva e conosce tutto, ma anche *giudica*. Il conoscere non implica ancora un giudicare che racchiude l'aspetto del «con-

---

[71] Vedi a p. 203-207.

[72] Vedi a p. 157-158.

[73] Vedi a p. 162-166.

[74] Per una valutazione dell'interpretazione positiva (dei cenni ne sono presenti in Gorran e Hus), vedi p. 147-154.

[75] Vedi a p. 215-218.

dannare» o «assolvere». L'interpretazione giudiziale sottolinea che se il cuore condanna, Dio condanna ancora di più. Il suo giudizio è più severo.

Alcuni designano questa linea interpretativa con l'attributo «negativa»[76], noi preferiamo l'aggettivo «giudiziale» per l'accentuazione del giudizio di Dio; per agevolare la classificazione usiamo anche, con cautela, l'attributo «negativa», tenendo però in mente che l'interpretazione non è negativa in sé, ma solo *relativamente* all'uomo.

1.2.1 La catena armena

La versione armena della catena alla 1 Giovanni, realizzata negli anni 1163-76, è costituita da commenti di autori perlopiù anonimi[77]. Riportiamo dettagliatamente il commento al v. 20 poiché esemplare per questo tipo d'interpretazione che segue lo schema «la nostra coscienza ci condanna, quindi Dio ci condanna ancora di più».

Il re del cielo osserva i pigri e tutte le azioni che ininterrottamente ricadono sulla sua mente e il suo cuore. Se veniamo accusati già in noi stessi, allora non rimane che uscire dalle proprie vie tortuose. La nostra coscienza è, difatti, un giudice inesorabile e noi non ci possiamo proclamare giusti davanti a questo giudice prima di convertirci seriamente. Nel caso contrario dobbiamo sapere che il re esaminerà con severità maggiore. Questo re, infatti, è più grande del nostro cuore, abbraccia con la sua conoscenza il passato col futuro e addirittura ciò che non è ancora arrivato; contemplato nella sua tremenda maestà aveva fatto dire a uno dei suoi più valorosi soldati: «Anche se non ho consapevolezza di nulla, non per questo sono giustificato. Il mio giudice è il Signore» (cfr. 1 Cor 4,4)[78].

E' interessante che secondo questo commento è possibile uscire indenni dall'esame divino nel caso si abbia come difensore lo zelo verso Dio: in quest'eventualità si ha la prerogativa di domandare a Dio di rivelarci ciò che gli piace e di metterci in grado di osservare perfettamente i suoi comandamenti. Evidentemente si connette 3,19 con 3,22. Però, a uno sguardo anche superficiale non sfugge che il v. 22 suona diversamente: noi *osserviamo* (già da adesso – tempo presente) i suoi comandamenti e *compiamo* ciò che piace a Dio. In tale caso, logicamente, la coscienza non ci accusa (3,21). Oltre a quest'infedeltà al testo biblico, la catena racchiude in

[76] Ad es. C. C. RICHARDSON, «The Exegesis», 42.
[77] C. RENOUX, ed., *La chaîne arménienne*, 9.
[78] C. RENOUX, ed., *La chaîne arménienne*, 205.

sé una discrepanza: da una parte si afferma che, «vestiti di zelo», si esce indenni dal giudizio divino, mentre dall'altra si propone di chiedere a Dio una perfetta osservanza dei suoi comandamenti (nonostante lo zelo e l'incolpabilità!). La via d'uscita consiste, forse, nel presupporre come *background* la classica concezione dei «precepta» (comandamenti) e «consilia» (consigli evangelici): mentre i primi vincolerebbero la coscienza e sarebbero obbligatori, i secondi sarebbero un «optional», qualcosa di aggiunto.

Continuando nell'analisi del commento armeno veniamo a sapere che solo *teoreticamente* si affermi la possibilità di essere incolpabili al giudizio divino. *Praticamente* tale situazione non accade, poiché non c'è nessuno sulla terra che sia stato elevato a tal grado. Infatti già i perfetti e i santi gridavano «chi può dire: "ho purificato il mio cuore", "sono puro dal mio peccato"?» (Pr 20,9). L'unica soluzione in tale situazione precaria è farsi proprio accusatore e avversario, sforzandosi di mettersi d'accordo col Signore, affinché l'avversario non ci consegni al giudice, il giudice al carceriere che ci poi getta nel fuoco eterno (cfr. Mt 5,25). Ma se si trascurerà il giudice della coscienza, allora non si potrà sfuggire all'accusatore divino: davanti al suo sguardo ci saranno dei fatti che ci sono sfavorevoli e nefasti, e la sentenza del giudice ci destinerà a dei tormenti imperdonabili, da non poter assolutamente sopportare[79].

La catena armena è la forma più radicale dell'interpretazione negativa. Non solo si accentua la severità di Dio nel giudizio, ma praticamente si afferma che nessuno può dirsi innocente e senza colpa. Cosicché l'unica soluzione è ritenersi *permanentemente* peccatori. E' praticamente impossibile, così, poter applicare a se stessi il secondo periodo dell'antitesi, quello che riguarda il caso positivo (3,21-22). La severità del giudizio di Dio è basata sulla conoscenza divina più profonda di quella umana. Correlativa a questa conoscenza è la durezza della condanna: tormenti insopportabili.

1.2.2 Thomas de Vio Cajetanus

Anche il Cajetanus[80] sostiene che 3,19a rimanda a 3,18. L'accentuazione della linea giudiziale emerge già nella spiegazione del verbo καταγινώσκῃ: non *accusare*, ma più espressivamente *condannare* (il soggetto esplicito è

[79] C. RENOUX, ed., *La chaîne arménienne*, 207.
[80] T. DE VIO CAJETANUS, *Prima Ioannis*, 446.

il cuore). Se il cuore ci condanna di un amore meno vero o tiepido (ci si riallaccia al precedente 3,18), molto più ci condannerà Dio che conosce tutto nell'intimo ed è più grande del nostro cuore.

1.2.3 Benedictus Iustinianus Genuensis

Particolarità del Genuensis[81] è l'interpretazione del verbo πείθειν («pacificare») sia al presente, che al futuro (al cospetto di Dio alla seconda venuta di Cristo). Per il versetto 20 viene precisato che l'apostolo usa un'argomentazione *a minori*: se ci accusano la mente e la nostra coscienza (che alcune volte vengono colte dalla distrazione e accecate dalle nubi degli errori o dai morbi dell'animo e dai turbamenti e, ciò nonostante, riconoscono le proprie colpe), molto più accuserà Dio. Se il cuore ci accusa e danna, che cosa se ne deve pensare di Dio che penetra nei nostri cuori molto più di noi? Quindi se ci accusa il cuore, dobbiamo temere il giustissimo e acerrimo giudizio di Dio[82]. «La via d'uscita» per non incappare in questo terribile giudizio è agire già d'adesso sotto lo sguardo di Dio. Secondo il Genuensis in questo modo si connette mirabilmente il v. 20 con quello precedente.

In questa interpretazione notiamo una differenza rispetto alla catena armena: infatti viene proposto un consiglio *positivo* (agire sotto lo sguardo divino), a differenza della catena armena che offre un consiglio *negativo* (accusare se stessi).

1.2.4 Giovanni Calvino

Se la catena armena rappresenta il «massimo» dell'interpretazione negativa, solo un po' da meno le è la spiegazione di Calvino[83]. Secondo il riformatore, persuadere i cuori significa calmare, assicurare della vocazione di figli di Dio. Questa certezza si riceve nella fede che deve essere però accompagnata dalla buona coscienza (dalla carità).

---

[81] B. IUSTINIANUS GENUENSIS, *In primam catholicam Ioannis epistolam*, 170.

[82] Sia per l'interpretazione di πείθειν come «pacificare» (interpretato al presente o al futuro) che per la spiegazione di 3,20, vedi anche la pressoché identica esegesi del contemporaneo dello Iustinianus, N. SERARIUS, *In epistolam Ioannis I.*, 67.

[83] J. CALVIN, *Commentarius*, 342.

Il versetto 20 sarebbe una prova *e contrario* che il nome «cristiano» lo portano invano coloro ai quali manca la testimonianza della buona coscienza. Se qualcuno è conscio del male e sente la condanna del proprio animo, molto meno sfuggirà al giudizio di Dio. Dio, quindi, viene considerato più grande del nostro cuore *in relazione* al giudizio: infatti lui vede molto più acutamente di noi, esamina con uno sguardo più penetrante e giudica più severamente[84].

Anche Calvino, poi, come già la glossa armena, rimanda a san Paolo il quale afferma che, nonostante non sia conscio di niente, non per questo si può giustificare (1 Cor 4,4). La testimonianza di Paolo sull'incertezza riguardo la propria giustizia (ossia incolpabilità) ha molto peso, perché pochi potrebbero «vantarsi» di uno zelo e integrità morale comparabili. L'apostolo delle genti con quest'asserzione riconoscerebbe che, malgrado la sollecitudine nel ministero, commette sbagli in molti casi e tali sbagli li ignora per mancanza di riflessione, mentre Dio vede tutto ciò. E a maggior ragione si può allora affermare che se noi, ottusi e ciechi, vediamo le proprie mancanze, come possiamo nasconderle dal giudizio di Dio? Quindi, siccome la conoscenza di Dio penetra più profondamente del nostro cuore, nessuno può stare di fronte a lui se non colui che è sostenuto dall'integrità della propria coscienza. Quest'affermazione, però, è in contraddizione con quello che viene affermato poco prima: nessuno può giustificarsi davanti a Dio, anche se non è conscio di niente! Incontriamo, quindi, la stessa incongruenza rilevata già nell'esegesi della catena armena.

L'interpretazione di Calvino è originale anche nel riportare un caso specifico: come rispondere all'obiezione che i reprobi non sentono i propri mali e senza dolore e timore incorrono nella loro perdizione? Tali ipocriti si vantano spesso e con superbia disprezzano il giudizio di Dio: infatti sono ebbri dell'opinione della loro falsa giustizia e non sono toccati dai peccati. La risposta a tale obiezione è facile: questi ipocriti sono ingannati, perché rifuggono la luce; non sentono affatto i dolori della coscienza, poiché rifuggono da Dio. La loro sicurezza non è che una sicurezza nei recessi della loro cattiva coscienza. L'apostolo, però, parla delle coscienze poste alla luce, portate al tribunale e davanti al giudizio. Nessuno può avere vera

---

[84] «Multo acutius videat quam nos, et acrius inquirat, et severius iudicet» (J. CALVIN, *Commentarius*, 342). La visione calviniana splende chiaramente in un sermone sul Deuteronomio (ID., *Sermon 186*, in *Sermons sur le Deutéronome*, 48): per un delitto che vede la nostra coscienza, Dio ne vede cento.

pace se non colui che ha il cuore purificato dallo spirito di Dio[85]. E, in fin fine, anche coloro che sono insensibili sentono di tanto in tanto dei rimorsi e tormenti.

Riassumendo, decisamente nuovo e prettamente calviniano è l'apporto della persuasione/pacificazione, primariamente e principalmente tramite la fede, secondariamente tramite la carità effettiva (v. 18). Per quanto riguarda il versetto 20, Calvino risolve la questione della coscienza tranquilla dei reprobi rifacendosi alla visione di Beda: alla luce di Dio è possibile vedere i propri peccati e, di conseguenza, sentirne i rimorsi.

1.2.5 Faustus Socinus

Rifacendosi a Theodorus Beza (1519-1605), anche il Socinus[86] spiega πείθειν come rendere i cuori sicuri e intrepidi di fronte a Dio. Il futuro del verbo è esplicato come un modo per esprimere meglio la perpetuità (*presente continuato*), oppure come un riferimento al secondo avvento di Cristo per giudicare.

Il merito di Socinus consiste nello sforzo di connettere il v. 19 con quello successivo, tentando di spiegare la congiunzione ὅτι: questa non viene resa come congiunzione esplicativa nel senso stretto (infatti il Socinus non vede un nesso causale tra 3,20 e il 3,19), ma piuttosto nel senso lato, «il motivo perché si è menzionato ciò». Secondo il Socinus, non ci dobbiamo meravigliare se abbiamo i nostri cuori sicuri davanti a Dio. Se fosse altrimenti e il cuore ci accusasse, allora avremmo un destino sfavorevole, poiché Dio ci accuserebbe e condannerebbe ancora molto più del nostro cuore.

Quest'argomentazione, però, potrebbe sembrare debole, poiché il giudizio di Dio sarebbe simile (in un certo senso) a quello umano e ne dipenderebbe. Dal fatto che noi ci condanniamo, infatti, non consegue necessariamente che (in modo simile) Dio ci condanna o ci condannerà. Infatti il giudizio di Dio non dipende da quello umano, ma è eterno, verissimo, senza alcun errore. Per risolvere questo problema, il Socinus propone due soluzioni. La prima include la considerazione che la natura umana è tale che ama se stessa sempre in modo eccessivo. Da ciò ne consegue che uno condanna se stesso solo se è compulso dalla verità manifesta

[85] J. CALVIN, *Commentarius*, 343.
[86] F. SOCINUS, *Commentarius*, 207.

(quindi in un certo senso, dalla verità divina). Un'altra soluzione, forse più sicura, consiste nella considerazione che per cadere meritatamente nel giudizio di Dio basta il fatto che ci persuadiamo a peccare (il giudizio divino sarà poi più concreto e preciso).

Il Socinus ha soprattutto il merito di provare a connettere 3,19 con 3,20. La connessione da lui proposta è alquanto generica e vaga: il versetto 3,19 richiama soltanto (quasi evoca) ciò che viene descritto nel versetto seguente. Interessante è la spiegazione del rapporto tra il giudizio umano e quello divino.

1.2.6 Joannes Lorinus

Il gesuita Lorinus[87], spiegando 3,19, cerca di chiarire in quale modo la pacificazione secondo la visione giovannea (tramite le opere) non sia in contraddizione con quella paolina (giustificazione per la fede, vedi Rm 5,1). Giovanni parlerebbe della pacificazione (ossia fiducia – πείθειν) che nasce dalla carità in opere e verità. Paolo non parla della tranquillità della coscienza non agitata dai terrori del peccato o dagli scrupoli (come Giovanni): spesso i giusti temono, mentre i peccatori hanno la coscienza calma, non conoscendo i propri peccati (questa possibilità viene riflettuta anche da Calvino). In Paolo si parla della pace della rappacificazione con Dio per mezzo della fede in Cristo, fautore della nostra riconciliazione.

Per quanto riguarda il versetto 20, il gesuita menziona diverse interpretazioni: Dio conosce l'intenzione del cuore (Hugo de Sancto Caro), questa conoscenza equivale a un perdono delle colpe veniali (Gorran ossia «Thomas Anglicus») o, addirittura, al perdono di ogni tipo di colpa. Però la preferenza viene data all'interpretazione negativa: se ci accusa la coscienza, molto di più Dio che è più grande. Quest'opinione viene classificata come la più comune e genuina[88]. Per appoggiare l'idea del severo giudizio di Dio, Lorinus concretizza la concezione dell'onniscienza di Dio. Dio conosce le cose future, contingenti, possibili, ipotetiche, gli atti interiori delle creature razionali, tutte le vie degli uomini[89]. È impossibile che

[87] J. LORINUS, *In Divi Ioannis epistolam primam*, 91.

[88] Nella stessa epoca anche Estius propone la stessa interpretazione (sia di πείθειν che del v. 20), vedi G. ESTIUS, *Commentariorum*, 455-456.

[89] J. LORINUS, *In Divi Ioannis epistolam primam*, 92.

Dio non conosca ciò che ha fatto e conservato[90]. Quest'argomento serve a giustificare che Dio conosce *anche* il cuore umano.

E' interessante notare che il Lorinus, cercando di risolvere il problema della «tensione» fra Giovanni e Paolo, non solo si pone il punto interrogativo sollevato già da Calvino, ma propone anche una soluzione simile a quella del riformatore. Lorinus non cerca di livellare la prospettiva paolina e giovannea (come fa Lutero[91]), ma di spiegare l'apporto specifico di ciascuna. Degna di rilevanza è anche la menzione esplicita delle altre soluzioni esegetiche di 3,20.

1.2.7 Cornelius a Lapide

Nonostante menzioni l'interpretazione di πείθειν come «escogitare opere buone o migliori», il gesuita preferisce il senso di «pacare, efficacemente persuadere di essere dalla verità»[92]. Originale è poi la specificazione di tale persuasione. Quelli che veramente amano il prossimo in opere e verità non hanno paura dell'occhio e del giudizio di Dio. Al contrario, hanno il coraggio di comparire al suo cospetto, hanno il coraggio di comparire a testa alta di fronte al suo tribunale, hanno il coraggio di esporre il loro cuore e di provarlo, di mostrarlo che è fondato nella verità e nell'amore[93]. E se il cuore ci accusa ossia condanna, Dio è più grande nel senso che giudica e condanna più severamente, poiché vede più acutamente di noi[94].

---

[90] L'Estius propone una spiegazione diversa: Dio conosce tutto, poiché è presente dappertutto (G. ESTIUS, *Commentariorum*, 456). Nella stessa direzione, sviluppando l'idea dell'onnipresenza di Dio, si orienta anche l'interpretazione di Jacobus Tirinus (1580-1636): come nascondere i propri peccati a Dio che è più grande, alto, profondo del cuore e conosce tutto ciò che vi è nascosto? Lui infatti vi è più presente e vede più profondamente della stessa persona umana. Se già il cuore ossia la coscienza accusa e condanna, quanto più accuserà e condannerà Dio che presiede alla coscienza e ne è giudice? (*Epistola*, 520)

[91] Vedi a p. 133.

[92] CORNELIUS A LAPIDE, *Commentarius*, 581.

[93] A questo punto riporta una citazione di Giovanni Crisostomo: «Per questo cerco di provare la mia causa davanti a Dio, non davanti agli uomini».

[94] Dello stesso autore (CORNELIUS A LAPIDE, *Commentarius*, 581) è molto suggestivo il senso morale (applicazione). Il passo della lettera ci insegnerebbe ad esaminare tutte le nostre opere secondo la regola dell'intuito e giudizio divino. Infatti spesso la

1.2.8 Hugo Grotius

Il filosofo del diritto Hugo Grotius[95] (1583-1645) sostiene che chi non ritiene la tranquillità dell'anima un grande bene, allora tramite la paura presente può pregustare gli intensi tormenti che seguiranno: Dio ha riservato pene ancora maggiori[96] (la frase con πείθειν è quindi opposta a quella con καταγινώσκειν). Vane sono le proposte dei filosofi per dar pace all'anima: non c'è nessun'altra cosa che la possa veramente pacificare tranne la persuasione che Dio ci ama a tal punto da averci destinato alla vita eterna.

Se i commentatori precedenti mettono in relazione l'accusa del cuore con quella di Dio, Grotius fa un passo in avanti: colui che sarà dannato è senza dubbio colui che da Dio si aspetta, già nel presente, la dannazione. Costui compie infatti azioni che non considera rette (Rm 14,23) e che non possono essere nascoste davanti a Dio[97].

1.2.9 Friedrich Lücke

Fra il XVI e XIX secolo vi sono stati altri rappresentanti della linea negativa, che noi però tralasciamo per non appesantire eccessivamente questo squarcio della storia dell'interpretazione che si limita ai contributi più significativi[98]. Tra questi contributi vi è indubbiamente l'elaborata

---

concupiscenza, il mondo o il demonio ci ingannano cosicché riteniamo di agire puramente per amore di Dio, mentre invece agiamo impuramente per concupiscenza o per amore di noi stessi. Per questo, prima di compiere qualche azione, ci si deve conformare a questa regola: così sinceramente compiere tale azione come se ti vedesse Dio che vede tutto e che ti chiederà conto di tutto; compiere ciò così perfettamente come se fosse l'ultima azione dopo la quale si debba morire.

[95] H. GROTIUS, *Annotationes*, 1091-1092. A. CALMET, *In primam*, 659, ha un'interpretazione molto simile, divergente solo in alcuni dettagli, come potremo vedere.

[96] Simile pensiero in A. CALMET, *In primam*, 659: non si può comparare niente alla quiete dell'animo e alla sicurezza di fronte ai terrori della morte e del giudizio divino, se non la testimonianza della buona coscienza. Il Calmet riporta anche un'originale sfumatura del verbo πείθειν: grande fiducia nel ricorrere a Dio, speranza di ottenere la vita eterna.

[97] Il Grotius riporta (senza specificare la fonte) una frase di Iuvenalis sugli dèi: «Notior est illis homo, quam sibi» (*In epistolam Ioannis primam*, 1092). La stessa frase viene riportata anche da A. CALMET, *In primam*, 659.

[98] Esponenti insigni del tipo giudiziale sono stati:

spiegazione del Lücke[99], esegeta del XIX secolo. Richiamandosi anche alla traduzione siriaca che traduce il secondo ὅτι (3,20b) con ܟܡܐ, Lücke sostiene che Dio è paragonato alla nostra coscienza: e se questa accusa, Dio, ancora più grande, quanto più! La proposizione in 3,20c, poi, non appartiene immediatamente alla comparazione, ma la spiega, in quanto Dio (che conosce tutto) deve essere più grande anche nel καταγινώσκειν.

La congiunzione ὅτι sarebbe causale (in ambedue le ricorrenze in 3,20). Il versetto 20 è una declaratio ex contrario[100]. Tali declarationes ex contrario, introdotte da γάρ oppure ὅτι, si trovano anche altrove nel NT, come in 2 Pt 1,9. La ripresa della proposizione causale ὅτι viene poi spiegata come figura retorica di epanalessi. Siccome il Lücke non è capace di riportare un esempio simile del NT, propone (anche per i più scettici) di cancellare il secondo ὅτι, oppure di cambiarlo in ἔτι, enfatizzando così la comparazione (come in Eb 7,15 o Fil 1,9). Nonostante tutto, lo stesso Lücke confessa che la sua spiegazione dei due ὅτι non è priva di difficoltà, però la proposta positiva riserva difficoltà ancora maggiori. E rimane il fatto che l'idea del giudizio di Dio è un motivo evangelico: e su questo sfondo la fiducia e la grazia acquistano il proprio spessore.

---

a) XVI secolo: il benedettino I. B. FOLENGIUS (1490-1559), *Commentaria in primam D. Ioannis epistolam*, 103-104; T. BEZA, *Epistola*, 599 (Dio è più grande poiché più potente nel giudizio), autore della migliore edizione critica del NT dell'epoca (1565 e 1582) e difensore della teologia calviniana (J. RAITT, «Beza, Theodore», 126); il luterano E. HUNNIUS (1550-1603), *Epistola*, 153-154, propone sia l'interpretazione luterana (che chiama «evangelica»), sia quella «Dio-giudice» (che chiama «legale»), preferendo la seconda a motivo del contesto; B. ARETIUS (1505-1574), *In primam epistolam s. Ioannis*, 529; A. MARLORATUS (1506-1563), *In primam epistolam Iohannis apostoli*, 101;

b) XVII secolo: J. COCCEIUS (1603-1669), *In s. Johannis apostoli*, 6; F. GOMARIUS (ca. 1600), *Analysis primae epistolae Johannis*, 730; J. SLICHTINGIUS († 1661), *Commentarius*, 394-395;

c) XVIII secolo: A. NATALIS, *In epistolam*, 129; D. WHITBY (1638-1726), *The First Epistle General of St. John*, 995.

d) XIX secolo: I. G. ROSENMÜLLER, *Scholia in Novum Testamentum*, V, 545-546; R. S. CANDLISH (1806-1873), *The First Epistle of John*, II, 42; H. ALFORD (1810-1871), *1 John*, 481; J. J. LIAS, *The First Epistle of St. John*, 272-274; F. D. MAURICE, *The Epistles of St. John*, 212.

[99] F. LÜCKE, *Commentar*, 234-252.

[100] Così rifacendosi a Estius: «Declaratio est ex contrario, qua terret dilectionis fraternae simulatores» (non trovato nel commento di Estius, citato in F. LÜCKE, *Commentar*, 250 n. 2).

1.2.10 Esponenti del XX secolo

Nel XX secolo l'interpretazione giudiziale viene riproposta con vigore da un pastore tedesco, Wohlenberg[101], che sembra essere stato, paradossalmente, un luterano (è un paradosso perché proprio Lutero fu l'ideatore del tipo interpretativo opposto, quello positivo). Tre anni dopo uno degli ultimi echi di quest'esegesi appare nel 1905 in G. G. Findlay[102]. Tra i cattolici, è Camerlynck[103] a ripresentare l'interpretazione negativa nel 1909.

Interessante è l'interpretazione del Loisy[104], il quale, interpretando πείθειν come «calmare» (con esitazione!), si rende conto che ciò non combacia con l'idea che «Dio è più grande» nel castigo. Non riuscendo a trovare una soluzione accettabile, si aiuta con l'ipotesi che il testo è corrotto o lacunoso.

L'interpretazione negativa trova il suo ultimo sostenitore in Grayston[105] (1984), il quale sostiene che i versetti 17-18 devono sensibilizzare o, addirittura, suscitare il senso di colpa nelle coscienze[106]: la loro continuazione naturale, presumibilmente, dovrebbe essere il v. 21 (se il nostro cuore non ci accusa)[107]. Prendendo il testo così com'è, 3,20 sarebbe semplicemente un argomento *a minore ad maius*: se la coscienza ci accusa, quanto più Dio.

Ancora più singolare è la sua argomentazione esposta per rifiutare la posizione positiva: se accettassimo l'interpretazione positiva, allora dovremmo ammettere che Giovanni sarebbe caduto nella trappola dei dissidenti che, senza dubbio, giustificavano il loro rinnegamento di Gesù e la riluttanza ad osservare i comandamenti dicendo che vivevano già in comunione con Dio. Ogni impulso e rimorso della coscienza sarebbe stato sopraffatto da Dio stesso.

Molti dubbi suscita, però, la sua giustificazione dell'interpretazione di πείθειν nel senso di «riassicurare». Il versetto 20, con l'aggiunta di «sappiamo» prima di ὅτι, sarebbe il motivo per «riassicurare» il cuore. In questo modo, però, abbiamo di fronte un'interpretazione che suscita molte

---

[101] G. WOHLENBERG, «Glossen», 639.

[102] G. G. FINDLAY, «Studies in the First Epistle of John. VI.», 380-400.

[103] A. CAMERLYNCK, *Commentarius in Iᵐ Ep. s. Joannis*, 224.

[104] A. LOISY, *Les Épîtres dites de Jean*, 560.

[105] K. GRAYSTON, *The Johannine Epistles*, 115.

[106] Questa sua spiegazione non ci è per niente chiara e non vediamo come possa essere dedotta dal testo.

[107] K. GRAYSTON, *The Johannine Epistles*, 114.

perplessità: noi riassicuriamo il cuore che siamo dalla verità, poiché sappiamo che Dio è più grande del cuore[108]. La verità è così concepita piuttosto come una realtà di fede, la retta *confessio fidei*. Il sintagma ἐν τούτῳ in 3,19 rimanderebbe al versetto che segue, 3,20[109].

1.2.11 Sintesi

Anche per questa linea interpretativa, come per quella precedente, il sintagma ἐν τούτῳ viene riferito al versetto precedente (3,18), eccezion fatta per l'esegesi di Grayston.

Il verbo πείθειν (nella forma al futuro πείσομεν) viene tradotto come «pacificare», interpretato perlopiù al presente. Comunque non mancano i casi di una interpretazione al futuro: fiducia al momento del secondo avvento di Cristo (così lo Iustiniensis e Socinus, anche se propongono anche la traduzione al presente).

La comprensione del v. 20 si può riassumere nell'affermazione: se il cuore ci accusa, Dio ancora di più. Gli autori si sforzano di puntualizzare che Dio ha una conoscenza più profonda della nostra coscienza (non mancano esplicitazioni sulla ragione di tale conoscenza divina, così in modo simile anche nella corrente interpretativa «Dio onnisciente»). La perfetta conoscenza dei nostri peccati ha come conseguenza la severità del giudizio di Dio. L'interpretazione più rigida e radicale, poi, si incontra nella catena armena.

Così come per la corrente precedente («Dio onnisciente»), anche per questo tipo interpretativo vale l'osservazione che gli autori incontrano difficoltà nello stabilire il nesso tra 3,20 e il versetto precedente. Un tentativo viene compiuto dallo Iustinianus Genuensis (per non cadere nel terribile giudizio divino bisogna agire già d'adesso sotto lo sguardo di Dio), oppure dal Socinus (il nesso tra 3,19 e 3,20 è solo debole: si menziona «la coscienza persuasa» al cospetto di Dio, poiché può accadere anche la situazione opposta – la coscienza accusata da se stessa, ma soprattutto da Dio).

---

[108] Tale connessione è già presenta in BULTMANN, 63, inquadrata però nel contesto dell'interpretazione positiva. La traduzione-interpretazione di Grayston suonerebbe così: «In that way we shall know that we belong to the truth and we shall reassure our conscience – remembering that if our conscience condemns us, so does God who is superior to our conscience and knows all about us» (K. GRAYSTON, *The Johannine Epistles*, 116).

[109] La sua proposta è in parte simile a quella di Richardson, vedi p. 155.

Solo nell'epoca più recente viene compiuto lo sforzo di una comprensione globale dell'intero periodo in 19-20, e ciò da parte di Grayston.

Calvino e Socino precisano che solo alla luce di Dio è possibile che il cuore si accusi. Il Calvino avanza la proposta extra chorum che la persuasione del cuore proviene prima di tutto dalla fede, per essere ulteriormente corroborata dalle opere di carità (così anche Lorinus, anche se usando altre formulazioni).

Questo tipo interpretativo, in voga dal 1500 in poi, si è perduto poco alla volta (gli ultimi esegeti a proporlo sono dell'inizio del 1900, poi soltanto Grayston verso la fine del XX secolo), rimpiazzato dalla proposta luterana, ossia dall'interpretazione positiva sul Dio misericordioso.

1.2.12 Valutazione

A prima vista, quest'interpretazione potrebbe essere «suggerita» dal verbo καταγινώσκειν. Presa nelle sue conseguenze, la proposta negativa potrebbe essere un'avvertimento a un'eccessiva compiacenza nella «certezza della salvezza» (compiacenza attestata da vari movimenti emersi di tanto in tanto nella storia della chiesa). L'autore, così, esorterebbe ad una assoluta sincerità: il suo ammonimento sarebbe in armonia con la severità del tono nei versetti 3,8.12.15.17. La proposta negativa sarebbe un forte impulso per *l'ortoprassi* dei cristiani.

All'interpretazione negativa si deve attribuire il merito di rientrare, almeno parzialmente, nel contesto: le accuse del cuore ricordano che il giudice divino conosce tutti i nostri peccati. In molti passi biblici l'onniscienza di Dio è il motivo del timore o rispetto verso di lui: davanti agli occhi di Dio, infatti, tutte le nostre mancanze sono scoperte (Ebr 4,13).

Nonostante la presenza di questi indizi che ci condurrebbero a una valutazione positiva, serie difficoltà fanno nascere dei punti interrogativi. Come poter spiegare la connessione di 3,20, interpretato negativamente, con i precedenti 3,18-19 di tono positivo (carità effettiva, conoscenza del proprio essere dalla verità, pacificazione del cuore)? Perché il cuore ci accusa se sappiamo di amare? Le risposte a queste domande, come abbiamo visto, non vengono date in modo soddisfacente. Interpretando πείθειν nel senso di «pacificare», come poter calmare il cuore se Dio incute timore e angoscia[110]? Tutt'al più si potrebbe ricorrere solo alla traduzione «esortare» (alle opere di carità fraterna): il credente, spaventato dalla grandezza del giudizio divino, verrebbe ancor più spinto a praticare la carità. Ciò però significherebbe che il «Grundaxiom» giovanneo della carità fraterna diventerebbe qualcosa di «costretto» dall'idea del terribile giudizio divino. Ma, «sfortunatamente», la lettera non fa leva sul «dies irae» per costringere alla carità (e agli altri comandamenti)[111]. Inoltre sarebbe strano che nello stesso periodo si ripetesse per due volte l'esortazione alla carità effettiva[112].

Un'altro perno dell'interpretazione negativa è il passo paolino 1 Cor 4,4-5 sull'incertezza della propria rettitudine. Per dir la verità, Paolo non dice che «Dio sarà più severo» nel suo giudizio, ma che il verdetto finale («la giustificazione finale») è nelle mani del Signore, non nelle nostre. Voler argomentare con il testo di 1 Cor significa intromettere nella teologia giovannea un pensiero estraneo, paolino (è errato leggere Paolo in Giovanni). In 1 Gv, infatti, si vuole piuttosto rassicurare della salvezza, invece che ispirare incertezza. Richiamare alla mente il giudizio, la severità di Dio più grande del cuore stesso, sarebbe estraneo alla lettera che vuole invece corroborare la coscienza dei credenti riguardo la salvezza, come viene giustamente segnalato[113]. Ebbene, una tale affermazione sulla severità del giudizio di Dio andrebbe contro la prospettiva generale della lettera: inculcherebbe piuttosto incertezza e timore, invece di rassicurare i lettori della salvezza presente già da ora, nonostante il peccato tuttora persistente. Inoltre nel brano citato la prospettiva paolina è alquanto «psicologizzante» (ci si concentra sulle motivazioni nascoste nel cuore), diversamente dall'ottica giovannea. E, per finire, nel nostro brano si suppone

---

[110] Come osserva E. GAUGLER, *Die Johannesbriefe*, 189.

[111] J. LIEU, *The Theology of the Johannine Epistles*, 56. Non ci sembra appropriata la critica di E. GAUGLER, *Die Johannesbriefe*, 189, che in tale caso la carità verrebbe ridotta a qualcosa di moralistico e legalistico. Infatti la stessa lettera propone la carità come una legge, un dovere (1 Gv 3,11).

[112] Vedi p. 157.

[113] J. MICHL, *Der erste Johannesbrief*, 234 («Doch schliesst sich diese Auslegung nicht gut an den Vordersatz in V. 19a an und passt nicht zu einem Schreiben, das im übrigen sehr stark das Vertrauen der Christen auf Gott [2,12-14.28] und ihre Überwindung der Furcht [4,18] ausspricht»). Vedi anche BROWN, 460; SCHNACKENBURG, 203.

un'atteggiamento sostanziale di carità, connesso, però, alle mancanze. Far leva sul giudizio oggettivo e severo di Dio risulta logico e pedagogico per muovere le coscienze ostinate o ipocrite (minacciando che non serve a niente la «sembianza», poiché Dio vede tutto!), non per quelle già sensibilizzate.

Presa *ad absurdum*, l'interpretazione negativa comporta la logica conseguenza che se Dio è più grande del cuore «nella perfetta conoscenza dei nostri peccati e nel giudizio severo», allora non possiamo essere certi dell'incolpabilità neanche se il cuore non ci accusa di niente[114]! L'idea di un tale Dio farebbe nascere esami di coscienza ad infinitum, nell'instancabile ricerca dei mali nascosti nel cuore, mali che potrebbero sfuggire al nostro scrutinio, ma non a quello di Dio. Ma, se le cose stanno così, non possiamo mai sapere se abbiamo «libero accesso a Dio» (παρρησία), non possiamo sapere se realmente compiamo ciò che piace a Dio: e quest'incertezza è in contraddizione con quello che sostiene Giovanni nei versetti seguenti, 3,21-22. Proprio quest'argomento, ricavato dai versetti che seguono 3,20, confuta l'interpretazione negativa in modo ancor più schiacciante della prospettiva teologico-giovannea offerta poco prima.

Inoltre quest'idea del «perenne senso di colpa» (come conseguenza dell'interpretazione giudiziale) contraddice il testo stesso che parla di un caso specifico, *temporaneo* (come esprime bene la congiunzione ἐάν in 3,20), non *permanente* (e di ciò ci si rende conto prendendo atto del secondo periodo dell'antitesi che riguarda il caso opposto, «quando il cuore non accusa»). Seguendo la proposta negativa il credente sarebbe indotto ad uno stato di perenne incertezza (quasi a uno stato di disperazione[115]!): ciò sarebbe in contrasto con l'intenzione della lettera che vuole confermare e rafforzare la coscienza riguardo la vocazione (2,25; 3,14; 5,13.19.20), assicurare della vittoria sull'angoscia e sulla paura (2,12-14; 4,18), sulla potenza del Maligno (2,13; 4,4; 5,4)[116]. Quando Giovanni parla del giorno del giudizio (4,17-18), allora ricorda che la carità scaccia la paura e l'angustia.

Un'altra seria obiezione riguarda il «nocciolo» dell'argomentazione dell'interpretazione giudiziale: se il cuore accusa (o condanna), quanto più Dio. Però in 1 Gv 3,20b non c'è scritto πόσῳ μᾶλλον (né πολλῷ μᾶλλον e

[114] Così la catena armena o Calvino, ambedue con riferimento a Paolo.
[115] C. H. DODD, *The Johannine Epistles*, 92.
[116] SCHNACKENBURG, 203. Vedi anche J. PAINTER, *1, 2, and 3 John*, 85-86.

né ἔτι μᾶλλον, «quanto più»), bensì ὅτι: e questa è una differenza notevole!

Per finire, sarebbe contro il suo senso naturale attribuire a «più grande» il significato di «più severo»[117]. L'interpretazione esatta si deve dedurre da un'attenta analisi del testo preso nel suo contesto, senza cadere nella tentazione di «imporre» pensieri estranei.

1.3 *Dio misericordioso (interpretazione positiva)*

L'accentuazione del giudizio di Dio ha come sua controparte l'enfatizzazione della misericordia divina. Forse non a caso ambedue le interpretazioni emergono quasi contemporaneamente (verso il 1500), quasi come si trattasse di una «tesi – antitesi», oppure «azione – reazione». Come si vedrà dall'esegesi di Lutero, ideatore principale dell'interpretazione positiva, si tratta di una visione contrapposta a quella giudiziale, una vera e propria reazione alla concezione della severità di Dio nel giudizio.

Ci sembra molto equivoca la classificazione di Richardson come «interpretazione ecumenica»[118]. Infatti tale esegesi non ha avuto il sopravvento grazie al movimento ecumenico[119] né, tantomeno, risulta che sia stato il frutto di un dialogo ecumenico. E' certamente più adatto l'attributo «positiva» (interpretazione positiva), che va inteso nel senso di un atteggiamento positivo (ossia favorevole) di Dio verso l'uomo peccatore. Questo aggettivo ci aiuta anche a rimarcare il contrasto tra questo tipo interpretativo e quello precedente.

1.3.1 Martino Lutero

Il commento di Lutero[120] merita ampio spazio per il notevole influsso sull'esegesi di 1 Gv 3,19-20, influsso che si ripercuote fino ai giorni d'oggi.

---

[117] B. F. WESTCOTT, *The Epistles of St. John*, 118.
[118] C. C. RICHARDSON, «The Exegesis», 35.
[119] Vedi a p. 148-149.
[120] M. LUTHER, *Vorlesung*, 715-720.

Innanzitutto Lutero distingue due modi per calmare il cuore: tramite la carità o la fede. Per quanto riguarda la prima proposta, ossia la pacificazione tramite la carità, non avremmo niente di nuovo, ma soltanto una ripresa dell'interpretazione comune. La carità in opere e verità (verso il fratello debole – 3,17-18) è una testimonianza esterna della nostra vocazione[121]. E tramite questa certezza possiamo persuadere il nostro cuore: in questa persuasione vi è una grande consolazione[122]. Grazie a ciò riconosciamo che siamo dalla verità, cioè che in noi non c'è nessuna ipocrisia, ma una sincera fede e carità.

Sorprende, a prima vista, che Lutero riporti una tale esposizione. Infatti si potrebbe pensare che il riformatore, mettendo in luce il ruolo della fede nella pacificazione (come si vedrà più avanti), trascuri le opere di carità. E invece Lutero espone come prima l'interpretazione classica: calmare il cuore tramite le opere. Quindi il suo distacco dalla posizione tradizionale non è poi così radicale come si è soliti riferire.

La seconda proposta, calmare il cuore tramite la fede, riguarda il caso opposto, quello di una coscienza afflitta dai rimorsi. Anche se siamo caduti in peccato, non dobbiamo però mancare di fede. Se non possiamo convincere il cuore, perché abbiamo una cattiva coscienza e perché ci mancano le opere (essendo pigri e peccatori), allora dobbiamo sperare, poiché sperare è un precetto (non un consiglio). «Ricevere» è semplicemente il massimo precetto[123]. Grazie all'osservanza di questo precetto si diventa degni, anche se altrimenti siamo indegni. La disperazione è proibita: quest'atteggiamento offenderebbe e irriterebbe Dio, oltre a far diventare il cuore pusillanime.

---

[121] Propst aggiunge: «Se non mi lascio muovere dalla debolezza dei fratelli, certamente non ho la carità. Dai frutti della carità possiamo riconoscere che abbiamo la carità» (M. LUTHER, *Vorlesung*, 715).

[122] M. LUTHER, *Vorlesung*, 716. Propst aggiunge: «La coscienza di una vita trascorsa bene persuade che abbiamo mantenuto la fede, poiché riconosciamo dalle opere che la nostra fede è vera. E la coscienza alcune volte testimonia al cospetto di Dio che non sono stato adultero, che ho amato i fratelli, che li ho soccorso, anche se sono sempre molte le occasioni nelle quali ci rendiamo colpevoli nei confronti dei fratelli» (M. LUTHER, *Vorlesung*, 716).

[123] Il Propst ha: «Se ti mancano le opere, tuttavia non ti manchi la fede. Anche se manca la persuasione, tuttavia la fede e la speranza sono più grandi. Se ti rimprovererà l'inerzia della tua vita, tuttavia non disperare. La somma del vangelo è credere e sperare. Non ci dobbiamo, quindi, considerare indegni, ma accettare la grazia offerta e il vangelo» (M. LUTHER, *Vorlesung*, 716).

E la ragione per tale speranza (più precisamente fede) si trova proprio nell'affermazione di 3,20. La nostra coscienza è in molti modi più piccola di Dio. Contro una cattiva coscienza si deve dire: «Tu sei una piccola goccia, Dio è un fuoco infinito che ti assorbe»[124]. Nessun peccato è più grande della mancanza di fede. Solo la mancanza di fede non ha la remissione dei peccati, poiché è contro la remissione, è contro la verità che tutto può essere rimesso[125]. La fede si deve esercitare per liberarsi dalla cattiva coscienza[126] e, così, servire i fratelli[127]: allora possiamo volare nella misericordia di Dio, cioè possiamo consolare e dirigere i nostri cuori verso Dio per ottenere fiducia. Il perdono è quindi una dolcissima promessa: può forse la malizia superare la bontà di Dio? Questo è l'onore che si deve dare a Dio: riconoscere che lui è infinitamente più grande.

Arrivando alla proposizione «Dio conosce tutto», Lutero confessa schiettamente: «Hoc verbum est apud me oscurum»[128]. Infatti, aggiunge il riformatore, non si dice che Dio «può» oppure «fa» tutto, bensì conosce tutto. Lutero, quindi, si aiuta con una citazione scritturistica. Le parole «Dio conosce tutto» si riferirebbero alla coscienza che, mentre è accusata, può sperimentare ciò che si dice nel salmo: «Mi hanno circondato le mie colpe da non poter più vedere, sono più numerose dei capelli del mio capo»[129]. La coscienza è così confusa da non poter più pensare. Contro tale confusione e tenebre la coscienza dice: «Dio conosce, Dio è più grande del mio cuore, lui conosce tutto... Chiudi gli occhi, non sai niente, non hai conosciuto niente, Dio è più grande, lui conosce tutto, lui creerà pace e quiete». Ciò è possibile quando riteniamo che Dio è più grande delle nostre

---

[124] Propst ha: «La coscienza è una piccola goccia, Dio placato è un mare di consolazione. Il timore della coscienza o la disperazione sono da vincere, anche se ciò è difficile» (M. LUTHER, *Vorlesung*, 716).

[125] M. LUTHER, *Vorlesung*, 716-717.

[126] Propst aggiunge: «La fede viene confermata dall'esercizio, dall'uso e dal frutto. Dopo che qualcuno si è dato alla vita inerte, è difficile sollevare il cuore a Dio. Solo la fede ci solleva. Per questo dobbiamo esercitare la fede: per liberarci dalla cattiva coscienza» (M. LUTHER, *Vorlesung*, 715).

[127] In questo modo dalla fede si ritornerebbe alla carità, in conformità al «circolo fede-carità». Vedi a p. 51-52.

[128] M. LUTHER, *Vorlesung*, 718. La stessa parola viene usata anche da Bullinger per caratterizzare tutto il versetto: «Hic locus admodum obscurus est» (H. BULLINGER, *In Epistolam*, 94).

[129] Cfr. Sal 40,13.

iniquità[130]. Così dalla carità si ritorna alla fede. In questo modo Giovanni ritorna al circolo[131]: il credente, non riuscendo ad adempiere dovutamente il precetto della carità (3,18), sperimenta la propria insufficienza e «viene spinto» a rifugiarsi con fede in Dio misericordioso. Questa conclusione è in perfetta sintonia con la visione luterana della legge che serve soltanto a predisporre l'anima alla giustificazione, in quanto suscita in essa quello stato di disperazione (riguardo alla salvezza) che induce il peccatore a cercare rifugio in Dio, a confidare soltanto in lui e a invocare la sua misericordia[132].

Se il caso precedente riguarda i peccati *veri e propri*, il riformatore non omette di parlare anche degli *scrupoli* ossia dei *falsi peccati*[133] (come si vedrà, si tratta di falsi peccati nella specifica ottica luterana). Una cattiva coscienza è quella che falsamente riprende il cuore: Satana infatti non dorme e alcune volte riprende la coscienza a motivo di ottime opere, per questo è chiamato menzognero[134]. Come esempio Lutero riporta il caso di un sacerdote che per due anni non ha celebrato la messa. Il cuore accusa, però si tratta di una coscienza erronea che fa temere a causa di ottime opere. A tale coscienza ci si deve opporre e con gli occhi chiusi dire: «Dio è più grande del cuore. So che non sarò salvo per le opere buone». E ciò vale anche per l'abbandono della vita monastica[135].

---

[130] La versione di Propst aggiunge: «La coscienza è sempre paurosa e chiude gli occhi, ma Dio è più profondo e sublime del tuo cuore e scruta nel più profondo intimo. Lui ci dà luce per farci vedere che la nostra iniquità è tolta da noi» (M. LUTHER, *Vorlesung*, 717).

[131] M. LUTHER, *Vorlesung*, 714. Questo circolo sarebbe il continuo intercalarsi dei temi della carità e della fede. Vedi a p. 51-52.

[132] B. MONDIN, «Lutero», 365.

[133] Questa specificazione delle accuse del cuore è presente anche in Hugo de Sancto Caro, p. 102-103.

[134] M. LUTHER, *Vorlesung*, 718.

[135] La versione di Propst è più dettagliata. Se qualcuno è angustiato perché non celebra la messa, il diavolo lo può confondere e toglierli tutti i passi della Scrittura sulle tradizioni umane. Ma in quel caso c'è bisogno di chiudere gli occhi e di pensare sia al fatto che la parola di Dio è più sapiente, sia al fatto che non ci salviamo tramite tali opere vane. E la stessa cosa vale per l'abbandono della vita monastica: il diavolo potrebbe portare confusione e sopprimere la letizia del cuore. Però nostro compito è porgli resistenza, poiché Dio è più potente del diavolo e conferma nella verità: «Invano mi onorano insegnando dottrine e precetti umani» (Mt 15,9). Il diavolo alcune volte trasforma le cose ottime in pessime e le pessime in ottime, indebolisce il bene e ingrandisce il male. Da un piccolo sorriso può far nascere l'eterna dannazione. Ma si

Non stupisce che Lutero parli della coscienza come di una cattiva bestia: infatti questa divide l'uomo, mettendolo in opposizione a se stesso. Addirittura si desta la sensazione che questa coscienza è sotto l'influsso di Satana il quale fa suscitare il sorriso di fronte al peccato e, al contrario, da un'ottima opera (ad esempio l'abbandono della «chiesa dei papisti») fa nascere la coscienza di essere dannati. E' interessante mettere a confronto la visione luterana con quella dell'interpretazione negativa: mentre in quest'ultima linea interpretativa la coscienza è *sostanzialmente* capace di riconoscere la verità e rinfacciare le colpe cosicché da ciò si può dedurre, *per analogia*, il severo giudizio di Dio, in Lutero la coscienza è *radicalmente* incapace di riconoscere il giudizio di Dio (inteso come giudizio di misericordia). Se accusa ingiustamente, allora è quasi un emissario del diavolo che mette confusione, mentre, se accusa giustamente, non conosce «il giudizio divino di misericordia» che oltrepassa la conoscenza umana e che, di conseguenza, si può ricevere solo nella fede. Logicamente dalle accuse di tale coscienza *non si può* giungere alla conclusione che Dio accusa ancor di più (come nell'interpretazione negativa). Il giudizio della coscienza *non rispecchia* il giudizio divino, così come, analogicamente, la natura, corrotta dal peccato, non può suggerire alcunché riguardo la realtà divina[136]. Neanche la redenzione, in quanto puramente estrinseca, può rinnovare o almeno restaurare parzialmente la creatura umana. La conclusione è quindi «logica»: c'è bisogno di mettere in atto una grande lotta contro la coscienza. Che si tratti di una fondata accusa della coscienza (riguardo un'opera cattiva) o infondata (riguardo un'opera buona), a noi è stato comandato di credere (ritorna il famoso assioma luterano *sola fide*). Nessuno può «rendere Dio più piccolo»: lo si deve riconoscere più grande di noi, e così rendergli gloria. Anche se siamo senza opere buone e nei gravi peccati, ciò nonostante lui è più grande; anche se non sappiamo come usciremo fuori dalla situazione sfavorevole, lui lo sa[137].

---

deve sempre pensare: «Dio è più grande del nostro cuore». Il cuore non conosce niente della giustizia, Dio conosce tutto: conosce le cose migliori che lui stesso insegna nella parola del Vangelo (M. LUTHER, *Vorlesung*, 717). Sembra che qui Lutero esprima pensieri che ha avuto lui stesso dopo aver abbandonato la vita monastica (M. LUTHER, *Lectures*, 280 n. 14).

[136] B. MONDIN, «Lutero», 359.

[137] Nella versione del Propst (per il commento sul versetto 21), si ritorna sull'argomento di 3,19-20: «La fiducia e la condanna non possono coesistere. Infatti, se hai la fiducia nella grazia di Dio, il tuo cuore non ti condanna. La carità non può tranquillizzare il tuo cuore, anche se ciò accade spesso a parole (v. 18). Ma la fede ti

Riassumendo possiamo dire che Dio è più grande nella sua misericordia, grandi che siano i peccati commessi o le «accuse» del cuore, talvolta infondate (secondo Lutero provocate da Satana per confonderci). La misericordia divina può essere riconosciuta solo nella fede, imposta come precetto. Riconoscendo Dio più grande nel suo perdono, gli si rende gloria.

Si può asserire che l'esegesi luterana ribalta la contemporanea interpretazione negativa, mettendola sottosopra. La coscienza è «nemica» dell'uomo (e non, come nell'interpretazione negativa, alleata, in quanto avverte del pericolo della condanna ad opera di Dio). Dio non è un giudice inflessibile, ma al contrario «mare di misericordia». Il mezzo per uscire dallo stato di condanna non è la conversione realizzata tramite le opere, ma la conversione alla fede nel perdono di Dio.

La visione luterana è sotto l'influsso della dottrina paolina sulla fede: Lutero cerca evidentemente di conciliare la prospettiva paolina (giustificazione per la fede, vedi Rm 5,1) con quella giovannea, appiattendo così il tenore specifico del passo in questione. Un confronto della prospettiva paolina e giovannea viene operato anche dal Lorinus il quale, però, non immedesima le due visioni e cerca piuttosto di mostrare lo spessore specifico di ciascuna[138].

Nonostante le lezioni di Lutero non furono pubblicate se non nel 1709, questa esegesi si diffuse già prima. Bullinger la conosceva già verso il 1537 (anche se la rifiutava). La versione luterana apparve in Matthias Flacius nel 1570[139].

E' interessante che gli stessi luterani erano lungi dall'approvare l'esegesi di Lutero su 3,19-20. Ad esempio Hunnius, Calovius[140], Lücke e Neander la rifiutarono. Secondo Richardson[141], sembra che da Flacius

---

porta tranquillità, poiché è la vittoria contro il mondo e l'inferno (1 Gv 5,4). Da ciò si capisce bene perché il diavolo ci affligge tanto e combatte contro la parola, cercando di toglierla. Tolta la parola è tolta la fede, tolta la fede è tolta la tranquillità del cuore. Se non può impedire la parola, cerca di impedire la fede, affinché non crediamo alla parola: così corrompe la parola e porta confusione. Se non può impedire la fede, cerca di impedire la preghiera e in tante occupazioni persuade a non pregare» (M. LUTHER, *Vorlesung*, 719-720).

[138] Vedi a p. 119-120.

[139] C. C. RICHARDSON, «The Exegesis», 39 n. 34.

[140] Il suo commento non ci era disponibile, ci rifacciamo a C. C. RICHARDSON, «The Exegesis», 43.

[141] C. C. RICHARDSON, «The Exegesis», 43.

(1570) a Spener (1699) non ci sia stato un distinto rappresentante dell'interpretazione positiva. Solo con l'avvento del pietismo e la pubblicazione delle lezioni di Lutero (1708), tale esegesi venne ad affermarsi anche tra i seguaci del riformatore. Il commento del notevole teologo ed esegeta luterano Flacius (1520-1575)[142] propone ambedue le interpretazioni, «Dio misericordioso» e «Dio-giudice», senza favorire l'una né l'altra[143].

La situazione non cambia nelle altre tradizioni cristiane. Rimanendo nell'ambito della riformazione, ricordiamo che contro Lutero si schiera esplicitamente Bullinger[144], successore di Zwingli, il quale rimane nel senso ovvio: Dio è più grande nella conoscenza.

I calvinisti, logicamente, non poterono accettare la proposta luterana[145]. Un calvinista che si pone decisamente contro la proposta di Lutero è Simon Episcopius[146] (1583-1643), il quale considera l'approccio luterano discrepante col contesto precedente e seguente, ma anche come falso ed empio, contrario all'obiettivo della lettera e ai principi della vera religione.

I cattolici si opposero all'esegesi luterana con vigore, tranne alcune eccezioni (come Johannes Ferus). La proposta luterana fu menzionata da commentatori come i gesuiti Lorinus e Cornelius (rifiutata da ambedue), ma dimenticata già da Estius (1604) e Calmet (1726). Il commento del Lorinus è particolarmente interessante poiché, menzionando la spiegazione positiva, riporta anche due citazioni bibliche, Gn 4,13 (Caino, col cuore angustiato, grida che il suo peccato è più grande della misericordia di Dio) e 1 Re 4,29 (a Salomone fu dato un cuore ampio come la sabbia del mare). Questi passi, riportati per attestare la necessità di un cuore ampio, fiducioso nella misericordia di Dio, non si trovano, però, nei commenti che propongono l'interpretazione positiva, almeno per quanto riguarda gli autori pervenutici[147].

---

[142] Flacius fu l'autore di *Clavis Scripturae Sacrae*, probabilmente il libro di ermeneutica più influente nel secolo successivo. La prima parte del libro contiene un monumentale lessico teologico, forse il primo lavoro di questo genere. La seconda parte contiene informazioni sull'interpretazione della Scrittura, sullo stile, sulle parti del discorso (F. GRATER, «Flacius Illyricus, Matthias», 400-401).

[143] M. FLACIUS ILLYRICUS, *In primam epistolam Ioannis*, 1283.

[144] H. BULLINGER, *In Epistolam*, 95.

[145] C. C. RICHARDSON, «The Exegesis», 43.

[146] M. S. EPISCOPIUS, *Lectiones sacrae*, 341.

[147] C. C. RICHARDSON, «The Exegesis», 39 n. 36.

La posizione luterana sembra essere rifiutata direttamente anche da un'altro esegeta, Ioannes Marianus[148] (1536-1624): se la coscienza ci accusa, allora non possiamo aver fiducia in Dio. Per i cattolici la proposta luterana era inaccettabile poiché questa troppo facilmente «si appropriava» del vangelo senza un'adeguata etica[149].

Nonostante le critiche e opposizioni (da parte cattolica e calviniana), la proposta luterana si è gradatamente diffusa, diventando una pietra miliare nella storia dell'esegesi del nostro passo e influendo in maniera rilevante fino ai giorni d'oggi[150].

1.3.2 Johannes Ferus

Il francescano Johannes Ferus[151], predicatore della cattedrale di Mainz e colto esegeta, è un'eccezione nel mondo cattolico dell'esegesi del XVI secolo. Accusato di simpatizzare con Lutero, tutte le sue opere finirono sull'Indice «donec corrigantur», tranne i commentari su Matteo, Giovanni e le lettere di Giovanni (1545, pubblicati a Parigi nel 1553)[152].

Il Ferus, così come tutti gli altri commentatori, connette 3,19 col versetto precedente, traducendo πείθειν col solito «calmare» (in base alle opere di carità compiute).

Se per 3,19 non incontriamo novità, ciò non si può dire per 3,20. Infatti il francescano menziona al primo posto la spiegazione luterana: la misericordia di Dio è più grande del peccato, il merito di Cristo è più efficace del debito. Accanto a questa esegesi di stampo luterano, il Ferus poi riporta anche l'interpretazione «Dio onnisciente» (Dio vede tutto, è quindi inutile la simulazione o l'abbellimento del cuore). Le due interpretazioni sono

---

148 «Sensus est, si cor, id est conscientia nos accusat, non poterimus coram Deo fidere» (I. MARIANUS, *Epistola*, 515).

149 C. C. RICHARDSON, «The Exegesis», 44.

150 Ciò si vede in modo esemplare nell'articolo di A. OEPKE, «παῖς κτλ.», 274, nel rinomato Theologisches Wörterbuch zum Neuen Testament (TWNT): «La figliolanza di Dio rappresenta un fuggire costante e continuo dalle accuse del nostro cuore a colui che è più grande e sa tutto (1 Gv 3,19); essa implica una rottura assoluta con il peccato e porta all'amore fraterno (1 Gv 3,9-24)». Riecheggiano le parole di Lutero che bisogna fuggire le accuse della coscienza. Un po' nuova (e poco luterana) è l'idea della rottura col peccato, ma altresì luterana è la conclusione climattica sull'amore fraterno.

151 J. FERUS, *Die Erste Epistel*, 121-124.

152 C. C. RICHARDSON, «The Exegesis», 39 n. 33.

così poste una accanto all'altra, senza preferire la prima a scapito della seconda[153] (il Ferus le introduce come proposte di due gruppi di esegeti, senza preferire l'una o l'altra).

La testimonianza del Ferus è tanto più importante, quanto ci dimostra che la posizione luterana («innovativa») penetra nel campo cattolico addirittura pochi anni dopo le lezioni di Lutero del 1527. Comunque il Ferus non omette di precisare che l'interpretazione «Dio onnisciente» è sostenuta dai «più numerosi».

1.3.3 Johann Albrecht Bengel

Tra gli altri seguaci di Lutero vi troviamo il pietista Bengel[154]. Le sue precisazioni sono di grande rilevanza. Il verbo πείθειν significa «calmare» il cuore, liberarlo dalle condanne (davanti a colui che conosce tutto). In questo modo viene strettamente connesso 19 a 20. La coscienza non ci condanna globalmente, ma riguardo *l'uno o l'altro* errore. La nostra coscienza è piccola e conosce solo qualcosa di ciò che ci riguarda, non però senza trepidazione: la forza del perdono comunque non ce l'ha. Di contro Dio conosce tutto ciò che ci riguarda, le cose presenti, passate e future (non solo nostre, ma di tutti) e ha il potere e la volontà di perdonare. Ciò di per sé non placa ancora il cuore, bensì la sincera confessione dei peccati a Dio onnisciente.

L'interpretazione del Bengel è interessante per due motivi:

1) connette più strettamente i versetti 19 e 20;

2) non contiene una proposta luterana pura (in 3,20), ma piuttosto mista, poiché si espone «Dio è più grande» nel senso positivo, però premettendo il riconoscimento dei peccati, quindi la conversione.

---

[153] Imprecisa, quindi, la classificazione unilaterale di C. C. RICHARDSON, «The Exegesis», 44 n. 72, secondo il quale Ferus preferisce l'interpretazione positiva.

[154] J. A. BENGEL, *In epistolam primam Iohannis*, 1054-1055.

1.3.4 Interpreti del XX secolo

Come già detto, l'interpretazione positiva col passare del tempo si estende sempre di più. Sarebbe inutile proporre un'elenco esaustivo di tutti gli esponenti di questa corrente[155]. Più interessante ci sembra riportare i commenti che riportano qualcosa di originale.

Comune a tutti questi commenti è che Dio, nella sua misericordia, è più grande del cuore (e delle condanne). Discordanze vertono sulla questione se il sintagma ἐν τούτῳ rimanda alla proposizione *seguente* (3,19bc, o 3,19c, oppure 3,20bc), *precedente* (3,18), oppure ad *ambedue*. Le varie interpretazioni saranno perciò divise secondo la risposta data a questa questione. A partire da questa risposta fondamentale distingueremo anche le spiegazioni del motivo della carità divina, ossia l'oggetto della conoscenza di Dio: si tratta di una carità causata dagli atti d'amore del credente, oppure è fondata sull'opera di salvezza, cioè sulla carità del Figlio?

1.3.4.1 *Ἐν τούτῳ prolettico*

L'Uttendoerfer[156] parte dal presupposto che il segno richiesto non può essere soltanto il frutto di uno sforzo umano, ma deve avere la sua valenza ed efficacia anche davanti a Dio. L'unico segno accettabile sarebbe così quello espresso in 3,19c (calmare il cuore). La condizione in 3,20a è poi seguita dalla sua conseguenza in 3,20bc. Lo stesso soggetto in 3,20 e 3,21 (prima persona singolare) sarebbe un altro indizio (oltre a 3,20bc interpretato positivamente) che non abbiamo a che fare con due parti dell'antitesi, ma con due casi da conseguenze positive.

Dopo l'Uttendoerfer troviamo soltanto pochi autori che connettono ἐν τούτῳ con una proposizione seguente: Bonsirven[157] (con 19b e 19c, quindi ἐν τούτῳ rimanda a due verbi, «conoscere» e «calmare», dei quali il secondo costituisce il segno principale), Gaugler[158] (senza specificare precisamente), Giurisato[159] (con 3,20b, «Dio è più grande»).

Particolarmente originale si rivela Gaugler, ripreso successivamente, almeno parzialmente, anche da altri autori. A differenza della stragrande maggioranza dei sostenitori dell'interpretazione positiva, il Gaugler

[155] Un tale elenco si può trovare in C. C. RICHARDSON, «The Exegesis», 44 n. 72.
[156] F. UTTENDOERFER, «Ein Kennzeichen», 992-999.
[157] J. BONSIRVEN, *Épîtres de Saint Jean*, 174.
[158] E. GAUGLER, *Die Johannesbriefe*, 186.
[159] G. GIURISATO, *Struttura e teologia*, 493.

applica 3,19-20 non solo a coloro che, sostanzialmente, compiono il bene e commettono solo peccati leggeri, ma anche a coloro che interiormente sono morti (quindi del tutto divisi da Dio). Dio vede in noi il bene (nel caso ci troviamo soltanto in peccati veniali), ma anche l'opera di salvezza che in noi compie, quindi sa che anche nei cuori considerati «morti» vi è la possibilità di rinnovamento[160]. Quest'applicazione a coloro che si trovano in «peccati mortali»[161] da una parte sorprende, dall'altra è comprensibile se teniamo conto che ἐν τούτῳ non si riferisce a 3,18: in questo caso non è necessario riconciliare i due contrastanti pensieri della carità umana e delle accuse del cuore. Secondo Gaugler il confronto di Giovanni sarebbe tra il cuore angustiato, che nella sua ristrettezza vede solo l'atto che lo scoraggia e condanna, e Dio che vede l'atto di carità, irrevocato, del suo Figlio. Quest'atto è immensamente più grande del cuore angustiato. E' interessante rilevare che lo stesso Gaugler ammette con spirito di autocritica: «*In modo non così univoco*... viene espresso l'effetto che il cuore spaventato può anche riconoscere che, nella grandezza di Dio, la scomunica causata dalla mancanza di amore è rimossa; così questo cuore viene senza dubbi rinnovato alla carità operosa»[162].

1.3.4.2 *Ἐν τούτῳ analettico*

Connettendo ἐν τούτῳ con 3,18, si suppone l'atteggiamento base della carità in verità, atteggiamento scalfito da peccati veniali (imperfezioni o debolezze). Πείθειν viene tradotto all'unanimità quasi assoluta con «calmare». Soltanto Chaîne[163] vacilla tra «persuadere» (della conoscenza di Dio) o «calmare» (in base all'«essere dalla verità»), mentre Brown[164] si pronuncia per il senso più normale di «convincere» precisando che, siccome si tratta di un convincere il cuore di una verità consolante, allora non è si lontani dal significato «calmare». I commentatori poi propongono quattro diverse esplicitazioni dell'oggetto della «conoscenza divina». Tutti

---

[160] E. GAUGLER, *Die Johannesbriefe*, 189.

[161] La nomenclatura «peccati veniali» o «peccati mortali» oltrepassa il testo giovanneo, però viene usata da alcuni autori. In ogni caso, continuamente riaffiora la questione se le accuse riguardano peccati che affievoliscono il rapporto con Dio, oppure lo «rompono» del tutto. Quindi, per comodità, usiamo questi termini coniati dalla teologia posteriore agli scritti giovannei.

[162] E. GAUGLER, *Die Johannesbriefe*, 190. Da noi evidenziate in italico le prime parole.

[163] J. CHAÎNE, *Première Épître de Saint Jean*, 192-193.

[164] BROWN, 458.

questi autori naturalmente affermano che Dio conosce le nostre mancanze, però divergono nello specificare l'oggetto della rappacificante «conoscenza di Dio». In ogni caso si tratta di una «conoscenza» connessa con la misericordia.

1) *Conoscenza della nostra carità*

Quest'interpretazione, proposta da vari esegeti[165], trova una sua espressione originale in Rebstock. La sua interpretazione viene poi ripresa e modificata da Škrinjar. L'esegesi di Rebstock[166] verte sulla connessione di 1 Gv 3,20bc («Dio è più grande e conosce tutto») con Gv 21,17 («tu conosci tutto»)[167], per poi dedurre che la conoscenza di Dio è piena di misericordia. Il Rebstock avvicina i due passi dicendo che Pietro, già sicuro del perdono[168] (donato durante la prima rivelazione del Risorto) ma ancora incerto dopo la triplice rinnegazione, può calmare il proprio cuore confessando: «Signore, tu conosci tutto». E similmente anche il cristiano può calmare il proprio cuore turbato tramite la certezza che il Signore vede e conosce tutto.

Un altro argomento per connettere i due passi consiste nell'identificazione di Dio (che vede) con Cristo: infatti già nella 1 Gv, e ancor più nell'Apocalisse (il Rebstock presuppone lo stesso autore) Cristo è contemplato come Dio. Dio conosce le nostre debolezze, ma anche la nostra buona volontà e sincerità. Dio è più grande anche nella sua onnipotenza: quindi, come Agnello di Dio (non dimentichiamoci che il Rebstock identifica Dio con Cristo) può togliere i peccati. E oltre a ciò Dio è più grande anche nel suo amore. Riassumendo, la conoscenza di Dio non è solo la conoscenza del giudice, ma, più ancora, quella del buon pastore che conosce le debolezze e i bisogni delle sue pecorelle.

---

[165] Oltre a quelli menzionati più avanti, riportiamo J. BELSER, *Die Briefe*, 91-92; H. WINDISCH – H. PREISKER, *Der erste Johannesbrief*, 125.

[166] B. REBSTOCK, «Gott ist grösser als unser Herz», 323-333.

[167] Tra coloro che si rifanno a Gv 21,17 vi sono P. DE AMBROGGI, *Le tre Epistole di Giovanni*, 253; J. SCHNEIDER, *Der erste Brief des Johannes*, 168; SCHNACKENBURG, 201; BULTMANN, 63; SCHUNACK, 67.

[168] E' interessante che nell'accostamento di 1 Gv 3,20 a Gv 21,17 lo SCHNACKENBURG, 201, vede un punto di contatto un po' diverso: Pietro è conscio del suo peccato. Similmente SCHUNACK, 67.

L'efficacia della carità viene sottolineata anche da Spicq[169]: Dio ha una visione più ampia e larga della nostra, vede anche la nostra carità dimostrata a fatti. Lui solo può riconoscere il valore *espiativo* della carità. In questo senso si può rimandare a 1 Pt 4,8 («L'amore ricopre la moltitudine dei peccati»). Questo riconoscimento del valore espiativo è decisamente un'apporto nuovo nella storia dell'interpretazione.

Dio, però, è più grande soprattutto nel senso veterotestamentario, secondo Sal 103,8-14: la grandezza/trascendenza di Dio è associata alla misericordia. E così, se la carità è associata alla trascendenza divina, ciò significa che Dio ha tutt'altri criteri d'apprezzamento[170]. Il giudizio della nostra coscienza è soltanto parziale, mentre quello di Dio è «completo». Si potrebbe dire che la coscienza non è il giudice finale e competente[171]: solo il Dio trascendente può pronunciare un giudizio infallibile[172]. Inoltre, nella lingua del NT μείζων evocherebbe il cambiamento di categoria, il passaggio a un altro ordine: e in questo senso non si tratta tanto di gerarchia, quanto di trascendenza[173]! Il cuore di Dio è un infinito mare di misericordia per coloro che amano i fratelli in opera e verità.

Il motivo del «mare di misericordia» è ripreso anche dal noto esegeta Schnackenburg[174]: il credente non solo conta sull'onnicomprensiva conoscenza di Dio (che vede anche la carità), ma si getta anche nel mare della comprensione e misericordia divina[175].

---

[169] C. SPICQ, «La justification du charitable», 921-927.

[170] Così anche BULTMANN, 63: per questo motivo le accuse devono cadere nel silenzio di fronte a Dio.

[171] In questo ci avviciniamo alla concezione luterana della coscienza, incapace di giudicare rettamente. E i due giudici sono «moderatamente» messi in opposizione. Ci si appella a 1 Cor 4,4-5 e 8,2-3 dimenticando, però, che in questo modo si introduce il pensiero paolino in quello giovanneo.

[172] C. SPICQ, «La justification du charitable», 921.

[173] C. SPICQ, «La justification du charitable», 923. L'autore riporta come esempi Mt 23,11; Mc 12,33-34; 1 Cor 13,13; Gc 4,6; Ebr 8,6; 12,24. A quest'opinione di Spicq si riallaccia anche STRECKER, 196 n. 18.

[174] SCHNACKENBURG, 201.

[175] SCHNACKENBURG, 203. Nella frase «mare di misericordia» riecheggia il luterano «Dio placato è un mare di consolazione».

2) *Conoscenza della carità e dell'opera di salvezza*

Sulla stessa linea del Rebstock si colloca anche Škrinjar[176], il quale deduce piuttosto dal contesto (e non da un'analisi dettagliata del brano) l'interpretazione «positiva». Lo Škrinjar si rifà al Rebstock proponendo le tre qualità grazie alle quali Dio è più grande: conoscenza (conoscenza del nostro «essere dalla verità»), potenza e carità. Una motivazione per tale interpretazione inclusiva di 3,20b viene desunta dal parallelismo progressivo, presente presumibilmente più volte in 1 Gv (come in 2,20) e nel nostro brano: secondo tale parallelismo 3,20b sarebbe più ampio di 3,20c. Quest'ultimo membro sarebbe soltanto una motivazione della precedente proposizione, non un sinonimo.

Dallo Rebstock lo Škrinjar diverge sostenendo che la conoscenza di Dio non riguarda tanto le nostre debolezze, quanto piuttosto il nostro «essere dalla verità»[177]. Infatti, mentre la coscienza accusa, Dio, al contrario, «conosce» (γινώσκει)[178]. La nostra coscienza non riconosce immediatamente questo «stato di appartenenza alla verità» (ammesso che amiamo), poiché è offuscata dai rimorsi e oppressa dall'angustia. Ciò nonostante, illuminata dalla fede sull'efficacia della carità, la coscienza è incitata alla speranza e fiducia.

Quindi il passo di 1 Gv parla della conoscenza del testimone divino che vede meglio di noi l'efficacia della carità (la carità perfetta cancella addirittura i peccati gravi) e, contemporaneamente, tutta l'economia della salvezza, economia istituita per la remissione dei peccati[179]. E, partecipando a tale conoscenza divina, tramite la carità (indirettamente) veniamo a conoscere che siamo dalla verità. Non si tratta di una conoscenza puramente umana ma, piuttosto, originante dall'unzione dello Spirito (2,20.27). E Paolo confermerebbe questa teologia: «Lo Spirito stesso attesta al nostro spirito che siamo figli di Dio» (Rm 8,16).

---

[176] A. ŠKRINJAR, «Maior est Deus corde nostro», 340-350.

[177] E' interessante che, nonostante lo Škrinjar si ispiri all'interpretazione di Rebstock, senza indugi critica la connessione di 1 Gv 3,20 con Gv 21,17 (p. 153).

[178] Vedi BULTMANN, 63: Dio sa che *fondamentalmente* («im Grunde») noi amiamo (v. 14) e siamo dalla verità (v. 19).

[179] A. ŠKRINJAR, «Maior est Deus corde nostro», 350. Ciò viene ripreso da P. DE AMBROGGI, *Le tre Epistole di Giovanni*, 254.

3) *Conoscenza dell'opera di salvezza*
Un'altro gruppo di esegeti interpreta la conoscenza di Dio come conoscenza dell'opera di salvezza. Sorprende che tali autori non parlino della conoscenza dei nostri atti di carità: ciò sorprende ancor più se si tiene conto che costoro connettono ἐν τούτῳ con il precedente 3,18. Una ragione per tale conscia «dimenticanza» può risiedere nel motivo che si vuole sottolineare l'attività di Dio nell'opera di salvezza, enfatizzando che la salvezza (qui vista concretamente come il perdono) è veramente un dono proveniente da Dio.

Così Wengst[180] sostiene che guardando a noi stessi non possiamo sperimentare nessuna pace, bensì soltanto le accuse. La calma viene acquisita davanti a Dio (v. 19), volgendo lo sguardo a colui che è più grande del nostro cuore e conosce tutto (v. 20). Questa non è una conoscenza delle nostre opere di carità, come se si trattasse di «contare le opere», mettendole sulla bilancia: in tal caso il nostro sguardo non sarebbe rivolto a Dio, ma a noi stessi. Piuttosto è una conoscenza dell'oggettiva opera di salvezza (sulla scia di Gaugler), conoscenza comprendente le nostre mancanze (ma il Wengst tace del fatto che questa è altresì una conoscenza delle nostre opere buone).

Schunack[181] segue Gaugler e Wengst sostenendo che la conoscenza di Dio non riguarda le nostre opere buone, poiché Giovanni non riflette seguendo schemi etici, ma cristologici: Dio vede (conosce) suo Figlio che intercede per noi (2,1). Dio è più grande del nostro cuore poiché la sua parola di carità è più grande della nostra mancanza di amore, sopraffacendola. Anche se alla luce della verità la coscienza diventa più sensibile alle mancanze e rinnegazioni (cfr. Gv 21,17), Dio ci conosce in Gesù, in colui che ama. Davanti a questo Dio ci possiamo calmare.

Nella sua forma più radicale, l'assoluta indipendenza della pacificazione da ogni forma di attività umana viene sostenuta da Pratscher[182], il quale propone un'interpretazione del tutto originale. Costui distingue due punti di vista.

---

[180] WENGST, 158.
[181] SCHUNACK, 67.
[182] W. PRATSCHER, «Gott ist grösser als unser Herz», 278-281.

a) Aspetto teologico-speculativo
Riallacciandosi al teologo di Marburg, Bultmann, che commenta il nostro passo dicendo che la misura di Dio è diversa da quella del cuore dell'uomo[183], Pratscher spinge la sua esegesi ancora più in là. Dio è addirittura più grande della sua stessa norma oggettivizzata e interiorizzata nella carità fraterna. In base a questa norma il credente, colpevole di prevaricazione, sente le accuse della coscienza. Dio, assolutamente libero e sovrano, è addirittura più grande dell'oggettivizzazione della sua volontà e, paradossalmente, di se stesso in un concreto precetto[184]. Ciò non vuol dire che il precetto della carità è senza valore e autorità. Infatti il credente, essere escatologico e mondano contemporaneamente, si trova immerso in questo mondo dove è necessario il comandamento della carità. Dio però si mostra più grande del suo stesso precetto nella coscienza angustiata dalle accuse di «non-carità».

b) Aspetto morale (implicazioni per l'atteggiamento concreto)
Il cristiano è libero da ogni pressione di autocondanna. Questo essere-libero implica una libertà dalla «costrizione» di assicurarsi tramite qualche opera il perdono di Dio. Infatti Giovanni non pone alcuna condizione per ricevere il perdono, né un atto di confessione, né un intervento di un mediatore. Così come «Dio più grande» implica un'indipendenza di Dio dalle sue norme, così il cristiano è libero da tali «pressioni interiori» e ritualizzazioni. Dio viene da sé incontro al cristiano, indipendentemente da qualsiasi attività dell'uomo. Cosicché nel nostro passo avremmo un'espressione insuperabile del carattere di grazia del perdono[185].

---

[183] BULTMANN, 63.

[184] E' discutibile se poter applicare a quest'opinione la critica mossa da G. GIURISATO, *Struttura e teologia*, 494 n. 58: «Il termine di paragone del comparativo "più grande" è "il nostro cuore", non un comandamento di Dio. Non si tratta quindi della superiorità di Dio su un suo comandamento ma sulla nostra coscienza di aver peccato contro il suo comandamento». Da un lato ciò è vero, dall'altro il Pratscher è più sottile, in quanto parla delle norme in quanto oggettivizzate nel cuore e manifestate come «accuse».

[185] W. PRATSCHER, «Gott ist grösser als unser Herz», 279, non è del tutto preciso nell'attribuire ad alcuni autori, come Schnackenburg, Bultmann, Balz, il carattere incondizionato del perdono (per quanto riguarda il passo esaminato): infatti questi esegeti presuppongono un aspetto base di carità operosa, nonostante scalfito da alcune mancanze.

Più «tradizionale» si dimostra Strecker[186]. Nonostante da una parte fa venire in mente l'esegesi di Spicq («più grande» rimanda a una categoria nuova ossia all'ordine della carità), dall'altra evoca Gaugler con l'affermazione che Dio non solo può sopraffare le accuse della coscienza, ma le *ha già sopraffatte*[187] nell'atto d'amore del Figlio, già accaduto nel passato e irrevocato. «Dio più grande» significa che Dio è sopra la coscienza che accusa: egli è pronto a perdonare[188].

4) Conoscenza «psicologica»
Di recente Klauck approfondisce una nuova prospettiva, quella della conoscenza divina come una conoscenza del nostro intimo, cioè delle motivazioni, pressioni, circostanze, della complicata rete dei rapporti sociali[189]. E in virtù di tale conoscenza delle circostanze attenuanti, Dio può giudicare con più misericordia.

1.3.4.3 *Ἐν τούτῳ prolettico e analettico*

Pochissimi sono gli autori, sostenitori dell'interpretazione positiva, che connettono ἐν τούτῳ sia con la proposizione precedente (3,18) che seguente (3,20bc).

Sicuramente spicca l'esegesi di Hauck[190] con l'affermazione base che la pace del cuore proviene sia dalle opere di carità (3,18), sia dallo sguardo di Dio (3,20bc), il quale non vede solo le nostre mancanze (sulle quali ci concentriamo quando sperimentiamo i rimorsi di coscienza), ma anche la presenza della «nuova creatura» («die vorhandene grundsätzliche Erneue-

---

186 STRECKER, 194-197.

187 STRECKER, 196.

188 STRECKER, 197.

189 Un'abbozzo di tale interpretazione è presente già in P. DE AMBROGGI, *Le tre Epistole di Giovanni*, 253: Dio conosce le nostre fragilità, tentazioni, cadute, pentimenti, atti di amore confermati dalla carità effettiva. Comunque più completa e paradigmatica è l'interpretazione di questo stampo fornitaci da KLAUCK, 219: «Er sieht auch die habituelle Grundeinstellung, das grundsätzliche Ja, das der Mensch im Inneren gesprochen hat. Oder um das noch ein Stück weiter voranzutreiben: Gott kennt auch unsere vorbewussten Motivationen und Handlungsimpulse, die uns selbst oft nicht in ihrer ganzen Tragweite zugänglich sind. Er kennt und sieht die Zwänge, die uns von aussen bedrängen. Er allein vermag es, dem komplizierten Geflecht unserer Persönlichkeit im Netz ihrer sozialen Beziehungen wirklich gerecht zu werde. Und darin gründet unsere Hoffnung auf Rechtfertigung und Vergebung».

190 F. HAUCK, *Der erste Brief des Johannes*, 139.

rung»). Così il soggettivo giudizio della coscienza viene relativizzato dall'oggettivo giudizio divino. Questo giudizio oggettivo è «severo» verso gli gnostici, poveri nella carità, mentre è «mite» verso i veri cristiani. Il brano in questione unirebbe, così, le affermazioni sul peccato (1,8) e sulla mancanza di peccato (3,6.9). Sempre secondo Hauck, il nostro passo è «contrappunto» dell'affermazione che il mondo non conosce noi: infatti solo Dio può conoscere «i suoi» nel più profondo del loro intimo.

Molto più recentemente Malatesta[191] presenta una proposta del tutto unica. Smembrando 3,19, propone come segno/criterio di ἐν τούτῳ γνωσόμεθα ὅτι ἐκ τῆς ἀληθείας ἐσμέν il precedente 3,18, mentre come segno/criterio per ἔμπροσθεν αὐτοῦ πείσομεν τὴν καρδίαν ἡμῶν le proposizioni in 3,20bc.

1.3.5 L'interpretazione positiva nel contesto della lettera

Viene spontanea la domanda del rapporto tra i due periodi ipotetici del dittico. Nell'interpretazione negativa avremmo un parallelismo antitetico, mentre in quella positiva un parallelismo sinonimico[192]. Sul rapporto tra il primo e il secondo periodo si può dire anche di più. La conoscenza delle nostre debolezze porta alla remissione dei peccati. Ciò però non deve portare al lassismo, come ci ricorda il secondo periodo, menzionando l'osservanza dei comandamenti[193].

Inquadrando il brano esaminato nel contesto generale della lettera, non manca l'idea di porre in parallelo 3,19-20 con altri due brani riguardanti la remissione dei peccati: 1,9 e 2,1-2. Giovanni passerebbe dal primo livello della confessione del peccato (1,9), al secondo livello della perenne efficacia della morte di Cristo (2,1-2), per finire con il terzo livello (3,19-20): tutta l'opera di riconciliazione scaturisce dall'attività di Dio[194]. La fiducia riguardo il perdono sarebbe così inquadrata (a partire da 1,9, passando a 2,1-2 e 3,20) in un orizzonte sempre più ampio, per culminare nel capitolo 4 con l'affermazione «Dio è amore»[195].

---

[191] E. MALATESTA, *Interiority and Covenant*, 270.

[192] Ambedue le proposizioni sono parallele sinonimicamente, poiché incoraggiano i «figlioli» ad avere confidenza (BROWN, 478).

[193] BROWN, 477.

[194] KLAUCK, 221.

[195] KLAUCK, 221. Siccome quest'autore sostiene decisamente il tenore forensico del brano, concilia la «tesi» (Dio giudice) con «l'antitesi» (Dio è amore) nella «sintesi» che

Nella proposta positiva, «Dio più grande del nostro cuore» costituisce una delle grandi affermazioni di 1 Gv, la buona novella sul Dio della grazia e della carità (3,1; 4,9.16)[196].

1.3.6 Sintesi

Il sintagma ἐν τούτῳ viene connesso, almeno nella stragrande maggioranza dei casi, con la proposizione precedente (3,18)[197]. Però si incontrano eccezioni: alcuni autori connettono con 3,19c, più spesso con 3,20bc. Ancora più raramente ci si imbatte nella duplice connessione con 3,18 e con una proposizione seguente (3,19c o 3,20bc). Il verbo πείσομεν significa pressoché sempre «calmare». Soltanto di rado viene proposta la traduzione «persuadere», senza o con l'accezione di una persuasione consolante.

Grazie all'interpretazione positiva di 3,20bc, è assicurato il nesso tra 3,20 e il precedente 3,19 (cioè il nesso tra l'affermazione «Dio è più grande» e «calmare»).

Per quanto riguarda la misericordia divina, oggetto di 3,20bc, si deve puntualizzare che l'interpretazione positiva ha conosciuto uno sviluppo: mentre Lutero applicava tale misericordia indistintamente ad ogni situazione di peccato, proclamando con forza la remissione concessa dal Dio «più grande nella misericordia», la posizione contemporanea è piuttosto «relativizzante»[198]. Infatti questa misericordia sarebbe applicata, e quindi relativa, a coloro che, in definitiva («im Grunde»), praticano la carità, nonostante commettano peccati («veniali»). A quest'interpretazione e relativizzazione si perviene logicamente deducendo le conseguenze dalla connessione di 3,19 col precedente 3,18. Dio misericordioso sarebbe più grande del cuore angustiato e oppresso. Soltanto eccezionalmente ricorre

---

Dio come giudice non si schiera contro di noi (accettando le accuse), bensì dalla parte del Figlio, intercessore a nostro favore (2,1).

[196] SCHNACKENBURG, 203. Lo Schnackenburg quindi considera il v. 20 come conclusione e vertice del brano, e così non meraviglia che faccia terminare la sezione proprio a questo punto.

[197] Nell'ambito dell'interpretazione positiva vi sono altri notevoli esegeti, non menzionati, che connettono ἐν τούτῳ con 3,18: C. H. DODD, *The Johannine Epistles*, 92; H. BALZ, *Die Johannesbriefe*, 187.

[198] Come precisa SCHNACKENBURG, 204: «Der Vers belegt nicht speziell den lutherischen Fiduzialglauben».

l'affermazione che Dio è più grande del cuore considerato morto (così Gaugler, il quale non connette 3,19a con 3,18, oppure Škrinjar).

La conoscenza di Dio è, quindi, misericordiosa. Più precisamente, dalla conoscenza *scaturisce* la misericordia. Dio conosce le condizioni attenuanti delle nostre colpe, quindi «relativizza» la colpa. Oppure più spesso si sottolinea che Dio conosce non tanto i nostri peccati (diversamente dall'opinione degli esponenti dell'interpretazione negativa), quanto piuttosto la nostra carità («salvifica», considerata come tale implicitamente o anche esplicitamente come in Spicq) o l'opera di salvezza.

Alcuni autori mettono in risalto sia il fattore umano (carità umana), che quello divino (carità di Dio come misericordia). Questi esegeti quindi rilevano due mezzi per calmare il cuore: la carità dell'uomo e la misericordia di Dio.

Un'altro gruppo d'esegeti, invece, tralascia il fattore umano per rimarcare l'opera di salvezza realizzata tramite il Figlio. A volte quest'opera è contemplata piuttosto nel passato (Wengst, Strecker), altre volte piuttosto nel presente (Schunack). In Pratscher si trova la più radicale espressione dell'assoluta gratuità della riconciliazione, avulsa da qualsiasi sforzo umano.

Proprio la carità salvifica (di Dio o dell'uomo, oppure dell'uno e dell'altro) spiega l'atteggiamento positivo (e non negativo) di Dio nei confronti dell'uomo.

1.3.7 Valutazione

Nella storia dell'interpretazione abbiamo visto due interpretazioni antitetiche di 3,19-20: «Dio-giudice» e «Dio misericordioso». Non si deve dimenticare che queste diverse soluzioni esegetiche si contestualizzano in una più ampia visione della rispettiva tradizione teologica.

L'interpretazione luterana, con il suo accento sulla misericordia di Dio e «la cattiva bestia della coscienza», è inquadrata in un'antropologia «radicalmente negativa» dove la creatura umana è vista come del tutto distorta dal peccato[199].

---

[199] B. MONDIN, «Lutero», 370.

Nella visione calviniana, invece, la coscienza gioca un ruolo più positivo, per questo non suscita meraviglia che Calvino metta in rilievo la sua funzione *odegetica*. La giustificazione, poi, non è puramente estrinseca, ma comporta una certa santificazione[200]: quindi anche la coscienza, sotto la luce della grazia, acquista un valore positivo. Inoltre non bisogna trascurare che nella visione calviniana le opere (e l'etica in generale) hanno più rilevanza che nell'opera luterana[201].

Il motivo, poi, di una diffusione della proposta luterana anche in ambito cattolico non ci sembra tanto da inquadrare nelle tendenze ecumeniche contemporanee[202], in quanto l'interpretazione luterana è entrata in campo cattolico già a partire da Bisping (1871), seguito da Belser (1906), Chaîne (1939) e Škrinjar (1940)[203]. Inoltre non bisogna dimenticare che, nonostante le tendenze ecumeniche, molte proposte esegetiche luterane non hanno ricevuto un consenso generale.

Piuttosto preferiamo inquadrare la predilezione dell'interpretazione positiva nell'ambito dell'immagine di Dio: mentre nel medioevo si proponeva l'immagine di Dio-giudice, sottolineando il «dies irae», negli ultimi secoli si suole presentare il volto misericordioso di Dio[204]. Un'altra ragione per la predilezione dell'interpretazione luterana ci pare anche la semplice ragione che questa è oggigiorno diventata «traditio» nel campo esegetico, per così dire «tendenza nella moda». Come abbiamo visto nella storia dell'esegesi, ogni tipo interpretativo ha avuto «la sua epoca» nella quale è andato di voga: per l'interpretazione «Dio onnisciente» si va da Agostino al medioevo, per quella negativa dal medioevo agli inizi del XX secolo, mentre per quella positiva da Lutero al XX secolo, quando ha preso il sopravvento. Inoltre non possiamo omettere l'osservazione che l'interpre-

---

200 B. MONDIN, «Calvino», 163.

201 B. MONDIN, «Calvino», 164.

202 Come sostiene C. C. RICHARDSON, «The Exegesis», 31.

203 C. C. RICHARDSON, «The Exegesis», 43 n. 62.

204 E' interessante notare che KLAUCK, 221, osservando giustamente che anche la comprensione contemporanea può essere «condizionata» dalla nostra situazione esistenziale, rileva che il pericolo nel quale può incorrere l'interpretazione contemporanea è quella di proporre l'immagine del cristiano ideale come turbato e afflitto nella coscienza. Questo pericolo non ci sembra tanto incorrere ai nostri giorni, quanto piuttosto nel passato, sotto la pressione di un giuridismo e moralismo esasperato!

tazione «positiva», non di rado con un taglio «psicologico» (Dio vede le nostre fragilità, circostanze, motivazioni), va di pari passo con l'odierna accentuazione della conoscenza psicologica dell'uomo, conoscenza che ci aiuta a giudicare adeguatamente le decisioni morali.

L'interpretazione positiva, nella sua forma più radicale proposta da Lutero, scinde il giudizio della coscienza da quello di Dio, mettendo in opposizione la coscienza umana («cattiva bestia») al giudizio di Dio. Sempre parlando dell'originale interpretazione luterana, non ci si libera dal sospetto che il riformatore abbia proiettato nel testo (e nell'interpretazione) dei problemi personali[205]. E questo sospetto viene ancor più corroborato dalla menzione del sacerdote che non celebra la messa da due anni oppure del religioso che ha abbandonato il monastero. Questa nostra costatazione, di per sé, non è però un'argomento contro la validità dell'interpretazione[206].

Per la «classica» proposta luterana (che mette in opposizione il nostro giudizio a quello di Dio), così come per il tentativo di connettere ἐν τούτῳ con ciò che segue, vale quello che ha scritto Dodd:

> Lo scrittore, avendo esposto che si può essere certi di appartenere alla verità, indietreggia per non destare l'impressione di attribuire l'infallibilità a ogni giudizio umano. Noi possiamo essere certi di ciò solo in quel senso nel quale siamo certi di Dio. Ma se questo ne è il significato, allora si è espresso in maniera oscura e la transizione del pensiero è estremamente brusca[207].

Per gli autori che connettono ἐν τούτῳ col precedente 3,18 nascono altre difficoltà:

1) In questo caso avremmo due «modi» per ottenere la pace interiore (come coerentemente asserisce Lutero): la carità effettiva (alla quale rimanda ἐν τούτῳ e, di conseguenza, γνωσόμεθα) e «Dio misericordioso»

---

[205] KLAUCK, 220.

[206] Addirittura KLAUCK, 220, formula un'assioma che ci sembra applicabile, in generale, al processo di una retta comprensione dei testi biblici: «Vielleicht bedarf es solcher Extremsituationen, um dem kongenialen Verstehen eines problemgeladenen Textes der Schrift zum Durchbruch zu verhelfen». Più prudentemente osiamo riformulare queste osservazioni dicendo che il testo biblico può essere compreso più facilmente da colui che vive in una correlativa situazione esistenziale. In altre parole, la comprensione è condizionata dalla situazione vitale del lettore («Sitz im Leben» del lettore).

[207] C. H. DODD, *The Johannine Epistles*, 90.

(al quale ci si affida)[208]. La pacificazione (πείσομεν), quindi, da una parte è basata su 3,18, dall'altra (contemporaneamente) su 3,20bc. Già questa osservazione ci porta a una certa perplessità: che Giovanni si fosse espresso in maniera così strana? O piuttosto, non è che sia strana l'interpretazione proposta?

Per non cadere in questa trappola, alcuni autori (Pratscher, Klauck) si aiutano disgiungendo i verbi γνωσόμεθα e πείσομεν: neanche questa soluzione, però, ci pare soddisfacente[209].

2) Continuando con le nostre obiezioni, perché l'autore in 3,21 avrebbe messo le basi (o condizioni) per la fiducia verso Dio, se in realtà la fiducia in Dio non è affatto condizionata, almeno secondo 3,20bc nella prospettiva positiva[210]? Perché l'autore espone il suo insegnamento tramite due protasi opposte (come concordano tutti i commentatori) che rimarcano il contrasto tra i due casi descritti? La posizione positiva cancellerebbe la differenza tra queste due situazioni opposte (anche se non del tutto opposte, poiché è comune *l'atteggiamento fondamentale positivo* di carità, espresso in 3,18 e 3,22cd), come risulta chiaramente dalla seguente esplicitazione:

Se il cuore ci accusa (poiché non osserviamo i comandamenti),
allora abbiamo fiducia verso Dio che è più grande e conosce tutto.
Se il cuore non ci accusa, poiché osserviamo i comandamenti,
allora abbiamo fiducia verso Dio.

Questa esplicitazione ci aiuta a comprendere che, sostenendo la posizione positiva, attribuiamo all'autore un pensiero caotico (e quasi a-teologico!).

Alcuni autori, per essere coerenti con l'interpretazione adottata, sostengono che anche 3,21-22ab è frutto della carità di Dio (così come 3,20)[211]: infatti non sarebbe coerente considerare la pacificazione incondizionata, mentre la fiducia (nella preghiera) condizionata dai comandamenti! Questa giustificazione, però, non rispetta il tenore del testo che propone come

---

[208] Così espressamente Lutero, Smalley. Comunque la maggioranza degli esponenti dell'interpretazione positiva condivide quest'osservazione, anche se solo tacitamente.

[209] Vedi p. 205-207.

[210] Cfr. K. GRAYSTON, *The Johannine Epistles*, 115-116. Quest'obiezione non riguarda l'interpretazione di coloro che considerano la carità umana come salvifica (Spicq). Gli altri autori, anche se hanno davanti agli occhi un credente che *sostanzialmente* pratica la carità, non fanno dipendere la misericordia di Dio dalla carità umana.

[211] WENGST, 160; SCHUNACK, 68.

motivazione dell'esaudimento proprio l'osservanza dei comandamenti, e non la carità di Dio[212].

3) Per di più, non si capisce perché Giovanni abbia espresso in maniera così apocopata «la misericordia operativa di Dio». Ci si domanda perché l'autore si sia affidato a un'affermazione così «criptata» e oscura, dato che si tratta di un argomento così basilare che, quindi, necessita di un'esposizione chiara.

Ma anche ammettendo che si parla del Dio più grande nella misericordia, come ne può scaturire l'idea della «remissione del nostro peccato»? Non sarebbe un salto acrobatico passare dall'affermazione «Dio è più grande e conosce tutto» all'idea della fiducia nella misericordia di Dio, nel suo perdono? Perché Giovanni non ha espresso più esplicitamente l'abbandono a Dio? Perché ha usato l'espressione enigmatica «Dio è più grande e conosce tutto» che in sé non racchiude per niente l'idea dell'affidarsi a Dio? Ironicamente si può aggiungere che già lo stesso Lutero, «autore» dell'interpretazione positiva, aveva osservato con un certo sconcerto che Giovanni non dice «Dio può tutto», ma «Dio conosce tutto»[213]!

L'oscurità del testo «costringe» gli esegeti a interpretare Giovanni tramite Paolo, utilizzando la chiave di lettura della *sola fide* nella misericordia di Dio, pensiero così prettamente paolino (non a caso proprio Lutero è alle origini di questo tipo interpretativo, affascinato dalla «fede paolina»). Ma una tale eisegesi si rivela come una forzatura del brano che non suggerisce nulla riguardo la fede o la «grandezza di Dio nella carità».

4) Dato che il brano sembra «lacunoso», poco esplicito per giustificare un'interpretazione positiva (in quanto vi manca la menzione della misericordia di Dio), ci si dovrebbe aiutare con l'argomentazione di Škrinjar, secondo il quale la proposizione 3,20c dà una motivazione del precedente 3,20b, senza che ne esaurisca tutta la portata[214]. Facendo questo passo, però, lo Škrinjar pecca in metodologia. Infatti i vocaboli e le proposizioni acquistano il loro significato specifico nel dato contesto, a iniziare, naturalmente, dal contesto prossimo ossia (nel nostro caso) proprio dalla frase seguente, come ammette lo stesso autore (e con lui praticamente tutti

[212] Vedi p. 265-268.
[213] M. LUTHER, *Vorlesung*, 717.
[214] A. ŠKRINJAR, «Maior est Deus corde nostro», 349.

i commentatori). Inoltre, i passi da lui riportati[215] (come esempi di parallelismo progressivo in 1 Gv) non sono argomenti così «schiaccianti» e probanti.

5) L'argomento di Spicq, secondo il quale nell'AT il concetto «Dio più grande» è connesso con «la grandezza nella misericordia», deve essere ritenuto eclettico e parzialmente vero: nello stesso AT la grandezza di Dio si rivela anche nel giudizio (Dt 29,23-27; Ne 1,5.8; 9,32-33; Ger 10,10). Oltre a ciò lo Spicq non ci appare coerente nell'argomentazione: da una parte ripone la «giustificazione» nelle opere di carità[216], dall'altra afferma che la pace interiore dei credenti poggia sulla magnanimità del Padre, secondo il principio essenziale del NT che la giustizia è una grazia, un dono divino, e non l'osservazione di una legge o dell'opera dell'uomo[217].

6) Un'altra radicalizzazione della proposta positiva si è riscontrata in Pratscher. Quest'autore assolutizza l'attività di Dio a tal punto che ogni apporto umano risulta vano. Interpretando così, il Pratscher non tiene in mente altri passi giovannei che parlano chiaramente dell'attività umana presente nell'opera di purificazione (1,9; 2,1; 5,16-17). Se il Pratscher avesse posto 3,19-20 nel contesto della lettera, non assolutizzando il passo esaminato, allora difficilmente avrebbe messo da parte le «ritualizzazioni» e l'apporto del credente. Con «ritualizzazione» l'autore intende probabilmente il sacramento della riconciliazione che, però, se rettamente compreso, non è in contrasto con la teologia giovannea: il perdono ricevuto nel sacramento è un dono di Dio che ama per primo.

---

[215] A. ŠKRINJAR, «Maior est Deus corde nostro», 349 n. 2.

[216] Non è pertinente rimandare a 1 Pt 4,8 («La carità copre la moltitudine dei peccati»), come fa C. SPICQ, «La justification du charitable», 925 n. 1. Infatti nel contesto del passo citato si parla dei rapporti interpersonali. Lo Spicq, poi, sostiene che i rabbini stessi mettevano sulla bilancia le opere buone accanto a quelle cattive: al giorno del giudizio sarebbe bastata una sola opera buona per far cadere la bilancia dalla parte favorevole. Al giudizio, addirittura, le opere buone (e la conversione) avrebbero svolto il ruolo del paraclito, dell'avvocato (vedi gli esempi tratti dal rabbinismo in C. SPICQ, «La justification du charitable», 920.921). La prospettiva giovannea è però un po' differente: le opere di carità non fanno da contrappeso alle opere cattive, ma sono un segno che siamo passati dalla morte alla vita (1 Gv 3,14). Per l'importanza della testimonianza della carità nel rabbinismo, vedi C. SPICQ, *Agapè*, 153-163; D. DAUBE, *The New Testament and Rabbinic Judaism*, 127-130.

[217] C. SPICQ, «La justification du charitable», 925.

7) Un'altro argomento a favore della proposta positiva è la connessione di 1 Gv 3,20 con Gv 21,17. Questa connessione viene criticata, senza indugi, dallo Škrinjar[218]. L'obiezione più seria è che Pietro non si trova in una situazione di peccato, ma di carità: la conoscenza di Cristo non è un «condono», ma ratificazione della carità confessata da Pietro.

Un'altro passo talvolta menzionato dagli interpreti di questa linea è Gv 2,24 (αὐτὸς δὲ Ἰησοῦς οὐκ ἐπίστευεν αὐτὸν αὐτοῖς διὰ τὸ αὐτὸν γινώσκειν πάντας). Versetto oscuro, che comunque ci mette piuttosto sulla pista di un «Gesù giovanneo» che, conoscendo tutti, reagisce negativamente.

Il passo paolino 1 Cor 4,4 non può essere usato per supportare l'interpretazione positiva, poiché lì la coscienza è relativizzata «in suo sfavore»: se non è conscia di nulla, per questo non è ancora giustificata.

Neanche la connessione di 1 Gv 3,20 con Gb 10,4 («hai tu occhi di carne od osservi come fanno gli uomini?») è convincente, poiché Giobbe è convinto della propria innocenza[219].

8) L'interpretazione «introspettiva» di tipo negativo (Dio conosce anche i nostri peccati nascosti), oppure positivo (Dio conosce le circostanze attenuanti: motivazioni, pressioni dell'ambiente circostante) ci sembra riflettere una psicologizzazione tipica per la nostra epoca, ma alquanto estranea al pensiero dell'autore.

9) Se da un lato concordiamo con l'asserzione che l'interpretazione più confacente è quella che rientra nel contesto generale della lettera (come sostengono alcuni esponenti della proposta positiva), dall'altro lato non ci sembra del tutto ideale decidere in base all'orientamento generale della lettera[220]. Anche se consideriamo tale modo di procedere come una soluzione precaria di fronte ai tanti irrisolvibili problemi presenti nel brano, è metodologicamente più corretto stabilire prima di tutto il significato del brano, per poi inquadrarlo e inserirlo nella prospettiva più ampia. Altrimenti si

---

[218] A. ŠKRINJAR, «Maior est Deus corde nostro», 350. Anche STRECKER, 196, si schiera decisamente contro la connessione del nostro brano con quello del vangelo giovanneo («irreführend»).

[219] Come suggerisce anche F. LÜCKE, *Commentar*, 250.

[220] Questa è la soluzione adottata da BROWN, 460, che giustifica l'interpretazione basandosi anche sull'intenzione dell'autore (consolare, non spaventare con l'idea del giudizio divino). Nonostante sia giusto tener conto della pragmatica del testo, è necessario prima di tutto stabilire il senso, e poi «applicarlo». Altrimenti si incorre nel rischio di introdurre pensieri alieni al brano esaminato.

rischia di compiere un'eisegesi, immettendo in un dato testo delle idee disparate altrove.

1.4 *L'interpretazione dottrinale*

1.4.1 Hans Hinrich Wendt

Questo tipo interpretativo è rappresentato soltanto da pochi esegeti. Il primo a propagarlo fu Wendt[221]. Partendo dalla lezione del codice B, il quale in 3,21 omette il pronome ἡμῶν prima del verbo καταγινώσκῃ, l'esegeta di Jena sostiene che in 3,20, analogicamente, ἡμῶν si potrebbe «togliere» (più esattamente disgiungere) dal verbo, non considerandolo come oggetto, ma come genitivo possessivo del pronome ἡμεῖς, connesso col sostantivo καρδία (Gv 14,1.27; 16,6.22). Il verbo καταγινώσκειν non significa «accusare», ma «giudicare contro», «avere pregiudizi» riguardo la dottrina etica cristiana. L'oggetto (implicito) del verbo non sarebbe quindi ἡμεῖς, ma la dottrina etica. L'enfatizzazione del sostantivo καρδία sottolineerebbe che il giudizio dell'uomo è contrapposto a quello divino. Il senso del brano è che amando in opere e verità riconosciamo di essere dalla verità (dalla vera rivelazione) e di fronte a Dio approfondiamo la nostra convinzione[222], poiché il giudizio del cuore (riguardo la norma etica) non può sussistere di fronte al giudizio del Dio onnisciente.

Che cosa riguarda il giudizio del cuore? Dando uno sguardo globale alla lettera, si può facilmente rintracciare che tale giudizio concerne la norma della carità fraterna. L'autore si metterebbe quindi in polemica con gli «innovatori» della comunità che si appellavano al giudizio della propria coscienza, centro degli impulsi, dei giudizi, delle norme. La loro era un'etica autonoma. Tale coscienza autonoma viene opposta a quella cristiana con la sua specifica norma della carità vicendevole. Soltanto successivamente, quando la comunità cristiana non poté più concepire che la coscienza potesse essere opposta al comandamento cristiano della carità, si alterò questo testo, connettendo ἡμῶν col verbo καταγινώσκῃ, inserendo il pronome ἡμῶν in 3,21 prima di μὴ καταγινώσκῃ (codice C), oppure dopo (codice Alessandrino), oppure in ambedue le posizioni (codice Sinaitico).

---

[221] H. H. WENDT, *Zum ersten Johannesbrief*, 61-63.

[222] «Werden Gott gegenüber den eigenen Sinn (der sonst Widerspruch erheben möchte) zur beruhigten Überzeugung davon bringen».

1.4.2 Cyril C. Richardson

Il Richardson[223] mette alla luce l'interpretazione più originale che sia mai stata proposta. Nel suo ampio studio, comprendente anche una dettagliata Auslegungsgeschichte (non sempre da noi condivisa), mette in dubbio le scelte fondamentali operate dagli esegeti. Prima di tutto sostiene che «lo sbaglio fondamentale» fu commesso già dai primi commentatori, Tertulliano e Clemente Alessandrino, i quali considerarono ἡμῶν come oggetto del verbo καταγινώσκειν: invece si tratta del complemento del nome καρδία. Già da quest'operazione interpretativa scaturisce un'importante orientamento: non si tratta, necessariamente, delle accuse *contro di noi*. Per corroborare quest'interpretazione, però, è necessario adottare anche altre scelte. Καρδία sarebbe principalmente (secondo l'ebraico) «la sede della conoscenza». Sempre continuando nella linea «cognitiva», il verbo καταγινώσκειν acquisisce un senso meno forensico, «avere pregiudizi riguardo qualcosa» (riguardo alla verità, che sarebbe quindi l'oggetto del verbo). Come opposto di questo verbo vi sarebbe il «convincere» (della verità, v. 19), oppure il «credere» (v. 23). «L'avere pregiudizi» può essere specificato come avere dubbi su questioni di fede, più precisamente sulla venuta di Cristo nella carne, sulla messianicità di Gesù, sul Figlio incarnato (eresie confutate altrove nella lettera). Tali dubbi vengono sopraffatti riconoscendo che Dio è più grande del nostro cuore e conosce tutta la verità (dottrina). E in base alla verità, pervenutaci come dottrina apostolica, possiamo calmare la nostra mente. Accettando la testimonianza di Giovanni, sottomettendo la nostra conoscenza limitata a quella superiore di Dio, riconosciamo di essere dalla verità (ἐν τούτῳ rimanda a 3,20bc)[224].

Bisogna ammettere, a mo' di completezza, che lo stesso Richardson non era del tutto convinto di questa sua interpretazione e, in seguito, cambiava le sue opinioni[225].

---

[223] C. C. RICHARDSON, «The Exegesis», 31-51.

[224] Analogamente anche Frame: il nocciolo della questione (ossia delle accuse) non riguarda la carità, ma la verità. Inoltre il passo viene riorganizzato nella sequenza 19ab, 20a, 19c e 20b: «In questo sapremo che siamo dalla verità, cioè, se il cuore ha pregiudizi (nei confronti della verità), addirittura anche di fronte a lui (di ciò), poiché Dio è più grande del nostro cuore». Le parentesi ci mostrano che per Frame è necessaria una spiegazione più che una riorganizzazione (BROWN, 454).

[225] BROWN, 484.

1.4.3 Sintesi

Del tutto nuovo è l'approccio fondamentale degli esegeti menzionati: in 3,19-20 il problema non è tanto etico, quanto dottrinale. Sulla via di mezzo si trova Wendt, nel quale sono presenti ambedue gli aspetti.

In base a quest'impostazione «dottrinale», anche i singoli vocaboli hanno le corrispettive accezioni: καταγινώσκειν significa «avere pregiudizi» riguardo la dottrina cristiana (in Wendt dottrina morale, in Richardson dottrina dogmatica), il cuore è sede del giudizio (Wendt – giudizio morale, Richardson – giudizio sulla fede). Ἡμῶν non è pronome personale, oggetto del verbo καταγινώσκειν, ma possessivo, connesso con il sostantivo καρδία.

In breve, secondo Wendt e Richardson, il brano sostiene che possiamo efficacemente calmare (o convincere) il nostro cuore se accettiamo la dottrina cristiana (morale o dogmatica), malgrado le «obiezioni» del cuore. E accettando la dottrina apostolica riconosciamo di essere dalla verità rivelata.

1.4.4 Valutazione

Un grosso sbaglio consiste nell'errata interpretazione di ἀλήθεια: in Giovanni la «verità» non riguarda tanto un concetto o la dottrina cristiana, quanto piuttosto la realtà rivelata di Dio, più esattamente Dio come carità (ciò è palese anche dal contesto prossimo, 18-20).

Discutibile è l'affermazione che καρδία indichi, principalmente, la sede della conoscenza: in realtà, il significato base di questa parola è «l'intimo della persona», con sfumate accentuazioni secondo il contesto[226].

Se il problema discusso in 3,19-20 fosse «come riconoscere che apparteniamo alla verità», allora l'argomento addotto (3,20bc) non sarebbe soddisfacente, poiché non ci dice *come* sappiamo che Dio è più grande[227].

Da giudicare positivamente, invece, l'accentuazione che nei versetti 19-20 sia al centro dell'attenzione la «conoscenza», quindi (semplificando e schematizzando) un problema di «noetica», non etica. Rimane da stabilire, però, quale sia l'oggetto di tale conoscenza.

---

[226] Vedi p. 183-184.

[227] J. M. COURT, «Blessed Assurance?», 513.

1.5 *L'interpretazione «persuadere alla solidarietà»*

1.5.1 Edwyn Hoskyns e John M. Court

Hoskyns[228] riporta una nuova ed originale interpretazione connettendo il nostro passo con Dt 15,9 (preso nel suo contesto immediato 15,7.8) dove si invita a dare generosamente al fratello bisognoso, vincendo il pensiero cattivo (sia in 19 che 20 καρδία è sede degli impulsi) di non prestare aiuto (καταγινώσκειν come «pensare contro», o «giudicare contro»), in vista dell'imminente settimo anno di condono. Similmente, Giovanni inviterebbe a «persuadere» il cuore (alla presenza di Dio) a compiere il gesto di aiuto con disponibilità. La motivazione per tale solidarietà è che a Dio non può sfuggire nessun moto del cuore.

Court[229], riallacciandosi esplicitamente alla proposta di Hoskyns, precisa che la connessione con Dt 15,7.9 è ancor più corroborata dalla ricorrenza del sostantivo καρδία in ambedue i brani. A differenza di Hoskyns, Court sostiene che καταγινώσκειν significa «condannare».

1.5.2 Valutazione

La più seria obiezione contro questa proposta è che vi sarebbe una duplice esortazione alla carità: prima di tutto nel versetto 3,18 (al quale rimanda ἐν τούτῳ) e, subito dopo, in 3,19c (πείσομεν). Ma, se le cose stanno così, in 3,19c si ritorna di un passo indietro nel flusso del pensiero! Difatti, se ἐν τούτῳ (sostituendo 3,18) costituisce il primo passo nella logica del pensiero (la carità effettiva) e 3,19b rappresenta il secondo passo, poiché esplicita il *frutto* della carità (conoscere di «essere-da-Dio»), 3,19c costituirebbe un ritorno al primo passo (già «posto» e «pre-supposto» nello sviluppo del pensiero), menzionando nuovamente la *persuasione* (ossia *esortazione*) alla carità. E ciò ci sembra alquanto improbabile e illogico. Se Giovanni avesse voluto esprimere il «persuadere» alle opere di carità, allora più logicamente avrebbe messo prima il verbo πείθειν, e solo dopo ἐν τούτῳ γνωσόμεθα! Se Giovanni avesse voluto persuadere alla carità, perché non l'ha espresso chiaramente, aggiungendo l'oggetto a

---

[228] E. HOSKYNS, *The First Epistle of St. John*, 666.
[229] J. M. COURT, «Blessed Assurance?», 508-517.

πείσομεν? Inoltre ci si dimentica che nel nostro contesto Giovanni è interessato piuttosto alla carità concreta e visibile, non tanto alla carità «nel cuore»: quindi sorprenderebbe se si parlasse di un'esortazione del cuore. Per dirla alla breve, nel brano non si tratta tanto dell'intenzione («del cuore»), quanto delle opere.

Un'argomento contro l'interpretazione di καταγινώσκειν come «obiettare, negare»[230] è offerto da 3,21, dove si evidenzia che il verbo non riguarda soltanto «un pensiero, impulso contro la carità» (il che, di per sé, non costituisce un ostacolo per accedere con fiducia a Dio). L'ostacolo alla παρρησία (v. 21) non è tanto «l'impulso o pensiero», ma «l'atto di volontà, la decisione». Nel caso, poi, che Hoskyns concepisca καταγινώσκειν come «decidere contro qualcosa», allora si può facilmente obiettare che il verbo non è affatto adatto per esprimere ciò (più espliciti sarebbero stati ἀθετεῖν, παραιτεῖσθαι, ἀποθεῖσθαι).

Un'altra difficoltà consiste nel fatto di aiutarsi col passo di Dt 15,7-9. Questo modo di procedere richiama l'eisegesi: perché immettere nel nostro brano l'idea «dell'impulso contro la carità»? Se si volesse mettere *legittimamente* in parallelo 1 Gv 3,18-22 con Dt 15,7-9, si dovrebbe stabilire prima di tutto il significato del nostro passo (indipendentemente dal brano veterotestamentario), per poi mostrarne, successivamente, le varie analogie. Voler privilegiare il secondo passo a scapito del primo non è metodologicamente corretto.

2. Interpretazione

All'inizio di questa parte dedicata all'interpretazione vogliamo proporre una carrellata di affermazioni di autorevoli esegeti su 3,19-20 per disporci meglio ad assaggiare questi versetti e le difficoltà che cercheremo di dissolvere.

«Questa breve sezione (3,19-24) contiene una serie di affermazioni connesse liberamente, espresse in forma breve e maldestra, come se l'autore avesse fatto delle note che non avrebbe avuto il tempo di rielaborare... I versetti 19-20 sono oscuri e costituiscono una notorica *crux*

[230] Così Hoskyns (Court interpreta nel senso di «condannare»). E. GAUGLER, *Die Johannesbriefe*, 187, si esprime espressamente contro tale opinione, sostenendo che il verbo καταγινώσκειν è forte e significa «condannare» (in un'autocondanna, autogiudizio), non solo «negare» (un aiuto al bisognoso). Inoltre quest'accusa non riguarderebbe soltanto un pensiero avaro.

intepretum» (Dodd). «Ambedue i versetti 19 e 20 appartengono ai più difficili dell'intera lettera» (Gaugler), «la struttura dei versetti è indecifrabile» (Balz). L'interpretazione costituisce «una questione disputata del tutto irrisolvibile» (Weiss), trattandosi di un periodo «confuso e incomprensibile» (Loisy).

Brown sostiene che i problemi da risolvere sono addirittura «complicati in modo irritante»[231]. E lo stesso commentatore continua: «Noi abbiamo già visto che l'autore della lettera è singolarmente incapace di costruire frasi chiare, ma in questi versi egli è al suo livello più basso. La maggior parte dei commentatori chiama benevolmente il passo una *crux interpretum*... A dir poco, esso fa concorrenza al prologo per il premio in oscurità grammaticale»[232].

Si tratta di questioni a tal punto ostiche, che alcuni esegeti hanno ipotizzato che il testo sia stato corrotto: «La spiegazione non è sicura ed è discussa e difficilmente si può evitare di supporre che il testo sia corrotto» (Bultmann)[233]. A riguardo si deve notare che le varie lectiones di alcuni manoscritti tardivi dimostrano che le difficoltà da noi riscontrate erano presenti già nei tempi passati, dando occasione a tentativi di miglioramento del testo. Non è però necessario ricorrere a tali miglioramenti, poiché il testo è comprensibile anche così come ci è disponibile[234].

Invece di «migliorare» il testo, si è tentato anche di ricostruirne una sua Vorlage. Neanche ciò ha incontrato successo, nonostante alcune voci disparate[235].

---

[231] BROWN, 459.

[232] BROWN, 453.

[233] Bultmann ipotizza che prima di πείσομεν sia stata omessa la particella negativa οὐ (ciò è ritenuto possibile anche da H. WINDISCH – H. PREISKER, *Der erste Johannesbrief*, 125). In questo caso la protasi negativa di 3,20a avrebbe un'apodosi negativa, 3,19c (R. BULTMANN, «πείθω κτλ.», 1358). Più tardi lo stesso Bultmann fa una proposta differente, e cioè che si debba aggiungere un οἴδαμεν prima di ὅτι in 3,20 (BULTMANN, 62-63). H. BALZ, *Die Johannesbriefe*, 186, ritiene che non sia necessario ricorrere a questo espediente.

[234] WENGST, 157.

[235] Ἔμπροσθεν αὐτοῦ πείσομεν τὴν καρδίαν ἡμῶν, ἐὰν καταγινώσκῃ ἡμῶν ἡ καρδία (R. BULTMANN, *Analyse des ersten Johannesbriefes*, 150-151). Questa ricostruzione, giudicata positivamente nella recensione di H. W. BEYER, «Festgabe für Adolf Jülicher», 612-613, è stata criticata espressamente da SCHNACKENBURG, 203 n. 3, e, successivamente, riconosciuta come problematica dallo stesso BULTMANN, 63 n. 1. H. WINDISCH – H. PREISKER, *Der erste Johannesbrief*, 169, considera i seguenti termini (o sintagmi) come parte della fonte di carattere escatologico: ἔμπροσθεν αὐτοῦ, πείθειν

Queste brevi annotazioni ci liberano dalla tentazione di «correggere» il testo, inducendoci a lavorare con la versione pervenutaci. I versetti 19 e 20 sono così strettamente legati tra loro che devono essere trattati insieme, come è del resto opinione univoca presso i commentatori moderni. Non convince la proposta di dividere 19b da 19c, giustificando la cesura con l'osservazione che il tema di 3,19c-20 è l'accusa, a differenza del contesto precedente[236]. In realtà, come vedremo più avanti, 3,19c è, dal punto di vista dello sviluppo del pensiero, strettamente legato a 3,18ab[237].

2.1 *Interpretazione di 3,19a*

2.1.1 Il sintagma ἐν τούτῳ

'Εν τούτῳ contiene la preposizione ἐν strumentale col senso di «per mezzo di»[238]. Questo sintagma è un idioma giovanneo che ricorre molto spesso, 5 volte nel vangelo (4,37; 9,30; 13,35; 15,8; 16,30) e 12 volte in 1 Gv (2,3.5; 3,10.16.19.24; 4,2.9.10.13.17; 5,2)[239]. Di uguale significato è l'espressione ἐκ τούτου, presente solo una volta in 1 Gv (4,6).

La costruzione ἐν τούτῳ (in questo) + γινώσκειν, introduce il periodo dimostrativo che stabilisce un nesso tra una *realtà interiore* e il suo *segno* o *criterio* di riconoscimento (spesso troviamo l'identica espressione di 3,19a, ἐν τούτῳ γινώσκομεν[240]). La realtà interiore è inequivocabilmente espressa in 19b (ἐκ τῆς ἀληθείας ἐσμέν).

Più problematica è l'identificazione del *segno*. Anche se l'intento pedagogico di ἐν τούτῳ è di specificare chiaramente in che cosa consiste

---

τὴν καρδίαν, καταγινώσκειν, παρρησία. L'ultimo termine, παρρησία, sarebbe stato spostato dal contesto originale del giudizio in un contesto parenetico sulla fiducia nella preghiera (*Ibid.*, 169). Per una ricostruzione della Vorlage del nostro brano, vedi soprattutto W. NAUCK, *Die Tradition*, 78-83.

[236] W. PRATSCHER, «Gott ist grösser als unser Herz», 277.

[237] Vedi p. 205-206.218-219.

[238] BDF § 219.

[239] Riportiamo soltanto le ricorrenze di ἐν τούτῳ come idioma. Nel senso proprio, «in questo» (individuo, tale), ricorre anche in 2,4-5.

[240] Vedi 2,3; 3,16.24; 4,13; 5,2. Il Giurisato classifica questa locuzione come prolettica, ciò però dipende dalla sua determinata scelta esegetica (G. GIURISATO, *Struttura e teologia*, 486).

«questo» segno, ciò molto spesso fallisce clamorosamente: infatti non c'è un punto più discusso in 1 Gv della questione se «questo» si riferisce a ciò che precede o segue[241]. Nella maggior parte dei casi (quindi *non sempre*) il segno viene esposto nella seguente proposizione che può essere *preposizionale* oppure *subordinata*. Come frase preposizionale possiamo menzionare soltanto quella introdotta da ἐκ in 1 Gv 3,24. Le proposizioni subordinate sono introdotte dalla congiunzione:

1) ἐάν (Gv 13,35; 1 Gv 2,3);
2) ἵνα (Gv 15,8);
3) ὅταν (1 Gv 5,2);
4) ὅτι (Gv 9,30; 1 Gv 3,16; 4,9.10.13).

Come già ribadito, non è regola generale che ἐν τούτῳ si riferisca senza eccezioni a ciò che segue[242]. Alcune volte il sintagma è seguito da una proposizione principale (1 Gv 3,10 e 4,2), oppure da proposizioni subordinate che *non rimandano* al sintagma (come in 1 Gv 4,17). In quel caso si deve cercare il segno in base ad altri criteri[243]. Comunque rimane certo che il sintagma si riferisce sempre a una proposizione seguente nel caso che questa venga introdotta da ὅτι[244]. Proprio questa regola ci induce a chiederci se nel nostro caso il segno non sia presente in 20a o 20bc (in 19b la proposizione ὅτι dipende dal verbo precedente γνωσόμεθα). Questa ipotesi, però, non è senza problemi, poiché è perfettamente possibile che 20a o 20bc (o ambedue) dipendano dal verbo πείθειν. Inoltre la proposizione in 20a è certamente da eliminare poiché contiene la protasi del periodo ipotetico. Per le proposizioni in 20bc la possibilità rimane aperta.

Siccome non ci possiamo aiutare con la regola che il segno è espresso nella seguente proposizione ὅτι, non resta che prendere in considerazione altri criteri. Gli esegeti non sono del tutto unanimi nella scelta di tali criteri, per questo vi sono tre diverse spiegazioni principali: il sintagma ἐν τούτῳ può essere prolettico, riferendosi a ciò che segue (3,19c, oppure 3,20bc), analettico, riferendosi a ciò che precede (3,18, oppure 3,10-18, oppure 3,14), oppure contemporaneamente analettico (3,18) e prolettico (3,20bc). Un'opinione singolare sostiene che Giovanni ha dimenticato di

---

[241] BROWN, 248.
[242] BROWN, 249.
[243] BROWN, 249.
[244] BROWN, 454.

specificare il segno, cioè a che cosa si riferisca ἐν τούτῳ[245]. Viene spontaneo che quest'opinione nasca piuttosto dall'incomprensione del testo, anche se non si vuole ammetterlo.

2.1.1.1 *Ἐν τούτῳ prolettico*

Hugo de Sancto Caro è il più antico autore che menzioni la possibilità che il sintagma ἐν τούτῳ rimandi alla proposizione in 19c (καὶ ἔμπροσθεν αὐτοῦ πείσομεν τὴν καρδίαν ἡμῶν): riconosciamo di essere dalla verità quando persuadiamo il proprio cuore a pensare a cose degne di Dio[246]. Lo stesso Hugo, però, riporta anche la possibilità di intendere ἐν τούτῳ come analettico.

La connessione di ἐν τούτῳ con ciò che segue viene poi difesa dal 1900 in poi, però soltanto da pochi autori. Il primo di questi esegeti è Uttendoerfer il quale identifica il segno in 19c[247].

Come motivi per connettere ἐν τούτῳ con 3,19c riporta:

1) la statistica – ἐν τούτῳ si riferisce soprattutto a ciò che segue (2,3; 3,10.16.24; 4,2.9.10.13.17; 5,2), mentre solo in 2,5 e 4,6 al precedente (vedi anche Gv 16,30)[248];

2) ἐν τούτῳ necessita di un complemento come «in ciò che adempiamo l'esortazione ad amare in opera e verità»: infatti solo uno stato di fatto può essere segno dell'essere-dalla-verità, mentre 3,18 è solo un'esortazione[249].

Anche Bonsirven[250] giustifica la sua scelta con la statistica (ἐν τούτῳ si riferisce più spesso a ciò che segue) sostenendo, però, che il segno è duplice: 19bc (calmare il cuore grazie alla «conoscenza di essere dalla verità») e 20bc (abbandonarsi a Dio che conosce tutto). In 3,19 l'idea della rappacificazione predomina il versetto e ciò, evidentemente, viene realizzato più abbandonandosi a Dio che esercitando la carità fraterna. Il v. 20 è quindi un complemento del v. 19.

---

245 J. E. CARPENTER, *The Johannine Writings*, 469.
246 HUGO DE SANCTO CARO, *Epistola I. Joannis*, 352.
247 F. UTTENDOERFER, «Ein Kennzeichen», 997.
248 F. UTTENDOERFER, «Ein Kennzeichen», 990.
249 F. UTTENDOERFER, «Ein Kennzeichen», 990-991.
250 J. BONSIRVEN, *Épîtres de Saint Jean*, 174.

Gaugler[251] connette con ciò che segue (3,20bc?) rifacendosi a 1 Gv 4,13, dove si trova ἐν τούτῳ γινώσκομεν col doppio ὅτι in un'unico periodo[252]. Inoltre il Gaugler riporta un argomento simile a quello di Bonsirven: come poter ritrovare in noi stessi la certezza di essere dalla verità, se proprio in noi sperimentiamo «incertezze» provocate dai rimorsi di coscienza? Certamente, la carità operosa è un segno dell'appartenenza alla verità, ma nel caso di incertezze interiori abbiamo bisogno di un'altro fondamento per rassicurarci. Fondamento, questo, che non si ritrova in noi stessi.

La connessione di ἐν τούτῳ con 3,19c riaffiora in Richardson[253]: il segno dell'«essere dalla verità» (verità nel senso di vera dottrina) è quello di persuadere il cuore della verità (della vera dottrina). Per giustificare la connessione con ciò che segue, il Richardson si rifà all'argomento che ἐν τούτῳ non si riferisce mai a ciò che precede[254].

Negli ultimi anni Giurisato, proponendo la sovrapposizione di un periodo dimostrativo al periodo ipotetico (protasi 20a, apodosi 20bc)[255], individua questo periodo dimostrativo:

19	a: locuzione introduttiva	[καὶ] ἐν τούτῳ γνωσόμεθα
	bc: realtà interiore	ὅτι ἐκ τῆς ἀληθείας ἐσμέν,
		καὶ ἔμπροσθεν αὐτοῦ πείσομεν τὴν καρδίαν ἡμῶν,
20	bc: segno	ὅτι μείζων ἐστὶν ὁ θεὸς τῆς καρδίας ἡμῶν
		καὶ γινώσκει πάντα

Il segno è quindi contenuto nella proposizione «Dio è più grande (nella misericordia) e conosce tutto»[256].

[251] E. GAUGLER, *Die Johannesbriefe*, 186.

[252] Secondo W. PRATSCHER, «Gott ist grösser als unser Herz», 275 n. 15, non si tratta di un vero parallelo poiché il doppio ὅτι dipende da γινώσκομεν, mentre in 3,19-20 dopo γνωσόμεθα si trova solo un ὅτι con il doppio ὅτι che dipende da πείσομεν.

[253] C. C. RICHARDSON, «The Exegesis», 49-50. Il Richardson ammette che ambedue le possibilità sono ragionevoli, però preferisce la seconda.

[254] C. C. RICHARDSON, «The Exegesis», 45.

[255] G. GIURISATO, *Struttura e teologia*, 485.

[256] G. GIURISATO, *Struttura e teologia*, 493.

Valutazione

1) L'obiezione principale contro tali proposte è che in 1 Gv il segno è riconoscibile dall'esterno (è *visibile* o *audibile*)[257], espresso abitualmente in «termini di azione»[258]. E' vero che in due casi (3,24 e 4,13) il segno di riconoscimento della comunione con Dio è una realtà invisibile (il dono dello Spirito), però questa realtà si riconosce pur sempre da manifestazioni esterne (la retta confessione di Cristo – 4,2)[259]. Ebbene, risulta chiaro che il segno in 19c o 20bc non è espresso in termini di azione, ma per di più non può essere neanche riconosciuto da manifestazioni esterne!

Se un periodo dimostrativo stabilisce un nesso tra una *realtà interiore* e il suo *segno o criterio* di riconoscimento, come poter affermare che μείζων ἐστὶν ὁ θεὸς τῆς καρδίας ἡμῶν καὶ γινώσκει πάντα sia un segno o criterio di riconoscimento[260]? Qual'è il nesso tra «il sapere di essere dalla verità» e «Dio è più grande dei nostri cuori»?

2) Sempre riguardo il presunto segno in 20bc si può aggiungere che non è sufficiente che questo segno indichi indirettamente qualcosa di oggettivo, cioè la remissione dei peccati ossia la misericordia divina espressa con le parole «maior est Deus corde nostro»[261]. Anche se tale criterio è oggettivo «nell'espressione», in pratica rappresenta qualcosa di molto soggettivo, cioè la nostra relazione soggettiva a quest'oggetto. Preso nel suo puro senso oggettivo, questo «segno» potrebbe paradossalmente dimostrare che anche il Maligno è dalla verità, poiché anche per lui vale «che Dio è più grande e conosce tutto»[262].

---

[257] Vedi W. PRATSCHER, «Gott ist grösser als unser Herz», 276.

[258] BROWN, 454, cfr. 2,3 (καὶ ἐν τούτῳ γινώσκομεν ὅτι ἐγνώκαμεν αὐτόν, ἐὰν τὰς ἐντολὰς αὐτοῦ τηρῶμεν) oppure 3,10 (ἐν τούτῳ φανερά ἐστιν τὰ τέκνα τοῦ θεοῦ καὶ τὰ τέκνα τοῦ διαβόλου· πᾶς ὁ μὴ ποιῶν δικαιοσύνην οὐκ ἔστιν ἐκ τοῦ θεοῦ, καὶ ὁ μὴ ἀγαπῶν τὸν ἀδελφὸν αὐτοῦ).

[259] Ciò viene ammesso anche dallo stesso G. GIURISATO, *Struttura e teologia*, 493 n. 54.

[260] «Dann ergäbe sich nicht nur eine kaum verständliche Konstruktion, sondern vor allem ein unmöglicher Sinn» (WENGST, 156). «It would be anomalous to claim that we know we belong to God by means of the contents of either of the two *hoti* clauses that follow 3,19a, namely, that our heart accuses us (20a), or that God is greater than our heart (20b)» (BROWN, 454). Dello stesso parere anche KLAUCK, 215.

[261] Obiezione di A. ŠKRINJAR, «Maior est Deus corde nostro», 344-345.

[262] WENGST, 156.

3) Per finire, la proposizione in 20bc non sembra adatta come segno, in quanto si trova abbastanza lontana dal sintagma in 19a.

4) Si deve dichiarare falso l'argomento riportato da Richardson, secondo il quale ἐν τούτῳ si riferisce sempre a ciò che segue. Il criterio può essere menzionato anche anticipatamente, come in 2,5 (*ὃς δ' ἂν τηρῇ αὐτοῦ τὸν λόγον*, ἀληθῶς ἐν τούτῳ ἡ ἀγάπη τοῦ θεοῦ τετελείωται, ἐν τούτῳ γινώσκομεν ὅτι ἐν αὐτῷ ἐσμεν). Ciò avviene anche con la frase dimostrativa introdotta dal sintagma ἐκ τούτου, simile a ἐν τούτῳ (4,6: Ἡμεῖς ἐκ τοῦ θεοῦ ἐσμεν, ὁ γινώσκων τὸν θεὸν ἀκούει ἡμῶν, ὃς οὐκ ἔστιν ἐκ τοῦ θεοῦ οὐκ ἀκούει ἡμῶν. Ἐκ τούτου γινώσκομεν τὸ πνεῦμα τῆς ἀληθείας καὶ τὸ πνεῦμα τῆς πλάνης.). Uttendoerfer[263] asserisce che ἐν τούτῳ si riferisce normalmente a ciò che segue, mentre nei due casi elencati sopra avremmo un'eccezione, poiché la frase seguente non viene preparata da quella contenente il sintagma pronominale. Ci sembra arbitrario dedurre da ciò la «regola» che il sintagma non si può riferire alla proposizione precedente, tranne il caso che la frase col sintagma non prepari la frase successiva. Il dato certo, ricavabile dai due casi di ἐν τούτῳ (o ἐκ τούτου) analettico, è che il sintagma *si può riferire* alla proposizione precedente. Per poter decidere se ἐν τούτῳ è prolettico o analettico, è determinante il senso dell'intero periodo dimostrativo, non una qualche regola arbitraria.

Un'altra obiezione, riportata sempre dallo stesso autore per confermare la prolletticità di ἐν τούτῳ, verte intorno alla congiunzione καί (prima di ἐν τούτῳ) che sarebbe fastidiosa se il sintagma pronominale si riferisse al versetto precedente, mentre si troverebbe «al suo posto» se riferita alla proposizione seguente (come in 2,3; 3,24c). Purtroppo la costruzione καί + ἐν τούτῳ + γινώσκειν si riscontra solo tre volte in 1 Gv (2,3; 3,19.24), abbastanza raramente per poter ricavare una qualche norma. In ogni caso neanche quest'ipotesi dell'Uttendoerfer regge: la maggior parte dei casi con la costruzione ἐν τούτῳ + γινώσκειν (quindi senza καί) si riferisce proprio alla proposizione seguente (3,16; 4,2; 4,13; 5,2). Da ciò deduciamo che non è necessario aggiungere il καί introduttivo per segnalare che ἐν τούτῳ è prolettico: la prolletticità non dipende dalla congiunzione, bensì dal senso del periodo dimostrativo. Non potendoci aiutare con questi dati *sintattici*, dobbiamo aiutarci col criterio *semantico* che il segno viene

[263] F. UTTENDOERFER, «Ein Kennzeichen», 990.

espresso in «termini di azione», oppure è perlomeno riconoscibile da manifestazioni esterne.

5) Se, come vorrebbe Uttendoerfer, la stessa quiete o fiducia della coscienza è il criterio (o segno) per riconoscere che siamo dalla verità, e così calmare il cuore tramite il perdono, allora è identica la causa e l'effetto: confido poiché (mi sembra che) confido[264]! Tale criterio è molto soggettivo e debole, per non dire che avremmo la classica petitio principii (lo stesso vale per la proposta di Richardson: siamo dalla verità poiché persuadiamo la mente della verità)[265].

2.1.1.2 *Ἐν τούτῳ prolettico e analettico*

Pochi sono gli esegeti che propongono una connessione di ἐν τούτῳ con la proposizione precedente (18) e seguente (20bc): Hauck[266], Malatesta[267] e Court[268].

Valutazione

Ci sembra strano (e sgrammaticato) che ἐν τούτῳ rimandi a due proposizioni contemporaneamente. Inoltre anche per questa soluzione valgono le obiezioni riguardo la proposta che vede il segno in 20bc.

2.1.1.3 *Ἐν τούτῳ analettico*

La connessione di ἐν τούτῳ con la precedente proposizione è corroborata dalla presenza della congiunzione καί, almeno in alcuni manoscritti. La congiunzione, anche se può essere soggetta a varie interpretazioni, di per sé insinua una connessione con la precedente proposizione[269]: connessione certamente più stretta rispetto a un semplice accostamento delle due

---

[264] A. ŠKRINJAR, «Maior est Deus corde nostro», 344.

[265] Anche se non accettabile, riportiamo per curiosità l'argomento di Estius contro una connessione di ἐν τούτῳ con 3,19c: la proposizione in 3,19c suggerisce la motivazione («*quia* seu *quoniam in conspectu eius suadebimus*») come in 3,14 (ἡμεῖς οἴδαμεν ὅτι μεταβεβήκαμεν ἐκ τοῦ θανάτου εἰς τὴν ζωήν, ὅτι ἀγαπῶμεν τοὺς ἀδελφούς). Estius, riallacciandosi esplicitamente a Pseudo-Oecumenius, ritiene più probabile che il sintagma si riferisca a ciò che precede (G. ESTIUS, *Commentariorum*, 455).

[266] F. HAUCK, *Der erste Brief des Johannes*, 139.

[267] E. MALATESTA, *Interiority and Covenant*, 270.

[268] J. M. COURT, «Blessed Assurance?», 515.

[269] BDR § 442.

proposizioni senza la congiunzione. Le incertezze sul καί nella trasmissione del testo ci svelano, però, che già dai primi secoli si serbavano dubbi se la connessione di 3,19 con 3,18 fosse stretta o meno[270]. La presenza di καί, comunque, non dirime la questione sulla prolletticità o analetticità di ἐν τούτῳ.

La maggior parte degli studiosi connette 3,19 con 3,18 e tra questi esegeti vi sono addirittura alcuni di quelli che assegnano 3,18 e 3,19 a due diversi paragrafi (come Dodd).

Vi si riscontra anche la proposta di connettere il sintagma con i versetti precedenti 10-18: in questo caso si eviterebbe la difficoltà di spiegare come mai un comando (3,18) possa essere la base per una conoscenza del proprio «essere cristiani»[271]. Oppure, per finire, si propone di connettere soltanto con 3,16-18[272]. Con la preponderante maggioranza degli esegeti propendiamo per una connessione con 3,18. Non ci sembra necessario sostenere che il segno sia contenuto in un brano più esteso, 3,10-18 o 3,16-18. Infatti, anche in questi due casi il versetto col comando (3,18) è ugualmente incluso. Inoltre non ci si aiuterebbe tanto considerando come segno un brano più ampio: lo stesso brano 3,10-18 (oppure 3,16-18) è piuttosto di contenuto esortativo, come si vede chiaramente in 3,11 e 3,16. Anche se in 3,10-18 c'è un'affermazione all'indicativo («noi amiamo i fratelli», 3,14), il tono prevalente è esortativo, e proprio gli ultimi versetti del brano sono esortativi (3,16-18). Un'altro motivo per ritenere 3,18 come segno è che questo versetto precede direttamente il sintagma ἐν τούτῳ. La connessione col precedente 3,18 viene confermata anche dalla parola gancio ἀλήθεια. Una connessione con ciò che precede è presente anche in 4,6, così come (probabilmente) in 2,5[273].

La difficoltà che 3,18 sia un comando può risolversi facilmente supponendo che il segno «entra in gioco» soltanto se si realizza il comando, cioè se è presente la carità a fatti. Possiamo quindi parlare di un segno implicito nell'esortazione[274], oppure di un segno condizionato dall'adempimento dell'esortazione. L'adempimento del congiuntivo (3,18) ha come conse-

---

[270] Vedi p. 8-9.

[271] SMALLEY, 200.

[272] F. LÜCKE, *Commentar*, 240.

[273] WENGST, 156.

[274] Non è necessario che il segno sia esplicito anche dal punto di vista formale (cfr. W. PRATSCHER, «Gott ist grösser als unser Herz», 275).

guenza la conoscenza (per questo γνωσόμεθα non è al presente, bensì al futuro che esprime la successione).

Allacciando 3,19a con 3,18 si ottiene un'ottima connessione logica: l'indicativo in 3,19 è (indirettamente) motivazione dell'imperativo in 3,18[275]. Questa motivazione non è espressa in modo nitido, ma solo indiretto: più conveniente sarebbe stato invertire i due versetti, con l'indicativo prima dell'imperativo, come è di regola nelle lettere paoline (ad es. Rm 1-11 e 12). In tal caso, però, si sarebbe distrutta l'intera costruzione del periodo in 3,19-20.

La carità effettiva, quindi, è un segno di riconoscimento dell'«essere dalla verità»: questo segno rassicura il credente della sua comunione con Dio, come in 3,14. Anche lì è proprio la carità fraterna il segno «visibile». Tale carità è «un segno classico» in 1 Gv, come si vede da 2,29 e 4,7.16. L'atto esteriore (più esattamente l'atto di carità) mostra la realtà interiore («l'essere dalla verità»)[276]. Questo stile argomentativo è perfettamente consone ad altri passi giovannei che offrono criteri dell'appartenenza a Dio proprio in termini di azione: ascoltare la voce di Dio (Gv 8,47), agire rettamente (1 Gv 3,10), confessare Gesù Cristo (1 Gv 4,2), ascoltare coloro che sono da Dio (1 Gv 4,6)[277].

Il segno in 3,18 non sarebbe un'inutile ripetizione del criterio di riconoscimento esposto già in 3,10[278]? Non era stato già detto che la carità verso il fratello è un segno di riconoscimento dei figli di Dio? Anche se 3,18 fosse una ripetizione di un'idea già esposta, sappiamo che 1 Gv ruota intorno a concetti/idee basilari. Queste idee vengono però approfondite e mostrate da angolature diverse, e ciò vale anche per la nostra frase. Al criterio di 3,10 si aggiunge la nuova idea della carità *in opere e verità*: dalla carità in generale (3,10) si è passati alla sua concretizzazione.

---

[275] W. PRATSCHER, «Gott ist grösser als unser Herz», 275.

[276] Già Estius fa notare che nella lettera il sintagma ἐν τούτῳ viene usato per introdurre un segno o argomento che permette di riconoscere un'altra realtà (G. ESTIUS, *Commentariorum*, 454).

[277] BROWN, 454.

[278] Ἐν τούτῳ φανερά ἐστιν τὰ τέκνα τοῦ θεοῦ καὶ τὰ τέκνα τοῦ διαβόλου· πᾶς ὁ μὴ ποιῶν δικαιοσύνην οὐκ ἔστιν ἐκ τοῦ θεοῦ, καὶ ὁ μὴ ἀγαπῶν τὸν ἀδελφὸν αὐτοῦ.

Il criterio richiesto deve esprimere il motivo che calma non solo «la coscienza in se stessa», ma addirittura la coscienza di fronte a Dio: deve avere la sua validità anche di fronte a Dio[279]. Partendo da quest'osservazione, Uttendoerfer sostiene che se 3,19 rimanda a 3,18, allora inevitabilmente arriviamo alla conclusione che se il cuore ci accusa, allora tanto più Dio: il che è contro l'esperienza e contro il versetto 21, dove si parla delle stesse persone (noi) e della stessa coscienza in un rapporto positivo verso Dio[280]. Quest'obiezione di Uttendoerfer ci appare abbastanza incomprensibile, poiché in 3,21 (così come in 3,20) si parla di *eventualità* o *possibilità*, ossia di stati *temporanei*, non *permanenti* (ossia stati che viviamo stabilmente e ininterrottamente): questi due stati, nonostante lo stesso soggetto, non entrano in gioco contemporaneamente.

Il versetto 3,18 rispecchia in modo ideale le caratteristiche della frase-segno, poiché esprime i criteri di riconoscimento in termini di azione: la carità in opere e verità, e non solo in lingua e parola, è il segno di riconoscimento di coloro che sono dalla verità. Abbiamo in tal modo rintracciato la frase dimostrativa:

19	a: locuzione introduttiva	[καὶ] ἐν τούτῳ γνωσόμεθα
	b: realtà interiore	ὅτι ἐκ τῆς ἀληθείας ἐσμέν
18	ab: segno	(ἐὰν) μὴ ἀγαπῶμεν λόγῳ μηδὲ τῇ γλώσσῃ ἀλλὰ ἐν ἔργῳ καὶ ἀληθείᾳ

In 18a abbiamo aggiunto ad sensum la congiunzione ἐάν, il che non è arbitrario: così come l'originaria forma esortativa, anche la forma ipotetica esprime una possibilità, eventualità proposta ai lettori. Frasi dimostrative con la congiunzione ἐάν le troviamo anche altrove nella prima lettera giovannea, ad es. 2,3 con il criterio menzionato dopo la realtà interiore (καὶ ἐν τούτῳ γινώσκομεν ὅτι ἐγνώκαμεν αὐτόν, *ἐάν* τὰς ἐντολὰς αὐτοῦ τηρῶμεν). Tale congiunzione viene usata in 1 Gv per esprimere un fatto solo supposto (eventuale)[281]. Viene spontanea la domanda perché l'autore non ha formulato 3,18 con la congiunzione ἐάν, per così connetterla meglio con il versetto successivo. In tal modo, però, si sarebbe persa la forza *esortativa* del congiuntivo che molto prettamente conclude l'esposizione sulla vera e falsa carità (3,11-17). Anche se 3,18 non è espresso con una

[279] F. UTTENDOERFER, «Ein Kennzeichen», 992.993.
[280] F. UTTENDOERFER, «Ein Kennzeichen», 992.993.
[281] BDR § 394,4.

congiunzione tipica per la frase contenente il *criterio*[282], il lettore può comprendere che 3,19 rimanda al versetto precedente se tiene conto del *senso* o *contenuto* delle frasi, ossia dello sviluppo del pensiero in 3,18-19.

2.1.2 Il significato di γνωσόμεθα

Il verbo γινώσκειν appare 222 volte nel NT, 25 volte in 1 Gv (57 volte nel vangelo)[283]. Nel NT il significato fondamentale «conoscere» può avere varie sfumature: «comprendere, avvertire, sapere, sperimentare»[284]. In Giovanni γινώσκειν viene messo in parallelo con «credere», «amare Dio», «vedere Dio»[285]. Nonostante alcuni esegeti vogliano porre una netta distinzione nell'uso giovanneo di γινώσκειν e εἰδέναι (Abbott, de la Potterie, Stott, Westcott), con γινώσκειν riservato alla conoscenza empirica o esperienziale mentre εἰδέναι alla conoscenza intuitiva, le eccezioni alla regola sono molte e ci costringono a «relativizzare» questa tesi: Giovanni può sì tendere a usare l'uno o l'altro verbo in quel determinato modo, ma si tratta piuttosto di enfasi e non di chiara differenza[286].

Sui 12 usi di ἐν τούτῳ in 1 Gv, 8 volte il sintagma è seguito dal verbo γινώσκειν. L'espressione ἐν τούτῳ + γινώσκειν si riscontra una sola volta nel vangelo di Giovanni (13,35), mentre nella 1 Gv ben 8 volte (2,3.4; 3,16.19.24; 4,2.13; 5,2). Sempre parlando di quest'espressione, l'oggetto della conoscenza è vario: l'essere discepoli di Gesù (Gv 13,35), la conoscenza di Cristo (1 Gv 2,3), la carità di Dio (1 Gv 3,16), il rimanere «in Lui» (1 Gv 3,24; 4,13), lo Spirito di Dio (4,2), la carità verso i figli di Dio (5,2). E non possiamo dimenticare che il «conoscere» (γινώσκειν, oppure εἰδέναι) è un leit-motiv che percorre tutta la lettera, con ben 44 presenze!

Non ci sono dubbi che γνωσόμεθα è un futuro. Più precisamente il verbo viene classificato come futuro gnomico (Bonsirven[287]) che indica, così come l'aoristo gnomico[288], una situazione tipica. Noi preferiamo classifi-

---

[282] Ad esempio ὅτι oppure ἐάν.

[283] W. SCHMITHALS, «γινώσκω κτλ.», 597.

[284] R. BULTMANN, «γινώσκω κτλ.», 498-499.

[285] W. SCHMITHALS, «γινώσκω κτλ.», 603.

[286] BROWN, 250.

[287] J. BONSIRVEN, *Épîtres de Saint Jean*, 174.

[288] BDF § 333.

care il verbo esaminato come un futuro consecutivo[289], dipendente dalla realizzazione della condizione in 3,18. Se abbiamo potuto giustificare ragionevolmente che il sintagma ἐν τούτῳ rimanda a 3,18, allora facilmente mettiamo in relazione il verbo γνωσόμεθα con il versetto precedente: quando si realizza la premessa in 3,18, allora avviene, come conseguenza logica, l'effetto descritto in 3,19ab (conosciamo di essere dalla verità)[290]. Il futuro esprime molto bene la successione, la conseguenza logica derivante dalla realizzazione di una determinata condizione, nel nostro caso della carità in opere. Dalla carità, quindi, scaturiscono dei frutti[291].

Questo futuro si trova proprio per il motivo che la carità effettiva non è presupposta e data per scontata, ma richiesta[292]: dalla realizzazione della carità dipende la «conoscenza». Così si comprende perché viene usato il futuro, e non il presente come, di regola, nei periodi dimostrativi[293]. Se la carità fosse «presupposta», allora ci potrebbe essere il verbo γινώσκειν al presente (ossia al perfetto), come qualcosa di presenziale e realizzato. Un esempio lapidare di questo tipo sarebbe 3,14: ἡμεῖς οἴδαμεν ὅτι μεταβεβήκαμεν ἐκ τοῦ θανάτου εἰς τὴν ζωήν, ὅτι ἀγαπῶμεν τοὺς ἀδελφούς. Noi «amiamo» (presente), perciò «sappiamo» (in greco perfetto οἴδαμεν con valore di presente). Nel nostro caso invece si ha un imperativo (congiuntivo ἀγαπῶμεν) che, non contrassegnando «una realtà presente» (nella logica dell'argomentazione e del discorso), non può avere il corrispettivo verbo (conseguenza) espresso al tempo presente, ma al futuro: mettendo in pratica la richiesta, si potrà «conoscere». Un esempio parallelo è Gv 13,35: ἐν τούτῳ γνώσονται πάντες ὅτι ἐμοὶ μαθηταί ἐστε, ἐὰν ἀγάπην ἔχητε ἐν ἀλλήλοις. Così come in 3,19, anche qui il verbo γινώσκειν al futuro dipende dalla condizione (ἐὰν ἀγάπην ἔχητε).

---

289 Futuro «logico» secondo SCHNACKENBURG, 201 n. 3. Anche E. MALATESTA, *Interiority and Covenant*, 270, lo concepisce nello stesso senso, però mettendolo in relazione con la misericordia di Dio (Dio più grande nella sua misericordia, 3,20).

290 BROWN, 383, sostiene che in 1 Gv la conoscenza è una realtà che scaturisce dall'intimo. Questo vale per 2,20, ma non per gli altri passi menzionati, dove la conoscenza è «esperienziale» e dipende da una realtà esteriore (2,3.5; 3,16.19.24; 4,2.13;5,2).

291 Come riconosce ultimamente anche SCHNACKENBURG, 201.

292 B. WEISS, *Die drei Briefe*, 103.

293 WENGST, 156.

Fuorviante appare la soluzione, molto originale ed unica, offerta da Malatesta[294]. Costui intende ἐκ τῆς ἀληθείας ἐσμέν (19b) e ἔμπροσθεν αὐτοῦ... καρδίαν ἡμῶν (19c) come l'oggetto composto di γνωσόμεθα[295]. Forse è un po' superfluo elencare argomenti contro tale proposta, però, a mo' di completezza, li riportiamo. Innanzitutto la costruzione di un tale oggetto composto risulta zoppicante: dopo il verbo γνωσόμεθα al futuro troveremmo un verbo al presente, ἐσμέν, per poi ritrovare un altro futuro, πείσομεν. Non sarebbe proprio elegante avere un oggetto composto da un verbo al presente e uno al futuro (due verbi posti sullo stesso piano, in quanto oggetto dello stesso verbo!). Oltre a quest'obiezione se ne può sollevare un'altra: come concepire «conosceremo (sapremo) che calmeremo il cuore» (γνωσόμεθα ὅτι ἔμπροσθεν αὐτοῦ πείσομεν τὴν καρδίαν ἡμῶν)?

Nel nostro versetto l'oggetto della conoscenza è «l'essere dalla verità». Quest'espressione, a prima vista del tutto chiara, ha suscitato varie interpretazioni.

2.2 *Interpretazione di 3,19b*

2.2.1 Le varie possibilità di interpretazione di ὅτι ἐκ τῆς ἀληθείας ἐσμέν

La frase ὅτι ἐκ τῆς ἀληθείας ἐσμέν è classificabile come una proposizione secondaria oggettiva, in altre parole come oggetto del verbo γινώσκειν. Giustamente, quindi, il Cajetanus osserva che nella Vulgata la congiunzione ὅτι si dovrebbe tradurre piuttosto con «quod» che con «quoniam»[296].

La congiunzione ὅτι, presente dopo pronomi dimostrativi, introduce una frase epesegetica che si riferisce a fatti reali[297]. Questa frase epesegetica è formalmente connessa al versetto precedente grazie al sostantivo ἀλήθεια, parola gancio che favorisce la transizione. Rimane da precisare se questa parola ha due significati diversi, oppure identici: qual'è il contenuto di ἀλήθεια?

---

[294] E. MALATESTA, *Interiority and Covenant*, 270.

[295] Contro esplicitamente BULTMANN, 62, e, praticamente (e tacitamente) tutti gli altri interpreti.

[296] T. DE VIO CAJETANUS, *Prima Ioannis*, 446.

[297] BDR § 394,4. Se i fatti sono solo supposti, riscontriamo ἐάν oppure ὅταν.

1) *Sincerità* (verità soggettiva)

Questa proposta è sostenuta da pochi esegeti. Ferus[298] e Bullinger[299] affermano che «essere della verità» significa essere *veramente* figli di Dio[300]. Il Socinus propone due differenti interpretazioni di questo stampo: essere veramente ciò che si confessa di sé (cioè discepoli di Cristo), oppure «moribus et factis ipsis veram et rectam viam sequi». Lo stesso esegeta suggerisce di giustificare ciò partendo dal capitolo quarto dove Giovanni non si riferisce tanto alla vera dottrina, quanto piuttosto alla rettitudine dell'animo che viene opposta all'improbità e depravazione[301].

2) *Vera dottrina* (verità oggettiva-dottrinale)

Il Socinus propone anche una terza interpretazione: verità come vera dottrina. Ciò verrebbe supportato dal capitolo successivo (4,6) dove si menziona lo spirito di errore e lo spirito della verità[302]. Se la dottrina abbracciata fa nascere frutti così rari come l'amore sincero, possiamo riconoscere che tale dottrina è vera e proviene da Dio stesso: dalla dottrina falsa e diabolica, infatti, non possono provenire effetti così magnifici e santi[303]. Giudicando queste possibilità il Socinus afferma che questa interpretazione è meno appropriata (verità della dottrina), mentre le altre due sono più adatte[304]. Comunque non nega che tutte e tre le possibilità possano essere viste contemporaneamente e insieme[305].

Nello stesso periodo anche Hugo Grotius[306] afferma che così come «essere da Dio» significa avere l'indole divina, «essere dalla verità» cioè dal vangelo significa essere conformi al vangelo.

---

[298] «In dem (spricht Joannes) versthe wenn wir einander lieb haben erkennen wir das wir aus der warheit seind das ist das wir nit allein im schein nit allein mit dem namen sonder in der warheit oder warhafftig kinder Gottes seind» (J. FERUS, *Die Erste Epistel*, 122).

[299] H. BULLINGER, *In Epistolam*, 94.

[300] Contro B. WEISS, *Die drei Briefe*, 103 n. 1: nel nostro contesto prossimo non si parla della verità che siamo figli di Dio (a differenza di 3,1).

[301] F. SOCINUS, *Commentarius*, 206.

[302] F. SOCINUS, *Commentarius*, 206. In modo simile I. G. ROSENMÜLLER, *Scholia in Novum Testamentum*, V, 545 («vera religio»).

[303] F. SOCINUS, *Commentarius*, 207.

[304] F. SOCINUS, *Commentarius*, 207.

[305] F. SOCINUS, *Commentarius*, 207.

[306] H. GROTIUS, *Annotationes*, 1091.

Una variazione di quest'interpretazione sostiene che «essere dalla verità» equivale ad «avere la conoscenza della vera fede» (Loisy[307]), specificata come fede in Gesù Cristo (Richardson[308]).

3) *Veracità nelle promesse* (verità oggettiva della promessa)

Estius lancia una spiegazione piuttosto unica che concepisce la verità come la veracità di Dio nelle promesse: in questo caso essere dalla verità significherebbe essere eletti, essere figli della promessa[309].

4) *Verità rivelata* (verità oggettiva-divina)

Le interpretazioni più numerose spiegano ἀλήθεια nel senso di Dio-verità (verità oggettiva-divina)[310]. Dio, infatti, è la prima e somma verità[311]. Quest'interpretazione può avere anche un'altra variazione: la verità sarebbe semplicemente Cristo[312] e, nella misura nella quale si è come lui, si è della verità[313]. Vi è infine la posizione che concilia ambedue le proposte: essere dalla verità vuol dire essere da Dio e da Cristo contemporanea-

---

[307] A. LOISY, *Les Épîtres dites de Jean*, 559.

[308] C. C. RICHARDSON, «The Exegesis», 49.

[309] «Potest etiam per veritatem intellegi veracitas Dei in promissis, quomodo dicit Paulus, Christum ministrum fuisse circumcisionis, propter veritatem Dei, ad confirmandas promissiones patrum (Rom 15). Juxta quam interpretationem *ex veritate sunt*, qui, quemadmodum in eadem epistola cap. 9. Paulus loquitur, *filii sunt promissionis*, id est, ipsi Abrahae promissi, quando ei dictum est: *In semine tuo benedicentur omnes gentes* (Gen 22), qui quidem, eodem Apostolo exponente, sunt sive electi sive praedestinati ad vitam aeternam. De quibus locum Joan. 18 intellexit Augustinus. Hoc modo sensus est: Eo argumento cognoscere nos, quod simus e numero electorum, quia fratres opere et veritate diligimus» (G. ESTIUS, *Commentariorum*, 455).

[310] Così già WALAFRID STRABO, *Epistola 1 B. Joannis*, 700. La Glossa Interlineare commenta: «Cum opera pietatis in veritate facimus patet quod ex Deo qui est veritas sumus» (*Biblia Latina cum Glossa ordinaria*, IV, ad locum). Vedi anche HUGO DE SANCTO CARO, *Epistola I. Joannis*, 351; Postilla di Nicolaus de Lyra (*Postilla*, 1399); I. BERNARDUS FELICIANUS, *Catena*, 442.

[311] Lo Iustinianus Genuensis spiega che Dio è la prima e somma verità: come tale non può mentire né essere ingannato (B. IUSTINIANUS GENUENSIS, *In primam catholicam Ioannis epistolam*, 169); vedi anche A. NATALIS, *In epistolam*, 123.

[312] J. LORINUS, *In Divi Ioannis epistolam primam*, 90. P. DE AMBROGGI, *Le tre Epistole di Giovanni*, 253.

[313] B. F. WESTCOTT, *The Epistles of St. John*, 116.

mente[314]. Gli esegeti moderni preferiscono sfumare quest'interpretazione, per questo parlano della verità in quanto Dio rivelato[315].

Proprio quest'ultima proposta, ἀλήθεια come Dio-verità, sembra più consone al pensiero giovanneo e al testo in questione.

2.2.2 'Εκ τῆς ἀληθείας εἶναι come «essere da Dio-verità»

Presa in sé, la preposizione ἐκ indica il principio oppure l'origine[316]. Εἶναι ἐκ è un'espressione che ricorre 55 volte negli scritti giovannei: 28 volte nel vangelo (e altre 7 volte con il verbo εἶναι sottinteso), 19 volte in 1 Gv, 1 volta in 3 Gv[317]. «Essere dalla verità», εἶναι ἐκ τῆς ἀληθείας, ricorre tre volte nell'ambito giovanneo: Gv 18,37; 1 Gv 2,21; 3,19.

Εἶναι ἐκ esprime sia l'origine del relativo soggetto, sia la sua appartenenza (quindi indirettamente l'essere del soggetto). Questa doppia valenza si rivela palesemente in Gv 3,31: ὁ ὢν ἐκ τῆς γῆς ἐκ τῆς γῆς ἐστιν. Il significato teologico di εἶναι ἐκ ha le sue radici nella visione dualistica giovannea: da una parte Dio (l'origine da Dio viene espressa come essere «da Dio», «dal Padre» – Gv 1,14; «dal cielo» – Gv 6,32; «dall'alto» – Gv 8,23; «dalla verità» – Gv 18,37), dall'altra parte il Maligno («essere dal Maligno» – Gv 8,44; «dal mondo» – Gv 3,31; «dal basso» – Gv 8,23)[318].

Già partendo dalla concezione dualistica giovannea, ma soprattutto tenendo a mente il significato base del concetto ἀλήθεια[319], si può dedurre il senso dell'espressione εἶναι ἐκ τῆς ἀληθείας. Dato che nella letteratura giovannea ἀλήθεια indica principalmente la realtà di Dio, la realtà nel senso proprio della parola[320], allora essere dalla verità significa avere origine dalla sfera di Dio (Gv 8,47), appartenere a Dio[321]. Quindi c'è un rapporto di sinonimia tra «essere dalla verità» ed «essere da Dio»: ambedue le espressioni indicano lo status del credente.

---

[314] A. CATHARINUS POLITUS, *Commentaria*, 628; CORNELIUS A LAPIDE, *Commentarius*, 580.

[315] BULTMANN, 61 n. 7; SCHNACKENBURG, 201.

[316] J. A. BENGEL, *In epistolam primam Iohannis*, 1054; BULTMANN, 61 n. 7.

[317] BROWN, 312-313.

[318] BROWN, 313.

[319] Vedi p. 68.

[320] BULTMANN, 61 n. 7.

[321] SCHNACKENBURG, 201.

Proprio lo status (indicato tramite l'origine o l'appartenenza) è uno dei temi del nostro contesto prossimo, come dimostrano 3,9-10: Πᾶς ὁ γεγεννημένος *ἐκ τοῦ θεοῦ* ἁμαρτίαν οὐ ποιεῖ... ὅτι *ἐκ τοῦ θεοῦ* γεγέννηται. Ἐν τούτῳ φανερά ἐστιν *τὰ τέκνα τοῦ θεοῦ* καὶ τὰ τέκνα τοῦ διαβόλου· πᾶς ὁ μὴ ποιῶν δικαιοσύνην οὐκ ἔστιν *ἐκ τοῦ θεοῦ*, καὶ ὁ μὴ ἀγαπῶν τὸν ἀδελφὸν αὐτοῦ. L'espressione «essere da Dio» è parallela a «essere figlio di Dio». Il suo opposto è «essere dal maligno» (come Caino, 3,12). Segno distintivo dell'essere da Dio è la realizzazione della giustizia, cioè della carità verso il fratello (3,10). E questo segno ritorna proprio nel nostro testo (3,18), nuovamente per contraddistinguere l'essere della verità (3,19). In 3,19 Giovanni arriva al culmine della riflessione sui due gruppi opposti, sui figli di Dio o del diavolo[322].

Essere dalla verità è in contrasto con l'essere dal diavolo (3,8.10), menzognero e padre della menzogna (Gv 8,44). Non sorprende che in 3,19 si parli dell'essere dalla verità, proprio nel contesto dove si mette in luce in base a quale criterio discernere se si è generati da Dio-verità oppure dal diavolo-menzogna: tale criterio è la carità fraterna (3,10 e 3,18). Anche se l'agape concreta, sull'esempio di Dio e di Cristo, è la carità senza ipocrisia presente già nelle lettere di Paolo (Rm 12,9; 2 Cor 6,6) e in 1 Pt 1,22, solo in 1 Gv se ne fa un criterio della filiazione divina[323]. Solo «l'agape realizzata» ci dà la sicurezza di essere in comunione con Dio e di sapersi giustificati alla presenza di Dio, davanti alla sua luce e, dunque, in tutta verità[324].

Come abbiamo già ribadito, i versetti 18 e 19 sono strettamente connessi sia in virtù del sintagma ἐν τούτῳ, sia della parola gancio ἀλήθεια[325]. «Essere dalla verità» è correlato ad «amare in verità»: se amiamo in verità, allora siamo dalla verità! Quindi non c'è soltanto una stretta connessione dei due vocaboli, ma addirittura delle formulazioni «in verità», «dalla verità». Ma possiamo dire ancora di più. L'aggancio dei due versetti 18 e

---

[322] WENGST, 154. E' discutibile la distinzione di B. F. WESTCOTT, *The Epistles of St. John*, 116, secondo il quale la concezione «essere figlio della verità» accentua la realizzazione di tutte le facoltà dell'uomo, mentre «essere figlio di Dio» la presenza del principio divino. Piuttosto la prima concezione, «essere dalla verità», accentua di per sé la verità di Dio (nell'espressione non ricorre una designazione concreta del soggetto, non si trova mai «figlio della verità»), mentre la seconda il nuovo status dei credenti, «figli di Dio».

[323] C. SPICQ, «La justification du charitable», 918 n. 3.

[324] C. SPICQ, «La justification du charitable», 918 n. 3.

[325] La ripetizione appartiene a uno dei tratti stilistici della 1 Giovanni, SCHNACKENBURG, 5.

19 è ancora più stretto poiché il concetto ἀλήθεια racchiude la rivelazione della vera carità[326]. Quindi ἀλήθεια in 3,19 include la carità della quale si parla in 3,18[327]. Colui che ama in opera e verità dimostra che è condizionato dalla verità e agisce dalla verità – quella verità che è la realtà di Dio, fattasi visibile nel dono di Gesù. «L'essere dalla verità» viene conservato o perso nella realizzazione o meno della verità, nella concretizzazione (o meno) della solidarietà[328]. Il credente attinge alla forza esistenziale della verità come alla sua sorgente[329].

La verità è una realtà dinamizzante e normativa in coloro che credono[330]. Per questo i credenti devono «compiere la verità» (Gv 3,21; 1 Gv 1,6), «amare in verità» (3,18). Dal comportamento è decifrabile se si appartiene alla verità ossia a Dio, oppure alla menzogna ossia al diavolo che mente dall'inizio e non si trova nella verità (Gv 8,44)[331].

Siccome in 3,18-19 si concilia l'annuncio di fede («essere dalla verità») con l'aspetto morale (se amiamo in verità, conosciamo di essere dalla verità), anche i commentatori coniugano ambedue gli aspetti. Quindi noi siamo dalla verità se imitiamo la perfezione di Dio[332]. «L'essere dalla verità» consiste nell'amare la verità[333]. La verità fa sì che anche l'amore sia vero[334]. Se siamo veraci, se camminiamo nella verità e abbiamo una vera

---

[326] Vedi a p. 84-85.

[327] Per questi motivi non condividiamo l'opinione di J. CALVIN, *Commentarius*, 341, secondo il quale in 3,19 il sostantivo ἀλήθεια ha un senso diverso rispetto al versetto precedente (dove significa sincerità): si tratterebbe di una elegante prosonomasia. Recentemente anche G. GIURISATO, *Struttura e teologia*, 483, parlando di traductio o ἀντανάκλασις (una stessa parola ha due significati diversi): in 3,18 si parlerebbe della modalità della carità, in 3,19 della sua fonte.

[328] WENGST, 156.

[329] B. F. WESTCOTT, *The Epistles of St. John*, 116.

[330] Cfr. I. DE LA POTTERIE, *La vérité*, II, 623.

[331] R. SCHNACKENBURG, *Das Johannesevangelium*, II, 270-271.

[332] Glossa Interlineare: «Cum ejus perfectionem pro modo nostro imitamur» (*Biblia Latina cum Glossa ordinaria*, IV, ad locum). «Ex veritate sumus per imitationem» (N. GORRAN, *B. Joannis Apostoli*, 305). Ugualmente Hus (J. MONTANUS – U. NEUBER, ed., *Historia et monumenta Joannis Hus*, 338).

[333] Glossa Marginale (*Biblia Latina cum Glossa ordinaria*, IV, ad locum).

[334] Cfr. J. A. BENGEL, *In epistolam primam Iohannis*, 1054. Nella sua esegesi, comunque, verità ha il significato di veracità.

carità, allora siamo quasi figli della verità, della vera e sincera carità[335]. E addirittura possiamo sapere di avere da Dio-verità questa vera carità, proprio in virtù della conoscenza di essere dalla verità[336].

Nel medioevo c'è stata una questione molto discussa riguardo il *grado* di conoscenza che siamo dalla verità: è una conoscenza infallibile e certa, oppure solo probabile?

2.2.3 Grado di conoscenza

Le opere di carità sono una testimonianza della nascita interiore: in base a questo indizio ogni cristiano può giudicare se stesso[337]. Ma quale grado di conoscenza ci donano questi segni esteriori?

1) *Certezza*
Un primo tentativo di risolvere il dilemma ci proviene dalla mano di Nicolaus de Lyra. Nella sua Postilla dice che i segni ci convincono «*efficaciter et veraciter*»[338]. Non si tratta ancora di un'affermazione convinta che i segni esterni diano una *certezza*, comunque si è indirizzati piuttosto in questo senso.

Neanche il Cajetanus[339] si pronuncia chiaramente sulla questione, però precisa che si tratta di una conoscenza della fede («testimonium internae nostrae nativitatis») e non di una conoscenza chiara ed evidente per la ragione («non de notitia evidentiae, sed de notitia fidei»).

Più convinto è Ambrosius Catharinus Politus[340]. Costui si schiera esplicitamente dalla parte del Cajetanus, riaffermando che si tratti di una conoscenza della fede. Il Politus, però, si porta ancora più avanti polemizzando contro coloro che qualificherebbero tale certezza come umana e soggetta all'errore: davanti a Dio non è ammessa la fallacia umana né la certezza

---

[335] CORNELIUS A LAPIDE, *Commentarius*, 580. Ripreso alla lettera in I. STEFANUS MENOCHIUS, *Epistola*, 517.
[336] WALAFRID STRABO, *Epistola 1 B. Joannis*, 700; Glossa marginale (*Biblia Latina cum Glossa ordinaria*, IV, ad locum).
[337] T. DE VIO CAJETANUS, *Prima Ioannis*, 446.
[338] THEOLOGI DUACENSII, ed., *Biblia Sacra cum glossa ordinaria*, VI, 1399.
[339] T. DE VIO CAJETANUS, *Prima Ioannis*, 446.
[340] A. CATHARINUS POLITUS, *Commentaria*, 628-629.

insicura[341]. E' una vera certezza di fede («certa nota», «gratiae certitudo») che calma i cuori davanti a Dio[342].

Questa certezza viene ribadita con forza da Bullinger[343]: le opere di carità sono un indizio *infallibile* («infallibile indicium») che abbiamo creduto veramente.

Un po' sfumata la posizione di Tirinus[344], per il quale le opere esterne sono un segno certo («tamquam certo signo»), un argomento quasi irrefutabile.

Ultimamente de Ambroggi[345] classifica tali opere come un criterio infallibile.

2) *Probabilità*

Secondo Nicolaus Gorran[346] dalle opere possiamo arrivare soltanto a una probabile deduzione del nostro «essere», non a una vera e propria conoscenza («cognitione probabilis conjecturae non scientiae»). Sulla stessa scia anche Hus[347]: «Probabili conjecturatione, non scientia infallibili».

Dionysius Cartusianus[348] afferma che dagli atti di carità *probabilmente* sappiamo che siamo dalla verità, cioè che siamo veramente rinati spiritualmente ed essenzialmente da Dio e dalla verità. L'attività, infatti, è una prova dell'indole («operatio namque arguit formam»).

Sulla medesima linea si schiera Estius[349] il quale afferma che i verbi γνωσόμεθα e πείσομεν non indicano una conoscenza o persuasione certa e infallibile sulla nostra elezione, sull'amicizia con Dio o la giustificazione

---

341 La passione di tale polemica traspare dalle seguenti parole: «O nos miseros qui non scrutamur scripturas sed cuncta putamus in scholis hauriri posse».

342 Anche Vatablus († 1547) parla di certezza, questa volta del nostro «essere figli»: «Suadebimus (placabimus) significat autem conscientiam fore securam quum stabimus sinceri coram Deo judice, certi nos esse filios ejus» (F. VATABLUS, *Epistola beati Joannis apostoli prima*, 283).

343 H. BULLINGER, *In Epistolam*, 94.

344 J. TIRINUS, *Epistola*, 520.

345 P. DE AMBROGGI, *Le tre Epistole di Giovanni*, 253.

346 N. GORRAN, *B. Joannis Apostoli*, 305.

347 J. MONTANUS – U. NEUBER, ed., *Historia et monumenta Joannis Hus*, 338.

348 DIONYSIUS CARTUSIANUS, *Enarratio*, 38.

349 G. ESTIUS, *Commentariorum*, 455. La critica di Estius è un po' in polemica contro alcuni «eretici» dell'epoca: «non significat cognitionem et persuasionem certam et infallibilem, sive electionis nostrae, sive praesentis justitiae et amicitiae cum Deo, quam ex hoc loco et aliis similibus *statuere conantur horum temporum sectarii*».

nel presente: piuttosto si tratta di una conoscenza probabile che non presta maggiore certezza del fatto stesso di sapere che amiamo i fratelli in opere e verità.

Anche Calvino[350] relativizza la portata degli atti di carità, attribuendo alla fede il primato nell'opera di pacificazione e conoscenza. Comunque il riformatore non sostiene la radicale «sola fide» luterana, ma «salvaguarda» le opere. Secondo lui, in 3,19 Giovanni ammonisce che la fede non può esserci senza la buona coscienza. Non è che da qui nasca o dipenda la pacificazione, ma che solo allora noi saremo veramente (cioè senza inganno) persuasi della nostra unione con Dio. L'apostolo infatti condanna la professione di fede fittizia e fallace: non c'è altra solida persuasione di fronte a Dio tranne quella che si manifesta con i frutti della carità dello Spirito. Se noi amiamo veramente il prossimo, allora abbiamo la testimonianza di essere nati da Dio, che è verità, ossia la verità di Dio abita in noi. Però ci dobbiamo sempre ricordare che dalla carità non abbiamo la conoscenza di essere dalla verità, quasi come se la certezza della salvezza sia da richiedere (come qualcosa di aggiunto alla fede). E per nessun altro mezzo non possiamo conoscere di essere figli di Dio, se non per il sigillo dello Spirito nei nostri cuori. Questo pegno lo riceviamo nella fede. La carità è quindi un complemento o sostegno più piccolo dell'appoggio della fede: non è un fondamento su cui appoggiarsi.

Valutazione

Valutando le varie proposte dobbiamo dire che Giovanni non s'interessa di entrare in sottigliezze nello spirito della scolastica. E' un anacronismo tentare di porre questioni sul «grado della conoscenza». Neanche i commentatori moderni s'impegnano a dirimere (o porsi) questo problema (l'ultimo è de Ambroggi). Però siccome Giovanni afferma, senza ulteriori precisazioni, che la carità operativa ci dona la coscienza di appartenere alla verità, allora è più vicina al pensiero della lettera la prima proposta, quella della certezza.

---

[350] J. CALVIN, *Commentarius*, 342.

2.3 *Interpretazione di 3,19c-20*

2.3.1 Il sintagma ἔμπροσθεν αὐτοῦ

2.3.1.1 *Analisi semantica di ἔμπροσθεν*

Il suo senso originale è locale, «davanti a», però presto viene a significare (come ἐνώπιον e sulla scia dell'ebraico לִפְנֵי) «alla presenza di»[351]. Nella koinè ἔμπροσθεν sopprime sempre maggiormente πρό[352]. I testi neotestamentari utilizzano ἔμπροσθεν con diversi significati (locale o temporale – «prima»), nella funzione di preposizione o avverbio[353]. Nel NT il vocabolo appare in tutto 45 volte e non desta la sensazione che sia prediletto da qualche autore, forse eccezion fatta per Matteo con 18 ricorrenze.

La preposizione può indicare semplicemente l'essere davanti a Dio, «in vista di, sotto lo sguardo, davanti a» (così anche in alcuni papiri[354]). Nella stessa accezione, nel contesto della preghiera, ἔμπροσθεν ricorre in At 10,4; 1 Ts 1,3; 3,9. Più specificamente, ἔμπροσθεν può avere alcune volte il senso forensico, «comparire davanti al giudice supremo» (Mt 10,32; 25,32; 2 Cor 5,10; 1 Ts 2,19; 3,13).

La letteratura giovannea esprime l'idea «davanti, alla presenza di» 6 volte con ἔμπροσθεν (Gv 1,15; 1,30; 3,28; 10,4; 12,37; 1 Gv 3,19) e 3 volte con ἐνώπιον (Gv 20,30; 1 Gv 3,22; 3 Gv 1,6). Queste due preposizioni improprie, soprattutto ἐνώπιον, rispecchiano le espressioni ebraiche בְּעֵינֵי («agli occhi di»), נֶגֶד («di fronte»), לִפְנֵי («al volto di»)[355]. Ambedue sono presenti nel nostro brano (3,19 e 3,22), connesse con αὐτοῦ. Anche se si potrebbe avanzare l'ipotesi che fra le due preposizioni, presenti in tale vicinanza, ci possa essere una differenza (ἔμπροσθεν sottolinea il punto di vista dell'uomo, mentre ἐνώπιον quello divino), si deve ribadire che le due preposizioni sono equivalenti e rappresentano pure variazioni stilistiche[356].

---

[351] BDR § 214,6.
[352] SCHNACKENBURG, 202 n. 7.
[353] A. KRETZER, «ἔμπροσθεν», 1089-1090.
[354] C. SPICQ, «La justification du charitable», 919 n. 1.
[355] BDR § 214,6.
[356] BROWN, 455.

2.3.1.2 *Interpretazione di ἔμπροσθεν αὐτοῦ*

Per quanto riguarda il sintagma ἔμπροσθεν αὐτοῦ è chiaro, e su questo non ci sono dubbi, che il pronome αὐτοῦ si riferisce a Dio (e non a Cristo): se non per altro, almeno per il motivo che l'unico sostantivo al quale ci si potrebbe riferire è Dio[357]. Di Dio, infatti, si parla nei versetti 20.21.22.23[358].

Se la connotazione di ἔμπροσθεν è forensica o meno, ciò dipende più dal contesto che dalla parola in se stessa[359]. Schnackenburg sostiene che in 3,19, però, non ci sarebbe tale sfumatura, perché l'accusa del cuore viene rimossa proprio tramite lo sguardo di Dio più grande nella grazia[360]. Quest'argomentazione non regge, poiché già le stesse parole adoperate dallo Schnackenburg, accusa e grazia (assoluzione), indicano elementi costitutivi del giudizio[361]. Anche Malatesta nega la connotazione forensica, però facendo leva su un altro argomento, sulla presenza dei sinonimi πρὸς τὸν Θεόν (21b) e ἐνώπιον αὐτοῦ (22c)[362]. Proprio quest'argomento ci sembra decisivo, insieme al fatto che il brano è incentrato sulla *conoscenza* e non sul *giudizio*[363]. La preposizione, quindi, indica semplicemente «l'essere» davanti a Dio.

L'interpretazione più accurata e suggestiva del sintagma ἔμπροσθεν αὐτοῦ ci viene proposta dallo Iustinianus Genuensis[364]: «*In conspectu* igitur Dei suadere corda nostra est, vere se *Deo* probare, et *quasi eo spectante*, animique recessus *intuente* verae caritatis indicia praebere. Vera enim caritas elucet, cum Dei praecepta servantur». In modo magistrale vengono

---

[357] F. SOCINUS, *Commentarius*, 206.

[358] F. LÜCKE, *Commentar*, 236. B. F. WESTCOTT, *The Epistles of St. John*, 116, sostiene che nella 1 Gv αὐτός si riferisce a Dio, mentre ἐκεῖνος a Cristo: ciò però non ha una validità assoluta, come si vede in 2,2.

[359] BROWN, 455. Nel senso giudiziale già H. BULLINGER, *In Epistolam*, 94; tra i commentatori moderni anche STRECKER, 194, e KLAUCK, 217, i quali si ricollegano al contesto giudiziale del brano esaminato.

[360] SCHNACKENBURG, 202 n. 7.

[361] BULTMANN, 62, polemizza con Schnackenburg ribattendo che la grazia (sottolineata da quest'ultimo) viene assicurata proprio davanti a Dio giudice dopo aver sperimentato l'autocondanna (della coscienza) provocata dallo sguardo di Dio.

[362] E. MALATESTA, *Interiority and Covenant*, 270. C'è da precisare che il Malatesta concepisce come giudizio il determinato evento «all'ultimo giorno».

[363] Vedi p. 215-218.

[364] B. IUSTINIANUS GENUENSIS, *In primam catholicam Ioannis epistolam*, 169.

adoperate varie espressioni dell'«essere davanti a Dio». E con questa citazione passiamo contemporaneamente al nocciolo della questione presente in 19c: davanti a Dio *persuadiamo* o *calmiamo* il nostro cuore?

2.3.2 La costruzione πείθειν + ἡ καρδία ἡμῶν + ὅτι

2.3.2.1 *Analisi semantica di καρδία*

Il lessema καρδία è presente in quasi tutti gli scritti del NT (ad eccezione di Tt, Flm, 2 e 3 Gv, Gd) ben 157 volte[365]. E' interessante rilevare che nelle lettere giovannee καρδία ricorre solo nel nostro brano e, in più, per ben 4 volte! Quattro volte nell'espressione ἡ καρδία ἡμῶν, di queste una volta nell'ordine diverso, ἡμῶν ἡ καρδία (3,20a). In quest'ultimo caso, però, ἡμῶν è oggetto del verbo piuttosto che pronome possessivo[366].

Nel NT καρδία rispecchia l'ebraico לֵב (לֵבָב)[367], sede della vita interiore[368]. Detto nei termini del personalismo, καρδία indica l'intimo dell'uomo che rappresenta la persona umana, l'Io (Strecker[369]). Addirittura si può sostenere che in se stesso questo vocabolo racchiude alcune connotazioni della parola σπλάγχνα[370] presente alcuni versetti prima (3,17): ambedue le parole designano l'intimo della persona come sede degli affetti[371]. La parola καρδία è da una parte facile a tradurre («cuore»), dall'altra suscita incertezze e varie spiegazioni a causa della vasta gamma di connotazioni possibili per la ricorrenza in 3,19:

1) Coscienza, sede delle decisioni morali (nell'AT: 1 Sam 24,6; 25,31; Gb 27,6; Sir 14,2; 37,13; nel NT: Mt 15,18; Mc 3,5; 8,17; Rm 2,15). I concetti stoici συνείδησις, φύσις, καθῆκον non si trovano in Giovanni, il quale

---

[365] A. SAND, «καρδία», 616.

[366] Vedi a p. 209.

[367] Nella LXX ambedue le parole ebraiche vengono tradotte con καρδία, soltanto raramente con διάνοια o ψυχή (A. SAND, «καρδία», 616).

[368] Mentre nel greco profano «cuore» indica sia la vita interiore sia l'organo del corpo (STRECKER, 194 n. 11), nell'AT e nel NT la parola designa soprattutto la vita interiore nelle sua varie espressioni (A. SAND, «καρδία», 616).

[369] STRECKER, 194 n. 11, rimandando a Gv 13,2; 14,1.27; 16,6.22; Col 2,2; 1 Pt 3,4. Lo stesso autore insinua che abbiamo un senso vicino a «coscienza».

[370] KLAUCK, 218. Negli scritti tardivi dei LXX (Pr 12,10; Sap 12,10; Sir 30,7) σπλάγχνα può sostituire καρδία (A. SAND, «καρδία», 617).

[371] «Σπλάγνον», *BAGD*, 763.

usa piuttosto concetti giudeo-cristiani[372]. Quasi tutti i commentatori interpretano καρδία come «coscienza». Al verbo πείθειν viene attribuito il significato «calmare» oppure «persuadere» (l'oggetto del verbo è vario: persuadere alle opere, persuadere del nostro essere dalla verità, persuadere che «Dio è più grande e conosce tutto», inteso nel senso «Dio onnisciente» o «Dio misericordioso», oppure anche nel senso dottrinale-morale).

2) Sede degli affetti e degli impulsi (2 Cor 7,3; Fil 1,7), «base thought», centro dell'«impulso ignorante» (Hoskyns[373]). Un'interpretazione leggermente modificata vi vede anche la sede delle decisioni (Court[374]). Il verbo πείθειν significa «persuadere» alle opere di carità alla luce di Dio onnisciente.

3) Sede dell'intelligenza (Chaîne[375], Richardson[376]). Il verbo πείθειν assume il significato di persuadere il cuore dell'onniscienza di Dio (in quanto oggetto della nostra fede): quest'onniscienza riguarda la realtà rivelata (come dottrina dogmatica – Richardson[377]), oppure la totalità assoluta (Chaîne[378]).

2.3.2.2 *Analisi semantica di πείθειν*

Il verbo è attestato 52 volte nel NT, con una certa preferenza nella letteratura lucana (Lc 4 volte, Atti 17 volte) e paolina (19 volte). Manca del

---

372 SCHNACKENBURG, 201. In quanto sede della mente e volontà, καρδία sostituisce anche la parola «coscienza». Quindi a torto C. C. RICHARDSON, «The Exegesis», 45, sostiene il contrario.

373 E. HOSKYNS, *The First Epistle of St. John*, 666.

374 J. M. COURT, «Blessed Assurance?», 513. Così anche BEUTLER, 98, con la differenza che in 3,20 καρδία è sinonimo di coscienza (in quanto accusa).

375 J. CHAÎNE, *Première Épître de Saint Jean*, 192. La seconda e terza ricorrenza di καρδία è nel senso «coscienza». Lo stesso Chaîne, nonostante ammetta come possibile l'interpretazione di καρδία come sede dell'intelligenza, dà la precedenza al senso «coscienza» per tutte e tre le ricorrenze.

376 C. C. RICHARDSON, «The Exegesis», 48. Per il Richardson καρδία rappresenterebbe la sede dell'intelligenza secondo la concezione della lingua ebraica: identificare καρδία con συνείδησις sarebbe un anacronismo confluito dalla filosofia e dalla concezione greca e latina.

377 C. C. RICHARDSON, «The Exegesis», 47.

378 J. CHAÎNE, *Première Épître de Saint Jean*, 192.

tutto in Marco e negli scritti giovannei, eccezion fatta per il nostro passo[379]: per questo motivo l'uso di πείθειν non rientra nello stile giovanneo[380].

All'attivo e nell'aspetto transitivo πείθειν ha un solo significato base, «convincere, persuadere»[381]: persuadere a compiere qualcosa alla quale non si è inclini, oppure convincere della verità di qualcosa che non è ovvio[382]. Naturalmente questo significato base può avere delle varie sfumature. Infatti dal significato «persuadere, convincere» si passa facilmente ad «addolcire, conquistare per la propria causa» (2 Mac 4,45; 10,20; At 12,20). Da questo senso deriva «rendere favorevole, ottenere il favore (Gal 1,10 – parallelo a ἀρέσκειν), rassicurare (nei papiri)[383]».

Il verbo viene costruito con l'oggetto all'accusativo, τίνα (*chi*?), eventualmente anche con un secondo oggetto che esprime il contenuto della persuasione (*di che cosa*?). L'oggetto della persuasione può essere espresso tramite: il semplice accusativo τι, il nesso εἴς τι, l'infinito, la proposizionale finale (ἵνα) o consecutiva (ὥστε), la proposizione oggettiva (ὅτι)[384]. Nell'aspetto intransitivo, al perfetto e piuccheperfetto, abbiamo il significato «avere ferma fiducia, affidarsi»[385].

---

[379] A. SAND, «πείθω», 148.

[380] F. LÜCKE, *Commentar*, 235.

[381] A. SAND, «πείθω», 148. Lo stesso autore, però, ritiene che al futuro il verbo ha il significato «calmare», Mt 28,14 e 1 Gv 3,19 (*Ibid.*, 149). Per quanto riguarda il passo matteano, vedi p. 188.

[382] BROWN, 455.

[383] C. SPICQ, «La justification du charitable», 919 n. 3. Lo stesso Spicq ritiene (*Ibid.*, 919 n. 3) che πείθειν sembra essere molto vicino a παραμυθοῦσθαι che ha, ugualmente, la doppia connotazione di «persuadere» (come sostantivo παραμυθία in Est 16,5 e Sap 19,12; come verbo in 1 Ts 2,12) e di «consolare, incoraggiare» (Sap 3,18; 2 Mac 14,9; Gv 11,19.31). Quest'affermazione non sembra pertinente: πείθειν significa piuttosto «persuadere» (senza la connotazione di «consolare»), mentre παραμυθοῦσθαι «consolare, incoraggiare» («παραμυθέομαι», *BAGD*, 620). Il sostantivo παραμυθία ha le stesse connotazioni del rispettivo verbo (J. LUST – E. EYNIKEL – K. HAUSPEE, «παραμυθία», *A Greek-English Lexicon of the Septuagint*, II, 354).

[384] F. MONTANARI, «πείθω», *Vocabolario della lingua greca*, 1525.

[385] A. SAND, «πείθω», 148. Nella traduzione della LXX, πέποιθα, corrispondente a בטח, esprime confidenza e pace, riposo e sicurezza (Cfr. R. BULTMANN, «πείθω κτλ.», 1363).

Nel versetto 19 abbiamo il verbo al senso attivo, al futuro. Nonostante il verbo significhi primariamente «persuadere»[386], molti commentatori (e traduzioni) preferiscono il senso derivato di «calmare»[387]. La versione latina, adottata praticamente da tutti i commentatori dall'antichità al medioevo, traduce con «suadebimus corda nostra». Questa traduzione non è del tutto puntuale, poiché più fedele sarebbe «suadebimus *cordibus nostris*»[388]. Infatti il greco πείθειν viene costruito con l'accusativo, mentre nella sintassi latina «suadeo» regge il dativo[389]. Inoltre il verbo «suadeo», coi significati «esortare» o «consigliare»[390], dovrebbe essere sostituito col più preciso «persuadeo» che può avere i sensi «persuadere, convincere, indurre»[391].

Prendendo in rassegna le ricorrenze di πείθειν (limitandoci al senso attivo, omesso il perfetto e piuccheperfetto) sia nella LXX che nel NT, dobbiamo rilevare che, «sfortunatamente», non troviamo mai il significato «calmare»[392]. Rendendosi conto della difficoltà nell'assegnare al verbo tale

---

386 Così NJB. J. C. O'NEILL, *The Puzzle of 1 John*, 43, propone che πείθειν significa «sensibilizzare» la coscienza poiché Dio vede nel cuore. Per supportare quest'esegesi, però, si devono togliere le parole (ὅτι) ἐὰν καταγινώσκῃ ἡμῶν ἡ καρδία (v. 20a), ritenendole una glossa. Ma per quest'ipotesi non c'è prova convincente.

387 Oltre ai commentatori già elencati, possiamo annoverare le traduzioni *La sainte Bible avec commentaires*, 190; EIN, FJB, LUT, NAU, NIV, NRSV, NVB, TOB. Nel senso sfumato «rassicurare» CEI, NAU, NRSV, NVB. Interessante è la traduzione della Tyndale (1526): «Will before hym put oure hertes out of dout» (G. OFFOR, ed., *The New Testament*, edizione senza pagine).

388 T. DE VIO CAJETANUS, *Prima Ioannis*, 446; A. CATHARINUS POLITUS, *Commentaria*, 629; G. ESTIUS, *Commentariorum*, 454. CORNELIUS A LAPIDE, *Commentarius*, 581, si rifà esplicitamente ad Agostino, Beda, Pagninus e Tigurina.

389 L. CASTIGLIONI – S. MARIOTTI, «suadeo», *Vocabolario della lingua latina*, 1228. Sia «suadeo» che «persuadeo» nella Vulgata sempre col dativo, tranne Gdt 12,10.

390 L. CASTIGLIONI – S. MARIOTTI, «suadeo», *Vocabolario della lingua latina*, 1228.

391 L. CASTIGLIONI – S. MARIOTTI, «persuadeo», *Vocabolario della lingua latina*, 941. La traduzione con «persuadeo» viene sostenuta anche da L. VALLENSIS (1407-1457), *Collatio Novi Testamenti*, 270; I. STEFANUS MENOCHIUS, *Epistola*, 517; J. TIRINUS, *Epistola*, 520.

392 R. BULTMANN, «πείθω κτλ.», 1351, riporta come significati: «convincere, persuadere, indurre, incantare, corrompere». Per quanto riguarda il greco classico, la situazione non è tanto differente: il *Vocabolario della lingua greca* (sub voce) riporta il senso marginale «calmare» nel contesto «persuadere con preghiere», «placare un dio». Anche il *BAGD* («πείθω», 639) riporta solo marginalmente il senso «calmare», attestato in Omero (VIII-VI secolo, quindi in un'epoca abbastanza lontana) e, in Xenofonte e nel Martirio di Policarpo, nella costruzione πείθειν τὸν δῆμον. Per l'epoca patristica,

significato mai attestato, i commentatori si aiutano con la constatazione che il significato «calmare» è deducibile dal contesto, qualora il verbo ha come oggetto delle persone inclini all'ira o agitate[393]. Tenendo conto dell'elasticità del linguaggio, ciò è *teoreticamente* possibile. Se la teoria potrebbe dare ragione all'interpretazione di πείθειν come «calmare» l'ira o l'agitazione, la realtà, così com'è attestata nella LXX e nel NT, è diversa.

Per quanto riguarda il primo caso, «calmare l'ira di qualcuno», nella LXX si usa la formulazione «distogliere dall'ira, calmare l'ira» (l'oggetto quindi non è la persona irritata, ma l'*ira*), utilizzando vari verbi[394]:

1) ἀναπαύειν: Zc 6,8;

2) ἀποστρέφειν: Gen 27,44; Is 12,1; Pr 29,8;

3) ἐναφιέναι: Ez 21,22; ἐπαφιέναι: Ez 16,42;

4) καταπραΰνειν: Pr 15,18;

5) κοπάζειν: Est 2,1 (oggetto al genitivo); Sir 39,28; 48,10.

Più importante, poiché più simile al nostro contesto, è il secondo caso, «calmare una persona agitata» (in 1 Gv 3,20 si suppone un cuore agitato dalle accuse). Nella LXX e nel NT vengono utilizzati vari verbi con l'oggetto che è sempre la *persona* (a differenza del caso precedente):

1) ἀναπαύειν: 1 Cor 16,18; καταπαύειν: At 14,18 («fermare, trattenere», con la sfumatura «calmare»);

2) κατασιωπᾶν: Nm 13,30;

3) καταστέλλειν: At 19,35;

4) κοπάζειν: Sir 43,23.

In tutti questi casi avremmo potuto avere il verbo πείθειν (escluso l'ultimo caso di Sir 43,23, dove l'oggetto non è una persona ma una realtà della natura, l'abisso), però rimane il fatto che abbiamo verbi differenti.

---

invece, *A Patristic Greek Lexikon* non riporta tale significato. H. G. LIDDELL – R. SCOTT – H. S. JONES, *A Greek – English Lexicon*, «πείθω», 1353-1354, non riporta il significato «calmare».

[393] BROWN, 455. Cfr. KLAUCK, 218.

[394] Per il NT non abbiamo trovato espressioni riguardanti un tale contesto.

Dall'elenco deduciamo che se Giovanni avesse voluto esprimere inequivocabilmente l'idea di «tranquillizzare, calmare», avrebbe potuto usare altri verbi, soprattutto ἀναπαύειν che in 1 Cor 16,18 ha addirittura un oggetto che corrisponde al nostro καρδία, ossia πνεῦμα! Ma anche καταπαύειν, καταστέλλειν o κοπάζειν avrebbero espresso più chiaramente di πείθειν il concetto di «calmare», nonostante siano meno adatti dell'«ideale» ἀναπαύειν.

Per giustificare la traduzione «calmare» viene frequentemente citato Mt 28,14[395]. Perché però tradurre πείσομεν come «calmeremo»? Si dice forse che il governatore sarebbe stato agitato, irritato (sapendo della scomparsa del cadavere oppure della negligenza dei soldati)? E' possibile supporre questo suo stato d'animo, comunque ciò non viene esplicitato e proprio questa mancanza di esplicitazione rende improbabile la traduzione «calmare». Invece è del tutto evidente che la traduzione «persuadere, conquistare per la propria causa» è più consone al contesto: «persuadere» il governatore della falsa spiegazione del corpo scomparso (di ciò si parla nel versetto precedente!), oppure «conquistare dalla propria parte, ottenere il favore» (di non «causare fastidi ai soldati», come specificato subito dopo[396]!).

Grazie alle ricorrenze del verbo nella LXX e nel NT abbiamo forti motivazioni per propendere per il significato base «persuadere». In questo caso, però, non è chiaro quale sia l'oggetto della persuasione. Se l'oggetto è *implicito*, allora possiamo avere due possibilità: il nostro essere dalla verità (19b)[397], oppure le opere di carità (18). Sarebbe da giustificare, poi, perché

[395] Già H. BULLINGER, *In Epistolam*, 94, si rifà a Mt 28,14.

[396] Questo significato di πείθειν sarebbe presente anche in Gal 1,10. Non tutte le traduzioni, però, accettano per Mt 28,14 il significato «calmare» (EIN, LUT, NIV, TOB). Troviamo, infatti, «convincere» (NVB), «win over» (NAU), «undertake to put things right» (NJB), «charger de l'amadouer» (FJB). Un altro significato possibile sarebbe «corrompere», πείθειν ἀργυρίῳ (2 Mac 10,20; «πείθω», *BAGD*, 639; W. D. DAVIES – D. C. ALLISON, *Matthew*, III, 672).

[397] T. DE VIO CAJETANUS, *Prima Ioannis*, 446, ritiene che la mancanza di un complemento di specificazione («quid suadebimus») fa pensare a una cosa conosciuta, cioè alla conoscenza di essere dalla verità. Compiendo le opere di carità non solo conosciamo di essere dalla verità, ma persuadiamo di ciò i nostri cuori al cospetto di Dio. E da questa persuasione nasce l'incoraggiamento alle opere, alla fiducia in Dio. Una spiegazione analoga (almeno in parte) viene data anche dal Catharinus Politus: «Et

persuaderci che siamo dalla verità, se lo sappiamo già (v. 19ab), o perché esortare alla carità, se si presuppone di averla già (v. 18-19a). Se l'oggetto è *esplicito*, vi è una sola possibilità: Dio più grande del nostro cuore (20b).

Per aiutarci a chiarire la questione sull'oggetto della persuasione, sarà utile cercare le costruzioni del secondo oggetto di πείθειν (persuadere *di che cosa*?) nel senso attivo in tutti i tempi nell'aspetto transitivo (tralasciando quindi il perfetto o piuccheperfetto che, in quanto intransitivi, hanno un proprio senso specifico) iniziando dalla LXX, per passare al NT. Le ricorrenze del verbo le divideremo secondo la *forma del secondo oggetto*.

Nella LXX:

1) implicitamente espresso: 1 Sam 24,8; 2 Mac 4,45; 7,26; 11,14; Dan 11,17;
2) verbo all'infinito finale: Gdt 12,11 (con verbo introdotto dall'articolo τοῦ); 2 Mac 4,34; 11,14; 4 Mac 8,12; 16,24;
3) proposizione oggettiva introdotta da ὅτι: 4 Mac 2,6; 9,18; Sap 16,8.

Nel NT:

1) implicitamente espresso: Mt 28,14; At 12,20; At 14,19; 18,4; 2 Cor 5,11; Gal 1,10;
2) verbo all'infinito finale: At 13,43; 26,28;

---

quid suadebimus cordibus nostris, nisi hoc ipsum quod a fructibus charitatis novimus. Nimirum quod ex veritate sumus, et charitatis Dei in nobis manet» (*Commentaria*, 629). La stessa idea è in CORNELIUS A LAPIDE, *Commentarius*, 581 («efficacemente persuaderemo il nostro cuore di essere nella verità»). Nella stessa direzione, anche se con una specificazione diversa A. CALMET, *In primam*, 659: convinceremo il cuore di essere istruito nella vera carità, di essere figli di Dio. Simile la proposta di Brentano (1740-1791): «(Die Liebe) muss das Innerste beleben, und durch Thaten und Handlungen sichtbar sein, dann erst können wir uns das Zeugniss der Rechtschaffenheit geben, und unser Herz durch das Bewusstsein beruhigen, dass wir wahre Christen sind» (D. VON BRENTANO, *Der erste Brief des Apostels Johannes*, 325). Diverso, invece, il complemento attribuito da B. IUSTINIANUS GENUENSIS, *In primam catholicam Ioannis epistolam*, 170: rassicuriamo il nostro cuore che teniamo conto di Dio e che indirizziamo le nostre menti a fare tutto al suo cospetto. Tale atteggiamento deriva dalla convinzione che Dio è più grande del nostro cuore e vede tutto meglio di noi.

3) proposizione introdotta da περί + genitivo: At 19,8; At 28,23.

Il dato più importante ricavabile da questa divisione schematica è che il verbo può essere seguito dal secondo oggetto espresso in una proposizione oggettiva introdotta da ὅτι. Anche se tale costruzione non ricorre nel NT, ricorre tre volte nella LXX[398]. E proprio questa costruzione riappare in 1 Gv 3,19c.20. Dal punto di vista grammaticale è quindi possibile che πείσομεν abbia l'oggetto della persuasione in 3,20bc. Nonostante ciò sia possibile dal punto di vista *formale*, rimane ancora da verificare la congruenza dal punto di vista *contenutistico*.

2.3.2.3 *Excursus: L'interpretazione di πείθειν come «pacificare in virtù della carità»*

L'interpretazione di πείθειν come «pacificare in virtù della carità» è molto comune già a partire dal medioevo, per non dire che è preferita da notevoli esegeti moderni, in una forma, però, alquanto modificata: pacificare in virtù della carità e della misericordia di Dio (fra gli ultimi Brown). Data l'importanza di questo tipo interpretativo, vogliamo esporne i punti più significativi.

Grazie alla concreta realizzazione della carità sull'esempio di Dio-carità (4,16), si possono gustare i frutti della conoscenza (del proprio «essere dalla verità») e della pace della coscienza. Già molti commentatori medievali vedono in questi frutti della carità «duo bona interna»[399].

In 3,19 avremmo quindi un'enumerazione dei vantaggi della carità cristiana, con un'argomentazione «ab honesto et utili»[400]. Infatti, in questo passo si vuole piuttosto attrarre che costringere, e così si usano parole più

---

[398] Irrilevante, quindi, l'obiezione di A. ŠKRINJAR, «Maior est Deus corde nostro», 341: il verbo πείθειν con ὅτι oggettivo nel NT ricorre sempre nella forma passiva e, di solito, al tempo perfetto. Falsa è inoltre la sua affermazione che πείθειν nel senso «persuadere» non può rimanere senza la specificazione del contenuto della persuasione.

[399] T. DE VIO CAJETANUS, *Prima Ioannis*, 447; C. GUILLIANDUS BELLIOCENSIS, *B. Ioannis epistola prima*, 160.

[400] J. FERUS, *Die Erste Epistel*, 122; H. BULLINGER, *In Epistolam*, 94. Ai vantaggi menzionati si può aggiungere che l'atto del dare è più utile al datore che al ricevente: «Utilius tibi est, quod largiaris, quam illi, quod accipiat» (A. CALMET, *In primam*, 659). Lo stesso autore aggiunge un'altro vantaggio: «Immensus nobis est largiendo quaestus: coelum nempe infinitatemque mercedem promeremur» (*Ibid.*, 659). Dicendo ciò, comunque, si oltrepassa il testo esaminato.

amichevoli e si menzionano i frutti dell'amore. Viene così mostrato che l'amore per il prossimo è virtuoso e utile[401].

Frutto della vera carità è una mente *tranquilla*, una buona coscienza pacata: nella vita non c'è nient'altro di più gioioso[402]. Nessun'altra cosa si può paragonare alla quiete e sicurezza dell'anima di fronte ai terrori della morte e al giudizio divino[403]. Il Socinus[404], seguendo la scia di Beza, parla di una sicurezza nei confronti di Dio. Lo stesso Socinus sostiene addirittura che il cuore intrepido e sicuro davanti a Dio è il più grande frutto, specificato ulteriormente come assenza della paura davanti al giudizio di Dio[405]. La Peshitta[406] e alcuni commentatori[407] vedevano questo giudizio di Dio nell'*ultimo giorno*: ἔμπροσθεν αὐτοῦ πείσομεν rimanderebbe al futuro. Ma già alcuni esegeti a partire dal medioevo in poi[408] e, soprattutto, quasi tutti i contemporanei, considerano il sintagma ἔμπροσθεν αὐτοῦ πείσομεν nel senso *presenziale*. Già da ora, infatti, sperimentiamo la pace del cuore davanti a Dio. E questa pace perdura anche durante il giudizio «l'ultimo giorno» (ammesso che si rimanga nella carità)[409].

---

[401] J. FERUS, *Die Erste Epistel*, 122. E' molto importante quest'osservazione sulla pragmatica del testo: l'indicativo in 3,19-20 è base per l'imperativo in 3,18.

[402] H. BULLINGER, *In Epistolam*, 94.

[403] A. CALMET, *In primam*, 659.

[404] F. SOCINUS, *Commentarius*, 207.

[405] Secondo F. SOCINUS, *Commentarius*, 207, l'interpretazione di πείθειν come «calmare» viene confermata proprio nel versetto seguente 3,20 che parla delle accuse.

[406] In 3,19 la Peshitta vede un riferimento al giudizio divino al momento della parusia, come è chiaro dalle parole «ܩܕܡ ܕܢܐܬܐ ܗܘ» (prima che egli venga). Per la sua autorevolezza, la versione siriaca è stata un punto di riferimento anche per i commentatori successivi. Per questo la sua interpretazione è stata citata più volte, ultimamente poi nel commento di F. LÜCKE, *Commentar*, 240. Costui mette in parallelo il versetto in questione con 4,17.18, dove si parla evidentemente del giudizio «alla fine dei tempi» (*Ibid.*, 237), cadendo così nella trappola dell'*eisegesi*.

[407] Ad esempio H. BULLINGER, *In Epistolam*, 94, oppure Estius (G. ESTIUS, *Commentariorum*, 454).

[408] T. DE VIO CAJETANUS, *Prima Ioannis*, 446; J. CALVIN, *Commentarius*, 342; CORNELIUS A LAPIDE, *Commentarius*, 581; A. NATALIS, *In epistolam*, 124.

[409] Al presente e futuro J. FERUS, *Die Erste Epistel*, 123; N. SERARIUS, *In epistolam Ioannis I.*, 67; B. IUSTINIANUS GENUENSIS, *In primam catholicam Ioannis epistolam*, 169-170. Secondo F. SOCINUS, *Commentarius*, 207, il verbo al futuro esprimerebbe meglio la continuità di tale stato, cosicché, in fin dei conti, si può riferire anche al tempo del giudizio universale per mezzo di Cristo.

Questa pace dell'anima di fronte a Dio viene talora specificata come *fiducia*[410]. Infatti la coscienza pacata e tranquilla fa nascere la fiducia certa di sfuggire alla dannazione nel giorno del giudizio di Dio (Estius[411]), oppure, detto in termini positivi, la fiducia per sperare nella vita eterna (Calmet[412]). Non è una fiducia superficiale, ma ben radicata («maxime confidentes», secondo lo Iustinianus Genuensis[413]), espressa da Gagnaeus addirittura all'elativo: «*Persuasissimam* reddemus et... confidentem et securam reddemus coram Deo conscientiam nostram»[414].

Parlando in questi termini non ci troviamo lontani dal chiamare la *fiducia* come *coraggio* (Cornelius a Lapide[415]). Quelli che veramente amano il prossimo in opere e verità non hanno paura dell'occhio e del giudizio di Dio[416]. Al contrario, hanno il coraggio di comparire al suo cospetto, hanno il coraggio di comparire a testa alta di fronte al suo tribunale, hanno il coraggio di esporre il loro cuore e di mostrarlo che è fondato nella verità e nell'amore[417].

«Essere dalla verità» e «calmare» esprimono lo stesso concetto[418], un'unica conseguenza a due facce con la precisazione che la prima espressione («conoscere di essere dalla verità») fonda la seconda: siccome «conosciamo» di appartenere alla verità, allora possiamo efficacemente calmare il cuore[419]. Per far risaltare questa connessione logica, la congiun-

---

[410] Già Nicolaus de Lyra vede nel verbo πείθειν l'atto di presentare i nostri cuori con fiducia a Dio (*Postilla*, 1399).

[411] G. ESTIUS, *Commentariorum*, 454. Analoga la spiegazione di Vatablus: con la coscienza sicura ci troveremo di fronte a Dio-giudice, con la certezza di essere figli di Dio (F. VATABLUS, *Epistola beati Joannis apostoli prima*, 283).

[412] A. CALMET, *In primam*, 659.

[413] B. IUSTINIANUS GENUENSIS, *In primam catholicam Ioannis epistolam*, 170.

[414] I. GAGNAEUS, *Epistola*, 232.

[415] CORNELIUS A LAPIDE, *Commentarius*, 581. L'esegeta suddivide il suo commento in senso letterale e morale: la parte citata è presa dal commento del senso letterale.

[416] Ciò viene ripreso da Jacobus Tirinus (*Epistola*, 520) il quale comunque sottolinea l'infallibilità del giudizio divino: «Nempe realis et solida caritas propria est filiis Dei, nec reformidat oculum vel iudicium divinum, etsi *infallibile*».

[417] Non tutti gli autori, però, ribadiscono una tale *certezza* della fiducia verso Dio: secondo Alexander Natalis possiamo *probabilmente* rassicurare il cuore (A. NATALIS, *In epistolam*, 124). Quest'affermazione ci riporta alla discussione sulla certezza o probabilità della conoscenza del nostro essere dalla verità, p. 178-180.

[418] J. BONSIRVEN, *Épîtres de Saint Jean*, 174.

[419] B. F. WESTCOTT, *The Epistles of St. John*, 116.

zione καί (19c: καὶ ἔμπροσθεν αὐτοῦ πείσομεν) viene tradotta «e così» (nel senso consecutivo)[420]. L'autore quindi non dice «in questo (nelle opere di carità) noi calmeremo il cuore», bensì «noi conosceremo e (tramite questa conoscenza) noi calmeremo il cuore»[421]. Siccome, poi, si tratta di un cuore tormentato dalle accuse, si deve ricorrere anche a un'altro mezzo per ottenere la calma interiore: alla fiducia in Dio che è misericordioso verso il peccatore, come si presumibilmente sostiene in 3,20bc (così molti esegeti moderni).

Non ci sfugge che in questo tipo interpretativo πείθειν avrebbe un significato molto simile o addirittura uguale a παρρησίαν ἔχομεν in 3,21. Anche se la spiegazione «la pace come frutto della carità» è di per sé plausibile, rimane da giustificare se è possibile attribuire a πείθειν un significato non attestato nella LXX né nel NT, per non dimenticare che è necessario chiarire il significato dei seguenti ὅτι.

2.3.2.4 *L'interpretazione dei due ὅτι*

Come chiaramente dimostreranno le così varie proposte di soluzione, «hic locus admodum obscurus est»[422]. Nella nostra esposizione mostreremo le varie possibilità di interpretazione dei due ὅτι, supponendo che il sintagma ἐν τούτῳ rimanda a ciò che precede (se altrimenti, non ometteremo di precisarlo). In tutte le proposte il verbo πείθειν può avere ambedue i significati «persuadere» o «calmare».

1) Secondo Socinus[423], il primo ὅτι non si deve comprendere come una congiunzione causale nel senso forte (infatti non ci sarebbe un chiaro nesso causale tra 3,20 e 3,19), ma piuttosto nel senso debole. La congiunzione introduce il motivo perché si menziona la pacificazione del cuore in 3,19[424]: Giovanni parla della pacificazione del cuore, poiché alcune volte sperimentiamo le accuse.

Questa soluzione è troppo riduzionista e non rende pienamente ragione della congiunzione ὅτι.

---

[420] BROWN, 455. Vedi «καί», *BAGD*, 392.

[421] BROWN, 455.

[422] H. BULLINGER, *In Epistolam*, 94.

[423] F. SOCINUS, *Commentarius*, 207.

[424] La traduzione sarebbe «infatti, in effetti» (BDR § 456,1; «ὅτι», *BAGD*, 589, sub voce 3.b).

2) Per lungo tempo si è pensato che prima della congiunzione ὅτι (in 20a) ci sia un'ellissi[425] o aposiopesi[426] (Bullinger[427], Estius[428], ultimamente Grayston[429]).
Una seria obiezione è che il testo non è affatto patetico e, per questo, è inutile e forzato pensare a un'aposiopesi[430].

3) Simile alla proposta precedente è l'ipotesi di una corruzione del testo cosicché prima di ὅτι μείζων ἐστὶν ὁ θεός sarebbe stato omesso οἴδαμεν. Il versetto 3,19 sarebbe indipendente; in 3,20 il primo ὅτι è causale, il secondo oggettivo (Bultmann[431]).
Non vi sono, però, seri motivi per presupporre una tale corruzione.

4) Dato che l'aramaico די nel senso temporale viene molte volte tradotto con ὅτι=ὅτε,[432] Spicq[433] suggerisce la possibilità teorica di tradurre ὅτι con «quando».
In questo caso, però, avremmo una duplicazione della seguente congiunzione ἐάν.

5) Il primo ὅτι può introdurre, anche se goffamente, la condizione parentetica: «Cioè, se il nostro cuore ci condanna, poiché Dio è più grande

---

[425] Si parla di ellissi quando il pensiero viene espresso in una forma grammaticalmente incompleta. I membri omessi sono sottintesi (BDR § 479-481).

[426] L'aposiopesi (o reticenza) è un fenomeno molto simile all'ellissi, con la differenza che riguarda il discorso interrotto per emozione o timore (BDR § 482).

[427] H. BULLINGER, *In Epistolam*, 94.

[428] G. ESTIUS, *Commentariorum*, 456: «Nam si reprehendat nos cor nostrum, scimus (aut scire debemus), quod major est Deus corde nostro». F. LÜCKE, *Commentar*, 244-245, riporta alcuni esempi: Camerarius aggiungerebbe «nihil relinquitur bonae spei apud Deum, quia»; Episcopius invece «eheu, quam male nobiscum agetur, nam». Logicamente questi due casi riguarderebbero l'interpretazione negativa. Per quella positiva, invece, abbiamo la proposta di Calovius: «scimus, aut scire debemus, quod».

[429] K. GRAYSTON, *The Johannine Epistles*, 116 («remembering that if...»).

[430] F. LÜCKE, *Commentar*, 245.

[431] BULTMANN, 62-63. La congettura ἐάν γινώσκῃ... οἴδαμεν ὅτι si potrebbe rifare a 2,29: ἐάν εἰδῆτε... γινώσκετε ὅτι. La traduzione suonerebbe: «Und vor ihm werden wir unser Herz beschwichtigen (nämlich in der Erkenntnis, dass wir aus der Wahrheit sind). Denn wenn uns unser Herz verklagt, so wissen wir, dass Gott grösser ist als unser Herz».

[432] J. SMITH – M. ZERWICK, *Biblical Greek* § 428.

[433] C. SPICQ, «La justification du charitable», 916 n. 2.

del nostro cuore»[434]. Analogamente si può attribuire a ὅτι un valore interrogativo (=τί): «Perché se il nostro cuore si accusa, poiché Dio...»[435]. Anche in questo caso ὅτι introduce la condizione.

Queste due possibilità rimangono piuttosto nell'ambito teorico, non essendo state sostenute con convinzione da nessun commentatore.

6) Painter[436] recentemente propone una spiegazione unica: il primo ὅτι è causale, mentre il secondo introduce l'oggetto del verbo persuadere (ὅτι oggettivo). Quest'oggetto (in 3,20bc) viene spiegato secondo l'interpretazione positiva.

7) Molto più diffusa è l'interpretazione del primo ὅτι come pronome relativo indefinito[437] (forma neutrale di ὅστις), con ὅ come accusativo di rispetto (riguardo a qualsiasi cosa)[438]. Ἐάν è equivalente della particella ἄν[439], ὅτι ἐάν introduce la frase relativa ipotetica[440]. Ὅτι ἐάν bilancia πάντα in 3,20[441]. Il secondo ὅτι è causale, «perché».

Quest'interpretazione è diventata popolare soprattutto negli ultimi tempi: Bengel[442], Westcott[443], de Ambroggi[444], Windisch – Preisker[445],

---

434 Riportata come possibile da BROWN, 458.

435 C. SPICQ, «La justification du charitable», 916 n. 2. Attestato in Gen 12,18; 1 Cr 17,6; Mc 2,16; 9,11.28. Comunque lo Spicq preferisce il senso di ὅτι ἐάν, «qualsiasi cosa», con il secondo ὅτι causale (*Ibid.*, 924).

436 J. PAINTER, *1, 2, and 3 John*, 244.248.

437 BDR § 300.

438 Questa possibilità viene ammessa già nel 1769 dal linguista Hoogeween (C. C. RICHARDSON, «The Exegesis», 42). Compreso come pronome relativo indefinito, ὅτι viene talvolta scritto come ὅ τι.

439 Ἐάν ha invaso il campo di ἄν e si trova, tanto nel NT quanto nei LXX e nei papiri (momento culminante nel I e II sec. dopo Cristo), assai di frequente dopo relativi, forse per sottolineare il carattere ipotetico (BDR § 107 n. 3).

440 Le proposizioni relative ipotetiche fanno comunemente asserzioni generali (BDR § 380,1b). L'ipoteticità viene resa in tedesco con «etwa»: «Über alles, weswegen uns das Herz *etwa* verurteilt» (SCHNACKENBURG, 194). Secondo Škrinjar, ὅ τι ἐάν vuol dire «se qualcosa (si quid), qualsiasi cosa» (senso universale), forse anche con qualche connotazione concessiva (A. ŠKRINJAR, «Maior est Deus corde nostro», 343).

441 B. F. WESTCOTT, *The Epistles of St. John*, 117.

442 J. A. BENGEL, *In epistolam primam Iohannis*, 1055.

443 B. F. WESTCOTT, *The Epistles of St. John*, 117.

444 P. DE AMBROGGI, *Le tre Epistole di Giovanni*, 253.

445 H. WINDISCH – H. PREISKER, *Der erste Johannesbrief*, 125.

Spicq[446], Schnackenburg[447], Richardson[448], Marshall[449], Wengst[450], Schunack[451].

La traduzione di 3,19c-20 sarebbe:

«E noi calmiamo (persuadiamo) il cuore davanti a lui riguardo a qualsiasi cosa il cuore ci accusi, poiché Dio è più grande del nostro cuore e conosce tutto»[452].

Πείθειν può avere un doppio accusativo, ὅτι e καρδίαν, secondo un uso trovato presso i classici[453], oppure un solo accusativo, καρδίαν. Purtroppo il doppio accusativo è attestato per il significato «persuadere», non «calmare»[454]. Questo problema non si risolverebbe sostenendo che πείθειν nel senso di «calmare» avrebbe un solo oggetto, καρδίαν, mentre καταγινώσκειν avrebbe un doppio oggetto, ἡμῶν e ὅτι[455]: in questo caso, infatti, la connessione di 19c con 20 sarebbe molto debole (per connettere più chiaramente si dovrebbe formulare πᾶν ὅτι ἐάν, oppure πάντα ἅτινα ἐάν, avendo, però, il doppio oggetto di πείθειν). Quindi, se si vuole puntare sulla possibilità di avere πείθειν come «calmare», allora si deve sostenere che ὅτι è il secondo oggetto di πείθειν e καταγινώσκειν. Rimane la difficoltà che per πείθειν come «calmare» non è attestato il doppio accusativo.

Serie difficoltà incontriamo anche traducendo πείθειν come «persuadere». L'oggetto potrebbe essere sottinteso («che siamo dalla verità»), ma in tal caso nasce la seria obiezione perché Giovanni non ha espresso

---

446 C. SPICQ, «La justification du charitable», 924.

447 SCHNACKENBURG, 202.

448 C. C. RICHARDSON, «The Exegesis», 50. Ἐν τούτῳ rimanda a ciò che segue.

449 I. H. MARSHALL, *The Epistles of John*, 196-197.

450 WENGST, 157.

451 SCHUNACK, 66.

452 Secondo KLAUCK, 216, in questo caso πείθειν può significare solo «calmare». Contro BROWN, 458 (ambedue i significati possibili), C. C. RICHARDSON, «The Exegesis», 50 (πείθειν significa «convincere»; καταγινώσκειν, «avere pregiudizi», non ha come oggetto ἡμῶν).

453 F. MONTANARI, «πείθω», *Vocabolario della lingua greca*, 1525. Per gli esempi di verbi con doppio accusativo nel NT, vedi BDR § 155-157.

454 F. MONTANARI, «πείθω», *Vocabolario della lingua greca*, 1525.

455 Uso, questo, del tutto regolare: καταγινώσκειν τινός τι (F. MONTANARI, «καταγιγνώσκω», *Vocabolario della lingua greca*, 1011).

quest'oggetto esplicitamente[456]. Inoltre rimane vero che è alquanto goffa la formulazione «persuadere riguardo a qualsiasi cosa il cuore ci accusi».

Un'altra difficoltà riguarda l'uso dell'espressione «qualsiasi cosa», resa con tre varie costruzioni nel NT[457]:

a) pronome relativo indefinito con la particella ἐάν: Mc 6,23 (ὅ τι ἐάν in manoscritti importanti contro la maggioranza); At 3,23 (ἥτις ἐάν); 1 Cor 16,2 (ὅ τι ἐάν); Gal 5,10 (ὅστις ἐάν); Col 3,17 (ὅ τι ἐάν)[458];

b) pronome relativo indefinito con la particella ἄν: Lc 10,35; Gv 2,5; 14,13; 15,16 (in questi esempi sempre ὅ τι ἄν)[459];

c) pronome relativo definito con la particella ἐάν: Gv 15,7; Col 3,23; 1 Gv 5,15; 3,22; 3 Gv 1,5 (in questi esempi sempre ὅ ἐάν).

Da quest'elenco risulta che la costruzione ὅ τι ἐάν non appare mai negli scritti giovannei. L'unica volta che la costruzione ὅ τι ἐάν appare nel corpus joanneum (Gv 21,25[460]), ἐάν ha la piena valenza di congiunzione ipotetica, non della particella ἄν. In più nel nostro stesso brano, quando si vuole usare l'espressione «qualsiasi cosa», allora si usa il semplice ὃ ἐάν (1 Gv 3,22).

Dal punto di vista stilistico si potrebbe contraddire che ὅτι come pronome relativo connetterebbe così strettamente 19c con 20a che la ripetizione di καρδία sarebbe insostenibile. Però, anche se stilisticamente non troppo elegante, la ripetizione è necessaria per dissolvere i dubbi se sia Dio oppure il cuore a condannare[461]. Inoltre si può obiettare che nel NT l'accusativo di relazione ha un uso molto limitato, poiché la sua funzione si è spostata quasi del tutto sul dativo[462], a differenza della lingua classica

---

[456] B. F. WESTCOTT, *The Epistles of St. John*, 117.

[457] L'espressione «qualsiasi cosa», resa come ὅ τι ἐάν o ὅ τι ἄν, è frequente nella koinè (C. SPICQ, «La justification du charitable», 916 n. 2).

[458] Secondo BROWN, 456, la costruzione ὅ τι ἐάν non occorre mai chiaramente nel NT.

[459] In Gv 2,5 leggono $P^{66.75}$ W fam 1 565 pc ἐάν al posto di ἄν (secondo WENGST, 158, si tratterebbe di antichi ed importanti testimoni che forse riportano la lezione originale di questo passo). Per Gv 14,13 ἐάν è attestato in P^{66} 565 pc (senza τι). BULTMANN, 62 n. 3, ritiene che i passi giovannei appena menzionati (Gv 2,5; 14,13; 15,16) possano difficilmente confermare la costruzione ὅ τι ἐάν in 3,20.

[460] Ἔστιν δὲ καὶ ἄλλα πολλὰ ἃ ἐποίησεν ὁ Ἰησοῦς, *ἅτινα ἐὰν* γράφηται καθ' ἕν, οὐδ' αὐτὸν οἶμαι τὸν κόσμον χωρῆσαι τὰ γραφόμενα βιβλία.

[461] A. ŠKRINJAR, «Maior est Deus corde nostro», 343.

[462] BDR § 160,1.

dove la situazione è capovolta[463]. Un'altra difficoltà è che tale proposta complica inutilmente la situazione e rompe il parallelismo tra 20 e 21[464]: a ciò, però, si può controbattere che il parallelismo non si distruggerebbe del tutto, assicurato già abbastanza chiaramente dalle due protasi opposte[465].

Tirando le somme, questa soluzione non si può certo classificare come semplice o elegante, ma piuttosto come claudicante (Dodd[466]).

8) Molto più semplice è la soluzione di un ὅτι resumptivum ossia «di ripresa». Il primo ὅτι, seguito da una o più proposizioni parentetiche, viene ripreso con il secondo ὅτι. Siccome la congiunzione può avere due significati differenti, distinguiamo due possibilità.

a) Ὅτι causale

Ambedue le congiunzioni ὅτι possono essere tradotte come «perché» (Lücke[467], Loisy[468], Bonsirven[469], Malatesta[470], Einheitsübersetzung[471]). La traduzione di 3,20 sarebbe: «Poiché se il nostro cuore ci accusa, poiché (ripeto) Dio è più grande del nostro cuore e conosce tutto». Quest'opinione non differisce molto da quella che vede il primo ὅτι come pronome relativo indefinito ὅ τι, col secondo ὅτι causale. Anche qui il verbo πείθειν può avere sia il senso di «calmare» che «persuadere». Nel secondo caso, però, l'oggetto del persuadere deve essere aggiunto dal lettore (ad es. «che siamo dalla verità»). Fatale è

---

463 BDR § 197,1.

464 KLAUCK, 216.

465 Non è chiaro, comunque, perché W. PRATSCHER, «Gott ist grösser als unser Herz», 276, sostiene che la relazione antitetica tra 3,20 e 3,21-22ab può essere sostenuta solo a patto che il primo ὅτι sia letto come ὅτι (e non ὅ τι). Infatti lo stesso autore ribadisce che, di fatto, tra le due diverse soluzioni (ὅτι resumptivum, oppure ὅ τι) non c'è una differenza sostanziale.

466 C. H. DODD, *The Johannine Epistles*, 88.

467 F. LÜCKE, *Commentar*, 251.

468 A. LOISY, *Les Épîtres dites de Jean*, 560.

469 J. BONSIRVEN, *Épîtres de Saint Jean*, 174.177. In questo caso il sintagma ἐν τούτῳ rimanda a ciò che segue.

470 E. MALATESTA, *Interiority and Covenant*, 269. Il sintagma ἐν τούτῳ rimanda a ciò che precede e segue.

471 In questa traduzione tedesca il versetto 3,19 viene considerato come un periodo chiuso, con un nuovo inizio in 3,20.

così l'obiezione che viene aggiunto mentalmente proprio ciò che il lettore si aspetterebbe chiaramente espresso[472].

b) Ὅτι oggettivo
Questa soluzione viene sostenuta da autorevoli esegeti moderni (Weiss[473], Büchsel[474], Balz[475], Brown[476], Strecker[477], Vouga[478], Klauck[479]). Court[480] propone anche una spiegazione più accurata di questa ripetizione. Le proposizioni in 3,20a e 3,20bc appaiono bilanciate e relazionate a vicenda: la proposizione col primo ὅτι (3,20a) indica l'impulso egoistico che distoglie dall'atto caritativo, mentre il secondo ὅτι (3,20b) introduce ciò che persuade il cuore.

A favore dell'ὅτι resumptivum si può dire che si tratta di una semplice soluzione[481]. Il significato attribuito a ὅτι («che» oggettivo) è del tutto «normale» per la letteratura giovannea. L'espressione ὅτι ἐάν ricorre anche in 1 Gv 3,2 e 5,14, dove sembra avere il senso più naturale e ovvio «che se/quando»[482]. Quantunque possa sembrare goffo che vi siano due proposizioni con ὅτι di seguito (20a e 20b), questa goffaggine è tipica dell'autore, poiché è comparsa già in 3,2.14 (lì, però, con la traduzione più

---

[472] B. F. WESTCOTT, *The Epistles of St. John*, 117.
[473] B. WEISS, *Die drei Briefe*, 104.
[474] F. BÜCHSEL, *Die Johannesbriefe*, 60.
[475] H. BALZ, *Die Johannesbriefe*, 186. La proposta di Balz è del tutto unica: la congiunzione ὅτι in 3,20a riprende ὅτι di 19b.
[476] BROWN, 458.
[477] STRECKER, 193.
[478] F. VOUGA, *Die Johannesbriefe*, 59.
[479] KLAUCK, 216.
[480] J. M. COURT, «Blessed Assurance?», 513. Il sintagma ἐν τούτῳ rimanda a 3,18 e a 3,20.
[481] Cfr. C. H. DODD, *The Johannine Epistles*, 88.
[482] BROWN, 456. Purtroppo il versetto 3,2 può esserci d'aiuto soltanto per trovare il significato di ὅτι ἐάν, ma non della costruzione ὅτι ἐάν... ὅτι, per due motivi principali: 1) 3,2e inizia sì con ὅτι ἐάν, però in 3,2f viene portata a termine prima la proposizione ὅτι interrotta da ἐάν, alla quale è poi connessa una seconda proposizione con un ὅτι causale; 2) il doppio ὅτι non dipende da πείσομεν, bensì da οἴδαμεν (KLAUCK, 216).

ovvia «che... poiché»)[483]. Oltre a ciò in 3,21a ἐάν ha il chiaro significato di congiunzione «se»: il parallelismo tra 3,20a e 3,21a suggerisce lo stesso significato per 3,20a. Per la semplicità, il parallelismo di 3,20 con 3,21, la giustificazione tramite altri passi giovannei simili, sembra proprio questa la spiegazione più plausibile[484].

Quest'interpretazione del doppio ὅτι combacia a meraviglia con la traduzione normale di πείθειν come «convincere, persuadere»: la congiunzione «che» introduce l'oggetto del verbo in 3,20bc. A stento si può connettere la proposizione ὅτι con πείθειν nel senso «calmare», come vorrebbe Klauck[485]. L'esegeta tedesco è costretto ad aggiungere *ad sensum* la congiunzione «damit»: «(Damit) beschwichtigen, dass...»[486]. E' chiaro che questa proposta non è liscia e, inoltre, risulta praticamente equivalente a «persuadere» + ὅτι. Il verbo πείθειν nel senso «calmare» (teoreticamente) potrebbe avere ὅτι resumptivum soltanto nel senso causale.

Il primo ὅτι in 3,20a è dunque necessario per introdurre l'oggetto: omettendolo, non sarebbe chiaro se l'oggetto di πείθειν-persuadere è sottinteso, oppure se πείθειν assume il significato atipico di «calmare». Tralasciando il primo ὅτι, il contenuto della persuasione rimarrebbe sottinteso (ad es. «siamo dalla verità»). Se Giovanni vuole lasciare a πείθειν il suo significato normale e intende mostrare chiaramente il suo oggetto, è costretto a mettere subito dopo πείσομεν τὴν καρδίαν ἡμῶν la congiunzione. Il primo ὅτι è così inevitabile, poiché non avremmo potuto avere una tale formulazione: πείσομεν τὴν καρδίαν ἡμῶν (ὅτι omesso) ἐὰν καταγινώσκῃ ἡμῶν ἡ καρδία, ὅτι μείζων ἐστὶν ὁ θεὸς τῆς καρδίας ἡμῶν καὶ γινώσκει πάντα. In questo caso, il secondo ὅτι avrebbe avuto il significato causale e così sarebbe venuta a mancare l'apodosi alla protasi 3,20a. E difficilmente avremmo cercato l'apodosi in qualche proposizione prece-

---

[483] Anche 1 Gv 4,13 ripropone la costruzione ὅτι... ὅτι, però senza la congiunzione ἐάν. Inoltre il sintagma ἐν τούτῳ rimanda alla proposizione posta più avanti (non prima, come nel nostro caso), introdotta da ὅτι.

[484] BROWN, 456.

[485] WENGST, 157, BROWN, 458, e F. VOUGA, *Die Johannesbriefe*, 59, sostengono che con un ὅτι oggettivo resumptivum non possiamo tradurre πείσομεν con «calmare».

[486] KLAUCK, 214-215. Il sintagma ἐν τούτῳ non può essere considerato come sostituzione di «con questo» («damit»), in quanto rimanda al precedente (WENGST, 157).

dente a 3,20a, per non dire che in 1 Gv la protasi precede sempre l'apodosi.

Invece, omettendo il secondo ὅτι, non sarebbe chiaro che il contenuto della persuasione è 3,20bc. Inoltre risulterebbe strano avere come oggetto della persuasione l'intero periodo ipotetico in 3,20 (anche se ὅτι introduce soltanto la protasi, si dovrebbe contare anche con l'apodosi, poiché la protasi è soltanto «una metà» del pensiero che rimane incompiuto senza la seconda metà presente nell'apodosi). Volendo indicare inequivocabilmente l'oggetto della persuasione in 3,20bc, si rende necessaria la ripetizione di ὅτι, questa volta davanti all'oggetto vero e proprio.

Rimane ancora da spiegare perché Giovanni non ha messo l'oggetto subito dopo 19c ma lo ha spostato dopo la protasi di 20a. Esprimendosi in questo modo ha indicato che la persuasione di 19c riguarda il caso *ipotetico* del cuore che accusa: se il cuore ci accusa, allora persuadiamo il cuore che Dio è più grande. E' comunque vero che una formulazione più esplicita sarebbe stata con l'apodosi prima della protasi: πείσομεν τὴν καρδίαν ἡμῶν ὅτι μείζων ἐστὶν ὁ θεὸς τῆς καρδίας ἡμῶν καὶ γινώσκει πάντα, ἐὰν καταγινώσκῃ ἡμῶν ἡ καρδία. Ma invertendo protasi e apodosi non sarebbe chiaro per quale motivo si parli di persuadere il cuore della grandezza e conoscenza di Dio. Anche se come motivo potrebbero essere prese in considerazione le accuse del cuore (protasi alla fine del periodo), questa «logica del pensiero» non sarebbe così evidente come nel caso inverso, quello riportato nel testo originale con la protasi prima dell'apodosi.

Effetto secondario della ripetizione dell'ὅτι è la stretta connessione delle proposizioni in 3,20a e 3,20bc: quindi l'autore ci suggerisce che 3,20b, introdotto dallo stesso ὅτι come 3,20a, è l'apodosi della precedente protasi. Lo stesso ὅτι, poi, connette tutto il versetto 3,20 con il verbo precedente in 3,19c, πείσομεν. Il periodo ipotetico in 3,20 non ha una validità generale, ma solo particolare, relativa al caso della carità operativa. Così i due ὅτι contribuiscono alla concatenazione delle proposizioni in 3,19-20. Inoltre l'uso di tale ὅτι[487], lungi dall'insinuare che l'autore abbia dimenticato ciò che voleva esprimere, è una tecnica retorica per enfatizzare il pensiero introdotto dalla congiunzione[488].

---

[487] Anche se in ebraico si trova una tale funzione della congiunzione כִּי, la LXX tralascia il secondo כִּי (F. LÜCKE, *Commentar*, 242). Nella traduzione di Gn 22,16-17, la LXX addirittura trascura il primo כִּי, mentre il secondo lo traduce con ἦ μήν.

[488] Il secondo ὅτι starebbe a sottolineare la proposizione «Dio è più grande» (F. LÜCKE, *Commentar*, 243; KLAUCK, 216).

Pare che abbiamo spiegato esaustivamente la funzione dei due ὅτι, rispondendo alle obiezioni che in questa soluzione l'ὅτι resumptivum si trova due volte prima dell'oggetto[489], oppure che il secondo ὅτι è superfluo (o ridondante)[490]. La nostra spiegazione non vacilla neanche di fronte all'obiezione che la proposizione 3,20a introdotta da ἐάν è troppo breve per poter giustificare un ὅτι resumptivum[491] (a differenza di Ef 2,11-12 con una parentesi più lunga). Per giustificare la nostra spiegazione, oltre ai motivi già esposti, possiamo addurre un'altra prova, il seguente periodo di Xenofonte[492]: 'Αφιεὶς δὲ τῶν αἰχμαλώτων ὁ Σεύθης εἰς τὰ ὄρη, ἔλεγεν, *ὅτι*, εἰ μὴ καταβήσονται οἰκήσοντες καὶ πείσονται, *ὅτι* κατακαύσει καὶ τούτων τὰς κώμας καὶ τὸν σῖτον. La congiunzione ὅτι viene ripetuta dopo una breve parentesi che, per di più, contiene una proposizione ipotetica come nel nostro 3,20a.

Come corollario vogliamo spiegare perché l'autore non si sente costretto a usare l'ὅτι resumptivum in 3,2 e 5,14, nonostante la presenza di ὅτι ἐάν. In 3,2 avremmo avuto tre ὅτι uno accanto all'altro (οἴδαμεν *ὅτι* ἐὰν φανερωθῇ, *ὅτι* ὅμοιοι αὐτῷ ἐσόμεθα, *ὅτι* ὀψόμεθα αὐτὸν καθώς ἐστιν), il che sarebbe stato inaccettabile[493]. Per non dimenticare che in 3,2 e 5,14 la proposizione introdotta da ἐάν è troppo breve per poter giustificare un ὅτι resumptivum: in questi due versetti tale ripetizione della congiunzione ὅτι non è affatto necessaria, a differenza del caso in 3,20.

Concludendo, non diamo ragione a Brown, il quale «liquida» la questione dei due ὅτι con l'asserzione che non c'è molta differenza tra le ultime quattro possibilità[494] e, con spirito critico, ci si deve porre la

---

[489] A. ŠKRINJAR, «Maior est Deus corde nostro», 341. Secondo BROWN, 457, l'ὅτι resumptivum indica che l'autore si è ripetuto in modo sgrammaticato.

[490] B. WEISS, *Die drei Briefe*, 104, asserisce che Giovanni abbia sentito il bisogno di ripetere la congiunzione per togliere i dubbi che l'affermazione in 20bc dipenda dalla condizione in 20a: però la proposizione secondaria di 3,20a ci mette davanti agli occhi che la verità di 3,20bc vale specialmente per il caso della coscienza turbata (anche se non è determinata da essa)! Per evitare ambiguità, Giovanni avrebbe espresso la sfumatura voluta da Weiss aggiungendo un καί prima di ἐάν («anche quando») (F. UTTENDOERFER, «Ein Kennzeichen», 994).

[491] F. UTTENDOERFER, «Ein Kennzeichen», 994.

[492] XENOFONTES, *Anabasis* 7,4,5.

[493] In 5,14 questa ripetizione si sarebbe riflettuta così: καὶ αὕτη ἐστὶν ἡ παρρησία ἣν ἔχομεν πρὸς αὐτόν ὅτι ἐάν τι αἰτώμεθα κατὰ τὸ θέλημα αὐτοῦ ὅτι ἀκούει ἡμῶν.

[494] Cioè 5), 6), 7a) e 7b).

domanda se non vogliamo essere più precisi dello stesso autore[495]. La differenza tra l'ultima possibilità e quelle precedenti c'è, ed è notevole! E' comunque vero che tale differenza svanisce per l'interpretazione positiva con πείθειν nel senso «calmare». La situazione cambia notevolmente decidendo di attribuire a πείθειν il suo significato normale «persuadere».

2.3.3 Interpretazione di καὶ πείσομεν τὴν καρδίαν ἡμῶν

Dopo aver chiarito e giustificato il significato di πείθειν e dei due ὅτι, è possibile introdursi nell'interpretazione di 19c e, successivamente, del relativo oggetto della persuasione contenuto in 20bc.

E' molto improbabile che πείσομεν κτλ. appartenga ancora alla precedente proposizione ὅτι (19b) e sia connesso col verbo ἐσμέν. Piuttosto è evidente che καὶ πείσομεν si riallaccia alla proposizione in 19a[496]. Del resto, così interpretano praticamente tutti i commentatori[497]. Divergenze però riguardano il tipo di connessione di 19c con 19a. Traducendo πείθειν con «persuadere», il nesso tra 19c e 19a è solido, assicurato dalla congiunzione καί come copulativa «e», oppure intensificativa «addirittura» (Richardson[498]). La situazione cambia se si attribuisce a πείθειν il significato di «calmare» (come asserisce la maggior parte dei commentatori). In tal caso si devono distinguere tre differenti connessioni di πείθειν con γινώσκειν, quindi tre diversi modi per «calmare» il cuore.

1) Per mezzo della carità (che ci permette di riconoscere che siamo della verità); in questo caso καί può significare «e», oppure «e così» (consecutivo, πείθειν come conseguenza di γινώσκειν); la connessione tra πείθειν e γινώσκειν è stretta (così molti autori medievali).

---

[495] BROWN, 458. Analogamente si esprime C. H. DODD, *The Johannine Epistles*, 88: Tra ὅτι resumptivum (oggettivo o causale) e ὅτι come pronome relativo indefinito è impossibile scegliere solo in base ai relativi vantaggi. Sia la prima che la seconda soluzione può essere adottata secondo la necessità del significato dell'intero passo. W. PRATSCHER, «Gott ist grösser als unser Herz», 276, conferma che in pratica non c'è alcuna differenza sostanziale tra le due proposte.

[496] BULTMANN, 62.

[497] Un'eccezione è E. MALATESTA, *Interiority and Covenant*, 270. Per le obiezioni alla sua proposta, vedi p. 172.

[498] C. C. RICHARDSON, «The Exegesis», 50.

2) Per mezzo della carità e della fiducia in Dio misericordioso. Da una parte ritroviamo una connessione con γινώσκειν, assicurata dalla congiunzione καί nel suo significato consecutivo «e così», dall'altra vi è una qualche cesura tra γινώσκειν e πείθειν, dato che la pacificazione viene attribuita anche alla fiducia in Dio misericordioso (Brown[499], Schnackenburg[500]).

3) Per mezzo della fiducia in Dio misericordioso. Πείθειν verrebbe così connesso con 3,20. In questo caso il καί in 19c non connette, ma divide i verbi γινώσκειν e πείθειν. Tra i due verbi vi sarebbe una cesura più rimarcata che nel caso precedente. La cesura è necessaria affinché non si incappi nella trappola di un duplice modo per pacificare il cuore: tramite gli atti di carità e la fede in Dio misericordioso[501].

La congiunzione καί potrebbe essere compresa in due modi:

a) Uttendoerfer[502] afferma che la congiunzione καί non è una congiunzione copulativa che unisce due proposizioni, ma una particella intensificativa («Steigerungspartikel») che sottolinea 19c e deve essere tradotta come «anche, addirittura».

b) Klauck[503] suggerisce che il καί in 3,19c divide i verbi γνωσόμεθα e πείσομεν[504]: la pacificazione avviene soltanto grazie alla misericordia di Dio più grande del nostro cuore. Questa sua proposta, che parte dalla constatazione che la sensibilizzazione alla carità porta, contemporaneamente, a una più dolorosa coscienza delle proprie mancanze, nasce dal presupposto che in caso di «inadempimento» dell'ideale cristiano la pace si può ricevere solo grazie al perdono di Dio.

Si deve però notare che né Klauck né Uttendoerfer dividono così nettamente γνωσόμεθα da πείσομεν. Infatti il primo divide 19c dalla proposizione precedente soltanto con una virgola («dass wir aus der Wahrheit

---

[499] BROWN, 455.460.

[500] SCHNACKENBURG, 194.202-203.

[501] W. PRATSCHER, «Gott ist grösser als unser Herz», 277.

[502] F. UTTENDOERFER, «Ein Kennzeichen», 996. Questa traduzione potrebbe essere possibile, vedi «καί», *BAGD*, 393.

[503] KLAUCK, 217.

[504] Ciò è possibile, vedi «καί», *BAGD*, 393 (sub voce I.5).

sind, und vor ihm...»[505]), mentre il secondo con un due punti («dass wir aus der Wahrheit sind: auch vor ihm...»[506]).

Le proposte che intendono staccare i verbi γινώσκειν e πείθειν non sono esenti da possibili critiche. Innanzitutto traducendo καί (19c) con «anche» o «addirittura», avremmo una formulazione molto zoppicante[507]. Poi, contro la cesura dei due verbi si può ribattere che 19c («calmare il cuore») sopraggiungerebbe ex abrupto: infatti prima si parlerebbe della conoscenza del nostro essere dalla verità, poi improvvisamente della pacificazione del cuore (ossia del perdono dei peccati)! Quale sarebbe il filo conduttore? L'idea della pacificazione sembrerebbe «piombare dal cielo tutto d'un tratto come una meteorite». Se Giovanni avesse voluto dividere i verbi γινώσκειν e πείθειν, allora avrebbe potuto omettere il καί, rendendo il pensiero univoco:
[Καὶ] ἐν τούτῳ γνωσόμεθα ὅτι ἐκ τῆς ἀληθείας ἐσμέν. Ἔμπροσθεν αὐτοῦ πείσομεν τὴν καρδίαν ἡμῶν...
Invece, aggiungendo la congiunzione, viene più spontaneo pensare che Giovanni vuole connettere più strettamente γινώσκειν e πείθειν. Questi due verbi, oltre alla stretta connessione grammaticale tramite il καί, sono uniti grazie al tempo futuro. I due verbi, in più, appartengono allo stesso campo semantico della «conoscenza». «Persuadere», infatti, non riguarda una decisione («alle opere di carità»), ma una nozione, come si deduce facilmente dal suo oggetto: Dio più grande del cuore nella conoscenza.

I verbi γνωσόμεθα e πείσομεν, quindi, sarebbero posti sullo stesso piano. Siccome γνωσόμεθα è un futuro consecutivo, dipendente dalla realizzazione della carità (3,18), allora viene spontaneo considerare anche il verbo πείσομεν come un futuro dello stesso tipo, condizionato da 3,18[508]: mettendo in pratica la carità operosa, siamo in grado di conoscere e persuadere

[505] KLAUCK, 214.

[506] F. UTTENDOERFER, «Ein Kennzeichen», 997.

[507] A. ŠKRINJAR, «Maior est Deus corde nostro», 345.

[508] Anche SCHNACKENBURG, 202 n. 7, parla di un futuro *condizionato*, però non dalla realizzazione della carità, ma dalla misericordia divina (3,20bc). Analogamente Spicq parla di un futuro «de conatu»: l'azione si compirà dopo l'approvazione divina (C. SPICQ, «La justification du charitable», 919 n. 3). La classificazione «de conatu» indica che l'azione è tentata: non si considera la conclusione effettiva. Questa sfumatura «de conatu» viene attestata per il presente e imperfetto, ma non per il futuro (BDR § 319.326). Il futuro viene invece classificato come gnomico da STRECKER, 195 (per il futuro gnomico vedi BDR § 349,1).

il cuore. Il futuro dei verbi γνωσόμεθα e πείσομεν si adatta molto prettamente al contesto: infatti nel precedente versetto, usando un verbo al congiuntivo, ἀγαπῶμεν, non si esprime qualcosa «di fatto», «realizzato». Dopo aver realizzato la carità, entrerà in gioco una nuova situazione di «conoscenza» e «persuasione»[509].

Dato che si tratta di una persuasione riguardo una nozione («Dio è più grande e conosce tutto»), ci scaturisce la conseguenza logica che καρδία è qui considerato come sede della conoscenza. Quest'interpretazione può sembrare strana, poiché saremmo portati a considerare καρδία nel senso di «coscienza», come nelle due ricorrenze nel versetto seguente dove si parla delle accuse: infatti sarebbe più naturale considerare καρδία nello stesso senso in tutti e tre i casi, perché il sostantivo ricorre in un unico periodo, con le singole proposizioni connesse in modo stretto e poste immediatamente una dopo l'altra (19c, 20a e 20b). In tal caso, poi, πείθειν dovrebbe avere un'accezione etica, «pacificare» (preferibile al discutibile «persuadere alle opere»). Ebbene, comprendere πείθειν e καρδία nel senso etico è molto problematico. Incominciando da un'osservazione più generale, portando il discorso sul piano etico Giovanni introdurrebbe un'estranea digressione: nelle precedenti proposizioni 19ab il discorso si trovava sul piano della conoscenza[510]! Inoltre, non trascuriamo che Giovanni non usa συνείδησις, bensì la parola meno specifica καρδία che indica l'intimo dell'uomo, con varie sfumature a seconda del contesto. Proprio il contesto prossimo è quello determinante (come vale sempre nell'esegesi). Così l'autore può permettersi di enfatizzare questo o quell'aspetto di καρδία, a seconda del relativo contesto prossimo (ossia a seconda del rispettivo verbo). Tirando le somme, καρδία significa tutte e tre le volte «cuore» («intimo»), con varie accentuazioni: in 3,19 come sede dell'intelligenza, in 3,20, piuttosto, come coscienza. Questo ripetizione di καρδία è classificabile come paronomasia[511]. Sempre parlando di καρδία, non è necessario

---

[509] E' anche possibile che il verbo γινώσκειν e il sostantivo ἀλήθεια siano stati scelti deliberatamente a causa degli «avversari» inclini a un certo «intellettualismo». In contrasto con coloro che pretendevano un accesso esclusivo alla «conoscenza» e «verità», l'autore asserisce che ogni credente-praticante la carità può avere la certezza di appartenere alla realtà di Dio (SMALLEY, 201).

[510] Cfr. C. C. RICHARDSON, «The Exegesis», 47. Il Richardson, però, assolutizza quest'osservazione interpretando tutto il periodo 19-20 sul piano della conoscenza.

[511] BDR § 488,1.

ritenere l'uso del singolare al posto del plurale come idiomatico[512]. Il singolare accentuerebbe l'individuazione o personalizzazione[513]. Anche il pronome ἡμῶν «personalizza» il testo: si tratta del *nostro* cuore, res *tua* (*nostra*) agitur[514]!

La connessione tra γινώσκειν e πείθειν, già corroborata dagli elementi elencati, è ancora più stretta, come mostrerà l'analisi dell'espressione 20bc, oggetto del verbo «persuadere». Prima ancora, però, c'è bisogno di chiarire le circostanze della persuasione: infatti tra πείσομεν e il suo oggetto si trova l'ipotesi 20a, incastrata proprio in mezzo. Il persuadere, quindi, riguarda un determinato caso, quello del cuore che accusa.

2.3.4 Le circostanze della persuasione (3,20a)

2.3.4.1 *Analisi semantica del verbo καταγινώσκειν*

Il congiuntivo presente di καταγινώσκῃ, connesso con la congiunzione ἐάν, segnala la protasi di un periodo ipotetico, esaminato dettagliatamente più avanti[515]. Il verbo (composto da γινώσκειν e κατά, «conoscere contro») significa nell'uso corrente «osservare, annotare qualcosa di pregiudizievole», quindi «disprezzare, accusare, condannare»[516]. Alcuni commentatori del tardo medioevo interpretano addirittura come *essere dannato* dall'aculeo della coscienza[517]. Il verbo appare solo tre volte nel NT, in 1 Gv 3,20.21 e Gal 2,11. Nella LXX troviamo quattro ricorrenze con significati un po' differenti: Dt 25,1 («condannare»), Pr 28,11 («smascherare», «to

---

[512] J. M. COURT, «Blessed Assurance?», 512-513.

[513] B. F. WESTCOTT, *The Epistles of St. John*, 117.

[514] Il pronome ἡμῶν concorda con la prima persona plurale presente nel nostro testo 3,18-22.

[515] P. 225-232.

[516] R. BULTMANN, «γινώσκω κτλ.», 530-531. H. BALZ, «καταγινώσκω», 633. Le traduzioni vacillano tra «accusare» e «condannare» (più forte del precedente). «Accusare» è proposto in NVB, EIN, TOB. «Condannare» in NIV, NAU, NRSV, LUT, FJB. La Vulgata traduce con «reprehenderit», ma già T. DE VIO CAJETANUS, *Prima Ioannis*, 447, cambia in «condemnet».

[517] A. CATHARINUS POLITUS, *Commentaria*, 628. Il verbo «dannare» viene proposto anche da B. IUSTINIANUS GENUENSIS, *In primam catholicam Ioannis epistolam*, 170.

see through»[518], «durchschauen»[519]), Sir 14,2 («accusare, rimproverare»), 19,5 («condannare», «verachten»[520]).

Καταγινώσκειν è più debole di κατακρίνειν, «condannare», che forse Giovanni ha evitato proprio per la sua forte connotazione, più adatta per indicare il giudizio di Dio[521]. La parola greca usata sarebbe a metà strada tra «accusare» e «condannare»: esprime non tanto un'accusa, contro la quale è possibile difendersi, ma piuttosto un'accusa che implica già un'univoco verdetto di condanna. Quest'accusa, però, non contiene ancora la definitiva condanna del giudice: è un'accusa irrevocabile, senza che sia ancora emessa la condanna[522].

Al posto di καταγινώσκειν ci si potrebbe attendere anche ἐλέγχειν, però καταγινώσκειν è messo in tensione con γινώσκειν in 3,19 e 3,20: mentre il cuore ci accusa, Dio ci conosce. Prendendo in considerazione anche il v. 21, avremmo un avvicendamento di γινώσκειν (v. 19a), καταγινώσκειν (v. 20a), γινώσκειν (v. 20c) e καταγινώσκειν (v. 21a). Per non perdere il gioco di parole con il verbo γινώσκειν, potremmo tradurre καταγινώσκειν come «to know something prejudicial»[523]. Però tale traduzione non rende

---

[518] NIV, NAU, NRSV.

[519] EIN, LUT.

[520] EIN, LUT.

[521] F. LÜCKE, *Commentar*, 248. B. F. WESTCOTT, *The Epistles of St. John*, 118, afferma che καταγινώσκειν sarebbe forse usato per il giudizio interno della coscienza (Eccli 14,2), a differenza di κατακρίνειν, usato per descrivere il giudizio formale del giudice. Ciò non regge perché Gal 2,11 parla di un «giudizio» esterno (anche se non formale né emesso da un giudice), cioè del rimprovero di Paolo nei confronti di Pietro.

[522] WENGST, 158. In F. MONTANARI, «καταγιγνώσκω», *Vocabolario della lingua greca*, 1011, troviamo un vasto raggio di significati: «riconoscere, giudicare (qualcosa di qualcuno), disprezzare, accusare, incolpare, condannare». In modo simile R. LAW, *The Tests of Life*, 391, trova tre sfumature del verbo: «to accuse» (=κατηγορεῖν), «to declare guilty» e «to give sentence against» (=κατακρίνειν). Law sostiene che nel nostro contesto è predominante la seconda connotazione.

[523] BROWN, 477. In modo simile traduce anche C. C. RICHARDSON, «The Exegesis», 47, rimandando al presunto significato originale. Però nella sua esegesi il verbo ha una connotazione gnoseologica, non etica: si tratta di «avere pregiudizi contro» («being prejudiced against») dottrine di fede. Purtroppo questo significato non è attestato (F. MONTANARI, «καταγιγνώσκω», *Vocabolario della lingua greca*, 1011). Un'accezione diversa viene proposta da G. H. WHITAKER, «1 John iii. 16ff.», 180-181: «ritenere debole» (il cuore considera deboli le forze a nostra disposizione, per questo è necessario *persuaderlo*, *incoraggiarlo* alle opere evangeliche). Però la sua argomentazione non è convincente. Infatti, se dalla carità operosa riconosciamo di

chiara l'accezione «portare accuse» e quindi è preferibile rimanere al più comune «accusare».

2.3.4.2 *L'oggetto del verbo*

Quasi tutti i commentatori ritengono come oggetto del verbo καταγινώσκειν il pronome personale ἡμῶν, con καρδία che rappresenta la coscienza (συνείδησις). Extra chorum Richardson, per il quale l'oggetto del verbo καταγινώσκειν («avere pregiudizi») è la verità dottrinale, ἡμῶν è pronome enfatico possessivo[524], καρδία rappresenta la sede dell'intelligenza[525].

Ad optare per la prima possibilità ci portano molteplici motivi. Innanzitutto il significato più naturale di καταγινώσκειν è «accusare». Inoltre ἡμῶν, grazie alla sua posizione, deve essere considerato come oggetto di καταγινώσκῃ[526]. Oltre a ciò si deve considerare che un triplice ἡ καρδία ἡμῶν appesantirebbe molto la frase[527].

Come passi paralleli riportiamo due testi cronologicamente abbastanza vicini all'epoca neotestamentaria. Il primo è Sir 14,2: μακάριος οὗ οὐ *κατέγνω* ἡ ψυχὴ αὐτοῦ καὶ ὃς οὐκ ἔπεσεν ἀπὸ τῆς ἐλπίδος αὐτοῦ. Il secondo proviene dalla letteratura intertestamentaria, dal Testamento di Gad[528]: ὁ γὰρ δίκαιος καὶ ταπεινὸς αἰδεῖται ποιῆσαι ἄδικον, οὐχ ὑπ' ἄλλου καταγινωσκομενος, ἀλλ ' ὑπο τῆς ἰδίας καρδίας, ὅτι Κύριος ἐπισκοπεῖ τὴν ψυχὴν αὐτοῦ. I punti di contatto con 1 Gv 3,20 sono rappresentati dalla presenza del verbo καταγινώσκειν, ma soprattutto dallo stesso tema etico dell'accusa della coscienza. L'accusa della coscienza viene

---

essere dalla verità e, in più, a questa carità esortiamo i nostri cuori, come possiamo essere considerati «deboli» (A. ŠKRINJAR, «Maior est Deus corde nostro», 346)? Dopo di ciò si deve anche ribadire che per il verbo καταγινώσκειν non è attestato il significato «considerare debole»: il significato più vicino potrebbe essere «disprezzare» (F. MONTANARI, «καταγιγνώσκω», *Vocabolario della lingua greca*, 1011).

[524] Così anche Wendt e Bonsirven.

[525] Predecessore del Richardson, in un certo senso, è stato Wendt con un'interpretazione un po' modificata: καρδία è la coscienza, oggetto del verbo è la verità morale. Un'altro esegeta che si discosta dalla «classica» interpretazione di καρδία in 3,20 è Hoskyns: il termine indica la sede degli impulsi.

[526] SCHNACKENBURG, 202 n. 6. La costruzione καταγινώσκειν + genitivo (oggetto diretto: *chi*?) è regolare (BDR § 181).

[527] B. WEISS, *Die drei Briefe*, 105 n. 1.

[528] *Διαθήκη Γάδ* 5,3.

contro di noi come testimone e giudice, cosicché la nostra stessa persona è in un certo senso divisa in se stessa[529]. Giustamente, però, tale accusa proviene dalla coscienza: non può essere infatti enunciata da coloro che sono «al di fuori»[530].

2.3.4.3 *Motivo dell'accusa*

Qual'è l'oggetto dell'accusa ossia (trattandosi di un problema etico) qual'è il peccato in questione? Le soluzioni proposte sono varie, così come sono vari i criteri per la divisione.

Secondo *l'oggetto formale*:

1) Peccati contro la carità[531], come viene suggerito da 3,17.18. Questo peccato può essere ulteriormente specificato, tenendo conto delle qualità richieste della carità (v. 18: ἐν ἔργῳ καὶ ἀληθείᾳ).

a) Considerando ἀλήθεια come sincerità: opere di carità compiute senza la retta intenzione, ἔργον senza ἀλήθεια (Agostino[532], Beda[533], Walafrid Strabo[534], Dionysius[535], Gagnaeus[536], Iustinianus Genuensis[537]). Hugo de Sancto Caro[538] ha in mente un caso opposto, la sincerità (o buona intenzione) che accompagna l'opera di carità verso gli indegni (e proprio per questo motivo il cuore ci accuserebbe).

b) Mancanza di opere-ἔργα (Teofilatto[539]; Cajetanus[540]; Vatablus[541]).

---

[529] Vedi C. SPICQ, «La conscience dans le Nouveau Testament», 51-60.

[530] T. DE VIO CAJETANUS, *Prima Ioannis*, 447.

[531] Così la maggior parte degli esegeti, tra i moderni ad esempio: G. WOHLENBERG, «Glossen», 638; J. SCHNEIDER, *Der erste Brief des Johannes*, 169; E. GAUGLER, *Die Johannesbriefe*, 187; SCHUNACK, 67.

[532] AGOSTINO, *Commento*, 1749.

[533] BEDA VENERABILIS, *In Epistolam I Johannis*, 308.

[534] WALAFRID STRABO, *Epistola 1 B. Joannis*, 700.

[535] DIONYSIUS CARTUSIANUS, *Enarratio*, 38.

[536] I. GAGNAEUS, *Epistola*, 232.

[537] B. IUSTINIANUS GENUENSIS, *In primam catholicam Ioannis epistolam*, 170.

[538] HUGO DE SANCTO CARO, *Epistola I. Joannis*, 352.

[539] THEOPHYLACTUS, *Expositio in Epistolam I S. Joannis*, 42.

[540] L'animo non sarebbe pronto a provvedere qualora la situazione richiedesse un'opera dovuta dalla carità fraterna. Ciò non può essere condannato da coloro che sono all'esterno, per questo il giudizio è riservato al cuore (T. DE VIO CAJETANUS, *Prima Ioannis*, 447).

[541] F. VATABLUS, *Epistola beati Joannis apostoli prima*, 283.

2) Peccati di idolatria, come suggerisce Karl[542] (XIX secolo). Di questi peccati si parla in 5,14-21 dove ricorre lo stesso tema della preghiera di intercessione come nel nostro brano.

3) Peccati di qualsiasi tipo. A questa soluzione si può pervenire se si opta per la lettura ὅ τι ἐάν (3,20a), «qualsiasi cosa». Non è comunque necessario fare quest'opzione. Vi sono infatti esegeti che, leggendo ὅτι ἐάν, parlano genericamente del peccato (Paterius[543], Alulfus[544], Calvino[545]), oppure della prevaricazione della legge (catena armena[546]). Soprattutto quest'ultima proposta (prevaricazione della legge) potrebbe avvalersi del parallelismo di 3,20 con 3,21-22ab: la seconda apodosi (21b-22ab) scaturisce dall'obbedienza ai comandamenti (22cd). Non bisogna però dimenticare che in 1 Gv i comandamenti sono praticamente ridotti a quello della carità vicendevole e della fede in Cristo (3,23).
Škrinjar[547] ha un'opinione originale. Si tratta di qualsiasi peccato, escluso i peccati contro la carità[548]: infatti in 19a si suppone che amiamo in opere. Avendo questa carità perfetta ci vengono rimessi i peccati più gravi, oppure vengono cancellati i peccati veniali (che non ci costituiscono nemici di Dio). Non si tratta quindi soltanto di peccati veniali, ma di tali peccati che mettono in dubbio il nostro essere dalla verità (peccati gravi, oppure peccati dei quali dubitiamo che siano stati rimessi). Comunque si tratterebbe di peccati sui quali dubitiamo più o meno ragionevolmente.

Un'altra possibile divisione è basata sulla *gravità* del peccato:

1) ogni peccato senza distinzione (Lutero[549], Škrinjar[550], Gaugler[551]);

---

[542] W. A. KARL, *Johanneische Studien*, 53.
[543] PATERIUS, *In epistolam*, 1103-1104.
[544] ALULFUS, *Expositio*, 1394.
[545] J. CALVIN, *Commentarius*, 342.
[546] C. RENOUX, ed., *La chaîne arménienne sur les épîtres catholiques*, 205.
[547] A. ŠKRINJAR, «Maior est Deus corde nostro», 346.
[548] Così già Kösselt (riportato in F. LÜCKE, *Commentar*, 247): l'accusa in 3,20 riguarda qualsiasi peccato, escluso quello contro la carità (la vita di carità si presuppone, 3,19), mentre in 3,21 si parlerebbe di ogni tipo di peccato. Anche B. WEISS, *Die drei Briefe*, 106, dice che si tratti di imperfezioni (quindi non sono peccati tali da «sradicare» il nostro essere dalla verità, presupposto in 3,19), escluse quelle contro la carità.
[549] M. LUTHER, *Vorlesung*, 716-717.
[550] A. ŠKRINJAR, «Maior est Deus corde nostro», 346.
[551] E. GAUGLER, *Die Johannesbriefe*, 190.

2) debolezze o imperfezioni[552] (così, *de facto*, quasi tutti gli esegeti – connettendo infatti 3,19a con 3,18 si suppone un'atteggiamento fondamentale di carità);

3) scrupoli – rimane velato se si tratta di puri scrupoli (Lutero[553]) o di dubbi sulla remissione di veri peccati (Belser[554], de Ambroggi[555]). Come supporto per quest'interpretazione sarebbe possibile prendere in considerazione che, supposto che ἐν τούτῳ rimanda a 3,18, attualmente non si conta su una vita di peccato, ma di carità[556].

Praticamente tutte queste proposte partono dal presupposto che nella struttura logica viene come primo 3,18.19, seguito da 3,20: lo stato «di carità e verità» (3,18.19) viene contrassegnato dalle accuse (3,20)[557]. Il contesto prossimo di 3,20 ci porta a pensare prima di tutto alle mancanze nella carità fraterna[558]. Anche il contesto remoto del nostro brano, 3,11-17 con il tema centrale della carità fraterna, conferma questo dato.

Rimane comunque indiscutibile che, nonostante questa nostra «titubante precisazione», Giovanni non specifica il motivo delle accuse (è certo che non si tratta di scrupoli, poiché il NT non conosce questo «problema»). Possiamo quindi affermare che l'intenzione di Giovanni non è mettere al bando una concreta forma di peccato, ma mostrare la forza della persuasione (non pacificazione!) in una situazione di accuse *come tali*. Addirittura si può dire che la «curiosità», intenta a specificare il peccato in questione, veli e ottenebri questo significato principale del testo[559]. Giovanni non concretizza la natura o la gravità dei peccati proprio per mettere in risalto le accuse *come tali*, la persuasione *come tale*.

---

552 Degno di nota è che N. GORRAN, *B. Joannis Apostoli*, 305, parla esplicitamente di peccati veniali.

553 M. LUTHER, *Vorlesung*, 717-718.

554 J. BELSER, *Die Briefe*, 91-92.

555 P. DE AMBROGGI, *Le tre Epistole di Giovanni*, 253.

556 Contro l'idea che si tratti di scrupoli si esprime decisamente A. ŠKRINJAR, «Maior est Deus corde nostro», 346: non ci sarebbe nessun indizio che 1 Gv intenda tale caso specifico.

557 A. ŠKRINJAR, «Maior est Deus corde nostro», 345. C. SPICQ, «La justification du charitable», 919.

558 F. UTTENDOERFER, «Ein Kennzeichen», 992.

559 SCHNACKENBURG, 204.

Eppure, data l'opposizione tra 3,20 è 3,21, sarebbe stato «logico» specificare il motivo delle accuse con la proposizione «poiché noi *non* adempiamo i suoi comandamenti». Però usando quest'espressione si metterebbe del tutto in dubbio «l'essere cristiani» dei membri della comunità. La formulazione radicale «non adempiere i comandamenti» indica la radicalità della non appartenenza a Dio (3,10). Ma questo non vale per i membri della comunità! Essi sono infatti in Dio, poiché amano (3,14). Le accuse, quindi, non possono riguardare gravi mancanze nell'amore.

E' possibile conciliare «la vita di carità» con le mancanze nella carità? Per quelli che sono passati dalla morte alla vita (3,14), che hanno conosciuto la vera carità, è reale la possibilità di sperimentare le accuse della coscienza. In fin fine sappiamo che anche i redenti cadono in peccato: «Se diciamo che siamo senza peccato, allora la verità non è in noi» (1,8). Se ci siamo affidati alla carità, ci viene data una coscienza acuta e sensibile alle mancanze nella realizzazione della carità[560]. La rivelazione della verità come carità ha infatti sensibilizzato la nostra coscienza[561].

2.3.5 L'oggetto della persuasione (3,20bc)

L'interpretazione delle due proposizioni (3,20bc) è più difficile di quanto si possa immaginare a prima vista. Inoltre la questione da risolvere non è affatto l'ultima per ordine d'importanza, al contrario. Infatti, si potrebbe quasi dire che poco conta la soluzione dei problemi precedenti, l'importante è stabilire qual'è il significato dell'affermazione «Dio è più grande del nostro cuore»[562].

Giustamente si è ribadito che la comprensione della frase «Dio è più grande del nostro cuore» va ricercata nel contesto[563]. Di per sé, quest'oscura affermazione (oscura nel suo contesto, ma, paradossalmente, chiarissima se presa in sé) può essere soggetta a diverse interpretazioni. Decisivo, però, è il contesto e la struttura dell'intero brano 3,18-22.

2.3.5.1 *L'espressione «Dio è più grande»*

Questa affermazione si può collocare accanto alle tre grandi confessioni giovannee: Dio è spirito (Gv 4,24), Dio è luce (1 Gv 1,5), Dio è amore (1

[560] Cfr. WENGST, 158.
[561] WENGST, 159.
[562] Cfr. BROWN, 459.
[563] E. GAUGLER, *Die Johannesbriefe*, 188.

Gv 4,16). La copula «è» costituisce il verbo giovanneo «proprio» di Dio e della Parola; gli esseri umani «diventano», «hanno», oppure «agiscono»[564]. Così come per le altre formule di confessione, anche questa riguarda un'atteggiamento o una qualità di Dio *relativa* all'uomo[565].

Μείζων è la forma comparativa di μέγας. Quest'ultima è un epitteto divino nel mondo greco[566], nella LXX (Es 18,11; Dt 10,17; 2 Cr 2,4; Est 8,12q; Ez 36,23)[567], nel rabbinismo[568], nel NT (Tt 2,13; Gv 10,26; 14,28; 15,13; Eb 1,3; Gd 1,25: μεγαλωσύνη; Lc 9,43; 2 Pt 1,16: μεγαλειότης)[569].

Nel vangelo di Giovanni μείζων rispecchia in parte la struttura gerarchica della teologia: il Padre, più grande di tutto (10,29), è più grande di Gesù (14,28)[570]. Nella 1 Giovanni troviamo μείζων tre volte: 3,20; 4,4 (Dio più grande nella potenza); 5,9 (la testimonianza di Dio più grande per autorevolezza). Nel nostro brano μείζων si trova in posizione enfatica: infatti si tratta di una posizione che non rispetta l'ordine regolare delle parole[571].

L'affermazione «Dio è più grande del nostro cuore» può essere soggetta a tre interpretazioni principali: Dio è più grande nella severità (interpretazione negativa), nella misericordia (interpretazione positiva), oppure nella conoscenza, come confermato dalla successiva proposizione in 20c. Naturalmente anche le prime due interpretazioni tengono conto della proposizione in 20c, ma «usandola a modo proprio»: conoscendo tutto, Dio conosce anche i peccati nascosti, cosicché sarà più severo del cuore, oppure al contrario, conoscendo anche le nostre opere buone o l'opera di salvezza, Dio sarà misericordioso.

2.3.5.2 *L'espressione «Dio conosce tutto»*

In quest'espressione appare il verbo γινώσκειν, anche se teoreticamente al suo posto sarebbe più adatto εἰδέναι, frequentemente usato per designare una conoscenza intuitiva. Come già detto, però, Giovanni usa i due verbi con una certa libertà, senza lasciarsi determinare da una presunta

---

[564] BROWN, 194. Naturalmente con quest'affermazione si opera una semplificazione (ad esempio dei credenti si dice che *sono* figli di Dio, 1 Gv 3,1).

[565] Cfr. BROWN, 195; BEUTLER, 45.

[566] W. GRUNDMANN, «μέγας κτλ.», 1432-1434.1461-1462.

[567] W. GRUNDMANN, «μέγας κτλ.», 1434-1436.1460-1463.

[568] C. SPICQ, «La justification du charitable», 921 n. 5.

[569] W. GRUNDMANN, «μέγας κτλ.», 1436-1476.

[570] S. LÉGASSE, «μείζων», 991.

[571] BDR § 472,2.

«regola» che γινώσκειν riguarda una conoscenza esperienziale, a differenza di εἰδέναι[572]. Nel nostro caso pare abbia scelto deliberatamente γινώσκειν per il gioco di parole con καταγινώσκειν. Nell'espressione in 3,20c Dio non solo *conosce*, ma addirittura conosce tutto. Incontriamo di nuovo l'idea biblica dell'onniscienza divina.

Quest'onniscienza, ribadita fortemente nell'AT (Sal 7,10; 90,8; 139; Pr 15,3; 16,2; 1 Cr 28,9), è uno degli attributi divini più comunemente rilevati nell'epoca maccabea (ἐπόπτης in 2 Mac 3,39; 7,35; 3 Mac 2,21; πανεπόπτης in 2 Mac 9,5) e presso i rabbini[573]. La letteratura di Qumran ribadisce fortemente l'onniscienza di Dio, soprattutto in relazione ai peccati e alle azioni dell'uomo[574].

Il NT conferma quest'onniscienza, specificandola come conoscenza perfetta del cuore (Lc 16,15; At 1,24: καρδιογνώστης; Ebr 4,12-13). Tale conoscenza del cuore viene attribuita anche a Gesù (Mc 2,8; Gv 2,25). Nel vangelo di Giovanni al Figlio viene addirittura attribuita l'onniscienza «assoluta»: Egli «conosce tutto» (Gv 16,30), come si afferma anche di Dio in 1 Gv 3,20c. La conoscenza del Figlio è strettamente connessa alla sua unione col Padre[575].

2.3.5.3 *Interpretazione di 3,20bc*

Tra gli esegeti è praticamente pacifico che in 3,20bc il primo membro («Dio è più grande del nostro cuore») è specificato dal secondo («conosce tutto»): i due membri sono in parallelismo sinonimico. La congiunzione καί è epesegetica[576]. Se fosse stata omessa questa specificazione in 3,20c, allora non sarebbe stato chiaro in quale senso comprendere che Dio è più grande. Se fosse stato omesso 3,20c, allora più facilmente si sarebbe potuta giustificare l'interpretazione positiva o negativa. Purtroppo l'esplicitazione di «Dio è più grande» suona «conosce tutto» e non «perdona tutto» oppure «punisce tutto» (come in 1 Ts 4,6: ἔκδικος κύριος περὶ πάντων τούτων).

---

[572] BROWN, 250.

[573] Cfr. J. BONSIRVEN, *Le Judaïsme palestinien*, 187-188.

[574] R. SCHNACKENBURG, *Das Johannesevangelium*, I, 373.

[575] R. SCHNACKENBURG, *Das Johannesevangelium*, I, 374.

[576] BROWN, 458, il quale traduce con «perché» (ID., 439). A favore di un καί epesegetico si pronuncia espressamente anche STRECKER, 196. Comunque praticamente tutti gli autori spiegano implicitamente in questo senso.

Dopo queste osservazioni critiche (compreso quelle riportate nella parte sulla storia dell'interpretazione[577]) si può arrivare al significato più semplice e ovvio di 3,20bc, purificato da tutte le varie sovrainterpretazioni e aggiunte accumulatesi nel corso della storia. Tale significato si ferma al senso «base»: Dio è più grande poiché conosce tutto. Quest'idea non ha alcun bisogno di altre specificazioni: voler precisare se Dio nella sua conoscenza è misericordioso o, al contrario, severo, significa andare oltre il testo che, di per sé, non insinua nulla del genere. Volendo esprimere l'una o l'altra idea, Giovanni l'avrebbe fatto più chiaramente. Con la semplice interpretazione «Dio conosce tutto» realizziamo un ritorno «ad fontes»: sia per il motivo che ci riallacciamo ai primi commentatori di 1Gv (i quali propagavano quest'interpretazione «semplice»), sia per il motivo che aderiamo più fedelmente al testo biblico come tale.

Purtroppo anche quest'interpretazione è alquanto ambigua. Forse Giovanni intende sostenere che Dio vede più «oggettivamente» del nostro cuore? Quest'onniscienza oggettiva è al centro dell'attenzione in 1 Cor 4,3-5, in un contesto però diverso dal nostro brano. Mentre in 1 Cor 4,3-5 il discorso verte sulla distinzione tra l'apparenza e la realtà (distinguere ciò rientra nella capacità del giudice oggettivo), in 1 Gv 3,19-20 non si affronta questa problematica: qui la coscienza è già conscia delle mancanze. Non si dice affatto che la coscienza vuole «sopprimere» le accuse, volendole smussare oppure praticando davanti alle persone un atteggiamento ipocrita (l'ipocrisia invece rientra nel tema di 1 Cor 4,3-5).

Certo, di per sé la frase «Dio conosce tutto» include la logica affermazione che Dio vede meglio di noi anche le nostre mancanze. Però sarebbe molto strano che Giovanni intenda inculcare proprio questo: se in 19ab si parla della conoscenza del nostro essere dalla verità, perché subito dopo parlare dello sforzo di «persuaderci» che Dio conosce meglio di noi le nostre mancanze? Questa persuasione apparirebbe come un elemento estraneo al nostro testo. Inoltre il tono del brano è piuttosto positivo, dato che si conta su una vita di carità nella verità (quindi su un rapporto *sostanzialmente* positivo verso Dio). Risulterebbe strano che Giovanni voglia esasperare il credente «coscienzioso» che vive la carità e sente già il peso delle proprie mancanze: perché «metterlo alle corde» dicendo che Dio vede ancor meglio le sue mancanze? Tale pensiero sarebbe estraneo anche alla tendenza della lettera che, parlando del giudizio di Dio (ossia del tema

---

[577] Vedi p. 125-128.147-154.

«come Dio ci vede e giudica»), lo fa in termini di consolazione[578], proprio perché si presuppone una comunità che sostanzialmente vive la carità[579]. Analogamente, parlando del peccato nella vita dei fedeli, Giovanni incoraggia (e non desta angustia o terrore). Se pecchiamo, non siamo lasciati in potere del peccato e del male: infatti possiamo ottenere il perdono (1,8), abbiamo un Paraclito (2,1-2).

Così non ci sembra pertinente l'interpretazione di 3,20bc come «conoscenza oggettiva» che vede sia le intenzioni buone che quelle cattive. Per quale motivo persuadere il cuore di questa conoscenza oggettiva? Da quest'interpretazione puramente oggettiva scaturirebbe la conseguenza che Dio tratterà con misericordia i misericordiosi, con severità i malvagi (come sostiene Hauck[580]). Ma quest'affermazione oltrepassa il testo che non contempla due casi diversi, riguardanti i misericordiosi oppure i malvagi, bensì un caso specifico: quello dei misericordiosi oppressi dalle accuse.

L'accezione specifica dell'espressione «Dio conosce tutto» può essere scoperta da un'analisi del contesto e delle parole usate. Prima di tutto rileviamo un sottile contrasto tra 3,20a e 3,20bc. Mentre in 3,20a abbiamo le accuse del cuore, indicate col verbo καταγινώσκειν, in 3,20bc troviamo Dio che conosce tutto: il verbo questa volta è γινώσκειν, non καταγινώσκειν. Ritroviamo quindi la stessa radice, ma un significato ben diverso: il cuore conosce (le colpe) e accusa, mentre Dio «conosce soltanto»[581]. Questa figura può essere classificata come paronomasia[582]. Inoltre il contrasto può essere spinto ulteriormente: il cuore ha la conoscenza parziale, mentre Dio onnicomprensiva (dal contesto risulta che «conoscere tutto» riguarda il soggetto umano, non la realtà intera del creato). Che senso ha affermare che Dio conosce *tutto*? Secondo noi si afferma che mentre il cuore conosce le mancanze, Dio conosce non solo quelle ma anche «qualcos'altro». E dal precedente 19ab ricaviamo che questo «qualcos'altro» si riferisce al nostro essere dalla verità. Soltanto la connessione di ambedue, «mancanze» ed «essere dalla verità», costituisce il «tutto» della persona (nell'ottica del nostro brano). E siccome il cuore conosce già

---

578 BROWN, 460.

579 Vedi 2,28; 4,17-18.

580 F. HAUCK, *Der erste Brief des Johannes*, 139.

581 «Il gioco di parole dimostra che in καταγινώσκειν si avvertiva ancora il momento conoscitivo» (R. BULTMANN, «γινώσκω κτλ.», 531).

582 Come suggerisce F. LÜCKE, *Commentar*, 249 n. 1.

le mancanze, la novità dell'espressione «Dio conosce tutto» è che Dio conosce anche il nostro essere dalla verità. Questo sarebbe l'apporto specifico di 3,20bc. Che questo γινώσκειν di Dio riguarda il nostro essere dalla verità si può ricavare anche dalla ricorrenza dello stesso verbo in 19a, proprio parlando del nostro essere dalla verità. Possiamo quindi affermare che questa conoscenza divina ha una sfumatura piuttosto positiva, poiché riguarda *l'essere dalla verità* (quindi «una realtà positiva»). Il carattere positivo della conoscenza divina viene a galla anche dal contrasto tra il cuore che γινώσκει e κατα-γινώσκει (accusare, infatti, presuppone un conoscere le colpe), mentre Dio γινώσκει soltanto, non κατα-γινώσκει! Il sottile contrasto tra 3,20a e 3,20bc risulta anche dall'ordine delle parole: in 3,20 si dovrebbe pronunciare con enfasi il verbo καταγινώσκειν (ὅτι ἐὰν *καταγινώσκῃ* ἡμῶν ἡ καρδία), mentre nella protasi parallela l'enfasi si trova su καρδία (ἐὰν ἡ *καρδία* ἡμῶν μὴ καταγινώσκῃ)[583]. Quindi notiamo che nella prima protasi l'accento viene messo sull'atto dell'accusare, come se Giovanni volesse asserire con enfasi: sì, è proprio il cuore che accusa, mentre Dio, di contro, «conosce tutto».

Un'altro argomento in favore del tono positivo di 3,20c consiste nel fatto che in Giovanni il verbo «conoscere» (sia come γινώσκειν che εἰδέναι), quando è riferito al rapporto del Figlio verso «i suoi», ha *sempre* una valenza positiva[584]!

La nostra interpretazione veniva sostenuta già da Weiss[585]. Molto prima, però, già Walafrid Strabo accentuava la conoscenza divina delle nostre opere di carità (conoscenza positiva). E con un po' d'ironia rileviamo che questa proposta è inclusa nell'interpretazione positiva, anche se quest'ultima la oltrepassa, aggiungendo al testo giovanneo il concetto del perdono.

2.3.5.4 *L'interpretazione nel contesto di 3,18-20*

Come accennato, già il campo semantico della conoscenza ci aiuta a giustificare la nostra interpretazione: γινώσκειν (19 e 20), ἀλήθεια (19), πείθειν (19), καρδία (19). Inoltre il verbo καταγινώσκειν, anche se di un campo semantico differente, forensico, *formalmente* deriva dallo stesso

---

[583] J. A. BENGEL, *In epistolam primam Iohannis*, 1055. BDR § 472,2.

[584] Per γινώσκειν: Gv 10,14.27; 21,17. Per εἰδέναι: Gv 13,18; 21,16.17.

[585] B. WEISS, *Die drei Briefe*, 104.

verbo γινώσκειν. Ma anche dal punto di vista *materiale* i due verbi sono connessi: l'accusare implica un conoscere (la colpa dell'accusato). La prevalenza del campo semantico della «conoscenza», e non del giudizio, è un'altro argomento contro l'interpretazione negativa e quella positiva[586].

L'accezione «intellettiva» di πείθειν non è accennata solo dal rispettivo oggetto in 3,20bc (infatti si tratta di «persuadere» a una nozione), ma anche dal precedente verbo γινώσκειν. C'è di più. Dalla carità realizzata (3,18) scaturisce la conoscenza (del nostro essere) e la persuasione[587]. La persuasione è possibile soltanto quando realizziamo la carità operativa: 3,19c-20 non è infatti isolato, ma connesso con il precedente 3,19ab (e 3,19a a sua volta rimanda a 3,18). Questa conseguenza viene espressa prima in modo generale (19ab), poi applicata nel caso specifico delle accuse. La persuasione, cioè «il far conoscere» che Dio conosce il nostro status, è un caso specifico della conoscenza del nostro essere dalla verità. La connessione tra γινώσκειν e πείθειν è molto stretta, un'unica conseguenza a doppia faccia della carità effettiva.

Tale stretta connessione potrebbe anche spiegarci l'uso strano (nella letteratura giovannea) del verbo πείθειν. Infatti si tratterebbe quasi di un persuadere il cuore «di essere dalla verità» (persuadere di qualcosa). La connessione del persuadere con «tale verità» viene quasi spontanea, dato che proprio immediatamente prima di πείσομεν si parla dell'essere dalla verità. Il significato ovvio di «persuadere» a qualcosa è quindi insinuato anche da 3,19b, non solo da ὅτι + 3,20bc. Rimane da precisare che, nonostante l'affinità tra πείθειν e γινώσκειν, la persuasione scaturisce (ossia trae la sua forza ed efficacia) dalle opere, non dalla conoscenza: se conoscessimo, non avremmo bisogno di persuadere il cuore appellandoci alla conoscenza di Dio! La conoscenza «diretta» ci darebbe già la sicurezza del nostro status.

---

[586] Anche l'interpretazione positiva, infatti, si riallaccia parzialmente a una comprensione-base di stampo forense, come suggerisce H. WINDISCH – H. PREISKER, *Der erste Johannesbrief*, 167: davanti a Dio-giudice (ἔμπροσθεν nel senso forensico) le accuse vengono rimosse grazie al «Dio più grande del cuore» (quest'espressione è una «parola di rivelazione escatologica» in vista del giudizio). STRECKER, 194, sostiene che dal punto di vista della storia della tradizione non si può comprendere il nostro passo senza avere davanti agli occhi l'immagine del giudice del mondo che esprime il suo verdetto.

[587] Molto sottile è la distinzione operata da F. LÜCKE, *Commentar*, 235, secondo il quale ἐν τούτῳ, se connesso con πείσομεν, si traduce come «tramite ciò», unito con γνωσόμεθα, invece, «in questo».

2.3.5.5 *La rassicurazione sullo status «essere-dalla-verità»*

La persuasione, quindi, ha come oggetto una realtà positiva, il nostro essere-dalla-verità (status conosciuto da Dio). Come già detto, quest'atto si realizza in una determinata circostanza, quella del cuore accusato. Ma perché non persuaderci *esplicitamente* che apparteniamo alla verità? Perché troviamo un oggetto della persuasione che solo *indirettamente* ci porta alla conoscenza del nostro essere dalla verità? La risposta è semplice: come poter ritrovare in noi stessi la certezza di essere dalla verità, se proprio in noi sperimentiamo «incertezze» provocate dai rimorsi di coscienza? Certamente, la carità operosa è un segno dell'appartenenza alla verità, ma nel caso di incertezze interiori abbiamo bisogno di un'altro fondamento per rassicurarci. Fondamento, questo, che non si ritrova in noi stessi (quest'osservazione viene fatta giustamente da Gaugler[588]), ma in Dio. Perciò persuadiamo il cuore che Dio vede la nostra carità e il nostro essere dalla verità.

E' palese che «persuadere» ha un'accezione positiva, riguarda una realtà già presente in noi, però in qualche modo offuscata. Per questi motivi possiamo tradurre πείθειν come *assicurare*[589]. Anche se «assicurare» ha una sfumatura positiva come «calmare», è più adatto di quest'ultimo. Infatti «calmare» potrebbe evocare un «rappacificare» il cuore dalle accuse tramite il perdono. Assicurare, invece, significa «rendere certi»: nel nostro caso «rendere certi» di quello che è già presente nel credente, cioè della sua carità e dello status[590]. Acutamente il Wengst ribadisce che il nesso logico tra 18-19ab e 19c-20 sarebbe la risposta alla domanda: «Le mancanze non mettono in dubbio l'essere dalla verità?»[591]. Non lo mettono, ma per *assicurare* il cuore è necessario volgere lo sguardo a Dio che «vede tutto», non solo le mancanze.

Il testo è così focalizzato sul credente «simul iustus et peccator»: iustus, perché opera la carità evangelica. E costui si dimostra iustus, quindi «si giustifica» nel processo, essendo accusato dal cuore. Questa giustificazione

---

[588] E. GAUGLER, *Die Johannesbriefe*, 186.

[589] Uno dei significati di questo verbo è «rendere certo riguardo a un fatto, rassicurare» (G. DEVOTO – G. C. OLI, «assicurare», *Il dizionario della lingua italiana*, 144).

[590] Per questi motivi non condividiamo l'opinione di BROWN, 458, secondo il quale «persuadere» si avvicina a «calmare».

[591] WENGST, 157.

acquista tanta più importanza se teniamo conto che l'accusa scalfisce non solo la nostra coscienza «di appartenere alla verità», ma anche il nostro «status» davanti a Dio. Per questo c'è bisogno di ristabilire la nostra coscienza di figli di Dio, appellandoci al giudice giusto che vede la nostra carità. Questa «giustificazione» (non nel senso paolino!) rientra nella prospettiva della 1 Gv che vuole inculcare la coscienza di figli di Dio. Si deve però precisare che tale coscienza non viene inculcata «a basso prezzo» («Dio è misericordioso»), ma a partire dalla nostra vita di carità effettiva. La carità operosa libera dalle difficoltà interiori e rafforza la coscienza della comunione con Dio[592]. Ma siccome la coscienza è offuscata dalle colpe, ci si appella a Dio che vede la nostra carità. La coscienza del nostro essere-dalla-verità viene quindi costituita *direttamente* dalla carità e *indirettamente* dalla persuasione riguardo l'onniscienza di Dio.

Non si tratta di giustificazione nel senso paolino, passaggio dalla «tenebra» (vita senza Dio) alla «grazia in Cristo» tramite la fede. La risposta alla domanda, perché in 3,19 Giovanni non parli della rassicurazione del cuore tramite la *sola fide* (o fiducia) al seguito di Paolo (come vorrebbero molti esegeti), ma tramite la carità (conosciuta da Dio), si deve ricercare nel fatto che l'autore non si pone la domanda «come liberarsi dalle colpe», ma «come persuaderci della propria identità in mezzo alle accuse». La risposta è: tramite la carità vista da Dio. Questa carità fraterna non è tanto «uno sforzo umano», ma un'atteggiamento nella verità. Detto questo possiamo comprendere perché è possibile assicurare (non «calmare» di fronte alle accuse!) la coscienza tramite «gli atti di carità»: non sono semplici atti umani, ma atti divino-umani. In quanto tali, donano la certezza di appartenere alla verità, donano la forza di assicurare il cuore turbato che apparteniamo a Dio. L'azione di persuasione non è solo «atto umano», ma atto ratificato da Dio (almeno in un certo senso)[593], poiché compiuto *davanti al volto di Dio* (19c). E proprio per questo motivo la persuasione del cuore non è qualcosa di puramente psicologico, ma una vera e propria «giustificazione» (nel senso di «dimostrarsi giusto») con un significato teologico nel pieno senso della parola.

Quest'interpretazione è in linea con l'intento generale della lettera che vuole confermare i credenti della salvezza, come viene giustamente

[592] SCHNACKENBURG, 204.

[593] B. WEISS, *Die drei Briefe*, 104, sostiene addirittura che si tratta del verdetto di Dio su di noi.

segnalato[594]. La comunità, dopo aver sperimentato un recente scisma che l'ha destabilizzato, ha bisogno di ritrovare sicurezza rifacendosi alle basi della vera fede e carità: coloro che vivono la carità *concreta* sull'esempio di Cristo possono riassicurare i loro cuori che sono figli di Dio e, così, difendersi dalle accuse degli opponenti[595]. Non si tratta di una rassicurazione «a prezzo ridotto», ma fondata sulla *ortoprassi* dei fedeli che vivono la carità, nonostante sentano il peso delle accuse. Ma le accuse appartengono alla vita del cristiano, come ci conferma, del resto, la stessa lettera (1,8.10).

Sostenendo che l'onniscienza di Dio riguarda lo *status* del credente, abbiamo risposto all'obiezione che la costruzione πείθειν («persuadere») + «Dio è più grande» non è convincente: infatti l'asserzione «Dio è più grande» sarebbe in se stessa così chiara che non verrebbe necessario persuadere di ciò il cuore[596]! Però quando il cuore sperimenta le accuse, non ci è affatto evidente né il nostro status né che Dio vede il nostro essere dalla verità!

La storia dell'interpretazione ci ha aperto gli occhi e ci ha dato il coraggio di «rompere» con lo schema interpretativo in voga da alcuni secoli. Schema che cerca in tutti i modi la risposta alla domanda se Dio è severo o misericordioso nei confronti del peccatore. La risposta a questa domanda è che... Giovanni non si pone questa domanda, bensì un'altra: qual'è lo status del credente peccatore? Non si tratta di «un peccatore senza-Dio», che ha rotto definitivamente con Dio negando l'atteggiamento di carità. Giovanni ha di mira un credente che pratica la carità nella verità, ma ciò nonostante è perturbato dalle accuse, dalle proprie mancanze. Ebbene, anche in questo caso il fedele deve avere la coscienza di essere-dalla-verità, di appartenere a Dio, semplicemente per il fatto che opera la carità.

Non ci deve sorprendere che in 3,19-20 si abbia un caso «misto», con carità (essere-dalla-verità) e peccato presenti contemporaneamente. Già in precedenza l'autore aveva mostrato *insieme* ambedue le facce della medaglia:

1,8 – chi è nella verità, riconosce i propri peccati;

---

[594] J. MICHL, *Der erste Johannesbrief*, 234; BROWN, 460; SCHNACKENBURG, 203; J. PAINTER, *1, 2, and 3 John*, 248.

[595] J. PAINTER, *1, 2, and 3 John*, 248.

[596] WENGST, 157.

3,1.3 – già da ora siamo figli di Dio, ma ciò nonostante dobbiamo purificarci dai peccati.

Evidentemente non si tratta di peccati «che portano alla morte», ma che soltanto indeboliscono il rapporto con Dio.

L'enigmatico versetto 3,20 quindi concerne lo status del fedele di fronte a Dio (ossia il suo rapporto verso Dio), come attesta proprio il precedente 3,19: se amiamo, riconosciamo che siamo dalla verità, quindi che apparteniamo a Dio. In 3,19 questo rapporto può essere esplicitato in queste tre relazioni: *nella* verità (19a, ἐν τούτῳ rimanda a 3,18), *dalla* verità (19b), *di fronte* alla verità (19c).

Vi sono altre prove che il brano (18-22) è incentrato sul rapporto verso Dio, come si nota analizzando la proposizione in 19c. In questa frase desta l'attenzione la presenza *superflua* di *ἔμπροσθεν αὐτοῦ*. Perché Giovanni non ha tralasciato questo sintagma, dicendo semplicemente καὶ πείσομεν τὴν καρδίαν ἡμῶν? Per di più ἔμπροσθεν αὐτοῦ è posto in una posizione enfatica, proprio all'inizio della proposizione, precedendo il verbo e l'oggetto[597]! Quest'enfatizzazione dell'idea «essere davanti a Dio» viene corroborata *ulteriormente* tramite l'espediente della ripetizione, usando altri due sintagmi simili: essere «verso Dio» (πρός – 3,21) o «davanti a Dio» (ἐνώπιον – 3,22). In altre parole, nel brano esaminato Giovanni accentua «l'essere davanti a Dio»[598], e ciò tramite la *posizione enfatica* di ἔμπροσθεν αὐτοῦ oppure la *ripetizione*.

La nostra intuizione che Giovanni ha di mira lo «status» viene riconfermata nella successiva parte dell'antitesi (21-22ab): quando il cuore non ci accusa, allora abbiamo παρρησία di fronte a Dio. Nella letteratura greca παρρησία caratterizza lo status (o atteggiamento) del libero cittadino, quindi nel NT lo status del credente verso Dio[599]. Quindi si corrispondono 19c (καὶ ἔμπροσθεν αὐτοῦ πείσομεν τὴν καρδίαν ἡμῶν) e 21b (παρρησίαν

[597] Cfr. BDR § 472.

[598] B. F. WESTCOTT, *The Epistles of St. John*, 116, afferma che la posizione enfatica sottolinea il carattere essenziale della vita cristiana, vissuta davanti al volto di Dio. Ciò ci pare un'indebita generalizzazione: più consone ci sembra l'asserzione che *nel nostro caso* (cioè proprio nel testo esaminato) Giovanni vuole enfatizzare la presenza del credente davanti a Dio.

[599] H. BALZ, «παρρησία κτλ.», 106-107.

ἔχομεν πρὸς τὸν θεόν)[600]. Tra le due proposizioni vi è una gradazione causata naturalmente dal fatto che nel primo periodo dell'antitesi si suppone una situazione di carità/peccato, mentre nel secondo una situazione di sola carità (v. 22 – adempiamo i comandamenti che sono riassunti nella carità, come sostiene v. 23). Abbiamo quindi una *gradatio*[601], un crescendo tra 3,19c e 3,21b: prima la persuasione riguardo lo status, poi la παρρησία. L'accentuazione dello status viene sottolineata anche dalla posizione enfatizzata di παρρησία in 3,21.

«Fortunatamente» in 3,19 non si parla ancora della παρρησία: possiamo così avere un nuovo ed originale pensiero per la Prima Ioannis, la persuasione del cuore agitato dalle accuse.

2.3.5.6 *«Dio conosce tutto»: confronto di 1 Gv 3,20c con Gv 21,17*

Per confermare la nostra interpretazione dell'affermazione «Dio conosce tutto», ci si può rifare a un'altra ricorrenza dell'espressione (leggermente modificata) nella letteratura giovannea, in Gv 21,17: πάντα σὺ οἶδας[602].

La frase è inserita nel dialogo tra Pietro e Gesù. Gesù pone la domanda «mi ami tu» per tre volte. E' interessante notare che dopo la terza ripetizione Giovanni annota che l'apostolo si rattristò (Gv 21,17). Perché? Due sono le risposte possibili, risposte che possono coesistere. La triplice domanda può far ricordare il triplice rinnegamento, ravvivando la vergogna ed il dolore per «l'anticonfessione»[603]. Oppure la domanda viene ripetuta per la terza volta come se Gesù non credesse alle due precedenti confessioni e voglia sentire una risposta più adeguata, «credibile». In ogni caso, la terza ripetizione influenza la reazione e risposta di Pietro: infatti questa volta la risposta è diversa da quelle precedenti. Pietro non ribatte più veementemente, riaffermando ancora più energicamente che ama il Signore. Riconferma che ama il Signore, però omette «ναί» («sì, certamente»), presente invece nella prima e seconda risposta (21,15-16). Questo è un segno della perdita di autocertezza. Questa perdita di autocoscienza e fiducia in sé va di pari passo con il dato di fatto che Pietro più di prima si

[600] STRECKER, 195, e KLAUCK, 215. Non si tratta di un parallelismo sinonimico, ma di una gradazione.

[601] C. SPICQ, «La justification du charitable», 926 («un progrès»); G. GIURISATO, *Struttura e teologia*, 491.

[602] Il verbo εἰδέναι è qui sinonimo di γινώσκειν, come si vede dall'uso di ambedue i verbi l'uno accanto all'altro.

[603] R. SCHNACKENBURG, *Das Johannesevangelium*, III, 435.

richiama alla conoscenza del Signore. Mentre le prime due volte Pietro risponde «tu sai», la terza volta dice «tu sai *tutto*». Questa terza risposta, modificata rispetto alle precedenti, ci mostra che Pietro ripone ancor più la certezza della sua carità nella conoscenza del Signore[604]. L'apostolo si appella alla conoscenza di Gesù che vede e conferma il suo atteggiamento di carità[605].

La conoscenza del Signore riguarda quindi la carità di Pietro. Per questo si tratta di una conoscenza «positiva», come in 1 Gv 3,19-20. A questa conoscenza ci si appella come a un testimone che conferma un dato di fatto. L'onniscienza del Signore corrobora la coscienza dell'incerto Pietro, ma anche quella del credente con l'autocoscienza (del proprio essere dalla verità) indebolita e scalfita dalle accuse: anche in questo caso il Signore vede la carità, segno dell'essere dalla verità. In ambedue i casi la conoscenza del Signore (più oggettiva e perfetta della nostra, come sottolinea il πάντα!) «ratifica» o sigilla la conoscenza *imperfetta* del credente sulla propria carità (e, conseguentemente, sul suo rapporto verso Dio).

2.3.6 Interpretazione del periodo ipotetico in 3,20 e 3,21-22ab

In 3,20bc non abbiamo soltanto l'oggetto del verbo πείσομεν, ma contemporaneamente (per sovrapposizione) l'apodosi del periodo condizionale, con la protasi in 3,20a. Per questo motivo ora analizzeremo il periodo ipotetico *come tale* in 3,20 e 3,21-22ab.

La protasi in 20a e 21a è introdotta da ἐάν che, come spiegato, non si deve concepire come particella equivalente a ἄν, bensì come congiunzione. Come tale ἐάν «indica il fatto che ci si deve aspettare in determinate circostanze – sulla base di un dato punto di vista (generale o concreto) nel presente»[606]. La ripetuta congiunzione ἐάν introduce due protasi poste in un parallelismo antitetico. Le protasi contengono gli stessi elementi disposti, però, in ordine inverso: congiunzione (ἐάν), verbo (καταγινώσκῃ) e sostantivo (καρδία). Queste protasi sono antitetiche: la prima protasi è negativa

---

[604] R. SCHNACKENBURG, *Das Johannesevangelium*, III, 434.

[605] Cfr. R. SCHNACKENBURG, *Das Johannesevangelium*, III, 435.

[606] BDR § 373,1.

(ἐὰν καταγινώσκῃ ἡμῶν ἡ καρδία), la seconda positiva[607] (ἐὰν ἡ καρδία [ἡμῶν] μὴ καταγινώσκῃ). Il rapporto antitetico viene messo in luce dalla presenza della particella negativa μή nella seconda protasi. Anche il cambiamento dell'ordine delle parole può esprimere una certa opposizione tra le due proposizioni: così nella prima protasi il verbo καταγινώσκῃ è al primo posto (dopo la congiunzione) con il soggetto καρδία alla fine della proposizione, mentre nella seconda protasi la situazione è inversa.

Per quanto riguarda le apodosi, molti autori identificano la prima apodosi in 3,20bc, la seconda in 3,21b-22ab. Una voce «fuori capitolo» è quella di Giurisato. La presenza di due periodi ipotetici, seguiti da due proposizione coordinate (καί) introdotte da ὅτι, ha indotto Giurisato[608] a vedere un perfetto parallelismo tra i versetti 19-20 e 21-22:

Protasi	ἐὰν καταγινώσκῃ ἡμῶν ἡ καρδία,
Apodosi	ἐκ τῆς ἀληθείας ἐσμέν,
	καὶ ἔμπροσθεν αὐτοῦ πείσομεν τὴν καρδίαν ἡμῶν
Motivazione	ὅτι μείζων ἐστὶν ὁ θεὸς τῆς καρδίας ἡμῶν
	καὶ γινώσκει πάντα

Protasi	ἐὰν ἡ καρδία [ἡμῶν] μὴ καταγινώσκῃ,
Apodosi	παρρησίαν ἔχομεν πρὸς τὸν θεόν
	καὶ ὃ ἐὰν αἰτῶμεν λαμβάνομεν ἀπ' αὐτοῦ,
Motivazione	ὅτι τὰς ἐντολὰς αὐτοῦ τηροῦμεν
	καὶ τὰ ἀρεστὰ ἐνώπιον αὐτοῦ ποιοῦμεν

La protasi avrebbe solo un membro (una proposizione), mentre l'apodosi due membri coordinati, così come la motivazione (posta sempre per ultima)[609]. L'ordine della protasi e dell'apodosi cambia: nel primo periodo l'apodosi precede la protasi, nel secondo viceversa. Sempre secondo il Giurisato, nei due periodi ipotetici si potrebbe riscontrare la

---

[607] Gli aggettivi *negativa* o *positiva* riguardano il tenore della frase (in relazione al soggetto), non la presenza o assenza della particella negativa.

[608] G. GIURISATO, *Struttura e teologia*, 484.

[609] Quando segue una proposizione antitetica, la congiunzione ὅτι introduce la motivazione, vedi excursus p. 237-238.

figura detta πάρισον, definita come «assimilatio sententiae membris non dissimilibus et plerumque paribus et contrariis constans»[610].

Questa soluzione suscita delle perplessità, poiché non sembra sensato considerare come apodosi ἐκ τῆς ἀληθείας ἐσμέν: come può derivare da una protasi come ἐὰν καταγινώσκῃ ἡμῶν ἡ καρδία? La contraddizione tra una protasi negativa e un'apodosi positiva si risolverebbe (presumibilmente) connettendo tale apodosi con la motivazione (v. 20bc – intesa in senso positivo, «Dio misericordioso»)[611].

La proposta del Giurisato[612], del resto suggestiva, ci sembra naufragare sullo scoglio dell'*analisi retorica*: l'autore scommette troppo su quest'analisi e, cercando di imbrigliare il brano in una *figura retorica* (nel nostro caso πάρισον), forza le frasi e non tiene conto dell'aspetto contenutistico[613]. Non conservando un sano equilibrio tra l'aspetto *formale* e quello *contenutistico*, si rischia di cadere in eccessi e di forzare il testo.

Con la maggior parte degli autori, anche noi consideriamo la prima apodosi in 3,20bc[614].

Due forti motivazioni ci inducono a ciò:

---

[610] H. LAUSBERG, *Handbuch der Literarischen Rhetorik* § 722.

[611] Per una nostra valutazione, vedi p. 150-151.240.

[612] Ci siamo soffermati solo su quelle intuizioni che riguardano il nostro brano. Non ci sembra necessario confutare il confronto del nostro brano con altri passi simili della 1 Gv (G. GIURISATO, *Struttura e teologia*, 486-490), poiché basato su presupposti che abbiamo già messo in dubbio.

[613] La stessa osservazione vale per la struttura proposta da E. MALATESTA, *Interiority and Covenant*, 267, che cerca di imbrigliare il testo in una struttura concentrica:

19a A we will know we are of the truth
19b B peace of heart before God
20a C if our heart accuses us
20bc D God is greater than our heart
and knows all things
21a C' if our heart does not accuse us
21b B' peace of heart before God
21a what we ask we receive from Him
22bc A' we keep His commandments
and do what is pleasing before Him

[614] Teoreticamente si potrebbe riflettere sull'ipotesi dell'apodosi implicita in 3,18 (alla quale rimanda 3,19a): quest'apodosi, però, sarebbe troppo lontana dalla protasi e la precederebbe, contro l'uso giovanneo. E per finire, 3,18 in tal caso rivestirebbe tre funzioni: esortazione/conclusione del brano precedente, segno di 3,19 e apodosi di 3,20a. E' insostenibile attribuire queste tre funzioni contemporaneamente.

1) nelle proposizioni ipotetiche l'apodosi segue sempre la protasi[615];
2) la protasi parallela in 3,21a viene seguita subito dopo dalla relativa apodosi.

A questa soluzione si può obiettare che 3,20b è preceduto dalla congiunzione ὅτι: naturalmente è inaccettabile avere una tale apodosi. Le difficoltà svaniscono se ammettiamo che 3,20bc riveste contemporaneamente due funzioni: apodosi e proposizione oggettiva (più esattamente si tratta di due proposizioni unite con καί) dipendente da πείσομεν[616].

Ora possiamo proporre lo schema completo dei due periodi ipotetici, divisi dall'indirizzo ἀγαπητοί. Nelle protasi il congiuntivo presente esprime l'aspetto lineare o iterativo[617]. Questo aspetto è confermato dal tempo presente nelle apodosi[618]. In 20b mettiamo la congiunzione tra parentesi poiché non fa parte dell'apodosi. Questo ὅτι disturba all'inizio dell'apodosi, ma diventa «sopportabile» se si considera che si trova anche all'inizio della protasi: quindi per avere un periodo ipotetico liscio, è sufficiente togliere ambedue gli ὅτι. La loro presenza è un dazio alla sovrapposizione dell'apodosi alla proposizione oggettiva di πείσομεν.

1) Primo periodo ipotetico

Protasi	20a	ἐὰν καταγινώσκῃ ἡμῶν ἡ καρδία
Apodosi	20b	(ὅτι) μείζων ἐστὶν ὁ θεὸς τῆς καρδίας ἡμῶν
	20c	καὶ γινώσκει πάντα

2) Secondo periodo ipotetico

Protasi	21a	ἐὰν ἡ καρδία [ἡμῶν] μὴ καταγινώσκῃ
Apodosi	21b	παρρησίαν ἔχομεν πρὸς τὸν θεόν
	22a	καὶ ὃ ἐὰν αἰτῶμεν
	22b	λαμβάνομεν ἀπ' αὐτοῦ

Come complemento del secondo periodo ipotetico vi è la motivazione:

22c ὅτι τὰς ἐντολὰς αὐτοῦ τηροῦμεν

---

615 Come giustamente ribadisce F. UTTENDOERFER, «Ein Kennzeichen», 994. Ciò comunque vale per 1 Gv: infatti nel vangelo abbiamo dei periodi ipotetici con l'inversione di apodosi-protasi, come dimostra Gv 13,17; 15,14.

616 Vedi p. 200-203.

617 BDR § 373,1 n. 3. Il congiuntivo aoristo, invece, esprime la puntualità.

618 BDR § 373,1 n. 2. Il caso eventuale avrebbe il futuro nell'apodosi.

22d καὶ τὰ ἀρεστὰ ἐνώπιον αὐτοῦ ποιοῦμεν

Il primo versetto dell'unità (3,18) costituisce «l'annuncio» del tema sviluppato dall'antitesi[619]. E' sì vero che il tema dell'annuncio non è ripreso in modo così evidente come in altre antitesi[620], comunque riaffiora implicitamente in 3,19-20 e in 3,22cd (le proposizioni in 3,22cd, nonostante non facciano parte dell'ipotesi come tale, le sono strettamente connesse, costituendone la motivazione).

Un'altra questione da affrontare è se queste apodosi siano *antitetiche*[621], oppure *sinonimiche*[622]. Naturalmente la questione è connessa con l'interpretazione di 3,20bc: se *negativa*, allora le apodosi sono in rapporto antitetico, se *positiva*, il rapporto è di sinonimia.

Un caso particolare del parallelismo antitetico avviene se attribuiamo a πείθειν il significato «calmare»: allora 3,21-22ab è sviluppo parenetico di 3,19 (Lücke[623]). La logica del pensiero sarebbe: quando siamo consci della carità fraterna, allora abbiamo pace con Dio e ciò che gli chiediamo (in questa pace) otteniamo da lui, poiché (nella carità) osserviamo i suoi comandamenti e compiamo ciò che gli piace[624].

Invece nel caso di un parallelismo sinonimico, 3,21-22ab viene considerato come ripresa[625] o conseguenza[626]. Oppure 3,21 viene da Bultmann[627] considerato come una spiegazione omiletica di 3,18-20 con ulteriori deduzioni parenetiche. Considerando 3,21-22ab come conseguenza di 3,19-20, non sorprende che la mancanza di accuse in 3,21 è attribuita alla grandezza

---

619 Spesso l'antitesi è preceduta da una frase annuncio, vedi l'excursus, p. 234-235.

620 Ad es. 1,5 o 2,3.

621 Così recentemente BEUTLER, 92.

622 Non si tratterebbe di una *sinonimia* perfetta, piuttosto di una gradazione (così ad esempio C. SPICQ, «La justification du charitable», 926).

623 F. LÜCKE, *Commentar*, 252.

624 F. LÜCKE, *Commentar*, 252-253.

625 I. GORDONI (1593-1641), *Epistola*, 521: «Quadam veluti anacephaleosi inculcat in hac capitis periodo extrema, quae toto capite attigit de pace et securitate bonae conscientiae, ve fiducia obtinendi».

626 J. SCHNEIDER, *Der erste Brief des Johannes*, 169; F. VOUGA, *Die Johannesbriefe*, 59.

627 BULTMANN, 63.

di Dio, concepita come grandezza nella misericordia (3,20)[628]. Addirittura si può affermare che in 3,19b-20 si parla già della παρρησία nella preghiera (21b-22a), anche se solo velatamente: in 3,21-22, poi, se ne parla esplicitamente[629].

Risulta però sintomatico che uno dei sostenitori più significativi del parallelismo sinonimico, Schnackenburg, riconosca che il passaggio da 3,20 a 3,21 tramite la preposizione ἐάν non è un modo elegante per esprimersi e, così, rimane una certa difficoltà nell'interpretazione[630]. Ma non è per caso che questo tipo di interpretazione non sia «elegante»?

Analizzando il primo periodo ipotetico, vediamo che la protasi è *negativa* (il cuore accusa). Però nel nostro caso non è possibile estrapolare il periodo ipotetico dal contesto, in quanto la congiunzione ὅτι (20a) incastra indivisibilmente l'ipotesi in tutto il periodo 3,19-20, cosicché la protasi negativa riguarda un caso *in sostanza* positivo: infatti grazie a [καὶ] ἐν τούτῳ connesso a 3,18 si suppone un atteggiamento fondamentale di carità. Il primo periodo ipotetico quindi non è di validità «generale», ma applicato al caso particolare e specifico «della carità in opere». Quindi la protasi è esplicitamente negativa, ma *relativa* a un caso positivo: ne risulta un caso *misto*, negativo/positivo.

La stessa cosa vale per l'apodosi che nel contesto riveste una valenza negativa/positiva: Dio infatti conosce sia le mancanze (conoscenza *negativa*), sia la carità (conoscenza *positiva*). Cosicché la protasi e l'apodosi sono *miste*, poste sullo stesso piano. Come già detto, però, nel contesto l'apodosi accentua piuttosto l'aspetto *positivo* della conoscenza di Dio, di pari passo con la situazione in 3,18-20a sostanzialmente positiva: il credente è in comunione con Dio-verità, anche se in una comunione indebolita dalle mancanze. Ne risulta che nel contesto 3,18-20 la protasi e

---

[628] Così anche E. GAUGLER, *Die Johannesbriefe*, 191. SCHNACKENBURG, 204, seguendo A. E. BROOKE, *A Critical and Exegetical Commentary*, 101 (il quale interpreta 3,21 nel senso lato, quindi né come versetto in rapporto antitetico con 3,20 né come sua continuazione), fa riferire questo versetto sia a coloro che non hanno sperimentato le accuse, sia a coloro che hanno sperimentato la pacificazione (3,19-20).

[629] SCHUNACK, 67. Incerto è E. GAUGLER, *Die Johannesbriefe*, 190-191, il quale alla fine si pronuncia per «il caso contrario» (3,21-22ab non è, quindi, una conseguenza del precedente 3,20). Infatti, nel caso di una conseguenza ci si aspetterebbe μηκέτι, al posto del semplice μή.

[630] SCHNACKENBURG, 203.

l'apodosi sono effettivamente sullo stesso piano, essendo di tipo *misto* con un'accentuazione *positiva*.

Questa constatazione conferma la regola che nella 1 Gv i periodi ipotetici sono posti sempre sullo stesso piano: una protasi negativa ha sempre un'apodosi negativa, una protasi positiva ha un'apodosi positiva. Questa tesi, confermata nel seguente *excursus*, fa vacillare seriamente la proposta di vedere in 3,20bc un'apodosi *positiva*.

Dalle osservazioni fatte risulta chiaro perché l'apodosi di 20bc non sia *antitetica* rispetto alla parallela 3,21b-22ab: nel primo periodo dell'antitesi non abbiamo un caso *del tutto* negativo, bensì negativo e positivo, misto. E così anche per l'apodosi Giovanni non ha potuto optare per una formulazione negativa (παρρησίαν *οὐκ* ἔχομεν πρὸς τὸν θεόν, come opposizione di 3,21b), ma piuttosto *mista*, rendendo così giustizia allo stato di carità connesso a quello di peccato. Le due ipotesi (sempre viste nel contesto) non sono poste in radicale *antitesi*, ma contemporaneamente in *antitesi* e *sinonimia progressiva*. Questo rapporto *misto* è conseguenza delle circostanze *miste* nella prima ipotesi.

Scorporando i versetti 18-22, abbiamo ricavato un periodo dimostrativo e due periodi ipotetici (20 e 21-22ab) preceduti dalla frase annuncio (3,18). La frase annuncio funge contemporaneamente da segno del periodo dimostrativo, con la relativa realtà interiore in 3,19: in 3,19ab tale realtà viene espressa *generalmente*, mentre in 3,19c *specificamente* per il caso delle accuse (3,20a). Il verbo πείσομεν ha la rispettiva proposizione oggettiva (cioè l'oggetto) in 3,20bc che costituisce, contemporaneamente, anche l'apodosi (per sovrapposizione). Per comprendere più chiaramente la logica del pensiero, possiamo riscrivere 3,19c-20 in questo modo (nella sequenza 19c.20bc.20a):

καὶ ἔμπροσθεν αὐτοῦ πείσομεν τὴν καρδίαν ἡμῶν ὅτι μείζων ἐστὶν ὁ θεὸς τῆς καρδίας ἡμῶν καὶ γινώσκει πάντα ἐὰν καταγινώσκῃ ἡμῶν ἡ καρδία.

Tale riordinamento toglie alcuni problemi sintattici: elimina il fastidioso doppio ὅτι, evidenzia l'oggetto del verbo πείσομεν. Però la protasi sarebbe posta dopo l'apodosi, contro l'uso giovanneo, e così non si evidenzierebbe che il «persuadere» riguarda il caso «del cuore che accusa». L'autore ha così preferito conservare l'abituale ordine protasi – apodosi, introducendo necessariamente ὅτι prima della protasi, suggerendo che sarebbe seguita la proposizione oggettiva del verbo, per il momento rimandata a 3,20bc. Immettendo la protasi subito dopo πείσομεν (e prima della relativa proposizione oggettiva), si evidenzia che il verbo si riferisce al caso specifico dell'ipotesi del cuore che accusa. E volendo completare il periodo ipotetico e la costruzione del verbo πείσομεν, non rimane che sovrapporre l'apodosi alla proposizione oggettiva. Sovrapponendo si rende necessario che 3,20bc sia adatta e dia senso, contemporaneamente, come apodosi e oggetto di πείσομεν: per questo motivo l'apodosi ci potrebbe sembrare un po' strana ed enigmatica. A prima vista, infatti, non è chiaro perché Giovanni formuli un'apodosi del genere che, per di più, non è negativa come la rispettiva protasi. Tenendo conto della sovrapposizione e del «caso misto», invece, le nostre titubanze svaniscono.

Concludendo, le proposizioni in 3,19-20 sono strettamente concatenate. Sovrapponendo e, in tal modo, abbreviando il discorso, l'autore corre il rischio di cui parla Orazio: «Brevis esse laboro, obscurus fio»[631].

2.3.7 Excursus: Le proposizioni antitetiche in 1 Gv

Dando uno sguardo a tutta la lettera, possiamo trovare altri passi con una strutturazione simile a 1 Gv 3,18-22, cioè annuncio (dà il tono e l'orientamento principale del discorso[632]), seguito da proposizioni antitetiche (nel nostro caso parzialmente antitetiche), alcune volte anche da una conclusione riassuntiva. Possiamo addirittura affermare che i parallelismi antitetici appartengono allo stampo tipico della letteratura giovannea e si radicano nella sua visione dualistica del mondo[633]. Non si può negare che le antitesi sono molto incisive, proprio in virtù del contrasto e della ripetizione di parole identiche o sinonime[634].

Analizzando la lettera dal punto di vista dei parallelismi antitetici, possiamo trovare questi passi:

---

[631] HORATIUS, *Ars poetica*, 25.26.

[632] Nel nostro caso è una frase parenetica (al congiuntivo), ma non sempre è così: alcune volte è una frase oggettiva (all'indicativo, come in 1,5, oppure all'imperativo, come in 2,15).

[633] SCHNACKENBURG, 5; BEUTLER, 135.

[634] SCHNACKENBURG, 5, distingue il parallelismo di oppositi («Gegensätzlicher Parallelismus»), con il pensiero negativo che semplicemente inverte la precedente espressione positiva (usando gli stessi termini), dalla vera antitesi, con l'uso di termini antitetici (quindi diversi, a differenza del caso precedente).

- 1,5-2,1 (1,5 – annuncio; 1,6-1,10; 2,1b – antitesi; 2,1a.2 – conclusione)
- 2,3-6 (2,3 – annuncio; 2,4-6 – antitesi)
- 2,7-12 (2,7-8 – annuncio; 2,9-12 – antitesi)
- 2,15-17 (2,15a – annuncio; 2,15b-17 – antitesi)
- 2,19 (2,19 – antitesi[635])
- 2,22-24 (2,22 – annuncio; 2,23 – antitesi; 2,24 – conclusione)
- 3,5-6 (3,5 – annuncio; 3,6 – antitesi)
- 3,7-10[636] (3,7 – annuncio; 3,8-9 – antitesi; 3,10 – conclusione)

Da 3,11 in poi le antitesi sono meno contrastanti, più sfumate[637]:
- 3,11 – annuncio (introdotto da ἀγγελία)

antitesi:

negativa	positiva
Κάϊν... ἔσφαξεν (3,12)	ἡμεῖς... ἀγαπῶμεν (3,14)
πᾶς ὁ μισῶν (3,15)	ἡμεῖς ὀφείλομεν τὰς ψυχὰς θεῖναι (3,16)
ὃς δ' ἂν... κλείσῃ τὰ σπλάγχνα αὐτοῦ (3,17)	ἀγαπῶμεν ἐν ἔργῳ καὶ ἀληθείᾳ (3,18)

- 3,18-22ab (3,18 – annuncio; 3,19-22 – antitesi)
- 4,1-6 (4,1-2a – annuncio; 4,2b-6a – antitesi; 4,6b – conclusione)
- 4,7-8 (4,7a – annuncio; 4,7b-8 – antitesi)
- 4,19-20 (antitesi)
- 5,9-10 (5,9 – annuncio; 5,10 – antitesi)
- 5,11-13 (5,11 – annuncio; 5,12 – antitesi; 5,13 – conclusione)

Passiamo a comparare questi brani, strutturati secondo uno schema abbastanza stereotipico (annuncio, antitesi, conclusione), nonostante conceda alcune modificazioni (mancanza dell'annuncio o della conclusione).

[635] A questa proposizione viene contrapposto 2,19a che dal punto di vista formale non ha le caratteristiche degli altri periodi antitetici, però per il contenuto è nettamente in opposizione a 2,19b (anche le parole usate, compreso il loro ordine, sono un indice della voluta opposizione tra le due proposizioni).

[636] Questo passo è particolarmente interessante, poiché contiene un ὅτι causale e una frase dimostrativa (in 3,10) come il nostro brano!

[637] SMALLEY, 179, sostiene che in 3,11-24 le antitesi sono meno chiare che nella sezione precedente. In 3,12-22 abbiamo un'avvicendarsi di proposizioni negative e positive: 12-negativa, 14-positiva, 15-negativa, 16-positiva, 17-negativa, 18-positiva, 20a-negativa, 21.22ab-positiva.

1) *Annuncio*

L'annuncio contiene un sostantivo che caratterizza il tema espresso subito dopo: ἀγγελία (1,5), ἐντολή (2,7), μαρτυρία (5,9; 5,11). In tre casi questi sostantivi sono preceduti dal pronome αὕτη + copula ἔστιν (1,5; 5,9; 5,11). Tre volte incontriamo anche il verbo ἀκούω (ἀκηκόαμεν – 1,5; ἠκούσατε – 2,7 e 2,18). Questo verbo (sempre al passato: perfetto oppure aoristo) connette l'annuncio (specificato nei vari passi della lettera) col messaggio trasmesso *dall'inizio* (ad esempio 2,7; 2,24). Un'altro segno caratteristico dell'*annuncio* è la presenza del verbo *cognitivo* γινώσκω (ἐν τούτῳ γινώσκομεν – 2,3; ὅθεν γινώσκομεν – 2,18; οἴδατε – 3,5; ἐν τούτῳ γινώσκετε – 4,2). Grazie alla somiglianza formale col brano studiato sono più interessanti gli indirizzi che introducono l'annuncio: ne incontriamo ben 6 (!), cioè ἀγαπητοί (2,7; 4,1; 4,7), παιδία (2,18), τεκνία (3,7). Proprio l'ultimo indirizzo menzionato, τεκνία, si trova anche nel nostro brano, in 3,18. Un'altra caratteristica che accomuna 3,18 con alcuni dei brani proposti è la forma esortativa del verbo, preceduta dalla particella negativa μή (oppure dalla forma composta μηδείς): μὴ ἀγαπᾶτε (2,15; 3,18), μηδείς πλανάτω (3,7), μὴ πιστεύετε (4,1). In 2,15, oltre ad avere la particella μή prima del verbo, ritroviamo anche la sua forma composta μηδέ, esattamente come in 3,18. L'annuncio in 4,1 è molto interessante, poiché contiene l'indirizzo seguito da μή + esortazione (imperativo πιστεύετε) + congiunzione avversativa ἀλλά: questa sequenza rispecchia in modo fedele l'ordine seguito in 3,18. In 2,7 abbiamo la presenza di un indirizzo con la congiunzione avversativa ἀλλά. L'ultima osservazione riguarda la sequenza indirizzo + verbo ἀγαπᾶν, presente in 4,7 e 3,18. Nonostante il fatto che nel secondo caso (3,18) abbiamo anche la particella μή, il contenuto dell'annuncio è pressoché identico in ambedue i casi: si esorta alla carità (in 3,18 si specifica – non carità superficiale, ma vera).

Alla fine di questa caratterizzazione proponiamo uno specchietto con le forme grammaticali presenti in 3,18 e, se ci sono, negli altri annunci.

	Indirizzo	μή+esort.	μηδέ	ἀλλά
2,7	+			+
2,15		+	+	
2,18	+			
3,7	+	+		
4,1	+	+		+
4,7	+			

Notiamo che tali annunci hanno una forma variabile, contengono però spesso l'indirizzo al vocativo (6 volte negli annunci riportati, l'indirizzo si riscontra in tutto 14 volte in 1 Gv, quindi più di un terzo è nei nostri brani!). Un'altra costruzione riscontrabile con un certa frequenza è μή + verbo in forma esortativa (imperativo o congiuntivo): in tutto 4 volte. La tipicità di questa costruzione per *l'annuncio* risalta ancor più se riportiamo che nel resto della lettera μή + verbo in forma esortativa si trova solo altre due volte!

Tirando le somme, la frase-annuncio più paragonabile a 3,18 è quella contenuta in 4,1:

4,1 *Ἀγαπητοί*, *μὴ* παντὶ πνεύματι *πιστεύετε* *ἀλλὰ* δοκιμάζετε τὰ πνεύματα εἰ ἐκ τοῦ θεοῦ ἐστιν

3,18 *Τεκνία*, *μὴ* *ἀγαπῶμεν* λόγῳ μηδὲ τῇ γλώσσῃ *ἀλλὰ* ἐν ἔργῳ καὶ ἀληθείᾳ.

Ambedue gli annunci iniziano con un indirizzo seguito dalla particella negativa μή + verbo in forma esortativa. Alla prima proposizione (indicante un atteggiamento sbagliato) viene poi opposta una seconda (atteggiamento giusto), e ciò tramite la congiunzione avversativa ἀλλά. Quasi per caso, queste due proposizioni-annuncio si trovano nella prossima vicinanza: 4,1 è il primo nuovo annuncio dopo 3,18. Come se l'autore avesse ancora in mente la struttura di 3,18 per riproporla in 4,1. Un'altra conferma della stretta vicinanza tra 3,18 e 4,1 è la contemporanea presenza degli indirizzi τεκνία e ἀγαπητοί solo in questi due annunci in 1 Gv.

2) *Antitesi*

Il numero dei periodi antitetici presenti in un brano è vario. Si va dal minimo di due ad un massimo di sei:

a) due (2,4-5; 2,15b-17; 2,19; 2,23; 3,6; 3,8-9; 3,19-22ab; 4,7-8; 4,19-20; 5,10; 5,12);

b) tre (2,9-11);

c) sei (1,6-10 e 2,1b; 4,2b-6a).

Vediamo dunque che prevalgono i periodi antitetici che possono essere appaiati, cioè a due (11 volte, compreso il nostro brano), oppure a sei (2 volte). Una sola volta compare un brano con tre periodi antitetici, quindi «incompleto». Se in ciò vi è variabilità, ferrea regolarità, invece, determina l'alternarsi di periodi antitetici positivi e negativi: non troviamo mai periodi antitetici dello stesso tipo che si seguano. Quindi possiamo affermare che i brani elencati contengono perfette anti-tesi, cioè «tesi» messe in opposizione[638]. Già quest'osservazione mette in dubbio la proposta di vedere in 3,19-20 e 21-22ab un parallelismo puramente climattico, senza alcun rapporto antitetico.

Di un certo interesse è la questione se le antitesi iniziano con un'affermazione negativa o positiva. L'autore procede con una regolarità quasi senza eccezioni nella parte 1,1-3,24, mettendo all'inizio un periodo negativo: il nostro brano rientrerebbe così nella «regola». Un'eccezione è costituita da 3,6 dove si inizia con un periodo positivo. L'ordine dei periodi antitetici cambia a partire da 4,1, rimanendo invariato fino alla fine della lettera.

Questi periodi antitetici hanno sempre due parti integranti: condizione e conseguenza[639]. La *condizione* viene espressa in vari modi:

a) frase ipotetica introdotta dalla congiunzione ἐάν, seguita dal verbo al congiuntivo (presente: 1,7; 1,9; 2,15; aoristo: 1,6; 1,8; 1,10; 2,1; 4,20);

b) condizione introdotta dal pronome relativo ὅς (2,5);

c) condizione introdotta dalla congiunzione εἰ (2,19b);

d) articolo determinato ὁ + participio presente (2,4.6; 2,9.10.11; 2,17; 2,23; 3,6; 3,8; 4,6; 4,7.8; 5,10; 5,12); ὁ + participio perfetto (3,9); due volte incontriamo il participio preceduto dalla particella δέ (2,11; 2,17); πᾶς (2,23; 3,6; 3,9; 4,7; variazione πᾶν + sostantivo in 4,2.3); ὁ + indicativo presente; il periodo antitetico negativo può contenere la particella negativa μή (4,3; 4,8; 5,10; 5,12).

Tale condizione viene espressa quasi sempre con un'unica frase senza altre proposizioni connesse, né subordinate né coordinate. A ciò fanno eccezione tre proposizioni coordinate (con καί avversativo: 1,6; 2,4; 2,9), una proposizione comparativa (introdotta da ὡς in 1,7) e le proposizioni

[638] A questa regola fa eccezione 2,1b: dopo la proposizione negativa in 1,10 non ne segue una positiva. Per il momento ribadiamo soltanto che 2,1b è un periodo antitetico di altro tipo rispetto a quelli precedenti. Una discussione più approfondita su questo periodo è proposta a p. 238-239.

[639] Condizione e conseguenza rispecchiano la protasi e apodosi delle frasi ipotetiche. Non sempre, però, le antitesi sono espresse in proposizioni ipotetiche, perciò dobbiamo usare una nomenclatura più universale.

dichiarative dopo i verba dicendi (introdotte da ὅτι recitativum; dopo λέγειν: 1,6; 1,8; 1,10; 2,4; 2,6; 4,20; dopo ὁμολογεῖν: 1,9). Alcune volte la condizione contiene anche la particella avversativa δέ con la quale si accentua ancor più il contrasto tra i periodi antitetici (1,7; 2,5; 2,11; 2,17).

Volendo confrontare le condizioni del nostro brano con quelle appena proposte, riscontriamo che in 1 Gv si trova spesso una condizione (protasi) introdotta dalla congiunzione ἐάν (come in 3,21), mai però dalle due congiunzioni ὅτι ἐάν (come in 3,20[640]). Sia in 3,20 che in 3,21 dopo la congiunzione ἐάν abbiamo un congiuntivo presente, come accade spesso in 1 Gv. Le nostre due condizioni sono poi composte da una sola frase, come del resto nella maggior parte dei periodi antitetici. Sempre parlando del nostro brano, in 3,21 riscontriamo un indirizzo che precede la condizione (protasi): si tratta di un caso unico nelle antitesi in 1 Gv, fatta eccezione per 4,4 (τεκνία) dove però non c'è l'apodosi (non si tratta, infatti, di una frase ipotetica). In quel caso, poi, l'indirizzo non è all'inizio della frase, bensì dopo la prima proposizione.

La *conseguenza* viene espressa con una proposizione principale[641], alla quale sono spesso connesse una o più proposizioni «complementari». Ne risulta una conseguenza più articolata rispetto alla condizione. Queste proposizioni «complementari» possono essere di vario tipo:

a) coordinata con καί copulativo (1,6; 1,7; 1,8; 1,10; 2,4; 2,10; 2,11 – due volte; 3,9; 4,7); se la conseguenza è di contenuto negativo, allora la proposizione complementare è introdotta dalla congiunzione disgiuntiva οὐδέ (3,6);

b) subordinata causale introdotta da ὅτι (2,11; 2,16[642]; 3,8; 3,9 – due volte; 4,4; 4,8; 5,10);

c) subordinata finale con ἵνα (1,9 – due proposizioni connesse con un καί copulativo) oppure ἀλλ' ἵνα (2,19)[643];

---

[640] Ciò vale per le proposizioni antitetiche. Altrimenti nella lettera troviamo altre due volte una frase con ὅτι ἐάν (3,2; 5,14).

[641] Ad eccezione di 4,5, dove troviamo una conseguenza atipica: una frase subordinata introdotta dal sintagma consecutivo διά τοῦτο (conseguenza in due proposizioni connesse con un καί copulativo).

[642] Ci sono dubbi se fa parte di un nuovo periodo, oppure no; in ogni caso è logicamente connesso con 2,15b.

[643] Per questa proposizione sussiste una perplessità se considerarla parte del periodo precedente, o meno.

d) subordinata comparativa con καθώς (2,6).

Rileviamo che alla conseguenza è spesso connessa anche una proposizione subordinata causale introdotta da ὅτι, come in 3,22. Mai, però, all'infuori di 3,22, troviamo la congiunzione causale ὅτι che introduca due subordinate connesse dal copulativo καί.

Per il nostro studio è determinante accertare se in 1 Gv si possono trovare condizioni negative con conseguenze positive. La risposta a questa domanda serve per giustificare (o confutare) l'interpretazione positiva che connette alla condizione negativa di 3,20a (in un contesto positivo, grazie a 3,18) una conseguenza positiva. Anche qui riscontriamo che l'autore segue un'unica logica di pensiero: condizione e conseguenza sono poste sempre sullo stesso livello (positivo, negativo[644] o misto). A questa regola potremmo trovare un'eccezione in 2,1b. A prima vista abbiamo a che fare con un periodo dalla condizione negativa (καὶ ἐάν τις ἁμάρτῃ) con una conseguenza positiva (παράκλητον ἔχομεν πρὸς τὸν πατέρα Ἰησοῦν Χριστὸν δίκαιον). Sarebbe quindi un'eccezione alla nostra regola, eccezione che potrebbe ancor più giustificare le pretese di coloro che vorrebbero avere una conseguenza positiva alla condizione negativa di 3,20a. L'apparenza, però, inganna. Il periodo antitetico di 2,1b è di un altro tipo rispetto a quelli precedenti (in 1,6-10). Innanzitutto rileviamo che è distaccata da 1,10 tramite l'esortazione parentetica di 2,1a (τεκνία μου, ταῦτα γράφω ὑμῖν ἵνα μὴ ἁμάρτητε). Ciò nonostante fa parte del gruppo delle precedenti antitesi[645]: l'aspetto formale è uguale a quello delle precedenti proposizioni, con l'apodosi introdotta dalla congiunzione ἐάν + congiuntivo. L'aspetto contenutistico è però differente: rispetto alle precedenti antitesi nella condizione in 2,1b avviene uno spostamento dal punto di vista *soggettivo* (riconoscere o rinnegare i peccati commessi) a quello *oggettivo* (il peccare, trascendendo dall'atteggiamento soggettivo se riconoscere o rinnegare ciò[646]). La stessa cosa vale per la conseguenza: mentre nelle antitesi precedenti il contenuto è *soggettivo* (essere nella verità o menzogna – 1,6.8.10; essere purificato dal peccato – 1,7.9), in 2,1b-2 è

---

[644] Proposizione negativa (o positiva) dal punto di vista contenutistico, non formale.

[645] BEUTLER, 15-16.

[646] Il peccare, di per sé, è un dato di fatto oggettivo, in quanto riguarda tutti gli uomini indistintamente (1 Gv 1,8). Soggettivo e individuale è l'atteggiamento di fronte a ciò: confessione o rinnegamento.

oggettivo (Cristo come intercessore, propiziazione). Il dato di fede *oggettivo* diventa *soggettivo* se il cristiano lo accetta. L'aspetto *oggettivo* di 2,1b-2 viene confermato proprio dall'affermazione in 2,2: Cristo è la propiziazione per i nostri peccati, non solo per i nostri, ma anche per quelli di tutto il mondo. Ebbene, il mondo nella sua totalità (ὅλος ὁ κόσμος) non è redento nel senso *soggettivo* (in quanto abbia già accettato la salvezza di Cristo), ma in quello *oggettivo* (in quanto Cristo lo ha salvato una volta per sempre sulla croce). Ci sembrerebbe strano che in 2,1b-2 l'autore voglia intendere le singole proposizioni, poste l'una accanto all'altra, in due sensi diversi: la prima (2,1b) in quello soggettivo, mentre le seguenti in quello oggettivo. Più coerente ci sembra l'interpretazione che vede queste proposizioni nello stesso senso, cioè *oggettivo*. Affinché la conseguenza abbia le sue ripercussioni sul piano soggettivo, è però necessario «un passo soggettivo»: la conversione, ossia la confessione del peccato (1,9). Inoltre si deve precisare che in 2,1b-2 il periodo antitetico è atipico, poiché la conseguenza non deriva né dipende dalla condizione: per questo si può spiegare che la condizione negativa abbia una conseguenza positiva.

Dalle osservazioni appena fatte ci sembra inaccettabile la proposta che vorrebbe vedere il primo periodo antitetico del testo studiato con una condizione negativa e una conseguenza positiva, per due motivi.

a) Come abbiamo rilevato, nella lettera i periodi antitetici hanno ambedue le parti sullo stesso piano negativo, positivo o misto (con l'unica eccezione di 2,1b-2). Ciò rende altamente improbabile che il nostro primo periodo antitetico sia un'eccezione.

b) Pur ammettendo che nel nostro brano avremmo a che fare con un'eccezione, cioè con un periodo con protasi negativa e apodosi positiva, non ci si può richiamare all'esempio di 2,1b-2, poiché in 3,20 abbiamo una condizione *soggettiva* con conseguenza *soggettiva* (in 2,1b-2, invece, il livello è *oggettivo*), come si vede bene dal parallelismo con 3,21 (anche lì vi è il caso *soggettivo* di non-accusa e libero accesso a Dio). Oltre a ciò nell'interpretazione positiva è chiaramente soggettivo il significato attribuito a πείσομεν, inteso come calmare il cuore. Interpretando 3,20 non si può fare un salto dalla situazione soggettiva di peccato al perdono soggettivo, tralasciando l'apporto del determinato individuo (apporto soggettivo), cioè la conversione (com'è indicato in 1,6-10).

Dall'analisi delle antitesi in 1 Gv vediamo nettamente che i periodi antitetici hanno sempre condizione e conseguenza sullo stesso piano: positivo, negativo o misto (come nel nostro caso)[647]. L'interpretazione positiva viene «squalificata» non solo dalla suddetta regola, ma anche dal fatto che non riscontriamo due periodi antitetici (l'uno dopo l'altro) con le conseguenze poste sullo stesso livello, come vorrebbero i sostenitori dell'interpretazione positiva per 3,20bc e 21b-22ab.

3) *Conclusione*

La conclusione è la parte delle antitesi che è più fluida e meno determinata. Fluida, in quanto non è sempre presente nelle strutture antitetiche, anzi manca nella metà dei casi (su 14 antitesi la troviamo esattamente 7 volte: 2,1a; 2,6; 2,20-21; 2,24; 3,10; 4,6b; 5,13); meno determinata poiché non ha una rigida forma né contenuto. Ci sono, comunque, alcuni segni che contraddistinguono tali conclusioni. Innanzitutto il verbo γράφω, presente in tre espressioni che rimandano a ciò che precede: ταῦτα γράφω ὑμῖν (2,1a); οὐκ ἔγραψα ὑμῖν (2,21); ταῦτα ἔγραψα ὑμῖν (5,13). Solo una volta abbiamo una conclusione introdotta da un indirizzo, τεκνία (2,1a). Le conclusioni sono di due tipi, a seconda del contenuto:

a) esortazione morale;

b) giustificazione di un dato di fede.

a) L'esortazione morale è rivolta alla *volontà* ed esprime una concreta norma da realizzare. Viene espressa con un ἵνα finale (2,1: ταῦτα γράφω ὑμῖν *ἵνα* μὴ ἁμάρτητε) o col verbo modale ὀφείλειν (2,6: ὁ λέγων ἐν αὐτῷ μένειν *ὀφείλει* καθὼς ἐκεῖνος περιεπάτησεν καὶ αὐτὸς [οὕτως] περιπατεῖν) o col verbo all'imperativo in terza persona singolare (2,24: ὑμεῖς ὃ ἠκούσατε ἀπ' ἀρχῆς, ἐν ὑμῖν *μενέτω*).

b) La giustificazione di un dato di fede (più precisamente, di un dato di conoscenza della fede) è indirizzata alla *mente*. L'indole di giustificazione è palese dalle espressioni adoperate: οἴδατε (2,20.21), ἐν τούτῳ φανερά (3,10), ἐκ τούτου γινώσκομεν (4,6), ἵνα εἰδῆτε (5,13). C'è soprattutto da notare, nella conclusione in 2,20-21, la ricorrenza

[647] Il passo 2,1b-2 non è una vera eccezione, in quanto l'aspetto oggettivo non corrisponde a quello soggettivo delle antitesi precedenti.

di alcuni vocaboli che accentuano la *conoscenza*: οἴδατε (20.21), ἀλήθεια (21)[648], ψεῦδος (21).

Per quanto riguarda il nostro brano, a prima vista si potrebbe essere inclini a considerare 3,23-24 come conclusione. Infatti sviluppa il tema del comandamento, menzionato già in 3,22, quasi per farne il punto. Non si tratta però di un'esortazione, a differenza delle altre strutture antitetiche, ma piuttosto di un'esplicitazione e concretizzazione che trascende il nostro brano: da una parte rientra nella tematica affrontata, nominando il comandamento e la carità, dall'altra la supera, menzionando anche la fede e la formula di immanenza (ἐν αὐτῷ μένει καὶ αὐτὸς ἐν αὐτῷ). Non è una chiara esortazione, anche se potrebbe essere vista indirettamente come tale, essendo un comandamento. La formula di riconoscimento ἐν τούτῳ γινώσκομεν (3,24), presente anche in un'altra conclusione (4,6 – in forma un po' modificata, ma praticamente identica), non si riferisce a ciò che precede, ma piuttosto a ciò che segue. Così ci sembra più coerente non considerare 3,23-24 come una conclusione nel vero senso della parola, ma piuttosto come un'ulteriore esplicitazione e concretizzazione dei versetti precedenti, con i quali non possono essere negate le connessioni. Questo sarebbe un altro motivo in più per non trattare 3,23-24 insieme al nostro brano, a conferma della delimitazione da noi sostenuta.

Resta da aggiungere che l'autore non ha rigidi schemi, perciò la conclusione non è necessariamente presente in una struttura antitetica, oppure ci può essere una «conclusione» che appare come tale, anche se non lo è nel senso stretto della parola (come nel nostro caso). In fondo, anche se in uno scritto possiamo trovare delle varie strutture, conviene non forzare i dati ed essere attenti alle varie eccezioni: non abbiamo a che fare con regole matematiche, ma con dati linguistici che sono soggetti a varie modificazioni, a seconda delle necessità.

---

[648] E' chiaro che non si tratta di verità-Dio, ma della verità come oggetto della conoscenza, come ci conferma 1 Gv 2,21: οὐκ ἔγραψα ὑμῖν ὅτι οὐκ οἴδατε τὴν ἀλήθειαν ἀλλ' ὅτι οἴδατε αὐτὴν.

2.4 Sintesi

Molteplici ragioni inducono a interpretare il sintagma ἐν τούτῳ come analettico (rimanda a 3,18). Da ciò si deduce che l'intero periodo 3,19-20 si riferisce al caso di *sostanziale atteggiamento positivo del credente nei confronti di Dio*, atteggiamento di carità. Grazie a tale carità si può riconoscere il proprio essere-dalla-verità (ossia il proprio status di appartenenza a Dio). Dall'atteggiamento di carità scaturisce anche la persuasione, nel caso di accuse relative a mancanze, riguardo l'onniscienza di Dio. Mentre il cuore accusa, Dio conosce: questa sua conoscenza non si limita alle nostre mancanze (delle quali è conscio anche il nostro cuore), ma riguarda soprattutto il nostro status essere-dalla-verità. Richiamandosi alla conoscenza divina *più perfetta della nostra* si può corroborare la coscienza di essere nella carità (sulla scia di Pietro, Gv 21,17), coscienza offuscata e indebolita dalle accuse. Il primo periodo ipotetico è quindi relativo a un caso misto di sostanziale atteggiamento di carità connesso al peccato («leggero», in quanto indebolisce la comunione con Dio e la coscienza del proprio status). Questa situazione *sostanzialmente positiva* è riecheggiata dall'apodosi *con accento positivo*. Tra il primo periodo ipotetico (3,20, relativo a un caso *misto*) e il secondo (3,21-22ab, relativo a una caso *positivo*) non vi è un rapporto puramente antitetico, bensì *misto*: antitesi connessa a sinonimia climattica.

Di importanza capitale è quindi la constatazione che Dio non è più grande né nella severità del giudizio né nella misericordia (concedendo la remissione dei peccati): Dio è più grande nella conoscenza. In fin dei conti, Giovanni non risolve la questione sulla reazione di Dio nei confronti del peccatore. Nel periodo esaminato è al centro dell'attenzione lo *status* del fedele-peccatore, non il suo peccato.

La nostra traduzione suona quindi così:

«Da ciò (dalla carità con opere e nella verità) noi conosceremo che siamo dalla verità e dinanzi a lui rassicureremo il nostro cuore che, se il cuore nostro ci accusa, Dio è più grande del nostro cuore e conosce tutto».

CAPITOLO VIII

Esegesi di 3,21-22

1. Storia dell'interpretazione

I versetti 21-22, nonostante siano di lunghezza comparabile a 19-20, sono spiegati dagli esegeti molto più brevemente, anche perché sono abbastanza chiari e non necessitano di spiegazioni (o discussioni) dilungate. Anche se c'è una sostanziale concordia fra i commentatori, in alcuni punti riscontriamo opinioni diverse.

Così come per i versetti precedenti, anche qui riporteremo prima di tutto la storia dell'interpretazione su questioni più globali (condizioni e oggetto della preghiera «efficace», precetti e consigli in 3,22cd), per poi addentrarci nei dettagli.

1.1 Condizioni dell'esaudimento

Quali sono le caratteristiche della preghiera «infallibile», ossia quali sono le condizioni necessarie per essere esauditi nella preghiera? Le risposte date dai commentatori sono varie.

1) *La carità*

Tra i sostenitori di questa soluzione troviamo Agostino[1], Martinus Legionensis[2] o la Glossa Interlinearis[3].

---

[1] AGOSTINO, *Commento*, 1755.

Questa carità «nella preghiera» viene concretizzata da Agostino in questo modo. Noi non sappiamo che cosa chiedere nella preghiera, ma lo Spirito stesso viene e si interpone con gemiti inenarrabili: questa intercessione è la carità presente nel cuore, che è il frutto dello Spirito[4]. Il Signore non esaudisce solo le preghiere esplicite, ma anche i pensieri e desideri che non sono stati formulati.

2) *Le opere*

L'intima connessione tra preghiera e opere viene sostenuta vigorosamente da Paterius[5] (seguito da Alulfus[6]): se facciamo ciò che Dio ci dice, riceviamo ciò che chiediamo. Infatti il cuore riceve nella preghiera la fiducia quando non viene contraddetto da alcuna depravazione (ci si richiama, quindi, a 3,22cd). Davanti al Signore la preghiera e le opere si completano a vicenda: le opere poggiano sulla preghiera e la preghiera poggia sull'attività. E per questo innalza il cuore con le mani colui che rafforza la sua preghiera con le opere. Poiché chiunque prega ma si rifiuta di agire, alza il cuore ma non le mani. E chiunque agisce ma non prega, innalza le mani ma non il cuore.

La Glossa ordinaria marginale[7] ribadisce senza mezzi termini che è esecrabile la preghiera di colui che distoglie l'orecchio per non ascoltare la legge. Per Cornelius a Lapide[8] l'esaudimento delle preghiere è una congrua ricompensa per l'obbedienza e l'amicizia: se l'uomo fa la volontà di Dio, Dio, vicendevolmente, fa la volontà dell'uomo[9]. Anche il Cornelius a Lapide gioca con le parole «sollevare il cuore con le mani», interpretandole come corroborare la preghiera con l'azione. Un punto d'appoggio per

---

[2] MARTINUS LEGIONENSIS, *Expositio*, 275.

[3] *Biblia Latina cum Glossa ordinaria*, IV, ad locum.

[4] «Caritas ipse gemit, caritas ipsa orat; contra hanc aures claudere non novit qui illam dedit. Securus esto, caritas roget; et ibi sunt aures Dei» (AGOSTINO, *Commento*, 1749). La preghiera non deve essere necessariamente esplicita: il Signore esaudisce anche i pensieri o i desideri che non sono stati espressi (CORNELIUS A LAPIDE, *Commentarius*, 582).

[5] PATERIUS, *In epistolam*, 1104.

[6] ALULFUS, *Expositio*, 1394.

[7] *Biblia Latina cum Glossa ordinaria*, IV, ad locum.

[8] CORNELIUS A LAPIDE, *Commentarius*, 582.

[9] Secondo Sl 145,19 («appaga il desiderio di quanti lo temono»), oppure Gv 15,7 («se rimanete in me e le mie parole rimangono in voi, chiedete pure quello che volete e vi sarà fatto»).

tale connessione è Lam 3,41 nella versione della Vulgata: «Levemus corda nostra cum manibus ad Dominum in caelos».

Oltre a questi autori possiamo riportare un lungo elenco di commentatori più recenti che propongono lo stesso tipo di spiegazione[10].

3) *L'innocenza e lo zelo verso Dio*

Per giustificare questa soluzione, presente nella catena armena[11], ci si può richiamare a 3,21a dove si parla del cuore che non viene accusato (innocenza) e a 3,22cd dove si menziona l'osservanza dei comandamenti e di ciò che piace a Dio (zelo).

4) *La preghiera compiuta in modo degno*

Tra i primi a proporre questa spiegazione vi sono Gorran[12] e Hus[13]. Secondo Estius si deve chiedere solo quel che si deve chiedere, nel modo giusto, tanto quanto si deve e con perseveranza[14]. Analoga la spiegazione di Lallemant[15] (1660-1748): si deve domandare quel che conviene in una maniera adatta. Ciò ricorda Rm 8,26: *τὸ* γὰρ τί προσευξώμεθα *καθὸ δεῖ.*

5) *La perseveranza*

Questa proposta si trova nella Postilla di Nicolaus de Lyra[16] o nei commenti di Hugo de Sancto Caro[17] e Dionysius Cartusianus[18]. Dionysius Cartusianus, trovando un fondamento scritturistico della perseveranza in Lc 18,1 («c'è bisogno di pregare sempre senza stancarsi mai»), spiega che alcune volte Dio ritarda l'adempimento della richiesta affinché, pregando nel frattempo più fervorosamente e più a lungo, siamo esauditi più abbondantemente in tempo opportuno e, a motivo del facile esaudimento,

---

[10] J. CHAÎNE, *Première Épître de Saint Jean*, 193; P. DE AMBROGGI, *Le tre Epistole di Giovanni*, 255; C. H. DODD, *The Johannine Epistles*, 93; J. SCHNEIDER, *Der erste Brief des Johannes*, 169; F. VOUGA, *Die Johannesbriefe*, 60; K. GRAYSTON, *The Johannine Epistles*, 116-117.

[11] C. RENOUX, ed., *La chaîne arménienne sur les épîtres catholiques*, 205.

[12] N. GORRAN, *B. Joannis Apostoli*, 305.

[13] J. MONTANUS – U. NEUBER, ed., *Historia et monumenta Joannis Hus*, 338.

[14] G. ESTIUS, *Commentariorum*, 458.

[15] P. LALLEMANT, *Première epître de Saint Jean apôtre*, 357.

[16] THEOLOGI DUACENSII, ed., *Biblia Sacra cum glossa ordinaria*, VI, 1399.

[17] HUGO DE SANCTO CARO, *Epistola I. Joannis,* 352.

[18] DIONYSIUS CARTUSIANUS, *Enarratio*, 38.

non consideriamo i doni di Dio di poca cosa tanto da perderli e, per ingratitudine e recidività, diventare più dannabili[19].

6) *La preghiera nel nome di Gesù ossia nella sua potenza*

Per questa spiegazione (Dionysius Cartusianus[20], Arias Montanus[21]) si può riportare il passo giovanneo Gv 16,23: «Qualsiasi cosa chiediate al Padre nel nome mio, nel mio nome ve la darà». Da rilevare che il Dionysius Cartusianus connette le opere con la preghiera nel nome di Gesù: nel nome del Salvatore, cioè di Cristo, prega colui che cerca di essere esaudito conducendo una vita secondo la grazia.

7) *La fede*

Non meraviglia che anche qui, parlando della preghiera, Lutero[22] riproponga come fondamento indispensabile l'assioma «sola fide». Addirittura sostiene che la preghiera senza fede non deve neppure entrare nel cuore né toccare le orecchie[23]. E non può mancare, anche in questa spiegazione, una critica della prassi cattolica. Secondo il riformatore, le ore canoniche non sono preghiera, ma solo mormorio. Il sacerdote trascorre tutto il tempo della sua vita senza mai pregare, poiché confida nella lettura delle ore. La vera preghiera è rara, perché richiede la fede: fede congiunta alla carità (Lutero si riallaccia al binomio giovanneo fede e carità, vedi 1 Gv 3,23), oppure fede che Dio è infinitamente più grande del nostro cuore (ci si riallaccia a 3,20bc).

Il cuore senza fede, anche se prega, dopo l'orazione dubita a causa della cattiva coscienza e degli scrupoli che insinuano che Dio-giudice è offeso. Il cuore è molto angustiato: all'esterno macine, all'interno il peccato. Per questo si deve confermare il cuore che Dio è placato. Questo però è un dato di fede, non di esperienza. E la fede nasce dalla parola. Appena la parola incomincia ad agire, allora si rialza il cuore, viene la tranquillità e la preghiera. Però Satana si mette a calpestare e non cessa di turbare per distrarre l'attenzione dalla parola e dalla preghiera. Lui mira a far elencare

---

[19] In modo simile la Postilla di Nicolaus de Lyra (*Postilla*, 1399): «Accipiemus... non tamen semper statim, sed tempore opportuno, nam aliquando differt petitiones fidelium implere, ut non sic vilescat quod praestat, et ut prolixiori desiderio et postulationis repetitione meritum eis accrescat».

[20] DIONYSIUS CARTUSIANUS, *Enarratio*, 38.

[21] B. ARIAS MONTANUS, *In Epistolam primam D. Ioannis*, 409.

[22] M. LUTHER, *Vorlesung*, 719-720.

[23] M. LUTHER, *Vorlesung*, 719.

le necessità di tutto il mondo, della famiglia: Dio, però, è grande e vuole dare cose grandi. Quando si ha la fiducia nella preghiera, allora Satana ha una grande croce[24].

In questo commento al passo giovanneo ritornano alcuni temi tipici per Lutero: la proiezione delle proprie difficoltà personali (scrupoli, assillo della cattiva coscienza), la giustificazione tramite la fede, fides ex auditu (Rm 10,17). E' evidente che il riformatore ha nuovamente introdotto pensieri paolini nell'esegesi del testo giovanneo.

Calmet[25] ricalca l'importanza della fede, unita anche alla speranza e perseveranza.

8) *La «fides formata» (fede connessa con le opere)*

Motivo dell'esaudimento non è soltanto la fede, come asseriva Lutero, ma una fede alla quale sono *secondariamente* e *conseguentemente* connesse le opere (Calvino[26]). La proposizione ὅτι τὰς ἐντολὰς αὐτοῦ τηροῦμεν non vuol insinuare che la fiducia della preghiera è fondata sulle nostre opere: piuttosto si insiste sul fatto che la fede non può essere divisa dalla pietà e dal sincero culto di Dio. Non si deve ritenere assurdo che in 3,20c ci sia la congiunzione causale ὅτι, anche se non introduce la causa: infatti l'accidente cioè le opere sono inseparabili dalla fede e, qualche volta, vengono menzionate invece della causa. Una cosa simile avviene quando qualcuno dice: «Siccome il sole splende su di noi a mezzogiorno, allora fa più caldo». Da ciò non si può dedurre che il caldo nasca dalla luce. Ci si deve guardare dal poggiarsi sulle opere che non sono che occasione di confusione. I fedeli non si appoggiano a nessun altro mediatore che a Cristo.

1.2 L'oggetto della preghiera

Le preghiere riguardano la salvezza dell'anima (Agostino[27], Scottus Anonymus[28], Hugo de Sancto Caro[29], Postilla di Nicolaus de Lyra[30], Diony-

[24] M. LUTHER, *Vorlesung*, 720.
[25] A. CALMET, *In primam*, 659.
[26] J. CALVIN, *Commentarius*, 343.
[27] AGOSTINO, *Commento*, 1757.
[28] SCOTTUS ANONYMUS, *Commentarius in epistolas catholicas*, 42.
[29] HUGO DE SANCTO CARO, *Epistola I. Joannis*, 352.
[30] THEOLOGI DUACENSII, ed., *Biblia Sacra cum glossa ordinaria*, VI, 1399.

sius Cartusianus[31], Johannes Ferus[32], Jacobus Tirinus[33]). Dio è come un saggio medico che ci concede solo ciò che giova alla nostra salute[34]. E così, anche se nella preghiera le nostre intenzioni non sono sempre accolte, riceviamo, tuttavia, la ricompensa (della devozione) che contribuisce alla salvezza, così come Paolo ottenne non ciò che chiese, ma ciò che era utile (Beda[35], Martinus Legionensis[36], Nicolaus Gorran[37], Glossa Interlinearis[38], Alexander Natalis[39]). Se non riceveremo ciò che chiediamo, certamente avremo qualcosa di meglio[40]. La precisazione dell'oggetto della preghiera «esaudibile» riaffiora ultimamente nei commenti di de Ambroggi[41], Gaugler[42], Klauck[43], Wengst[44] o Schunack[45].

Beda[46] riporta anche il caso contrario, quello che riguarda i reprobi. Costoro sono esauditi nei loro desideri, ma non per la salvezza[47] (ciò viene ripreso da Westcott[48]). Per questo motivo il loro capo, il diavolo, per poter tentare Giobbe fu esaudito secondo il suo desiderio, però per la dannazione[49].

---

[31] DIONYSIUS CARTUSIANUS, *Enarratio*, 38.

[32] J. FERUS, *Die Erste Epistel*, 125.

[33] *Biblia Sacra*, 520.

[34] AGOSTINO, *Commento*, 1759.

[35] BEDA VENERABILIS, *In Epistolam I Johannis*, 309.

[36] MARTINUS LEGIONENSIS, *Expositio*, 275.

[37] «Vel illud quod petimus, vel magis expediens» (N. GORRAN, *B. Joannis Apostoli*, 305). Ciò viene ripreso da Hus (J. MONTANUS – U. NEUBER, ed., *Historia et monumenta Joannis Hus*, 338).

[38] *Biblia Latina cum Glossa ordinaria*, IV, ad locum.

[39] A. NATALIS, *In epistolam*, 124 («quidquid nobis necessarium aut conducibile est ad aeternam salutem»).

[40] CORNELIUS A LAPIDE, *Commentarius*, 582.

[41] P. DE AMBROGGI, *Le tre Epistole di Giovanni*, 255. Qualunque cosa purché non sia contraria al nostro maggior bene (quindi si tratta di giusti desideri).

[42] E. GAUGLER, *Die Johannesbriefe*, 191.

[43] KLAUCK, 222.

[44] WENGST, 160.

[45] SCHUNACK, 68.

[46] BEDA VENERABILIS, *In Epistolam I Johannis*, 309.

[47] «Reprobi exaudiuntur ad voluntatem, non exaudiuntur ad salutem».

[48] B. F. WESTCOTT, *The Epistles of St. John*, 119, il quale analizza anche il caso precedente: essere esaudito per la salvezza, anche se non secondo la propria volontà.

[49] «Exauditus est ad voluntatem sed ad damnationem».

Hugo de Sancto Caro[50], sempre rimanendo nel problema delle opere buone compiute a favore degli indegni[51], sostiene che se pregheremo per noi stessi, allora è certo che riceveremo. E se pregheremo per un altro che sia indegno, allora la preghiera si devolverà a nostro profitto, affinché ci sia data la grazia e questa venga aumentata.

Se presso gli autori dell'occidente cristiano l'oggetto della preghiera viene specificato come qualcosa che riguarda la salvezza, quindi dal punto di vista dell'uomo, gli esponenti dell'oriente mostrano quest'oggetto piuttosto dal punto di vista di Dio. Così la catena armena[52] riporta che dobbiamo domandare a Dio di rivelarci ciò che gli piace e chiedergli di metterci in grado di osservare perfettamente i suoi comandamenti. Lo scrittore siriaco Dionysius Bar Salibi[53] sostiene che Dio non ci rinnegherà niente delle cose divine (ܟܠ ܐܠܗܝܬܐ).

In realtà i due punti di vista, umano e divino, non sono in contraddizione, ma si completano a vicenda, come ben dimostra l'affermazione sintetica di Cornelius a Lapide[54]: l'affermazione «ogni cosa che chiederemo» si riferisce a quelle cose che contribuiscono alla gloria di Dio e alla nostra salvezza. Così possiamo concludere che «le cose divine», ossia le cose che piacciono al Signore, contribuiscono contemporaneamente alla nostra salvezza.

Come sempre per il nostro testo, Lutero propone un'interpretazione che si distacca da quella tradizionale. La giusta preghiera si effettua quando a Dio vengono affidate necessità numerose e grandi, sempre nello spirito di fiducia di essere esauditi[55]. Dio ci esaudisce sempre, anche se non ci dà ciò che chiediamo oppure nel modo che ci immaginiamo. Ad esempio Cristo pregò per la vita, però fu crocifisso e morì. Ciò vuol dire che non fu esaudito? No, fu esaudito in un modo che la carne non conosceva. E così veniamo liberati da tutti i mali, però non nel modo che la carne com-

---

[50] HUGO DE SANCTO CARO, *Epistola I. Joannis*, 352.

[51] Vedi a p. 102-103.

[52] C. RENOUX, ed., *La chaîne arménienne sur les épîtres catholiques*, 205.

[53] DIONYSIUS BAR SALIBI, *In primam Iohannis*, 161.

[54] CORNELIUS A LAPIDE, *Commentarius*, 582.

[55] Il Propst ha una versione un po' differente: «Dio è onnipotente e, perciò, vuole che preghiamo per tutto quello che è utile. C'è bisogno che tu abbia un sacco di necessità. Satana cerca ogni tipo di male. Per questo ci dobbiamo opporre e deprecare ogni forma di male» (M. LUTHER, *Vorlesung*, 720).

prende[56]. Cioè siamo certi di essere esauditi, ma non sappiamo in quale modo.

Contro ogni tipo di esplicitazione della preghiera si esprime Weiss[57]: la preghiera non è «condizionata» né dal *modo* giusto (nel nome di Gesù), né dal giusto *contenuto*.

1.3 Precetti e consigli

Le parole adoperate in 3,22cd, ἐντολαί e τὰ ἀρεστά, sono sinonime? Commentatori molto antichi, Pseudo-Hilarius di Arles[58], Cajetanus[59] o Cornelius a Lapide[60] sostengono che tra le due parole vi sia una differenza: i comandamenti sono vincolanti, a differenza delle «cose che a Dio piacciono». Così secondo Pseudo-Hilarius di Arles i comandamenti sono le dieci parole della legge, ciò che piace a Dio sono le otto beatitudini del vangelo.

Cornelius a Lapide sostiene che «le cose che gli piacciono» sono oggetto del compiacimento di Dio, perché da lui comandate. Le cose che gli piacciono sono dunque i suoi comandamenti, così come le cose che piacciono al re («placita») sono i suoi precetti. Comunque questa espressione comprende anche i consigli di Dio, i consigli evangelici. Colui che cerca di piacere perfettamente a Dio, non cerca solo di abbracciare i precetti, ma anche i consigli. Cercare di piacere a Dio è un atto di purissima carità.

Nel XIX secolo riprende questa divisione «cattolica» il Mayer[61]: siccome i consigli superano i comandamenti, in 3,22d non abbiamo una ripetizione ma un'approfondimento e gradazione. Chi vuol compiere la volontà di Dio con un'amore perfetto, allora realizza non solo i comandamenti, ma tutto ciò che piace a Dio.

---

[56] M. LUTHER, *Vorlesung*, 721. La versione del Propst specifica: «Dio alcune volte ci porta in mali ancora peggiori, per poi farli finire. E in questo modo esaudisce le nostre preghiere» (M. LUTHER, *Vorlesung*, 721).

[57] B. WEISS, *Die drei Briefe*, 107 n. 1.

[58] PSEUDO-HILARIUS DE ARLES, *Epistola*, 115.

[59] T. DE VIO CAJETANUS, *Prima Ioannis*, 447.

[60] CORNELIUS A LAPIDE, *Commentarius*, 583.

[61] G. K. MAYER, *Commentar*, 149.

Più numerosi, invece, i commentatori che sostengono la sinonimia dei due termini. Tra questi spiccano Johannes Lorinus[62], secondo il quale con ambedue le parole Giovanni indica tutti i comandamenti di Dio, però soprattutto la carità fraterna. Presso i commentatori moderni si riscontra all'unanimità l'identificazione dei comandamenti con ciò che piace a Dio[63].

E' interessante notare che, così come il precedente versetto 3,20, anche ἐντολαί e τὰ ἀρεστά in 3,22cd sono entrati in qualche modo nella controversia tra protestanti e cattolici: a differenza di 3,20, però, 3,22cd è un dictum probans usato solo da parte dei cattolici. Così addirittura nel XIX secolo *La sainte Bible avec commentaires*[64] riporta che 1 Gv 3,22 giustifica l'insegnamento del concilio di Trento (contro i protestanti) riguardo i comandamenti[65].

Una reminiscenza della distinzione cattolica «comandamenti» e «consigli» è presente in Plummer[66] e Brooke[67]: i comandamenti esigono l'obbedienza, che può essere un atteggiamento da schiavi, mentre i consigli esigono l'amore che non può essere costretto, ma soltanto volontario.

Del tutto unica, poi, la distinzione operata da Westcott[68]: τηροῦμεν avrebbe il significato di *discernere* la volontà di Dio per il *futuro*, mentre ποιοῦμεν riguarda le opere che compiamo già nel *presente* (non si tratterebbe soltanto di opere che piacciono a Dio, ma che corrispondono ai nostri doveri di stato). L'opera giusta è quindi vista sotto il duplice aspetto di opera di obbedienza e di libertà.

---

[62] J. LORINUS, *In Divi Ioannis epistolam primam*, 93.

[63] Fra i commentatori più autorevoli SCHNACKENBURG, 206, e BROWN, 462. L'equivalenza può essere supportata anche da Sir 48,22 (LXX) e Ef 5,3-10.

[64] *La sainte Bible avec commentaires*, 191.

[65] «Si quis dixerit, Dei praecepta homini etiam justificato et sub gratia constituto esse ad observandum impossibilia, anathema sit» (sessio VI, can. 18). «Si quis dixerit, nihil praeceptum esse in evangelio praeter fidem; caetera esse indifferentia, neque prohibita, sed libera, aut decem praecepta nihil pertinere ad Christianos: anathema sit» (sessio VI, can. 19).

[66] A. PLUMMER, *The Epistles of S. John*, 90.

[67] A. E. BROOKE, *A Critical and Exegetical Commentary*, 102.

[68] B. F. WESTCOTT, *The Epistles of St. John*, 119.

2. Interpretazione

2.1 Interpretazione di 3,21a

2.1.1 L'indirizzo ἀγαπητοί

L'aggettivo ἀγαπητός ricorre abbastanza spesso nel NT, 61 volte, di queste 26 volte come indirizzo (nelle lettere giovannee al singolare: 3 Gv 1,2.5.11; al plurale: 1 Gv 2,7; 3,2.21; 4,1.7.11).

'Αγαπητός è una prerogativa del Figlio, il quale viene chiamato in questo modo dal Padre, proprio in momenti determinanti (Mt 3,17; 12,18; 17,5). L'amore del Padre non riguarda solo il Figlio, ma si estende anche ai figli adottivi («amati da Dio», Rm 1,7). Ciò non si può non ripercuotere nei rapporti vicendevoli tra i credenti, e così ἀγαπητός viene usato come indirizzo[69] (Rm 12,19; 1 Cor 10,14; Gc 1,16).

Nel nostro contesto questo indirizzo è già preparato dall'agape di Dio (3,1.17), così come dall'agape fraterna (3,18)[70]. L'indirizzo può avere questa doppia accezione: amati da Dio e da Giovanni. 'Αγαπητοί non suggerisce alcun distacco, al contrario indica un rapporto intimo[71]. Possiamo sostenere che quest'indirizzo anticipa e contiene in nuce ciò che segue: i credenti nella preghiera sperimentano un rapporto intimo con Dio grazie alla franchezza (παρρησία) e, inoltre, sperimentano la vicinanza di Dio grazie all'esaudimento.

Nel precisare la portata di quest'aggettivo Strecker[72] considera inutile rimandare al discepolo amato oppure all'alleanza: come base per questo indirizzo intravede invece la salvezza, l'essere dalla verità (così anche Brown[73]).

---

[69] G. SCHNEIDER, «ἀγάπη κτλ.», 28-29.

[70] STRECKER, 197.

[71] B. WEISS, *Die drei Briefe*, 106. Dal contesto è ingiustificabile l'idea di vedere in ἀγαπητός un titolo reverenziale o di onore, «chers Révérends» (C. SPICQ, «La justification du charitable», 917, con rimando a ID., *Agapè dans le Nouveau Testament. Analyse des Textes*, I, 188-189).

[72] STRECKER, 197 n. 23.

[73] BROWN, 264.

Posto all'inizio del periodo, l'indirizzo è in una posizione enfatizzata: l'autore ora si rivolge al lettore con più incisività[74]. Da ciò ne consegue (anche se non necessariamente) che l'indirizzo segna una pausa e ha la funzione di cesura: distingue il periodo ipotetico in 3,21-22ab da quello precedente[75]. Naturalmente sostenendo l'interpretazione positiva si nega che l'indirizzo funga da cesura[76].

2.1.2 Il cuore che non accusa

Hugo Grotius[77] giustamente osserva che l'espressione «il cuore non accusa» è una metonimia dove l'effetto (mancanza di accuse) è al posto della causa (mancanza di peccato).

Così come per le accuse del cuore in 3,20a, anche per 3,22a i commentatori specificano l'oggetto delle accuse, questa volta mancanti: *di che cosa* il cuore non viene accusato? Molto spesso ricorre la proposta che il cuore non accusa le mancanze nella carità[78]. Per alcuni esegeti, invece, il cuore non accusa nessun peccato mortale[79]. Anche se può destare meraviglia come mai questi interpreti siano giunti a questa conclusione, in netta discordia col testo che parla di *assenza assoluta* di accuse, si può facilmente comprendere questa deduzione tenendo a mente che dalla παρρησία, frutto e segno dell'amicizia con Dio, i commentatori hanno dedotto l'assenza di peccati gravi che distruggano il rapporto amichevole.

---

[74] SCHUNACK, 68; STRECKER, 197.

[75] Cfr. BEUTLER, 92.

[76] STRECKER, 197.

[77] H. GROTIUS, *Annotationes*, 1092.

[78] Così già il doctor caritatis AGOSTINO, *Commento*, 1753 (la coscienza non ci rimorde se in noi c'è l'amore fraterno, non finto ma sincero: questa carità non si pratica davanti agli uomini, ma là dove Dio ci vede, cioè nel cuore). Successivamente la Glossa Interlineare (*Biblia Latina cum Glossa ordinaria,* IV, ad locum); Postilla (THEOLOGI DUACENSII, ed., *Biblia Sacra cum glossa ordinaria*, VI, 1399); H. BULLINGER, *In Epistolam*, 95; I. MARIANUS, *Epistola*, 515; P. LALLEMANT, *Première epître de Saint Jean apôtre*, 357.

[79] N. GORRAN, *B. Joannis Apostoli*, 305; Hus (J. MONTANUS – U. NEUBER, ed., *Historia et monumenta Joannis Hus*, 338); DIONYSIUS CARTUSIANUS, *Enarratio*, 38 (il cuore non accusa se non abbiamo mai commesso un peccato mortale oppure se ci siamo purificati dei peccati commessi con una vera contrizione, confessione e soddisfazione); J. LORINUS, *In Divi Ioannis epistolam primam*, 92; P. DE AMBROGGI, *Le tre Epistole di Giovanni*, 254-255.

A nostro parere, la formulazione «assoluta» (il cuore non accusa affatto) insieme alla specificazione in 3,22cd ci porta piuttosto sulla strada delle accuse in generale. Naturalmente non ha senso voler specificare l'oggetto delle non-accuse, se queste mancano del tutto! Come specificato dalle seguenti proposizioni, lo stato di «pace» della coscienza non è una mera «sensazione», ma uno stato che si traduce nella preghiera (3,21b.22ab) e nei fatti (3,22cd)[80].

Calvino[81], conosciuto per l'accentuazione della peccaminosità dell'uomo, tenta di risolvere un'altro tipo di aporia: chi di noi è senza peccato, quindi col cuore del tutto tranquillo? Come conciliare ciò con la formulazione giovannea? La risposta da dare è che i pii (ossia i christifideles) sono accusati e, contemporaneamente, assolti: infatti è necessario che nell'intimo sentano i rimorsi a motivo dei peccati, affinché il terrore li porti all'umiltà e insegni loro la disciplina. Però costoro ricorrono subito al sacrificio di Cristo dove hanno una pace sicura. L'apostolo, tuttavia, dice che questi non sono accusati in un altro senso: ogni volta che riconoscono di commettere errori si risollevano grazie alla testimonianza della propria coscienza che veramente temono Dio e desiderano sottomettersi alla sua giustizia. Chiunque è preso da tale affetto, anche se è lontano dalla perfezione, piace a Dio: a merito, quindi, gli si attribuisce un cuore placato, poiché non c'è rimorso più «intimo» che turbi la sua gioia tranquilla.

Vediamo, quindi, che il riformatore non riesce a concepire «la semplice idea» che il cuore non accusi e, per questo, si sente costretto a introdurvi l'idea del peccato: la sua spiegazione «oltrepassa» il testo e rispecchia il paradigma «simul iustus et peccator», paradigma però concepito in senso calviniano.

Dodd[82] e Balz[83] considerano come «caso normale» che il credente opera ciò che piace a Dio e non sperimenta le accuse del cuore (mentre il caso precedente, quello in 3,20, non sarebbe normale). Per dir la verità, nel testo non si opera una distinzione tra caso «ordinario» e caso «straordinario»: i due casi sono posti l'uno accanto all'altro. Inoltre Giovanni non è un

---

[80] F. UTTENDOERFER, «Ein Kennzeichen», 1000.
[81] J. CALVIN, *Commentarius*, 343.
[82] C. H. DODD, *The Johannine Epistles*, 92.
[83] H. BALZ, *Die Johannesbriefe*, 187.

giurista che discuta «i casi»[84]. Per essere più precisi, la situazione di peccato è qualcosa di anormale in vista della radicale novità del cristiano (anche se in fieri) presente già adesso e della realtà del tutto nuova che il cristiano deve diventare, mentre è qualcosa di normale se teniamo a mente che il credente «non è ancora del tutto» questa nuova creatura.

Secondo Brown[85], 3,21a è un correttivo alla proposizione in 3,20bc che, da sola, potrebbe portare ad un lassismo: Dio infatti perdona, non c'è bisogno di tendere alla perfezione[86]! In altre parole, parlando dell'assenza di accusa e dell'adempimento dei comandamenti Giovanni non avrebbe perso di mira l'ideale di perfezione cristiana. Questa proposta è contestualizzata nell'ambito dell'interpretazione positiva, però noi riteniamo che neanche in tale contesto può essere giustificata: infatti Giovanni non formula 3,21-22 all'imperativo, ma all'indicativo[87]. Così facendo mette sullo stesso piano due casi diversi, quello dell'accusa e della non-accusa, senza specificare che il secondo è l'ideale. Piuttosto l'ideale viene espresso già in 3,18, «amiamo a fatti e in verità».

2.2 Interpretazione di 3,21b

Il vocabolo παρρησία si riscontra 31 volte nel NT, molto spesso in Gv (9 volte) e 1 Gv (4 volte). Originalmente designa la libertà della parola (πᾶν ῥῆσις), prerogativa delle persone libere (quindi non degli schiavi) nella democrazia attica; presso i cinici è un concetto (assieme ad ἐλευθερία) del pensatore dotato di una solida morale che vive in piena franchezza a fronte dei concittadini, lodandoli o biasimandoli[88]. Nei testi giudaici la παρρησία è da un lato puro dono di Dio (Dio libera dalla schiavitù e guida in libertà a

[84] WENGST, 159-160; SCHUNACK, 68.

[85] BROWN, 477.

[86] Secondo B. WEISS, *Die drei Briefe*, 106, il pericolo di un abuso della giustificazione per mezzo della fede rendeva necessario l'annuncio che non c'è giustificazione che non si manifesti nelle opere. In modo analogo BROWN, 460.478: gli «avversari» trascuravano l'importanza delle opere e insegnavano che la certezza della comunione con Dio deve provenire dalla fede, non dalle opere (come asserisce l'autore). Queste proposte risultano congetturali. Per quanto riguarda la base della certezza cristiana, possiamo piuttosto comparare Giovanni e Paolo: mentre il primo accentua la carità effettiva, il secondo la fede.

[87] Anche se dobbiamo riconoscere che l'indicativo può avere implicitamente una debole nuance dell'imperativo, come nel nostro caso (vedi anche p. 266 n. 163).

[88] H. BALZ, «παρρησία κτλ.», 106.

fronte alta, μετὰ παρρησίας – Lev 26,13 LXX), dall'altro è una «qualità» dei giusti e degli amici di Dio (quindi è fondata sulla risposta o attività dell'uomo)[89]. Nel NT in circa la metà dei passi sia il verbo παρρησιάζεσθαι che il sostantivo παρρησία si riferiscono alla pubblicità e lealtà del parlare, mentre negli altri enunciati prevale l'aspetto della franchezza e fiducia in Dio[90]. Schunack[91] afferma giustamente che il sostantivo non designa l'entusiasmo. Per quanto riguarda la letteratura giovannea, poi, si deve precisare che παρρησία in Gv viene riferito a Cristo, mentre in 1 Gv ai credenti[92].

Il termine παρρησία ricorre ancora due volte in 1 Gv, cioè in 2,28 e 4,17. Per quanto riguarda il primo passo, la παρρησία scaturisce dal «rimanere in Lui». Nel secondo passo, invece, la παρρησία deriva dalla carità. In sostanza, quindi, anche in queste due ricorrenze abbiamo la stessa idea presente in 3,18-22: «l'agire nella verità» (3,18.22 – nella verità della carità rivelata), ossia «il rimanere in Lui» (2,28) o «l'agire nella carità» (4,17) dona la sicurezza (παρρησία) davanti al volto di Dio. Tale sicurezza elimina la paura davanti al Dio-giudice. Anche se il tema fondamentale è uguale in tutte e tre le ricorrenze di παρρησία, una differenza notevole riguarda la prospettiva temporale: in 3,21 si parla della fiducia *ora*, mentre negli altri due testi al momento della *parusia*[93]. Inoltre in 3,21 la παρρησία è inquadrata in un contesto di preghiera.

Questi dati sulla παρρησία (franchezza del credente *nei confronti di* Dio) sono confermati anche dalla presenza della preposizione πρός. Questa preposizione, costruita con l'accusativo, può avere un significato locale (movimento verso), temporale, intenzionale (meta o scopo) o relazionale (relazione personale con qualcuno)[94]. Evidentemente nel nostro caso

---

[89] H. BALZ, «παρρησία κτλ.», 106.

[90] H. BALZ, «παρρησία κτλ.», 107. Nei papiri è raro (C. SPICQ, «La justification du charitable», 926 n. 1).

[91] SCHUNACK, 68.

[92] STRECKER, 198.

[93] Giustamente BROWN, 478, sostiene che, nonostante viviamo nell'ultima ora (2,18), Giovanni distingue tra il presente e la παρουσία che deve ancora venire (2,28-3,2).

[94] W. RADL, «πρός», 386-388.

abbiamo l'ultima accezione[95]. Proprio l'accento relazionale rientra nella prospettiva del brano, centrato sulla relazione del credente con Dio[96].

I commentatori del 1500-1600, traducendo παρρησία come fiducia, discutono anche sul grado di certezza che è alla base della παρρησία, cioè sul grado di certezza riguardo il proprio stato di grazia[97]. Secondo Ambrosius Catharinus Politus[98], la fiducia nasce dalla certezza della grazia, non dall'incertezza. Più moderata è la posizione di Estius[99], il quale rileva che Giovanni non scrive *siamo certi*, bensì *abbiamo fiducia*. Infatti, anche se il cuore non accusa, Dio può accusare, poiché è più grande del cuore. Per questo la fiducia è *tale*, *quale* la testimonianza della buona coscienza. E siccome la testimonianza della coscienza non è infallibilmente certa (1 Cor 4,4), neanche tale fiducia (di sfuggire alla condanna nel giorno del giudizio) lo è. Lorinus[100] ribadisce che tale fiducia scaturisce dalla certezza morale e dalla probabilità umana: Giovanni insegna la fiducia che non riguarda la mente (a differenza della certezza), ma la volontà[101].

Queste opinioni sono da inquadrare nella discussione dell'epoca sulla certezza del proprio stato di grazia, discussione che è stata caratterizzata anche dalla polemica con le posizioni dei riformatori[102].

Un'altra questione dibattuta, questa volta nel periodo contemporaneo, è se παρρησία ha una connotazione forense. Dato che i commentatori inquadravano i precedenti versetti 19-20 in un contesto giuridico (ciò vale sia per l'interpretazione negativa che positiva), allora veniva spontaneo (in quanto 21-22 connesso ai precedenti come «seconda tavola del dittico») considerare anche παρρησία come un concetto forense. Per l'accezione forense si pronunciano Spicq[103], Balz[104] e Strecker[105]. Secondo lo Strecker, il

---

[95] BDR § 239,5.

[96] Vedi p. 39.

[97] La stessa questione era stata discussa anche per i versetti 19-20, vedi p. 178-180.

[98] A. CATHARINUS POLITUS, *Commentaria*, 628.

[99] G. ESTIUS, *Commentariorum*, 457.

[100] J. LORINUS, *In Divi Ioannis epistolam primam*, 92.

[101] Per i sostenitori dell'interpretazione positiva, παρρησία oltrepassa di gran lunga la tranquillità espressa dal verbo πείθειν (J. A. BENGEL, *In epistolam primam Iohannis*, 1055).

[102] Per una nostra posizione, vedi a p. 180.

[103] C. SPICQ, «La justification du charitable», 926.

[104] H. BALZ, *Die Johannesbriefe*, 187.

[105] STRECKER, 198.

contesto (grazie anche al verbo καταγινώσκειν) suggerisce che l'aspetto del giudizio gioca un certo ruolo (per lo stesso autore tale contesto è presente anche in 3,19-20), anche se viene accentuata piuttosto la certezza fiduciosa del credente: tra questi e il Padre non c'è alcun divario, poiché la via al Padre è aperta.

A noi non sembra che ci sia un tale contesto di giudizio: infatti questo contesto manca già in 3,19-20, nel primo «quadro» del dittico! La presenza di due vocaboli è ben poco per poter giustificare un tale contesto[106]. Il contesto è più semplicemente quello dello «status del credente in rapporto con Dio», come già spiegato per 3,19-20[107]. In questo senso, negando quindi l'aspetto forensico, si esprimono Westcott[108] («fiducia del figlio davanti al Padre») e Schnackenburg[109]. Brown[110], invece, concilia ambedue gli aspetti e qualifica la παρρησία come forensica e imprecatoria contemporaneamente.

Strecker[111] mette in corrispondenza la παρρησία col dono dello Spirito (1 Gv 3,24), nel quale si può parlare con libertà (vedi At 4,29-31). E' possibile fare queste connessioni, però nel contesto dell'intera teologia neotestamentaria. Nella 1 Gv presa isolatamente, invece, la παρρησία non viene messa in diretta relazione con il dono dello Spirito ma con il Figlio, più esattamente col μένειν ἐν αὐτῷ (2,28) il che può essere esplicitato *positivamente* come «essere come lui» (4,17), *negativamente* con l'espressione «il cuore non ci accusa» (3,21).

Brown[112], più giustamente, osserva che il concetto παρρησία ricorre anche nella lettera agli Ebrei, nel contesto dell'alleanza (Ebr 4,16; 10,16-19). Anche se nella 1 Gv non si parla esplicitamente dell'alleanza, non ne mancano cenni impliciti (conoscere il Signore – Ger 31,34, essere purificati dal peccato – Ez 36,25, osservare i comandamenti – Ez 36,27).

---

[106] La presenza di un campo semantico non è rilevante a tal punto da determinare il contesto di un brano: questo contesto è determinato dal campo semantico prevalente e dal significato globale del brano.

[107] Vedi p. 220-224.

[108] B. F. WESTCOTT, *The Epistles of St. John*, 118.

[109] SCHNACKENBURG, 205.

[110] BROWN, 478 n. 32.

[111] STRECKER, 198.

[112] BROWN, 479.

Del resto si può dire che la teologia dell'alleanza costituisce il *background* della 1 Gv[113].

La παρρησία è, negativamente, frutto della mancanza di accuse, positivamente frutto dell'adempimento dei comandamenti. Di per sé valida, ma purtroppo oltrepassante il contenuto del testo, è l'osservazione di Škrinjar che παρρησία nasce mediatamente dall'adempimento dei comandamenti, però immediatamente dalla coscienza dell'unione con Dio[114].

La παρρησία come frutto della buona coscienza è un tema che si ritrova in autori del giudaismo ellenistico, come Filone[115] e Giuseppe Flavio[116]. Un po' più tardi è Origene a riproporre il tema della παρρησία della coscienza pura (rifacendosi a 1 Gv 3,21). Un cenno di questo tema è nel commento a Matteo: se la coscienza non rimorde, allora abbiamo fiducia verso Dio non per i propri doni né per le parole della preghiera o del salmo (anche se questa preghiera è composta bene e tratta dalla Scrittura), ma perché l'altare del proprio cuore è costruito bene[117]. Un'altra menzione è presente nelle omelie su Geremia[118]. Qui Origene mette in contrapposizione Adamo, che si nascose dopo aver peccato, con il santo che non si nasconde ma ha il cuore davanti a Dio con la fiducia che proviene dalla santa condotta[119].

Westcott sostiene che l'asserzione in 3,21 non è una pretesa di impeccabilità, ma espressione di una vita di fede permeata da un reale senso di

---

113 BEUTLER, 16.

114 A. ŠKRINJAR, «Maior est Deus corde nostro», 347.

115 Παρρησιασάμενον ἐκ καθαροῦ τοῦ συνειδότος (PHILON D'ALEXANDRIE, *De Specialibus legibus*, I, 203). Πότε οὖν ἄγει παρρησίαν οἰκέτης πρὸς δεσπότην ἆρ' οὐχ ὅταν ἠδινηκότι μὲν ἐμαυτῷ μηδὲν συνειδῇ, πότε οὖν ἄξιον καὶ τοῦ Θεοῦ δοῦλον ἐλευθεροστομεῖν πρὸς τὸν ἑαυτοῦ τε καὶ τοῦ παντὸς ἡγεμόνα καὶ δεσπότην ἢ ὅταν ἁμαρτημάτων καθαρεύῃ καὶ τὸ φιλοδέσποτον ἐκ τοῦ συνειδότος κρίνῃ (PHILON D'ALEXANDRIE, *Quis rerum divinarum heres sit*, 6-7).

116 Πολλὴν τὴν ἀπὸ τοῦ συνειδότος καὶ πρὸς τὸν θεὸν παρρησίαν καὶ πρὸς τοὺς ἀνθρώπους (JOSEPHUS FLAVIUS, *Jewish Antiquities*, II, 52).

117 ORIGENES, *Matthäuserklärung*, II, 33.

118 ORIGENES, *Homélies sur Jérémie*, II, 142.

119 Ὁ δὲ ἅγιος οὐ κέκρυπται, ἀλλ' ἔχει καρδίαν μετὰ παρρησίας τῆς κατὰ τὴν ἁγίαν πολιτείαν πρὸς τὸν θεόν· ἐὰν γὰρ ἡ συνείδησις ἡμῶν μὴ καταγινώσκῃ, ἔχει παρρησίαν πρὸς τὸν θεόν καὶ ὃ ἂν αἰτῶμεθα λαμβάνομεν παρ' αὐτοῦ.

amicizia con Dio[120]. Da una parte si può sottoscrivere che Giovanni non conosce l'impeccabilità, come ben dimostrano altri passi della lettera (1 Gv 1,8.10). Dall'altra parte, però, non condividiamo che qui si parli di una vita di fede, poiché dal contesto emerge che si parli di un caso *temporaneo*, contrapposto a quello del cuore accusato.

Concludendo possiamo affermare che libertà, fiducia e gioia (tratti tipici della παρρησία) caratterizzano il rapporto dei figli di Dio, esplicitano il loro nuovo essere escatologico[121]. La libertà si tematizza come libertà della parola nella preghiera (ciò è implicitamente presente nel sintagma πρὸς τὸν θεόν, esplicitamente nel seguente 22a), come fiducia che non ammette dubbi. La παρρησία nella preghiera è una specificazione della παρρησία «riguardo la propria salvezza». Perché Giovanni parla proprio della παρρησία che si esprime nella preghiera? Poiché in essa si sperimenta l'appropriatezza («Berechtigung») della nostra fiducia verso Dio *immediatamente* ed *evidentemente* (Weiss[122]).

2.3 Interpretazione di 3,22a

La costruzione ὃ ἐάν (nel corpus joanneum anche in Gv 15,7; 1 Gv 5,15; 3 Gv 1,5) è composta dal pronome personale neutro ὅ e dalla particella ἐάν[123]. Il significato è «qualsiasi cosa» (senza restrizioni). Nel NT questa costruzione frequentemente rimpiazza il più classico ὃ ἄν[124].

Il verbo αἰτεῖν, frequente nel NT (circa 70 volte), col significato base «chiedere», può avere le sfumature «pregare, desiderare, richiedere»[125]. Nella proposizione relativa ipotetica spesso è impossibile distinguere se il congiuntivo presente ha il valore iterativo o futuro[126]. La differenza, però, sarebbe di esigua importanza e, in ogni caso, il significato è già chiaro.

---

[120] B. F. WESTCOTT, *The Epistles of St. John*, 118.

[121] KLAUCK, 221.

[122] B. WEISS, *Die drei Briefe*, 107.

[123] F. BÜCHSEL, *Die Johannesbriefe*, 61, invece, considera ἐάν come preposizione che introduce la condizione ipotetica.

[124] BDR § 107 n. 3. Vedi p. 197. Il codice Vaticano corregge in ὃ ἄν.

[125] W. RADL, «αἰτέω», 102-103.

[126] STRECKER, 198; BDR § 380,1b n. 2.

Nel corpus joanneum il verbo ricorre sedici volte: due volte nel dialogo di Gesù con la Samaritana (Gv 4,9.10), una volta nel dialogo con Marta (Gv 11,22), per il resto nei passi sulla preghiera dei discepoli (Gv 14,14; 15,7.16; 16,23-24.26; 1 Gv 5,14-16). In 16,24 si usano esattamente gli stessi verbi come qui (αἰτεῖν e λαμβάνειν). Il verbo αἰτεῖν domina in questi passi, 8 volte. Solo una sola volta, in 16,23, viene sostituito dal verbo ἐρωτᾶν. Nell'altro brano incentrato sulla preghiera, 1 Gv 5,14-16, αἰτεῖν ricorre 4 volte, ἐρωτᾶν una sola volta. I due verbi, evidentemente, sono sinonimi[127].

Quale è il rapporto della proposizione 22a con quella precedente? Insieme ad altri esegeti, propendiamo per un rapporto *sinonimico*, con il καί epesegetico[128].

2.4 Interpretazione di 3,22b

Il verbo λαμβάνειν è attestato nel NT ben 260 volte, in Gv 46 volte, nelle lettere giovannee 6 volte. Può essere usato con l'accezione *attiva* di «prendere» o «afferrare» (il pasto, il cibo eucaristico), ma soprattutto con quella *passiva* di «accogliere, ricevere», significato molto più importante dal punto di vista teologico[129]. Dalla frequente presenza di λαμβάνειν nell'accezione passiva risulta chiaro quanto il NT insista nel presentare l'uomo come colui che da Dio non fa che ricevere[130].

La costruzione λαμβάνειν ἀπ' αὐτοῦ si riscontra ancora una volta in 1 Gv, in 2,27[131]. Il presente è più incisivo del futuro, poiché esprime la certezza più esplicitamente[132].

Brown[133] giustamente osserva che in 22b abbiamo un pensiero più ampio che in 21b (παρρησίαν ἔχομεν πρὸς τὸν θεόν), poiché 22b racchiude la

---

[127] BROWN, 612.

[128] A. PLUMMER, *The Epistles of S. John*, 89; STRECKER, 198; BDR § 442,6.

[129] A. KRETZER, «λαμβάνω», 829.830.

[130] G. DELLING, «λαμβάνω κτλ.», 24.

[131] G. ESTIUS, *Commentariorum*, 458, sostiene che ἀπ' αὐτοῦ si può riferire al verbo αἰτεῖν oppure λαμβάνειν.

[132] STRECKER, 198. Secondo P. DE AMBROGGI, *Le tre Epistole di Giovanni*, 255, il presente «riceviamo» assicura i lettori che Giovanni parla per esperienza.

[133] BROWN, 460.

valutazione di Dio su di noi (questa valutazione è implicita nell'atto del donare). Così registriamo un progresso nello sviluppo del pensiero, una *gradazione*.

2.5 Interpretazione di 3,22cd

2.5.1 Adempiere i comandamenti

Nel NT ἐντολή ricorre 67 volte, in quasi tutti gli scritti. Nella maggior parte dei casi indica un comando dato da Dio o da Cristo, però può anche designare un comandamento dato da un uomo (Lc 15,29; At 17,15; Col 4,10)[134]. Negli scritti giovannei, a differenza degli altri scritti neotestamentari, ἐντολή non indica mai i comandamenti della torà mosaica. Mentre in Gv ἐντολή si riferisce all'incarico conferito dal Padre al Figlio e al comandamento impartito da Gesù ai discepoli, in 1 e 2 Gv ἐντολή indica i precetti, la cui peculiarità è una conseguenza della venuta del Figlio nel mondo[135].

La variazione singolare-plurale è in parte un mezzo stilistico[136], in parte un mezzo per sottolineare l'unità dei molteplici comandamenti[137]. L'uso del plurale non sta a significare che Gesù abbia dato più comandi che non sono stati riportati nel vangelo né nelle lettere. Qualora non ci sia una concretizzazione, l'uso del plurale dà una valenza inclusiva al «comandamento», mettendolo in rapporto con la vita intera del credente[138], come è evidente in 2,3-2,6 dove «osservare i comandamenti» (2,3) significa rispecchiare lo stesso comportamento del Logos incarnato (2,6)[139]. Nel nostro caso, comunque, i comandamenti sono specificati in 3,23 e ristretti alla fede nel Figlio e alla carità fraterna.

[134] M. LIMBECK, «ἐντολή», 1122.

[135] M. LIMBECK, «ἐντολή», 1124-1125.

[136] BROWN, 251.

[137] Vedi anche p. 15-16.

[138] Vedi BROWN, 251. In modo analogo STRECKER, 200, sostiene che il plurale è segno della concretezza (molteplicità) dell'immedesimazione con la volontà di Dio.

[139] Il plurale è anche nella rispettiva espressione ebraica שָׁמַר אֶת־מִצְוֹת: tale espressione appartiene al linguaggio dell'alleanza (BEUTLER, 57).

Il pronome personale αὐτοῦ si riferisce, evidentemente, a Dio[140], come suggerito del resto dal precedente 3,21. L'idioma «osservare i comandamenti» (τηρεῖν τὰς ἐντολάς) ricorre 4 volte nel vangelo, 5 volte in 1 Gv[141]. Espressioni parallele sono «compiere i comandamenti» (1 Gv 5,2), «camminare secondo i comandamenti» (2 Gv 1,6). Il tempo presente del verbo τηρεῖν esprime il carattere duraturo, la realizzazione continuata del rimanere nei comandamenti[142]. Da notare che l'espressione «osservare i comandamenti» è intercambiabile con «osservare la parola» (λόγος): questa intercambiabilità è comprensibile tenendo conto del background dell'AT, dove i dieci comandamenti erano designati anche come «le dieci parole» (Es 20,1; 34,28)[143]. Nella letteratura giovannea «osservare i comandamenti» comporta molti benefici: non vedere la morte (Gv 8,51), avere il Paraclito (Gv 14,15-16), essere amato dal Padre (Gv 14,21), avere il Padre e il Figlio (Gv 14,23), rimanere nella carità di Gesù (Gv 15,10).

2.5.2 Analisi semantica di τὰ ἀρεστά

'Αρεστός significa «accettabile, gradevole, gradito»[144]. Nel NT è usato raramente e viene sostituito dal composto εὐάρεστος[145]. Nel NT ricorre 4 volte, 2 volte nella letteratura giovannea: oltre a 1 Gv 3,22 lo ritroviamo in Gv 8,29 dove si parla del Figlio che compie sempre quello che piace al Padre. «Compiere ciò che piace a Dio» è una motivazione giudaico-cristiana: questa motivazione è menzionata tra l'altro nei passi che trattano delle offerte (Rm 12,1) oppure del comportamento dell'uomo (Rm 14,18; 2 Cor 5,9)[146].

La costruzione τὰ ἀρεστά + ἐνώπιον + genitivo, ad eccezione di 1 Gv 3,22, non si trova nel NT, ma soltanto nella LXX (ad es. Dt 12,8; Esd 10,11; Ne 9,24; Tb 3,6). Sempre nella LXX, la preposizione impropria ἐνώπιον può essere sostituita da altre preposizioni o sintagmi di simile significato: τοῖς ὀφθαλμοῖς (Gn 3,6), ἐναντίον (Es 15,26), τῷ προσώπῳ

[140] In 1 Gv il pronome personale αὐτοῦ si riferisce sempre a Dio (BROWN, 461).
[141] BROWN, 251.
[142] BROWN, 252.
[143] BROWN, 252.
[144] W. FOERSTER, «ἀρεστός», 1216.
[145] W. FOERSTER, «ἀρεστός», 1217.
[146] SCHNACKENBURG, 206 n. 1.

(Gdt 3,2), ἐν τοῖς ὀφθαλμοῖς (Gdt 12,14)[147]. E' evidente che la preposizione ἐνώπιον (o gli equivalenti) rendono l'ebraico בְּעֵינֵי oppure לְעֵינֵי, eventualmente לִפְנֵי o נֶגֶד[148]. Già Vatablus[149] spiegava che τὰ ἀρεστὰ ἐνώπιον αὐτοῦ è un ebraismo e viene tradotto come «ciò che gli piace».

Discusso, invece, era il senso di questa espressione:

1) fare *ciò* che piace a Dio (senso oggettivo);

2) fare ciò che è oggettivamente buono ma con *l'intenzione* di piacere a Dio (senso soggettivo), quindi non per un vantaggio personale oppure per qualche altro fine.

Hugo de Sancto Caro[150] giustifica ambedue i sensi: «coram» (ἐνώπιον) si può costruire con l'aggettivo, cosicché il senso sarebbe «quae sunt placita coram eo digna praesentari ei», oppure si può costruire col verbo («facimus coram eo»), cioè facciamo nel nascosto del cuore dove lui vede (Is 38,3)[151]. Il primo senso viene sostenuto da Dionysius Cartusianus[152], il secondo, invece, dalla Glossa Interlineare[153] e da Nicolaus Gorran[154]. Il

---

[147] Meno spesso incontriamo anche altre costruzioni di ἀρεστός con: genitivo (Ger 9,13), dativo (Tb 4,3), παρά + dativo (Pr 21,3), pronome possessivo (Sap 9,18).

[148] BDR § 214,6. BDR § 4 n. 8, classifica la costruzione ἀρέσκειν ἐνώπιόν τινος come espressione presa dal greco parlato dagli ebrei. Al posto di ἐνώπιον nella lingua classica si sarebbe spesso avuto il caso semplice del dativo (BDR § 214,6 n. 9). Infondata la distinzione operata da Westcott (*The Epistles of St. John*, 119): ἔμπροσθεν αὐτοῦ significa «alla sua presenza», mentre ἐνώπιον αὐτοῦ «ai suoi occhi, al suo sguardo». Ugualmente inutile la distinzione di Plummer (*The Epistles of S. John*, 90): «ἔμπροσθεν brings out the man's regard to God, ἐνώπιον God's regard to him». La variazione è puramente stilistica (BROWN, 455).

[149] F. VATABLUS, *Epistola beati Joannis apostoli prima*, 283.

[150] HUGO DE SANCTO CARO, *Epistola I. Joannis*, 352.

[151] Così MARTINUS LEGIONENSIS, *Expositio*, 275-276, il quale interiorizza tutti e due i versetti. Se il nostro cuore non ci riprende nell'amore, abbiamo fiducia verso Dio, non al cospetto degli uomini, ma lì dove Dio vede, cioè nel cuore. Infatti i suoi comandamenti, cioè la carità, noi li custodiamo nell'anima, le opere della carità, nelle quali si compiace, le facciamo nel nascosto dove lui vede.

[152] DIONYSIUS CARTUSIANUS, *Enarratio*, 39.

[153] *Biblia Latina cum Glossa ordinaria*, IV, ad locum.

[154] N. GORRAN, *B. Joannis Apostoli*, 305.

Lorinus[155], anche se giudica migliore il primo senso, ammette che non si può piacere a Dio se non si ha per fine lo stesso Dio.

Il senso dell'espressione è quello oggettivo: τὰ ἀρεστά + ἐνώπιον è un terminus technicus che equivale ai comandamenti, come ben dimostrano alcuni passi dell'Antico Testamento (Es 15,26; Dt 12,28; 13,19), ma anche il parallelismo tra 3,22c (τὰς ἐντολὰς αὐτοῦ τηροῦμεν) e 3,22d (τὰ ἀρεστὰ ἐνώπιον αὐτοῦ ποιοῦμεν)[156]. Il contenuto dei comandamenti, ossia di ciò che piace a Dio, è specificato nel seguente 3,23: credere nel nome del Figlio[157] e amarsi a vicenda[158].

2.5.3 L'osservanza dei comandamenti come motivo dell'esaudimento della preghiera?

Una questione discussa, anche se molto meno dei precedenti versetti 3,19-20, riguarda l'interpretazione di 3,22cd: queste due proposizioni contengono l'oggetto delle preghiere esaudite, oppure la causa dell'esaudimento?

1) *3,22cd come oggetto delle preghiere*

L'osservanza dei comandamenti in 3,22cd può essere oggetto delle preghiere *implicitamente* (formando le preghiere, così Gaugler, Klauck e Strecker), oppure *esplicitamente* (essendo esplicitamente richiesta la capacità per vivere i comandamenti, così Schunack).

---

[155] J. LORINUS, *In Divi Ioannis epistolam primam*, 93.

[156] Da ritenere plausibile l'opinione di SCHNACKENBURG, 206, secondo il quale con la seconda espressione pleonastica si sottolinea l'implicita esortazione.

[157] M. LUTHER, *Vorlesung*, 721, anche se da una parte «lodevolmente» e giustamente spiega i comandamenti in relazione al seguente 3,23, dall'altra parte a modo suo spiega in che cosa consiste credere, rifacendosi alla sua spiegazione di 3,20. Se cadiamo, allora dobbiamo confessare che Dio è più grande, cioè che nessun peccato danna. Se il peccato dannasse, allora dannerebbe David, Pietro, Adamo. Satana suggerisce il peccato per dannare, però ciò che danna è l'incredulità. Se il peccato viene congiunto all'incredulità, allora si incorre nella dannazione. Quindi, coloro che credono adempiono il comandamento di Dio, gli attribuiscono gloria confessando che è più grande del nostro cuore.

[158] E' riduttivo, quindi, considerare i comandamenti riassunti soltanto nel comandamento dell'amore fraterno (STRECKER, 200).

Gaugler[159] e Klauck[160] parlano di preghiere formate dalla volontà di Dio, preghiere che hanno un esaudimento preprogrammato.

Per Wengst[161] 3,22cd non è motivazione o condizione di 3,21b-22ab, bensì precisazione e ripresa di 3,21a: la mancanza di accuse non è uno stato passivo, ma attivo adempimento della volontà di Dio. Colui che adempie la parola di Dio, ha le preghiere ben indirizzate e *formate*.

Strecker[162] suggerisce un'interpretazione suggestiva ed unica. La congiunzione ὅτι è causale, però non è un condizionamento della παρρησία. Compresa in tal senso, la proposizione in 3,22cd è fondamento del rapporto col Padre, non condizione. Questa proposizione esprime l'unità della comunità col Padre (così come in Gv troviamo l'unità del Figlio col Padre). La 1 Gv sostiene l'unità con la volontà del Padre (2,14; 3,14), anche se, contemporaneamente, appella a compiere tale volontà[163]. La comunità è già nella volontà del Padre, vive già nell'unità col Padre, ma non ancora del tutto. Il rapporto tra fede (ciò che è già effettuato e «posseduto») e opere (ciò che è ancora da compiere), ossia il rapporto tra indicativo e imperativo etico non può essere «eliminato», ma lasciato come paradosso. A questa unità Giovanni vuole portare i lettori. Non si tratterebbe di una polemica contro le perversioni gnostiche, ma di un appello alla comunità. La comunità è chiamata a rendersi conto di ciò che è già e contemporaneamente è chiamata alla realizzazione della piena unità con Dio.

Secondo Schunack[164] la carità di Dio è fonte sia della pacificazione (3,19c), che della παρρησία (3,21 – i due periodi ipotetici sarebbero sinonimici, con il primo periodo strettamente connesso a 3,19). Così si esclude l'apporto del credente e, di pari passo, la comprensione di 3,22cd come motivazione dell'esaudimento (in tal caso ci sarebbe una «Vorleistung»). Per Schunack, quindi, 3,22cd è l'oggetto della preghiera (e non la sua condizione!): preghiamo, cioè, per quello che è necessario per adempiere i comandamenti (liberazione dalla paura, forza dello Spirito per rimanere nella carità, fede nel Figlio). Osservando i comandamenti noi riceviamo

[159] E. GAUGLER, *Die Johannesbriefe*, 191.
[160] KLAUCK, 222.
[161] WENGST, 160.
[162] STRECKER, 198-199.
[163] Così anche BULTMANN, 64, e SCHNACKENBURG, 206: l'indicativo in 3,22cd include un imperativo.
[164] SCHUNACK, 68.

ciò che chiediamo. Tra le due realtà esiste un rapporto reciproco: chi si dedica alla vita di carità, prega ed ha bisogno ancor più della forza per adempiere il comandamento.

2) *3,22cd come causa dell'esaudimento*

Il punto debole delle soluzioni precedenti è che non danno ragione della congiunzione causale ὅτι. Per questo è da preferire la seconda possibilità, la proposta più antica (ripresa anche da molti commentatori moderni) che consiste nel considerare 3,22cd come causa dell'esaudimento[165]. Questa soluzione, più semplice di quelle proposte precedentemente, sembra essere la più aderente al testo, favorita infatti dall'ordine delle parole, con la motivazione vicina a 3,22ab. Quest'interpretazione rispetta anche la struttura dell'intero brano 3,18-22. Così come 3,18 era la condizione di 3,19-20, così 3,22cd è la condizione della παρρησία.[166] Così come la carità (3,18 – apporto del credente) ha come frutto «la conoscenza di essere dalla verità» (3,19), così l'obbedienza ai comandamenti (apporto del credente) ha come frutto l'esaudimento della preghiera[167]. In ambedue i periodi antitetici l'attività umana condiziona il «frutto»[168]. Quindi 3,18 corrisponde a 3,22.

Alcuni esegeti rigettano questa spiegazione del «mutuo adempimento della volontà» (il fedele adempie la volontà del Padre e viceversa). Costoro etichettano tale pietà come nomistica o legalistica, eco del veterotestamentario «Tun-Ergehen-Schema», attestato ad esempio in Es 15,26[169]. Bultmann[170] cerca di rimuovere da quest'interpretazione l'etichetta di «nomismo» sostenendo che 3,22cd contiene una relazione reciproca indicativo – imperativo (3,22cd è indicativo e, contemporaneamente, imperativo implicito). Per dir la verità, quest'osservazione, di per sé valida, non è un motivo sufficiente per dissolvere i sospetti di nomismo: infatti rimane

---

[165] Vedi p. 228.

[166] B. WEISS, *Die drei Briefe*, 107, sostiene che 3,22cd è causa dell'esaudimento, e non della παρρησία che è motivata dalla protasi in 3,21a. Però 3,22cd è strettamente connesso anche con la protasi 3,21a, concretizzandola.

[167] Vedi H. BULLINGER, *In Epistolam*, 95.

[168] E. MALATESTA, *Interiority and Covenant*, 271-272, più sfumatamente, considera l'esaudimento delle preghiere come dono della misericordia di Dio: questa sua risposta è correlativa alla nostra obbedienza che, a sua volta, è frutto del dono dello Spirito in noi (3,24).

[169] Così ultimamente STRECKER, 198.

[170] BULTMANN, 64 n. 1.

il fatto che 3,22cd è primariamente *indicativo* e solo *secondariamente* un *imperativo implicito*. Più ragionevole è la spiegazione che parte dal contesto dell'alleanza, come vorrebbe Brown[171]. Dell'alleanza fa parte la vita secondo i comandamenti, non imposti, ma liberamente accettati. Tale fedeltà opera la vicinanza a Dio, l'unità delle volontà, assicurando così l'esaudimento. Da questi preliminari possiamo passare a una spiegazione più approfondita del tema dell'esaudimento della preghiera del giusto.

2.5.4 L'esaudimento della preghiera del giusto

Il tema dell'esaudimento della preghiera del giusto non è affatto nuovo nella storia delle religioni. Iniziando dall'AT, troviamo i seguenti passi abbastanza simili a quello giovanneo: Gb 22,22-30; 27,9; Is 58,6-9a. Soprattutto il primo passo, quello tratto dal libro di Giobbe, è particolarmente vicino a 1 Gv 3,21-22. Giobbe è prima di tutto esortato ad accettare le parole di Dio (22,22 – aspetto positivo), a rigettare l'ingiustizia (22,23 – aspetto negativo), per poi essere assicurato di poter volgere il proprio sguardo a Dio (22,26 – εἶτα *παρρησιασθήσῃ* ἔναντι κυρίου ἀναβλέψας εἰς τὸν οὐρανὸν ἱλαρῶς), ottenendo ciò che chiede (22,27). Interessante è la ricorrenza in 22,26 del verbo παρρησιαζέσθαι, della stessa radice come παρρησία in 1 Gv 3,21. Sub contrario viene poi trattato, in Gb 27,8-10, il caso dell'empio che non sarà ascoltato da Dio (27,9) né avrà la παρρησία di fronte a lui (27,10).

Anche nel giudaismo extrabiblico ritroviamo la tematica del Dio che ascolta le preghiere sgorganti dal cuore puro (Filone Alessandrino[172]). Brooke poi riporta il detto ebreo (senza riportare la fonte): «Do His will as if it were thine, that He may do thy will as if it were His»[173]. Anche la tradizione greco-ellenistica e romana ci può offrire del materiale analogo[174].

---

[171] BROWN, 461. STRECKER, 200 n. 36, invece sostiene che l'alleanza è estranea alla 1 Gv.

[172] PHILON D'ALEXANDRIE, *De praemiis et poenis, de exsecrationibus* 14, 84.

[173] A. E. BROOKE, *A Critical and Exegetical Commentary*, 102. Questa credenza si ripercuote in Gv 9,31 («noi sappiamo che Dio non ascolta i peccatori, ma se uno è pio e fa la sua volontà, questo lo ascolta»), per poi riaffiorare in Jacobus Tirinus (*Epistola*, 520): «Congruum enim est, ut, si mandatum et placitum Dei implemus, propter ipsum benefaciendo proximis nostris, ipse vicissim impleat voluntatem nostram in iis quae ad ipsius honorem deposcimus».

[174] STRECKER, 198 n. 32.

Il tema chiedere/ricevere è peculiare per il NT, come attestano i molteplici passi nella tradizione sinottica risalente allo stesso Gesù[175] (Mc 11,24 par. Mt 21,22; Mt 7,7-11 par. Lc 11,9-13; Mt 18,19). Questa tradizione si ripresenta in una forma leggermente modificata nei discorsi di addio in Gv (14,13-14; 15,7.16; 16,23-24.26). A uno sguardo superficiale sembrerebbe che il vangelo parli di una preghiera diversa da quella di 1 Gv 3,21-22: infatti nel vangelo la preghiera «infallibile» ha come condizione il «rimanere nel Figlio», a differenza di 1 Gv dove la preghiera «audace e fiduciosa» è condizionata dall'adempimento dei comandamenti (3,22). In realtà i due punti di vista convergono, anzi sono equivalenti, anche se non possiamo negare uno spostamento dell'accento: dall'essere in Cristo (vangelo) si passa al compiere i comandamenti o la volontà di Dio (lettera), quindi si passa dall'*essere* al *fare*, dall'*ontologia* all'*etica*. Per giustificare un'equivalenza delle formulazioni «essere in Cristo» e «nelle sue parole», è sufficiente menzionare Gv 15,7: «Se rimanete in me e le mie parole rimangono in voi, chiedete pure quello che volete e vi sarà fatto». Quindi pregare in Cristo vuol dire rimanere nelle sue parole, ossia adempiere i comandamenti (1 Gv 3,22)[176]. Per questo pregare nel nome di Cristo ha la stessa promessa (15,6) di esaudimento come la preghiera del credente che ha le «parole» che rimangono nel suo intimo[177].

Nel nostro brano, poi, «l'essere dalla verità» (3,19) e «il compiere i comandamenti» (3,22) include sia «il pregare nel nome di Gesù» che il giusto contenuto della preghiera: se siamo in Cristo e nei comandamenti di Dio, siamo formati dalla volontà di Dio, perciò non possiamo chiedere altro (lo stesso pensiero è in 1 Gv 5,14). Vivendo i comandamenti, il popolo interiorizza la volontà di Dio, unificando la propria volontà a quella divina: così può avere la sicurezza di ottenere ciò che desidera, poiché chiede ciò che piace a Dio.

L'apporto specifico della lettera è che sono messe in relazione il *ricevere* con la παρρησία di un cuore che non conosce niente di pregiudizie-

---

[175] KLAUCK, 222.

[176] Anche se nel vangelo si parla delle parole del *Figlio* mentre nella lettera dei comandamenti del *Padre*, la differenza non si deve accentuare troppo: il vangelo infatti sostiene chiaramente che le parole del Figlio provengono dal Padre (14,10.24).

[177] Abbastanza congetturalmente SCHNACKENBURG, 206, e K. GRAYSTON, *The Johannine Epistles*, 116-117, sostengono che la menzione dell'osservanza dei comandamenti è indirizzata contro i dissidenti che probabilmente pretendevano un adempimento delle promesse «incondizionato», sostenendo di essere in comunione con Dio.

vole poiché adempie i comandamenti[178]. Così come nella precedente microunità 3,19-20, anche qui si vuole *incoraggiare*, *rafforzare la coscienza*. Il credente viene rassicurato del proprio status: status di fiducia, di certezza nei confronti di Dio. La vera differenza tra il vangelo e la lettera di Giovanni è che ciò che nel vangelo si esprime come promessa (rivolta ai fedeli), in 1 Gv è già realtà vissuta. La lettera riflette ciò che la comunità giovannea sperimenta già da adesso, realizzando quel che vive il Figlio nel vangelo (Gv 8,28-29): il Padre è sempre con me[179]. Vivendo questa comunione, il Figlio sa di essere esaudito (Gv 11,41-42): questa conoscenza o certezza dell'esaudimento è condivisa anche dalla comunità che vive «nel Figlio». Però, a differenza del Figlio, il credente conosce ciò in base alla promessa della parola di Dio. Il Figlio sa ciò per conoscenza diretta, ἐγὼ δὲ ᾔδειν (Gv 11,42). La sua certezza deriva dal fatto che lui vede ciò che fa il Padre: e lo stesso anch'egli lo fa (5,19: ἀμὴν ἀμὴν λέγω ὑμῖν, οὐ δύναται ὁ υἱὸς ποιεῖν ἀφ' ἑαυτοῦ οὐδὲν ἐὰν μή τι βλέπῃ τὸν πατέρα ποιοῦντα).

Il passo della lettera non è affatto «strano», né improntato di spirito legalistico. Piuttosto è un riflesso dell'evangelico Gv 15,7: «Se rimanete in me e le mie parole rimangono in voi, chiedete pure quello che volete e vi sarà fatto». Questo passo, mettendo in diretta relazione causale l'adempimento delle parole con l'esaudimento, è una conferma della nostra interpretazione. Osservare i comandamenti significa rimanere nell'amore di Dio (Gv 15,10: «Se osserverete i miei comandamenti, rimarrete nel mio amore, come io ho osservato i comandamenti del Padre mio e rimango nel suo amore»), amore che può essere concretizzato anche come «favore», «esaudimento delle preghiere». Il nomismo si realizza laddove l'osservazione dei comandamenti (della parola) così come l'esaudimento delle preghiere sono *a motivo della legge*. Questa, però, non è la prospettiva giovannea che è improntata piuttosto dalla carità vicendevole: il Figlio ama il Padre, compiendo ciò che gli piace, e così anche il Padre ascolta il

[178] Cfr. BROWN, 461. Dal periodo apostolico possiamo menzionare due brani sorprendentemente vicini a 1 Gv 3,21-22. Il primo è 2 Clemente 15,3: «rimanere nella fede» come δίκαιοι e ὅσιοι condiziona la preghiera μετὰ παρρησίας (A. LINDEMANN, ed., *Die Clemensbriefe*, 246). Il secondo è Pastor Hermae, Mandata, dove ritroviamo i verbi αἰτεῖν e λαμβάνειν (9,1-2) così come l'idea della preghiera esaudita, ammesso che questa provenga dal cuore puro (9,7).

[179] C. H. DODD, *The Johannine Epistles*, 93.

Figlio (Gv 11,42)[180]. Questo rapporto di amore vicendevole deve sussistere anche tra i credenti, sul modello del rapporto tra Padre e Figlio, e addirittura tra il credente e Dio, come mostra il brano in Gv 17,21: «Che tutti siano uno come tu, Padre, in me ed io in te, affinché siano anch'essi in noi».

---

[180] Suggestivo e illuminante il commento di Pietro Crisologo a Gv 11,42: «Fratelli, tra padre e figlio c'è l'affetto dell'esaudimento, non c'è la necessità della supplica; c'è l'assenso della carità e non l'austerità dell'obbligo. Là dove è tutto governato dall'amore, non manca il rispetto, come si vede dalle seguenti parole: "Padre, ti ringrazio, poiché mi hai ascoltato. Io sapevo che tu mi ascolti sempre." Manca la preoccupazione di invocare, dove c'è la fiducia certa dell'ascolto. Che posto avrebbe la fatica della richiesta, dove è ordinario concedere? "Padre, ti ringrazio, poiché mi hai ascoltato. Io sapevo che tu mi ascolti sempre. Ma per il popolo circostante l'ho detto." Vedete che dicendo ciò mostra l'affetto suo e del Padre, effonde la gratitudine, afferma l'unità. Disse: "Tutto ciò che ha il Padre è mio". E se sono sue, perché prega? Chi richiede le proprie cose, non chiede per necessità, ma per amore... Così ciò che il Figlio ha lo riceve e ciò che il Padre ha dato non lo revoca» (Petrus Chrisologus, *In Ioannem*, 387-388).

2.6 Sintesi

Gli ultimi due versetti 21-22, a differenza dei precedenti versetti, non pongono difficoltà di traduzione:

«Diletti, se il nostro cuore non ci accusa, abbiamo piena fiducia davanti a Dio, e qualunque cosa gli chiediamo, la riceviamo da lui, poiché noi osserviamo i suoi comandamenti e facciamo ciò che è gradito davanti a lui».

L'ipotesi positiva in 3,21 è introdotta dall'indirizzo ἀγαπητοί che indica un rapporto di intimità: i credenti possono sperimentare quest'intimità grazie alla mancanza di accuse, quindi grazie alla παρρησία (franchezza, audacia nella preghiera), ma anche grazie all'esaudimento. In tutto ciò, i fedeli sperimentano di essere realmente ἀγαπητοί, «amati».

Così come nell'ipotesi precedente, anche qui entra in gioco lo status del credente di fronte a Dio, come rivela la parola παρρησία. E riaffiora la stessa intenzione dell'autore, *rafforzare la coscienza*. La παρρησία, comunque, è più di una coscienza di essere dalla verità (3,19): infatti mentre nella prima ipotesi il credente sperimenta le accuse del cuore, nella seconda ipotesi la παρρησία denota una piena fiducia resa possibile dalla mancanza di accuse (e ciò, a sua volta, è condizionato dall'obbedienza ai comandamenti).

La παρρησία si tematizza come libertà della parola nella preghiera, come fiducia che non ammette dubbi. Nonostante i commentatori si siano sforzati di specificare la modalità (le condizioni) e l'oggetto della preghiera «esaudibile», l'autore non precisa ciò e si limita soltanto a porre una sola motivazione dell'esaudimento: l'obbedienza, la fedeltà ai comandamenti di Dio. Questa motivazione è, in realtà, anche l'oggetto della preghiera: infatti, la volontà di Dio *accettata e adempiuta* forma anche le preghiere, diventandone l'oggetto. La preghiera, quindi, aspira alla realizzazione di ciò che piace a Dio (ciò è sinonimo dei comandamenti). Così come la carità (3,18) ha come frutto la «conoscenza di essere dalla verità» (3,19), l'obbedienza ai comandamenti ha come frutto l'esaudimento della preghiera. L'argomentazione di Giovanni non scade in un puro nomismo? La risposta è negativa, poiché nella prospettiva giovannea osservare i comandamenti significa rimanere nell'amore del Padre (Gv 15,10).

CONCLUSIONE

Il nostro passo è d'importanza capitale per la vita cristiana. Infatti tocca argomenti fondamentali come la nostra comunione con Dio, la carità come segno di tale comunione e la fiducia come suo effetto, la trascendenza di Dio rispetto alla coscienza, la necessità della nostra cooperazione, la coscienza del cristiano «di fronte a Dio». Proprio quest'ultimo aspetto costituisce anche il nocciolo del brano, il suo fulcro: intento dell'autore è corroborare la coscienza dei credenti (sia nel caso di accuse, sia in caso di pace interiore).

Abbiamo dimostrato che, di fatti, la nostra interpretazione di 3,19-20 si riallaccia a quella più antica, nonostante proponga ulteriori precisazioni. Paradossalmente possiamo affermare che la successiva storia dell'interpretazione (dal 1500 in poi) ha piuttosto complicato e ostacolato la comprensione del brano, introducendo problemi estranei al tenore del testo (Dio giudice severo o misericordioso?). Queste interpretazioni si comprendono bene sullo sfondo religioso del tempo, ma, purtroppo, oltrepassano l'intenzione dell'autore della lettera.

Se nei nostri giorni si accentua il ritorno *ad fontes*, allora sarebbe auspicabile raccomandare un tale ritorno anche agli esegeti, poiché un tale ritorno libera l'esegesi da tutti quei sovraccarichi, accumulatisi nel corso della storia. Alcune volte, poi, gli esegeti cadono nella trappola di seguire le *traditiones* (provenienti da altri esegeti) sulle interpretazioni più antiche, traditiones che non corrispondono a ciò che avevano detto originalmente i rispettivi autori.

I risultati di questa nostra ricerca li vogliamo riassumere nel titolo del brano: «*Lo status del cristiano "simul peccator et iustus" oppure "iustus"*». Anche questo titolo, però, necessita di una spiegazione, perché può essere facilmente oggetto di incomprensioni, a causa della brevità richiesta per ogni titolo. «Simul peccator et iustus» si riferisce al primo caso in 3,19-20 del credente afflitto dalle accuse (quindi peccator), ma contemporaneamente giusto, poiché preso dalla carità nella verità, cioè nella verità del Dio rivelato e presente. Invece «iustus» si riferisce al secondo caso in 3,21-22. E, in ambedue i casi, l'autore mette in luce lo status del credente nei confronti di Dio.

Rimane da osservare che il brano conserva la sua attualità ancor'oggi, da molti punti di vista.

1) Innanzitutto il primo versetto, 3,18, mette in guardia da due pericoli, quello del falso *misticismo* e del falso *attivismo*. Un falso misticismo («quietismo») accentua il rapporto con la *Verità* (vissuto nella liturgia, preghiera, meditazione della Parola di Dio), trascurando *la carità in opere* (carità verso i bisognosi). E' sempre attuale il pericolo di lasciarsi «affascinare» a tal punto dalla Verità, dal bene della vita col Signore, che il prossimo (assetato o affamato – sia materialmente che spiritualmente) può sembrare un ostacolo a raggiungere la pienezza della vita. Il bisognoso però non è un ostacolo, ma piuttosto una «via» per giungere all'unione con Dio. E' necessario specificare che non si tratta di bisognosi qualsiasi, ma di fratelli, quindi di membri della comunità; inoltre l'appello di Giovanni è rivolto non a singoli, ma all'intera comunità. Da ciò possiamo quindi dedurre che qui abbiamo una bozza di spiritualità comunitaria.

Giovanni poi ricorda che l'ideale è una carità nella Verità, radicata nella Verità di Cristo: quindi una vita «nascosta» che va di pari passo con la vita «attiva». Analizzando attentamente la formulazione giovannea, riscontriamo che l'autore non pone semplicemente accanto «la vita nella Verità» alla vita attiva: in realtà si tratta di un'unità, carità nella Verità, «attività nella contemplazione». Dicendo questo rigettiamo anche l'idea di un falso *attivismo*, di una pura filantropia. La carità veramente cristiana nasce da Cristo-verità, si realizza in Cristo (nella Verità) a motivo di Cristo. Ciò non vuol dire che «si trascura di vedere il volto del prossimo», volendo agire soltanto *per amore di Cristo*. Anche qui vale «et et» (e non «aut aut»): solidarietà *per amore del prossimo* e *di Cristo*.

2) I versetti 19-20 parlano di una *persuasione* del cuore appesantito dalla colpa. Sembra che questi due versetti non siano così interessanti per i nostri contemporanei che hanno perso il senso del peccato. Diversamente per i destinatari della lettera, i quali cercavano di vivere la carità e, conseguentemente, erano sensibili nei confronti del proprio peccato. E, come

sappiamo, questo tipo di cristiani *coscienziosi* rischia di cadere nella trappola dei rimorsi, di rimanere nel ricordo delle colpe commesse. Per non lasciarsi travolgere dalle accuse del cuore, è necessario «bilanciare» il ricordo negativo con quello positivo delle opere compiute nella Verità, in Cristo e per Cristo. Qualora si riscontra «la carità nella Verità», allora si sa di agire veramente in Dio, e così ci si può affidare senza paura allo sguardo di colui che conosce l'atteggiamento di carità, non perdendosi quindi nelle accuse e nella confusione. Giovanni quindi pone come rimedio alle accuse incalzanti «il mettersi alla presenza di Dio». Anche qui riaffiora il suo interesse pastorale di *coscientizzare i credenti*, renderli consci della loro identità. Ancora una volta precisiamo che tale coscientizzazione non significa «rappacificazione». Anche ai nostri giorni c'è bisogno di *coscientizzare* i credenti, renderli consci della loro identità, del loro status privilegiato: cosa necessaria ancor di più per il motivo che si sta perdendo coscienza della propria identità in mezzo a una società pluriculturale e plurireligiosa.

3) La stessa premura si rivela nei versetti seguenti, in 3,21-22: anche i credenti che non sperimentano le accuse sono rassicurati del loro status privilegiato, di avere l'accesso libero alla presenza di Dio, ottenendo tutto ciò che si chiede. Anche questo messaggio è di una certa attualità: infatti ai nostri giorni rileviamo che molte persone cercano di unirsi col divino, magari tramite pratiche religiose estranee al cristianesimo. E il nostro brano con la solita semplicità propone una via «unitiva»: compiere la volontà di Dio. Questa fedeltà alla volontà divina è un mezzo indispensabile per entrare alla presenza di Dio.

E questa volontà di Dio è un «correttivo» dell'oggetto delle preghiere, alcune volte troppo incentrate sull'ego. Il volere di Dio è anche un correttivo a certe tendenze (diffuse soprattutto in alcune correnti del movimento carismatico), secondo le quali è sufficiente pregare con fede e Dio darà qualsiasi cosa. Tale radicalizzazione è molto pericolosa, poiché mette il credente quasi nella posizione dello stesso Dio, con potere «pressoché illimitato». Inoltre il credente cade nella tentazione di strumentalizzare Dio, soggiogandolo a proprio volere, mentre dovrebbe valere piuttosto il contrario, e cioè che il credente sia sottomesso a Dio.

D'altra parte, però, il credente viene assicurato di ottenere nella preghiera ciò che chiede: e questa rassicurazione è un rimedio al pessimismo, alla rassegnazione che «non vede il significato della preghiera». Nella preghiera avviene l'incontro di due «amanti», dell'uomo che ama Dio compiendo la sua volontà, e di Dio che ama l'uomo e dona con generosità. La risposta alla solita obiezione di molti credenti, «ho pregato ma non ho ricevuto quel che ho chiesto», è quindi semplice: ama e prega per quel che vuoi (parafrasando l'agostiniano «ama e fa' ciò che vuoi»[1]). Infatti la carità insegnerà per che cosa pregare.

Concludendo possiamo affermare che il nostro brano si rivela particolarmente interessante non solo a motivo dei problemi interpretativi, ma soprattutto per la presenza di temi fondamentali per la vita cristiana.

[1] AGOSTINO, *Commento*, 1783.

SIGLE E ABBREVIAZIONI

1 Es	1 Esdra
1 QH	Rotolo degli Inni
1 QM	Rotolo della Guerra
1 QS	Rotolo della Setta
a.C.	avanti Cristo
AncB	Anchor Bible
agg.	aggettivo
AnBib	Analecta Biblica
AT	Antico Testamento
BBB	Bonner Biblische Beiträge
BDR	Blass, F. – Debrunner, A. – Rehkopf, F., Grammatica del greco del Nuovo Testamento
BEUTLER	Beutler, J., Die Johannesbriefe
BGAD	A Greek-English Lexicon of the New Testament
Bib	Biblica
BROWN	Brown, R. E., The Epistles of John
BULTMANN	Bultmann, R., Die drei Johannesbriefe
ca.	circa
can.	canon
cfr.	confronta
CChr.SL	Corpus Christianorum Series Latina
CEI	La Sacra Bibbia della CEI
CSCO	Corpus Scriptorum Ecclesiasticorum Orientalium
EKK	Evangelisch-Katholischer Kommentar zum Neuen Testament
EIN	Einheitsübersetzung
EtB	Études bibliques
es.	esempio
FJB	Bible de Jérusalem
EWNT	Exegetisches Wörterbuch zum Neuen Testament

GLNT	Grande Lessico del Nuovo Testamento
GCS	Die griechischen christlichen Schriftsteller der ersten drei Jahrhunderte
HNT	Handbuch zum Neuen Testament
HThK	Herders Theologischer Kommentar zum Neuen Testament
Ibid.	Ibidem
ICC	International Critical Commentary
KAV	Kommentar zu den Apostolischen Vätern
KEK	Kritisch-exegetischer Kommentar über das Neue Testament
KLAUCK	Klauck, H. – J., Der erste Johannesbrief
κτλ.	καί τὰ λοιπά
LUT	Lutherbibel
LXX	Septuaginta
MNTC	The Moffatt New Testament Commentary
n.	nota
NAU	New American Standard Bible
NCBC	New Century Bible Commentary
NICNT	The New International Commentary on the New Testament
NIV	New International Version
NJB	New Jerusalem Bible
NKZ	Neue Kirchliche Zeitschrift
NRSV	New Revised Standard Version
NT	Nuovo Testamento
NVB	Nuovissima Versione della Bibbia
ÖTK	Ökumenischer Taschenbuchkommentar zum Neuen Testament
p.	pagina
par.	parallelo
PG	Patrologia Greca
PL	Patrologia Latina
PO	Patrologia Orientalis
RNT	Regensburger Neues Testament
SBLDS	Society of Biblical Literature Dissertation Series
SCHUNACK	Schunack, G., Die Briefe des Johannes
sec.	secolo
SCHNACKENBURG	Schnackenburg, R., Die Johannesbriefe
SJT	Scottish Journal of Theology
SMALLEY	Smalley, S. S., 1, 2, 3 John
STRECKER	Strecker, G., Die Johannesbriefe
ThLZ	Theologische Literaturzeitung

ThZ	Theologische Zeitschrift
TOB	Traduction œcuménique de la Bible
TThZ	Trierer Theologische Zeitschrift
ThHK	Theologischer Handkommentar zum Neuen Testament
TWAT	Theologisches Wörterbuch zum Alten Testament
v.	versetto
VD	Verbum Domini
VUL	Vulgata
WBC	Word Biblical Commentary
WENGST	Wengst, K., Der erste, zweite und dritte Brief des Johannes
WUNT	Wissenschaftliche Untersuchungen zum Neuen Testament
ZBK.NT	Züricher Bibel Kommentare zum Neuen Testament
ZNW	Zeitschrift für neutestamentliche Wissenschaft

BIBLIOGRAFIA

1. Fonti del testo biblico e traduzioni

Die Bibel. Altes und Neues Testament. Einheitsübersetzung, Freiburg – Basel – Wien 1984

Bible de Jérusalem, Paris 1973

Biblia Hebraica Stuttgartensia, Stuttgart 1987[3]

Biblia Sacra iuxta Vulgatam Versionem (Vulgata), ed. R. Weber – B. Fischer – J. Gribomont – H.F.D. Sparks – W. Thiele, Stuttgart 1969, 1975, 1983

The Greek New Testament, ed. B. Aland – K. Aland – J. Karavidopulos – C. M. Martini – B. M. Metzger, Stuttgart 1993[4]

Lutherbibel, Stuttgart 1984

New American Standard Bible, Saint Paul 1995

New International Version, Grand Rapids 1984

New Jerusalem Bible, New York 1985

New Revised Standard Version, New York 1989

The New Testament of our Lord and Saviour Jesus Christ: Published in 1526 (Tyndale), ed. G. Offor, London 1836

Novum Testamentum Graece (Nestle – Aland), ed. B. Aland – K. Aland et alii, Stuttgart 1993[27]

Nuovissima Versione della Bibbia, Cinisello Balsamo 1999

La Sacra Bibbia della CEI, Bologna 1971

Septuaginta, ed. A. Rahlfs, Stuttgart 1935[7]

Syriac NT and Psalms, ed. R. Kilgour, Stuttgart 1986

Traduction œcuménique de la Bible, Paris 1988

2. Sussidi generali

BALZ, H. – SCHNEIDER, G., *Exegetisches Wörterbuch zum Neuen Testament*, I-III, Stuttgart – Berlin – Köln 1992[2]

BAUER, W. – GINGRICH, F. W. – ARNDT, W. F. – DANKER, F., *A Greek-English Lexicon of the New Testament* (*BGAD*), Chicago 1979

BLASS, F. – DEBRUNNER, A. – REHKOPF, F., *Grammatica del greco del Nuovo Testamento*, Brescia 1997[2]

BOTTERWECK, G. J. – RINGGREN, H., ed., *Theologisches Wörterbuch zum Alten Testament*, I, Stuttgart – Berlin – Köln – Mainz 1973

BROWN, R. E. – FITZMYER, J. A. – MURPHY, R. E., ed., *The New Jerome Biblical Commentary*, Upper Saddle River 1990[2]

CASTIGLIONI, L. – MARIOTTI, S., *Vocabolario della lingua latina*, Torino 1996[3]

DENZINGER, H., *Enchiridion symbolorum*, ed. P. Hünermann, Bologna 2001[4]

DEVOTO, G. – OLI, G. C., *Il dizionario della lingua italiana*, Firenze 1990

EGGER, W., *Metodologia del Nuovo Testamento*, Bologna 1989

KITTEL, G. – FRIEDRICH, G., ed., *Grande Lessico del Nuovo Testamento*, I, II, VI, IX, Brescia 1965, 1966, 1970, 1974

KÖBERT, R., *Vocabolarium syriacum*, Roma 1956

LAMPE, G. W. H., *A Patristic Greek Lexikon*, Oxford 1961

LAUSBERG, H., *Handbuch der Literarischen Rhetorik*, München 1960

LIDDELL, H. G. – SCOTT, R. – JONES, H. S., *A Greek – English Lexicon*, Oxford 1985[9]

LOUW, J. P. – NIDA, E. A., *Greek-English Lexicon of the New Testament Based on Semantic Domains*, New York 1998[2]

LUST, J. – EYNIKEL, E. – HAUSPEE, K., *A Greek-English Lexicon of the Septuagint*, I-II, Stuttgart 1992, 1996

METZGER, B. M., *A Textual Commentary on the Greek New Testament*, Stuttgart 1994[2]

MONTANARI, F., *Vocabolario della lingua greca*, Torino 1995

SIXTUS SENENSIS, *Bibliotheca Sancta*, IV, Venetiis 1575

SMITH, J. – ZERWICK, M., *Biblical Greek*, Roma 1963

STRACK, H. L. – BILLERBECK, P., *Kommentar zum Neuen Testament aus Talmud und Midrasch*, I-VI, München 1956[2], 1989[9], 1994[9], 1979[9], 1956, 1961

ZENGER, E., ed., *Einleitung in das Alte Testament*, Studienbücher Theologie 1,1, Stuttgart – Berlin – Köln, 2001[4]

3. Commentari a 1 Giovanni

3.1 *Fino al 1900*

AGOSTINO, *Commento all'epistola ai Parti di san Giovanni*, in *Opere di sant'Agostino* XXIV, 3, ed. G. Madurini, Roma 1968, 1627-1855; trad. inglese ST. AUGUSTINE, *Homilies on the First Epistle of John*, in *Nicene and Post-Nicene Fathers*, VII, 1st Series, ed. P. SCHAFF, New York 1888, 459-529; trad. francese SAINT AUGUSTIN, *Commentaire de la première Epître de S. Jean*, ed. P. Agaësse, SChr 75, Paris 1961

ALFORD, H., *1 John*, in *Id.*, *The Greek Testament*, IV, Cambridge 1894, 421-515

ALULFUS, *Expositio super epistolam I B. Joannis apostoli*, PL 79, 1391-1398

ARETIUS, B., *In primam epistolam s. Ioannis*, in *Commentarii in omnes epistolas d. Pauli, et canonicas, itemque in Apocalypsin d. Ioannis*, Morgiis 1596², 520-534

ARIAS MONTANUS, B., *In Epistolam primam D. Ioannis Apostoli elucidationes*, in *Elucidationes in omnia Sanctorum apostolorum scripta*, Antverpiae 1588, 400-417

BAUMGARTEN-CRUSIUS, L. F. O., *Der erste Brief*, in *Theologische Auslegung der Johanneischen Schriften*, II, ed. E. J. Kimmel, Jena 1845, 186-270

BEDA VENERABILIS, *In Epistolam I Johannis*, in *Bedae Venerabilis opera*, CChr.SL CXXI, II, 4, ed. D. Hurst, Turnholti 1983, 284-328

BENGEL, J. A., *In epistolam primam Iohannis*, in *Gnomon Novi Testamenti*, Tubingae 1742, 1042-1068

BERNARDUS FELICIANUS, I., *Catena explanationum veterum Sanctorum patrum in acta apostolorum et epistolas catholicas*, Venetiis 1545, 408-467

BEZA, T., *Epistola catholica Iohannis Prima*, in *Novum Testamentum, sive Novum Foedus*, II, Geneva 1565, 589-607

Biblia Latina cum Glossa ordinaria. Facsimile Reprint of the Editio Princeps Adolph Rusch of Strassburg 1480/81, IV, Brepols 1992

BISPING, A., *Der erste Brief Johannis*, in *Erklärung der sieben katholischen Briefe*, Münster 1871, 284-378

BRAUNE, K., *Der erste Brief des Apostels Johannes*, in *Die drei Briefe des Apostels Johannes*, Bielefeld – Leipzig 1886, 1-161

BRENTANO, D. VON, *Der erste Brief des Apostels Johannes*, in *Die heilige Schrift des Neuen Testaments*, III, Frankfurt am Mein 1798, 311-337

BULLINGER, H., *In Epistolam Ioannis apostoli et evangelistae canonicam commentariolus*, in *Commentarii in omnes Pauli Apostoli Epistolae...*

Eiusdem Authoris Commentarios in omnes Epistolas Canonicas, Tiguri 1603, 618-643

CAJETANUS, THOMAS DE VIO, *Prima Ioannis apostoli epistola*, in *Epistolae Pauli et aliorum apostolorum... iuxta sensum literalem enarratae*, Parisiis 1546, 436-454

CALMET, A., *In primam b. Ioannis Apostoli epistolam*, in *Commentarius literalis in omnes libros Novi Testamenti latinis literis traditus*, IV, Wirceburgi 1788, 632-680

CALVIN, J., *Commentarius in Iohannis apostoli epistolam*, in *Ioannis Calvini opera exegetica et homiletica*, ed. E. Reuss – A. Erichson, Brunsvigae 1896, 293-376

CANDLISH, R. S., *The First Epistle of John*, II, Edinburgh 1870

CATHARINUS POLITUS, A., *Commentaria in primam epistolam canonicam B. Ioannis apostoli*, in *Commentaria R. P. F. Ambrosii Catharini Politi...in omnes divi Pauli et alios septem canonicas epistolas*, Venetiis 1551, 616-637

CLEMENS ALEXANDRINUS, *Adumbrationes Clementis Alexandrini in epistolas canonicas*, in GCS III, ed. O. Stählin, Leipzig 1909, 203-215

COCCEIUS, J., *In s. Johannis apostoli epistolas catholicas scholia. Epistola prima*, in *Opera omnia*, VI, Amstelodami 1701[3], 1-11

CORNELIUS A LAPIDE, *Commentarius in primam Sancti Joannis epistolam*, in *Commentaria in Scripturam Sacram*, XX, ed. A. Crampon, Paris 1868, 496-628

CRAMER, J. A., ed., *Catena graecorum patrum in Novum Testamentum*, VIII, Oxford 1840, 105-145

ERASMUS ROTERODAMUS, *Des. Erasmi Roterodami in Novum Testamentum Annotationes*, Basileae 1540

DIONYSIUS BAR SALIBI, *In primam Iohannis*, CSCO II/101, ed. I. Sedláček, Paris 1909-1910, 120-127

DIONYSIUS CARTUSIANUS, *Enarratio in epistulam primam beati Joannis*, in *Opera omnia*, XIV, ed. Monachi sacri ordini cartusiensis, Montreuil 1901, 1-56

DRACH, P. – BAYLE, A., ed., *Première épitre catholique de l'apôtre saint Jean*, in *La sainte Bible avec commentaires. Épîtres catholiques*, Paris 1873, 150-203

EPISCOPIUS, S. M., *Lectiones sacrae in I. epistolam catholicam apostoli Joannis*, in *Operum theologicorum*, II, Amstelaedami 1665, 173-428

ESTIUS, G., *Commentariorum in epistolam primam b. Joannis apostoli*, in *In omnes Pauli Epistolas item in Catholicas commentarii*, VII, ed. F. Sausen, Moguntiae 1845, 377-519

FERUS, J., *Die Erste Epistel Joannis des heiligen Apostels und Evangelisten*, S. Victor bey Meintz 1550

FLACIUS ILLYRICUS, M., *In primam epistolam Ioannis*, in *Novum Testamentum*, Basilea 1570, 1265-1292

FOLENGIUS, I. B., *Commentaria in primam D. Ioannis epistolam*, Venetiis 1546

GAGNAEUS, I., *Epistola beati Ioannis apostoli prima*, in *Brevissima et facillima in omnes divi Pauli epistolas scholia*, Parisiis 1547, 225-237

GAGNAEUS, I. – GORDONI, I. – SA, E. – MARIANUS, I. – MENOCHIUS, I. S. – TIRINUS, J., *Epistola Beati Ioannis Apostoli prima*, in *Biblia Sacra Vulgatae editionis... cum selectissimis litteralibus commentariis*, XXVII, Venetiis 1757, 487-543

GOMARIUS, F., *Analysis primae epistolae Johannis*, in *Opera theologica omnia*, Amstelodami 1664[3], 719-739

GORRAN, N., *B. Joannis Apostoli Epistolae I. Canonicae*, in *Sancti Thomae Aquinitatis opera omnia*, XXIII, Parmae 1868, 292-314

GROTIUS, H., *Annotationes in epistolam Ioannis primam*, in *Annotationes in Novum Testamentum*, II, 2, ed. C. E. de Windheim, Erlangae – Lipsiae 1756, 1060-1109

GUILLIANDUS BELLIOCENSIS, C., *B. Ioannis epistola prima*, in *In canonicas apostolorum septem epistolas collatio*, Parisiis 1550, 135-179

HUGO DE SANCTO CARO, *Epistola I. Joannis*, in *Hugonis de Sancto Caro... opus admirabile omnibus concionatoribus... in quo declarantur sensus omnes*, Venetiis 1754, 346-357

HUNNIUS, E., *Epistola Canonica Ioannis Evangelistae et Apostoli*, Francoforti 1588

HUTHER, J. E., *The First Epistle of the Apostle of John*, in *The Epistles of James and John*, Edinburgh 1882, 229-487

IUSTINIANUS GENUENSIS, B., *In primam catholicam Ioannis epistolam*, in *In omnes catholicas epistolas explanationes*, Lugduni 1621, 1-264

JACHMANN, K. R., *Die drei Briefe des Johannes*, in *Commentar über die katolischen Briefe*, Leipzig 1838, 210-291

KARL, W. A., *Johanneische Studien. Der erste Johannesbrief*, Freiburg – Leipzig – Tübingen 1898

LALLEMANT, P., *Première epître de Saint Jean apôtre*, in *Reflexions morales avec des notes sur le Nouveau Testament traduit en français*, XI, Liège 1793, 292-408

LAURENTIUS VALLENSIS, *Collatio Novi Testamenti,* ed. A. Perosa, Firenze 1970

LORINUS, J., *In Divi Ioannis epistolam primam catholicam*, in *In catholicas tres B. Ioannis et duas B. Petri Epistolas Commentarii*, Lugduni 1621, 1-140

LÜCKE, F., *Commentar über die Briefe des Evangelisten Johannes*, Bonn 1836

LUTHARDT, C. E., *Der erste Brief Johannis*, in *Die Briefe*, ed. G. Wohlenberg – K. Burger – E. C. Luthardt, München 1895², 213-269

LUTHER, M., *Lectures on the First Epistle of St. John*, in *The Catholic Epistles*, *Luther's Works*, XXX, ed. J. Pelikan – W. A. Hansen, Saint Louis 1967, 217-327

———, *Vorlesung über den 1. Brief des Johannes*, in *D. Martin Luthers Werke*, XX, ed. G. Koffmane, Weimar 1898, 592-807

MARLORATUS, A., *In primam epistolam Iohannis apostoli*, in *In epistolas catholicas*, Parisiis 1570, 81-121

MARTINUS LEGIONENSIS, *Expositio in Epistolam I B. Joannis*, PL 209, 253-298

MAYER, G. K., *Commentar über die Briefe des Apostels Johannes*, Wien 1851

METHODIUS OLYMPUS, *Fragmente zu Hiob*, GCS XXVII, ed. G. N. Bonwetsch, Leipzig 1917, 509-519

MONTANUS, J. - NEUBER, U., ed., *Historia et monumenta Joannis Hus atque Hieronymi Pragensis*, II, Nürnberg 1715

NATALIS, A., *In epistolam I. S. Joannis Apostoli*, in *Commentarius litteralis et moralis in omnes epistolas sancti Pauli apostoli et in septem epistolas catholicas*, III, Venetiis 1772, 107-146

NEANDER, A., *Première épître de Saint Jean*, Paris 1854

NICOLAUS DE LYRA, *Postilla*, in *Biblia Sacra cum glossa ordinaria*, VI, ed. Theologi Duacensii, Antverpiae 1617, 1373-1420

PATERIUS, *In epistolam S. Joannis primam*, PL 79, 1099-1106

PLUMMER, A., *The Epistles of S. John*, Cambridge 1896

POOL, W., *The First Epistle General of John*, in *Annotations upon the Holy Bible,* VI, London 1852, 928-941

PSEUDO-HILARIUS DE ARLES, *Epistola sancti Iohannis apostoli prima*, CChr.SL 108B, ed. R. E. Mc Nally, Turnholti 1973, 109-118

PSEUDO-OECUMENIUS, *Joannis apostoli prior epistola catholica*, PG 119, 617-684

RENOUX, C., ed., *La chaîne arménienne sur les épîtres catholiques. III. La chaîne sur la première épître de Jean*, PO 205-206, Turnholti 1994

ROSENMÜLLER, I. G., *Scholia in Novum Testamentum*, V, Norimbergae 1808

SCOTTUS ANONYMUS, *Commentarius in epistolas catholicas*, CChr.SL 108B, ed. R. E. Mc Nally, Turnholti 1973, 39-45

SERARIUS, N., *In epistolam Ioannis I.*, in *Commentaria in omnes epistolas canonicas*, Moguntiae 1612, 56-72

SLICHTINGIUS, J., *Commentarius in primam apostoli Joannis epistolam catholicam*, in *Commentaria posthuma*, II, Irenopoli 1656, 367-419

SOCINUS, F., *Commentarius in epistolam Iohannis apostoli primam*, in *Opera omnia*, Amstelodami 1656, 157-263

THEOLOGI DUACENSII, ed., *Biblia Sacra cum glossa ordinaria*, VI, Antverpia 1617

THEOPHYLACTUS, *Expositio in Epistolam I S. Joannis*, PG 126, 9-66

VATABLUS, F., *Epistola beati Joannis apostoli prima*, in *Biblia sacra cum universis Francisci Vatabli*, II, Paris 1742, 281-285

WALAFRID STRABO, *Epistola 1 B. Joannis*, PL 114, 694-703

WEISS, B., *Die drei Briefe des Apostel Johannes*, KEK 14, Göttingen 1899[6]

WESTCOTT, B. F., *The Epistles of St. John*, ed. F. F. Bruce, London 1966

WHITBY, D., *The First Epistle General of St. John*, in *A Commentary on the Gospels and Epistles of the New Testament*, IV, London 1846, 983-1001

3.2 *Dal 1900*

ALEXANDER, N., *The Epistles of John*, Torch Bible Commentaries, London 1962

DE AMBROGGI, P., *Le tre Epistole di Giovanni*, in *Le epistole cattoliche di Giacomo, Pietro, Giovanni e Giuda*, La Sacra Bibbia. Nuovo Testamento XIV/1, Torino – Roma 1949[2], 203-289

BALZ, H., *Die Johannesbriefe*, in BALZ, H. – SCHRAGE, W., *Die »Katholischen Briefe«*, NTD 10, Göttingen 1973[11/1], 150-216

BELSER, J., *Die Briefe des Heiligen Johannes*, Freiburg 1906

BEUTLER, J., *Die Johannesbriefe*, RNT 23, Regensburg 2000

BONNARD, P., *Les épîtres johanniques*, Commentaire du Nouveau Testament (deuxième série) XIIIc, Genève 1983

BONSIRVEN, J., *Épîtres de Saint Jean*, Verbum Salutis 9, Paris 1936

BRAUN, F.-M., *Première Épître de Saint Jean*, in *La Bible de Jérusalem*, Paris 1973[2], 1765-1771

BROOKE, A. E., *A Critical and Exegetical Commentary on the Johannine Epistles*, ICC, Edinburgh 1912

BROWN, R. E., *The Epistles of John*, AncB 30, New York 1982

BÜCHSEL, F., *Die Johannesbriefe*, ThHK 17, Leipzig 1933

BULTMANN, R., *Die drei Johannesbriefe*, KEK 14, Göttingen 1969[8/2]

CAMERLYNCK, A., *Commentarius in I[m] Ep. s. Joannis*, in *Commentarius in Epistolas Catholicas*, Brugis 1909[5], 202-238

CHAÎNE, J., *Première Épître de Saint Jean*, in *Les Épîtres Catholiques*, EtB, Paris 1939, 97-240

DODD, C. H., *The Johannine Epistles*, MNTC 16, London 1947[2]

GAUGLER, E., *Die Johannesbriefe*, Auslegung neutestamentlicher Schriften 1, Zürich 1964

GRAYSTON, K., *The Johannine Epistles*, NCBC, Grand Rapids – London 1984

HAAS, C. – DE JONGE, M. – SWELLENGREBEL, J. L., *A Translator's Handbook on the Letters of John*, Helps for Translators 13, London 1972

HAUCK, F., *Der erste Brief des Johannes*, in *Die Kirchenbriefe*, NTD 10, Göttingen 1949[5], 113-150

HOLTZMANN, H. J., *Der erste Brief*, in *Briefe und Offenbarung des Johannes*, Hand-Commentar zum Neuen Testament IV,2, Tübingen 1908[3], 326-361

HOSKYNS, E., *The First Epistle of St. John*, in *A new Commentary on Holy Scripture including the Apocrypha*, ed. C. GORE – H. L. GOUDGE – A. GUILLAME, London 1929[2], 659-670

HOULDEN, J. L., *The Johannine Epistles*, Black's New Testament Commentaries, London 1994[2]

KLAUCK, H. – J., *Der erste Johannesbrief*, EKK XXIII/1, Zürich – Neukirchen 1991

LOISY, A., *Les Épîtres dites de Jean*, in *Le Quatrième Évangile. Les Épîtres dites de Jean*, Paris 1921[2], 71-80.530-578

MARSHALL, I. H., *The Epistles of John*, Grand Rapids 1978

MICHL, J., *Der erste Johannesbrief*, in *Die Katholischen Briefe*, RNT VIII/2, Regensburg 1968[2], 190-257

PAINTER, J., *1, 2, and 3 John*, Sacra Pagina Series 18, Collegeville 2002

RENSBERGER, D., *The Epistles of John*, Louisville 2001

SCHNACKENBURG, R., *Die Johannesbriefe*, HThK XIII/3, Freiburg 1984[7]

SCHNEIDER, J., *Der erste Brief des Johannes*, in *Die Katholischen Briefe*, NTD 10, Göttingen 1961[9], 137-179

SCHUNACK, G., *Die Briefe des Johannes*, ZBK.NT 17, Zürich 1982

SMALLEY, S. S., *1, 2, 3 John*, WBC 51, Waco 1984

STRECKER, G., *Die Johannesbriefe*, KEK 14, Göttingen 1989

VOUGA, F., *Die Johannesbriefe*, HNT 15/III, Tübingen 1990

VREDE, W., *Der erste Johannesbrief*, in M. Meinertz – W. Vrede, *Die Katholischen Briefe*, Die Heilige Schrift des Neuen Testamentes, Bonn 1932, 143-178

WENGST, K., *Der erste, zweite und dritte Brief des Johannes*, ÖTK 16, Gütersloh 1978

WINDISCH, H. – PREISKER, H., *Der erste Johannesbrief*, in *Die Katholischen Briefe*, HNT 15, Tübingen 1951[3], 106-136

4. Studi particolari su 1 Giovanni

BULTMANN, R., *Analyse des ersten Johannesbriefes*, in Fs. A. Jülicher, Tübingen 1927, 138-158

COURT, J. M., «Blessed Assurance?», *JThS* 33 (1982) 508-517

CULPEPPER, R. A., *The Gospel and Letters of John*, Nashville 1998

DELAPORTE, L. J., «Fragments thébains du Nouveau Testament (1)», *Revue Biblique Internationale* 14 (1905) 557-563

FINDLAY, G. G., «Studies in the First Epistle of John. VI. Christian Heart Assurance», *The Expositor* Sixth Series XII (1905) 380-400

GIURISATO, G., *Struttura e teologia della Prima Lettera di Giovanni*, AnBib 138, Roma 1998

GREGG, J. A. F., «The Commentary of Origen upon the epistle to the Ephesians: Part II, Eph 1,15-4,26», *JTS* 3 (1903) 398-420

KLAUCK, H.-J., *Die Johannesbriefe*, Erträge der Forschung 276, Darmstadt 1995^2

KORTING, G., «Der Dynamische Aufbau des 1. Johannesbriefe», *Deltio Biblikón Meletón* 26 (1997) 39-61

LIAS, J. J., *The First Epistle of St. John*, London 1887

LIEU, J., *The Theology of the Johannine Epistles*, New Testament Theology, Cambridge 1991

MALATESTA, E., *Interiority and Covenant. A Study of εἶναι ἐν and μένειν ἐν in the First Letter of Saint John*, AnBib 69, Roma 1978

MUSSNER, F., «Eine neutestamentliche Kurzformel für das Christentum», *TThZ* 79 (1970) 49-52

NAUCK, W., *Die Tradition und der Charakter des ersten Johannesbriefes*, WUNT 3, Tübingen 1957

O'NEILL, J. C., *The Puzzle of 1 John*, London 1966

PAINTER, J., *John: Witness and Theologian*, London 1979^2

PRATSCHER, W., «Gott ist grösser als unser Herz. Zur Interpretation von 1. Joh. 3,19f.», *ThZ* 32 (1976) 272-281

REBSTOCK, B., «Gott ist grösser als unser Herz», *Benediktinische Monatsschrift* 18 (1936) 321-333

RICHARDSON, C. C., «The Exegesis of 1 John 3:19-20: An Exegetical Misinterpretation?», *Patristic Monograph Series* 6, Philadelphia 1979, 31-51

SPICQ, C., «La justification du charitable», *Bib* 40 (1959) 915-927

ŠKRINJAR, A., «Maior est Deus corde nostro», *VD* 20 (1940) 340-350

UTTENDOERFER, F., «Ein Kennzeichen dafür, dass wir aus der Wahrheit sind. Versuch einer Auslegung des Abschnittes 1. Joh. 3,18-24», *NKZ* 11 (1900) 985-1002

WENDT, H. H., «Zum ersten Johannesbrief», *ZNW* 22 (1923) 57-79

WHITAKER, G. H., «1 John iii. 16 ff.», *The Expository Times* 25 (1913-1914) 180-181

WOHLENBERG, G., «Glossen zum ersten Johannesbrief III», *NKZ* 13 (1902) 632-645

5. Opere varie

BALZ, H., «καταγινώσκω», *EWNT* II, 633

———, «παρρησία κτλ.», *EWNT* III, 105-112

BARR, J., *The Semantics of Biblical Language*, Oxford 1961

BERNARDUS, *Sermones in Cantica Canticorum*, PL 183, 780-1198

BERTRAND, D. A., ed., *La vie grecque d'Adam et Ève*, Paris 1987

BEYER, H. W., «Festgabe für Adolf Jülicher» (recensione), *ThLZ* 26 (1929) 606-617

BLACK, M., ed., *The Book of Enoch or I Enoch*, Studia in Veteris Testamenti Pseudepigrapha 7, Leiden 1985

BONSIRVEN, J., *Le Judaïsme palestinien au temps de Jésus-Christ. I. La théologie dogmatique*, Paris 1934

BROCK, S. P., ed., *Testamentum Iobi*, Pseudepigrapha Veteris Testamenti Graece, 2, Leiden 1967

BROWN, R. E., *Giovanni*, Assisi 1979

BULTMANN, R., «ἀλήθεια κτλ.», *GLNT* I, 640-674

———, «πείθω κτλ.», *GLNT* VI, 1351-1382

———, «γινώσκω κτλ.», *GLNT* II, 461-542

CALVIN, J., *Sermons sur le Deutéronome*, V, in *Ioannis Calvini opera quae supersunt omnia*, XXIX, ed. G. Baum – E. Cunitz – E. Reuss, Brunsvigae 1885, 6-232

CALVINO, I., *Perché leggere i classici*, Milano 1991

CARPENTER, J. E., *The Johannine Writings*, London 1927

CULPEPPER, R. A., *The Johannine School: An Evaluation of the Johannine-School Hypothesis Based on an Investigation of the Nature of Ancient Schools*, SBLDS 26, Missoula 1974

DAUBE, D., *The New Testament and Rabbinic Judaism*, London 1956

DAUTZENBERG, G., «γλῶσσα κτλ.», *EWNT* I, 604-614

DAVIES, W. D. – ALLISON, D. C., *Matthew*, III, ICC, Edinburgh 1997

DE JONGE, M., ed., *Διαθήκη Γάδ*, in *The Testaments of the Twelve Patriarchs*, Leiden 1978, 125-134

DE JONGE, M., ed., *Διαθήκη Ρουβήμ*, in *The Testaments of the Twelve Patriarchs*, Leiden 1978, 1-13

DELLING, G., «λαμβάνω κτλ.», *GLNT* VI, Brescia 1970, 21-50

EMONDS, H., «Abt», in *Reallexikon für Antike und Christentum*, I, ed. T. Klauser, Stuttgart 1950, 45-55

EURIPIDES, *Supplices*, in *Fabulae*, ed. G. Murray, Oxonii 1966[3] (senza numero di pagine)

EUSEBIUS, *Historia Ecclesiastica*, I-IV, SChr 31, ed. G. Bardy, Paris 1952

FITZMYER, J. A., *Lettera ai Romani*, Casale Monferrato 1999

FOERSTER, W., «ἀρεστός», *GLNT* I, 1216-1217

GRATER, F., «Flacius Illyricus, Matthias», *Dictionary of Biblical Interpretation*, I, ed. J. H. Hayes, Nashville 1999, 400-401

GRUNDMANN, W., «μέγας κτλ.», *GLNT* VI, Brescia 1970, 1431-1476

HARL, M. – DORIVAL, G., ed., *La chaîne palestinienne sur le Psaume 118*, SChr 189, Paris 1972

HEILIGENTHAL, R., «ἔργον», *EWNT* II, 123-127

HENGEL, M., *Giudaismo ed ellenismo*, Brescia 2001

———, *The Johannine Question*, London 1989

HILGENFELD, A., ed., *Hermae Pastor*, Lipsiae 1881[2]

HIRSCH, E., *Studien zum vierten Evangelium*, Tübingen 1936

HORATIUS, *Ars poetica*, in *Satires, Epistles and Ars Poetica*, ed. H. R. Fairclough, Cambridge – London 1929, 442-489

HÜBNER, H., «ἀλήθεια κτλ.», *EWNT* I, 138-145

ISOCRATES, *Nicocles*, in *Isocrates*, I, ed. G. Norlin, Cambridge – London 1980, 74-113

JEPSEN, A., «אָמַן, אָמֵן, אֱמוּנָה, אֱמֶת», *TWAT* I, 313-348

JOSEPHUS FLAVIUS, *Jewish Antiquities*, I-IV, ed. H. S. J. Thackeray, London 1930

KRETZER, A., «ἔμπροσθεν», *EWNT* I, 1089-1090

———, «λαμβάνω», *EWNT* II, 829-833

LAGRANGE, M. – J., *Introduction a l'étude du Nouveau Testament. II. Critique textuelle. II. La critique rationelle*, Paris 1935

LAW, R., *The Tests of Life*, Edinburgh 1909

LÉGASSE, S., «μείζων», *EWNT* II, 990-991

LIMBECK, M., «ἐντολή», *EWNT* I, 1121-1125

LINDEMANN, A., ed., *Die Clemensbriefe*, Handbuch zum Neuen Testament 17. Die Apostolischen Väter I, Tübingen 1992

LOHSE, E., ed., *Die Texte aus Qumran: Hebräisch und Deutsch*, München 1971[2]

MAGGIONI, B., «Esegesi biblica», *Nuovo dizionario di teologia biblica*, ed. P. Rossano – G. Ravasi – A. Girlanda, Cinisello Balsamo 1988, 497-507

MAURICE, F. D., *The Epistles of St. John*, London 1867

MONDIN, B., «Calvino», *Dizionario dei teologi*, ed. B. Mondin, Bologna 1992, 159-165

———, «Lutero», *Dizionario dei teologi*, ed. B. Mondin, Bologna 1992, 356-371

MOO, D., *The Epistle to the Romans*, NICNT, Grand Rapids 1996

NIEDERWIMMER, K., ed., *Die Didache*, KAV 1, Göttingen 1989

NÖTSCHER, F., *Vom Alten zum Neuen Testament*, BBB 17, Bonn 1962

OEPKE, A., «παῖς κτλ.», *GLNT* IX, Brescia 1974, 223-276

ORIGENES, *Commentarium in epistulam ad Romanos*, PG 14, 831-1292

———, *Homélies sur Jérémie II*, SC 238, ed. P. Nautin, Paris 1977

———, *Matthäuserklärung* II. *Die lateinische Übersetzung der Commentatorium Series*, in *Origenes Werke*, GCS 38, ed. E. Benz – E. Klostermann, Leipzig 1933

PETRUS CHRISOLOGUS, *In Ioannem*, in *Sermonum collectio*, II, CChr.SL 24A, ed. A. Olivar, Turnhout 1981

PHILON D'ALEXANDRIE, *De posteritate Caini*, ed. R. Arnaldez, Les Œuvres de Philon d'Alexandrie 6, Paris 1972

———, *De praemiis et poenis, de exsecrationibus*, ed. A. Beckaert, Les Œuvres de Philon d'Alexandrie 27, Paris 1961

———, *De specialibus legibus. Liber I-II*, ed. S. Daniel, Les Œuvres de Philon d'Alexandrie 24, Paris 1975

———, *Quis rerum divinarum heres sit*, ed. M. Harl, Les Œuvres de Philon d'Alexandrie 15, Paris 1966

DE LA POTTERIE, I., *La vérité dans saint Jean*, II, AnBib 74.1, Roma 1999[2]

PREUSS, H. D., *Theologie des Alten Testaments*, II, Stuttgart – Berlin – Köln 1992

QUELL, G. – STAUFFER, E., «ἀγαπάω κτλ.», *GLNT* I, Brescia 1965, 57-146

QUÉTIF, J. – ECHARD, J., *Scriptores Ordinis Praedicatorum*, I, Paris 1719

RADL, W., «αἰτέω», *EWNT* I, 102-103

———, «πρός», *EWNT* III, 385-388

RÄISÄNEN, H., «The Effective 'History' of the Bible: A Challenge to Biblical Scholarship?», *SJT* 45 (1992) 303-324

RAITT, J., «Beza, Theodore», *Dictionary of Biblical Interpretation*, I, ed. J. H. Hayes, Nashville 1999, 126

RITT, H., «λόγος», *EWNT* II, 880-887

SAND, A., «καρδία», *EWNT* II, 615-619

SCHMITHALS, W., «γινώσκω κτλ.», *EWNT* I, 596-604

SCHNACKENBURG, R., *Das Johannesevangelium*, I-II-III-IV, HThK IV/1,2,3,4, Freiburg – Basel – Wien 1979[4], 1977[2], 1979[3], 1984

SCHNEIDER, G., «ἀγάπη κτλ.», *EWNT* I, 19-29

———, «τέκνον», *EWNT* III, 817-820

SOULEN, R. N. – SOULEN, R. K., «Exegesis; Exegetical Method; Exegetical Tools», *Handbook of Biblical Criticism*, Louisville 2001[3], 57

SPICQ, C., «ἀγάπη», *Note di Lessicografia Neotestamentaria*, I, Brescia 1988, 50-67

———, *Agapè. Prolégomènes à une étude de théologie néo-testamentarie*, Louvain 1955

———, *Agapè dans le Nouveau Testament. Analyse des textes*, I, Paris 1958

———, «La conscience dans le Nouveau Testament», *RB* 47 (1938) 50-80

STRECKER, G. – SCHNELLE, U. – SEELIG, G., ed., *Neuer Wettstein. Texte zum Neuen Testament aus Griechentum und Hellenismus*, II, Berlin – New York 1996

TERTULLIANUS, *De anima*, in *Tertulliani Opera*, CChr.SL II, ed. J. H. Waszink, Turnholti 1954, 779-869

VELLANICKAL, M., *The Divine Sonship of Christians in the Johannine Writings*, AnBib 72, Roma 1977

VERCRUYSSE, J., «Da Lutero a Calvino», in *Storia della teologia*, II, ed. G. OCCHIPINTI, Bologna – Roma 1996, 389-404

XENOFONTES, *Anabasis*, in *Xenophontis scripta quae supersunt*, Parisiis 1861, 186-325

ZESATI ESTRADA, C., *Hebreos 5,7-8*, AnBib 113, Roma 1990

INDICE DEGLI AUTORI CITATI

INDICE GENERALE

STAMPA: Aprile 2005

presso la tipografia
"Giovanni Olivieri" di E. Montefoschi
ROMA • tip.olivieri@libero.it